U0906357

阜阳历史文化丛书

杨新◎主编

中国人民政治协商会议阜阳市委员会/编

阜阳疆域建置沿革

胡天生/著

合肥工業大學出版社

图书在版编目(CIP)数据

阜阳疆域建置沿革/胡天生著．—合肥：合肥工业大学出版社，2018. 11
(阜阳历史文化丛书/杨新主编)
ISBN 978－7－5650－4239－3

Ⅰ. ①阜…　Ⅱ. ①胡…　Ⅲ. ①疆域—政区沿革—阜阳　Ⅳ. ①K925. 43

中国版本图书馆CIP数据核字(2018)第254489号

阜阳疆域建置沿革

胡天生　著　　　　责任编辑　朱移山

出　版	合肥工业大学出版社	版　次	2018年11月第1版
地　址	合肥市屯溪路193号	印　次	2019年3月第1次印刷
邮　编	230009	开　本	690毫米×980毫米　1/16
电　话	总　编　室:0551－62903038	印　张	24.5　**彩插**　1.5印张
	市场营销部:0551－62903198	字　数	426千字
网　址	www. hfutpress. com. cn	印　刷	安徽联众印刷有限公司
E-mail	hfutpress@163. com	发　行	全国新华书店

ISBN 978－7－5650－4239－3　　　　定价：68.00元

中国人民政治协商会议阜阳市委员会
《阜阳历史文化丛书》编委会

商代青铜礼器　龙虎尊

商代“豢父丁卣”器铭
颍上县文物组藏

商代“豢父丁”卣盖铭
颍上县文物组藏

商代“豢父丁”尊铭
颍上县文物组藏

商代“月己”爵铭
颍上县出土

商代“酉”爵铭
颍上县出土

商代“兵父辛”爵
临泉县博物馆藏

商代颍上、临泉出土青铜器铭文选
（选自韩自强《阜阳　亳州出土文物文字篇》）

楚平王簠　李小勇　摄

释文：楚子弃疾择其

吉金自作飤簠

西汉“汝阴宫当”

阜阳城内出土

西汉“汝阴宫当”

私人收藏

2015年7月5日，“中华伍姓大祭祖筹备委员会”成员及顾问合影。前排右四为本书作者，后排右十一为筹委会主任伍世才，右十三（居中者）为中国地质大学教授伍颖。李小勇　摄

会老堂　刘慧超　摄

阜阳风光　张伟　摄

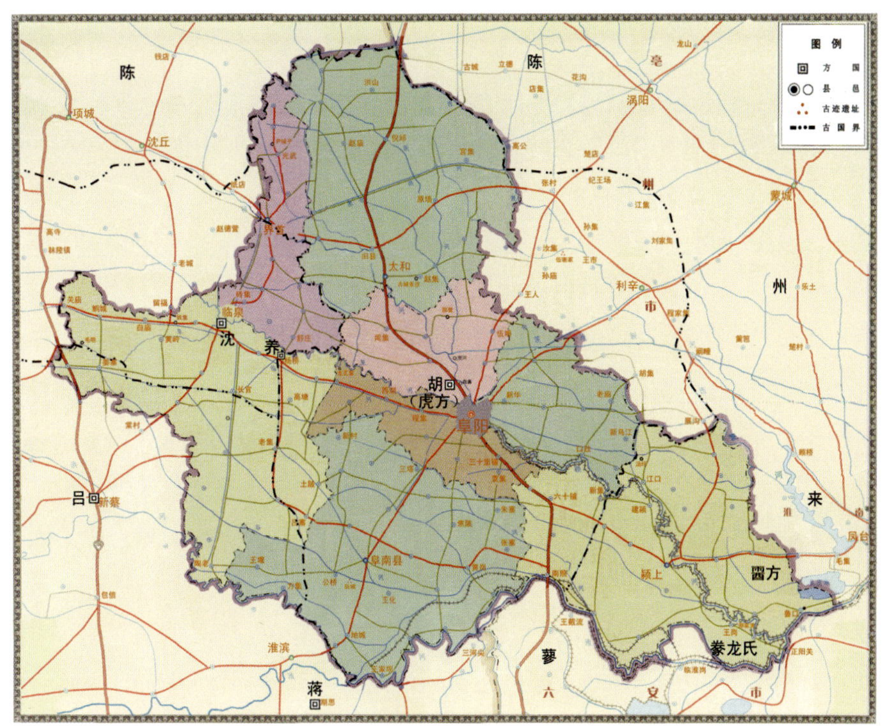

春秋之前

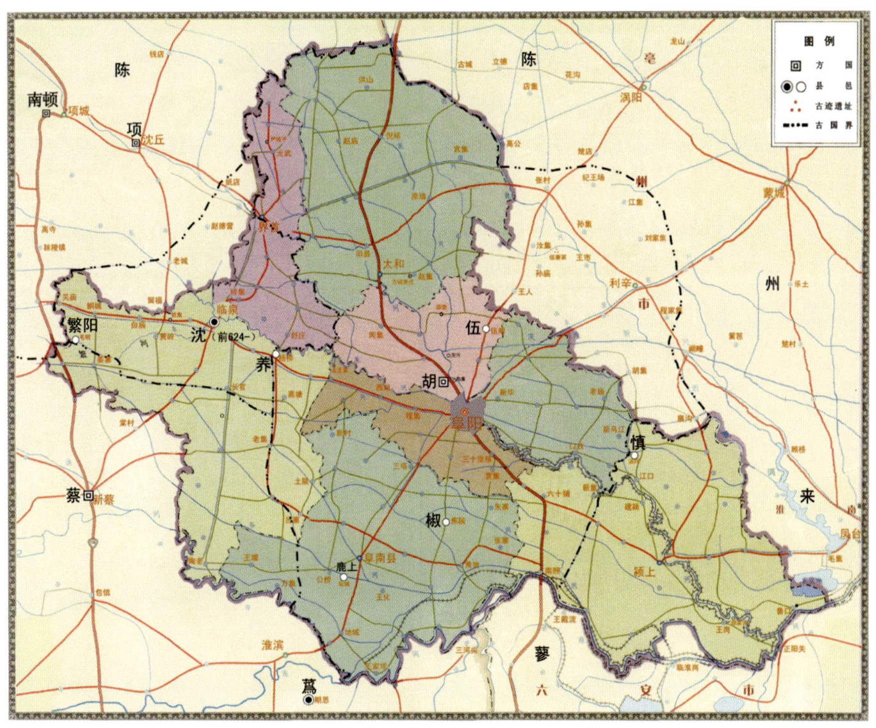

图例
方国
县邑
古迹遗址
古国界
陈
陈
亳
州
州
来
项城
沈丘
涡阳
蒙城
利辛
界首
临泉
沈
养
太和
胡
（虎方）
阜阳
吕
新蔡
阜南县
颍上
凤台
淮滨
蒋
蓼
六
安
市

图例
方国
县邑
古迹遗址
古国界
陈
陈
亳
州
州
来
南顿
项城
项
沈丘
涡阳
蒙城
利辛
界首
繁阳
临泉
沈
（前624-）
伍
养
太和
胡
阜阳
慎
蔡
新蔡
椒
鹿上
阜南县
颍上
凤台
淮滨
蓼
六
安
市

春秋时期

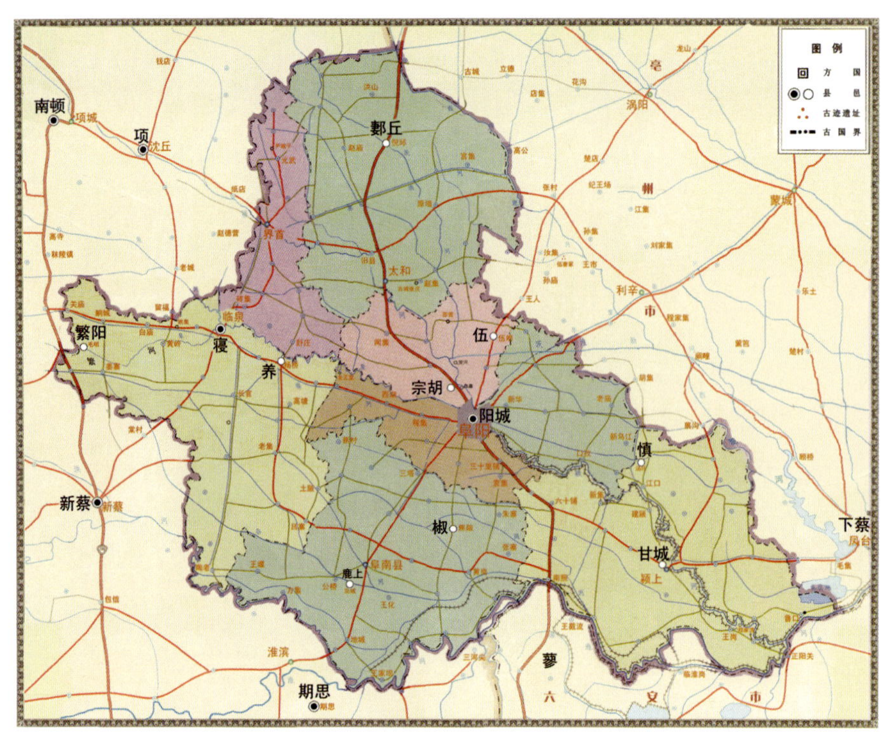

战国时期

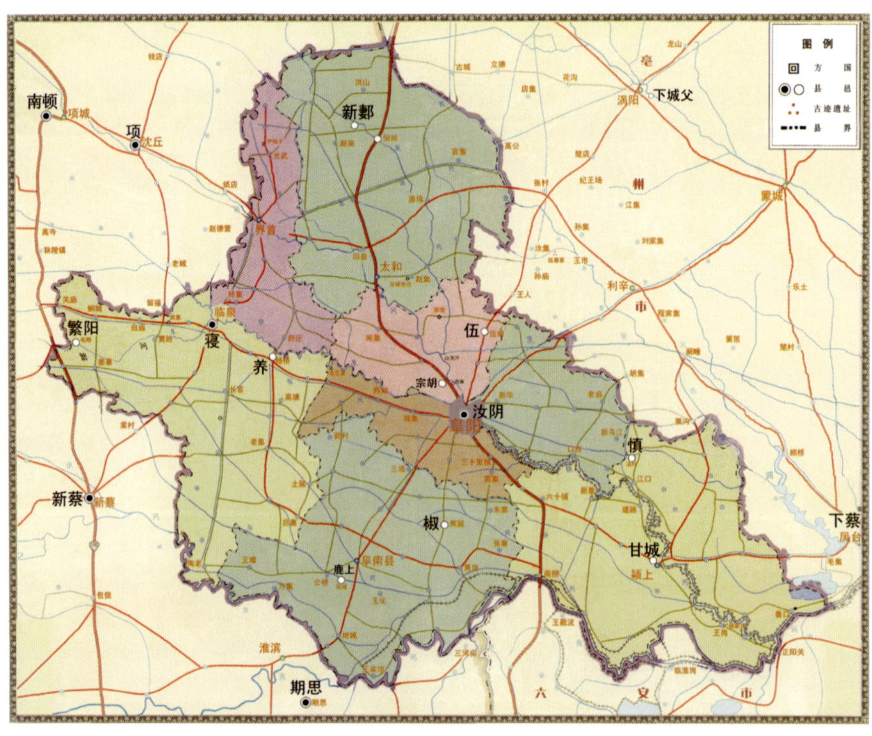

秦时期

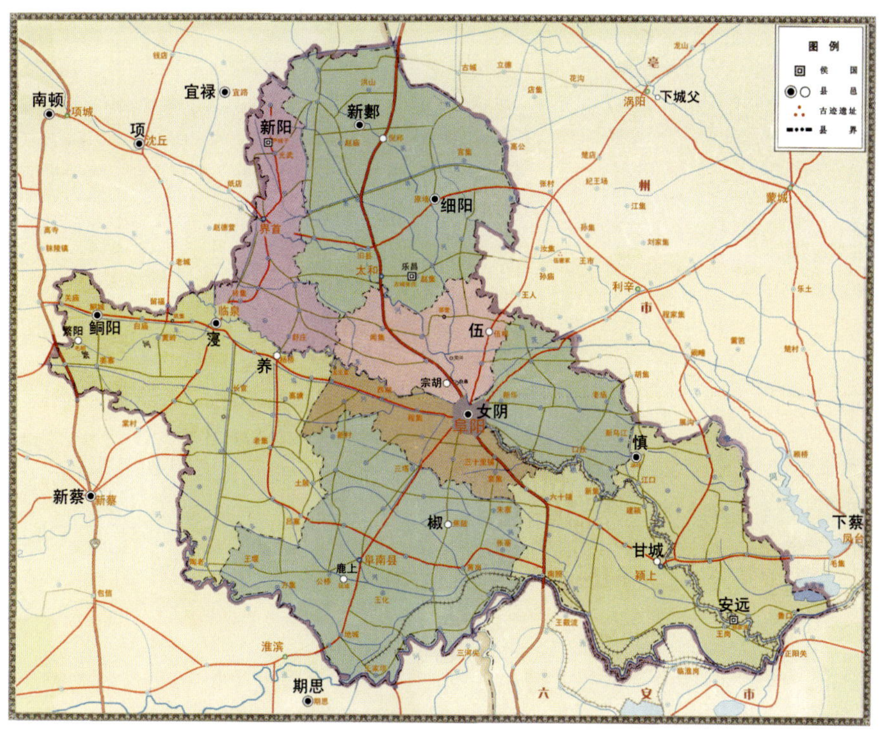

西汉时期

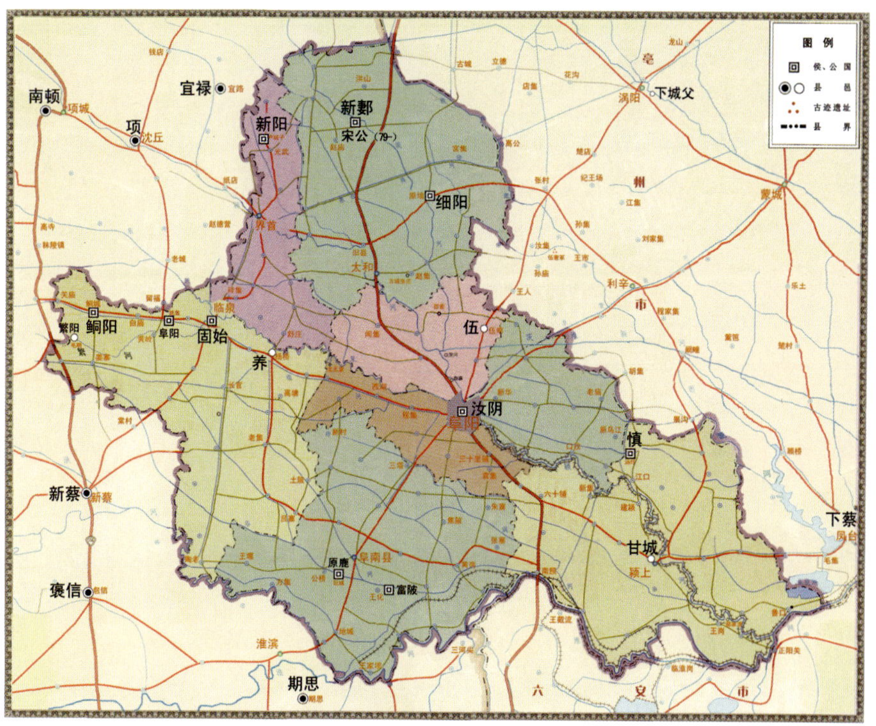

东汉时期

图 例
州郡治
县 治
郡 界
变动郡界
河道古称
汝阴郡
汝南郡
陈郡
豫州

三国汝阴郡

图 例
州郡治
侯 国
县 治
郡 界
变动郡界
河道古称
汝阴郡
汝南郡
陈郡
豫州

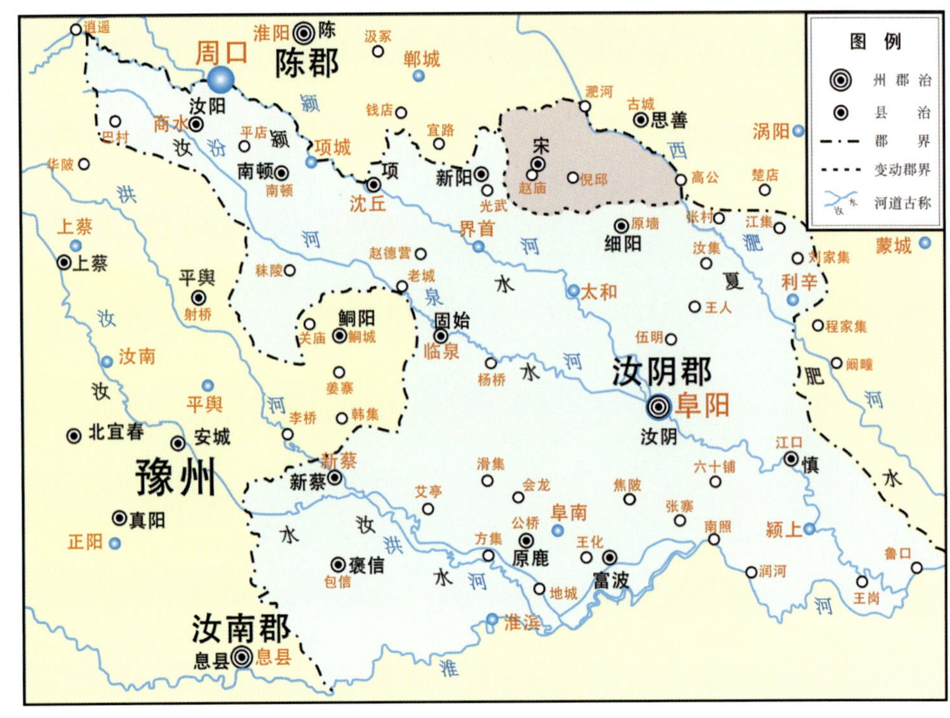

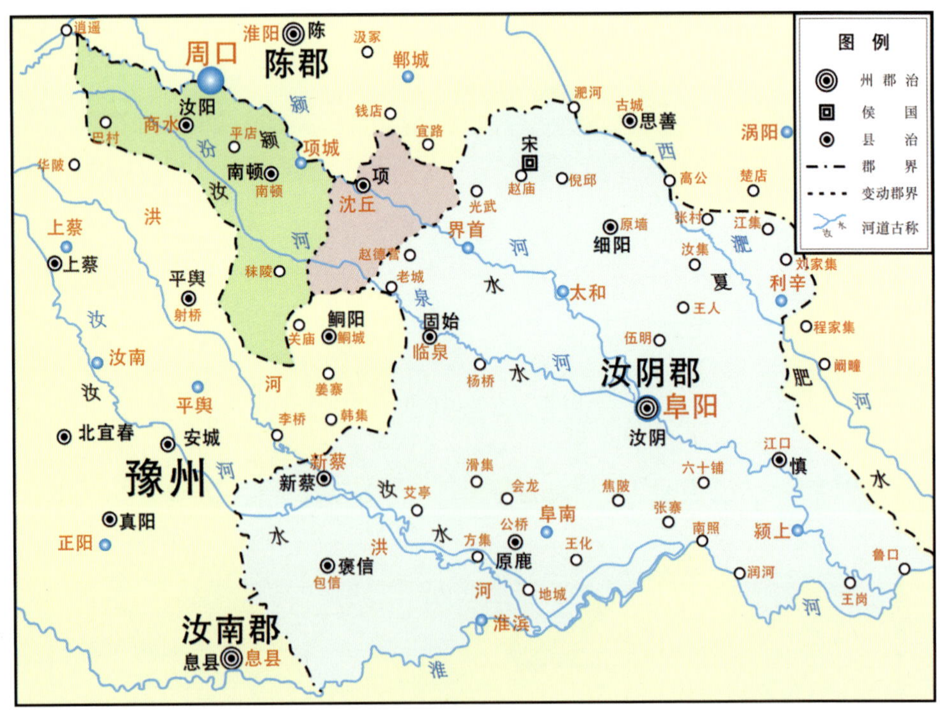

西晋汝阴郡

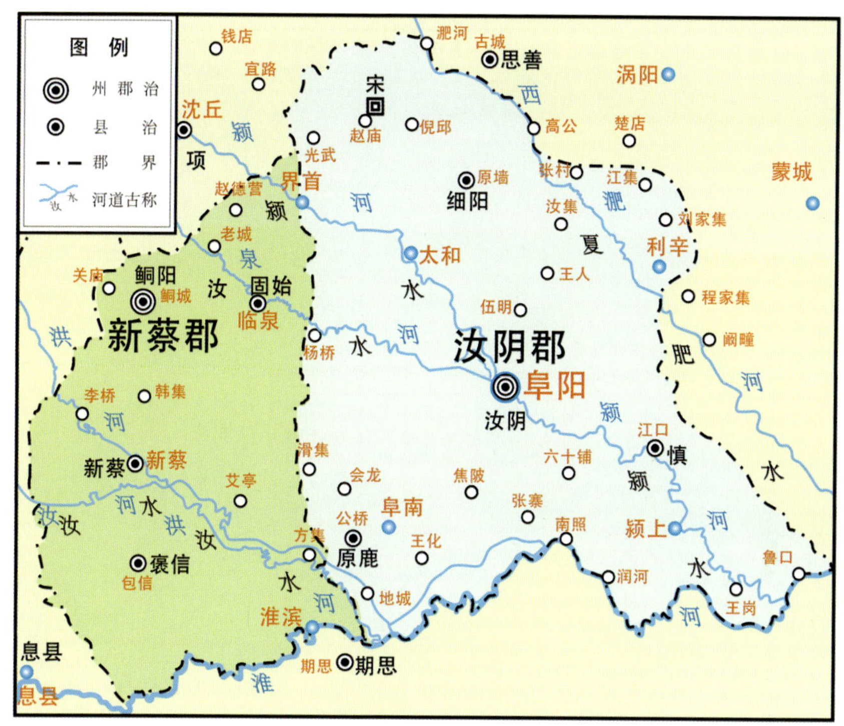

西晋汝阴郡新蔡郡

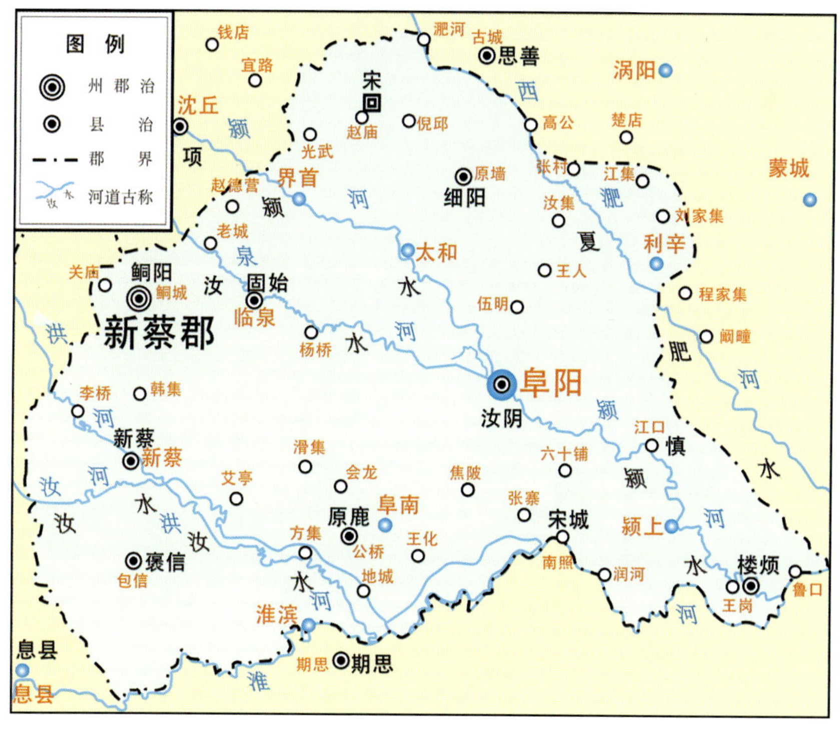

东晋新蔡郡

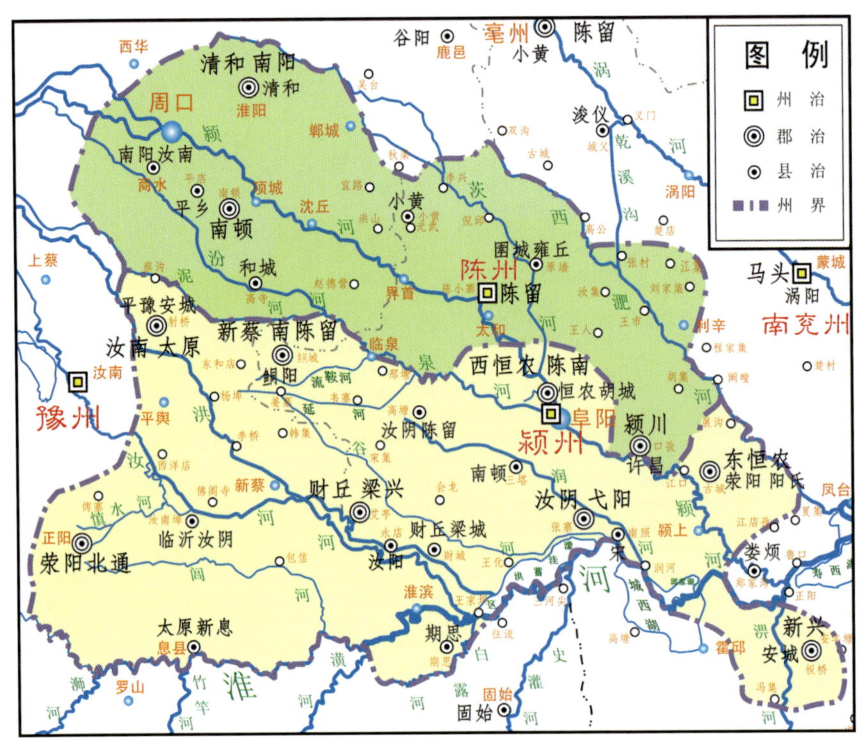

梁颍州陈州

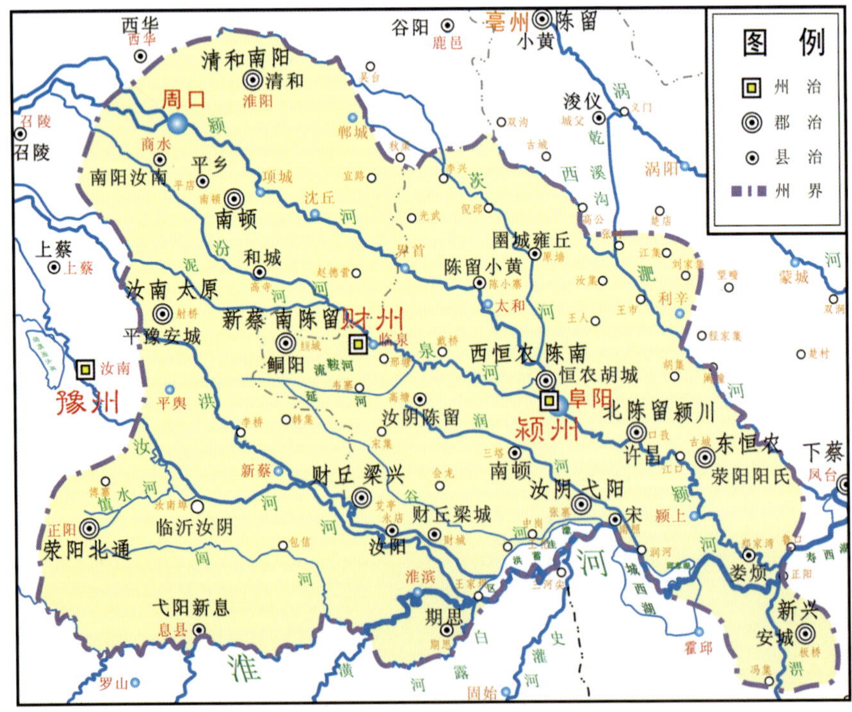

图例
州治
郡治
县治
州界
谷阳
鹿邑
亳州
陈留
小黄
西华
清和南阳
清和
淮阳
周口
郸城
浚仪
南阳汝南
商水
平乡
南顿
项城
沈丘
涡阳
圉城雍丘
陈州
陈留
和城
上蔡
平豫安城
新蔡
南陈留
汝南太原
临泉
太和
马头
涡阳
蒙城
南兖州
利辛
汝南
豫州
鲖阳
西恒农
陈南
恒农胡城
阜阳
颍川
颍州
许昌
平舆
汝阴陈留
东恒农
荥阳阳氏
南顿
新蔡
财丘
梁兴
汝阴
弋阳
凤台
正阳
临沂汝阴
财丘梁城
颍上
荥阳北通
汝阳
宋
娄烦
淮滨
太原新息
息县
期思
新兴
安城
霍邱
罗山
淮
固始

图例
州治
郡治
县治
州界
西华
谷阳
鹿邑
亳州
陈留
小黄
清和南阳
清和
淮阳
周口
召陵
浚仪
商水
平乡
南阳汝南
南顿
项城
沈丘
涡阳
郸城
上蔡
和城
圉城雍丘
陈留小黄
汝南太原
平豫安城
新蔡
南陈留
财州
临泉
太和
利辛
蒙城
汝南
豫州
鲖阳
西恒农
陈南
恒农胡城
阜阳
北陈留颍川
颍州
平舆
汝阴陈留
许昌
东恒农
荥阳阳氏
下蔡
凤台
新蔡
财丘
梁兴
南顿
汝阴
弋阳
正阳
临沂汝阴
财丘梁城
宋
颍上
荥阳北通
汝阳
娄烦
淮滨
弋阳新息
息县
期思
新兴
安城
霍邱
罗山
淮
固始

东魏颍州

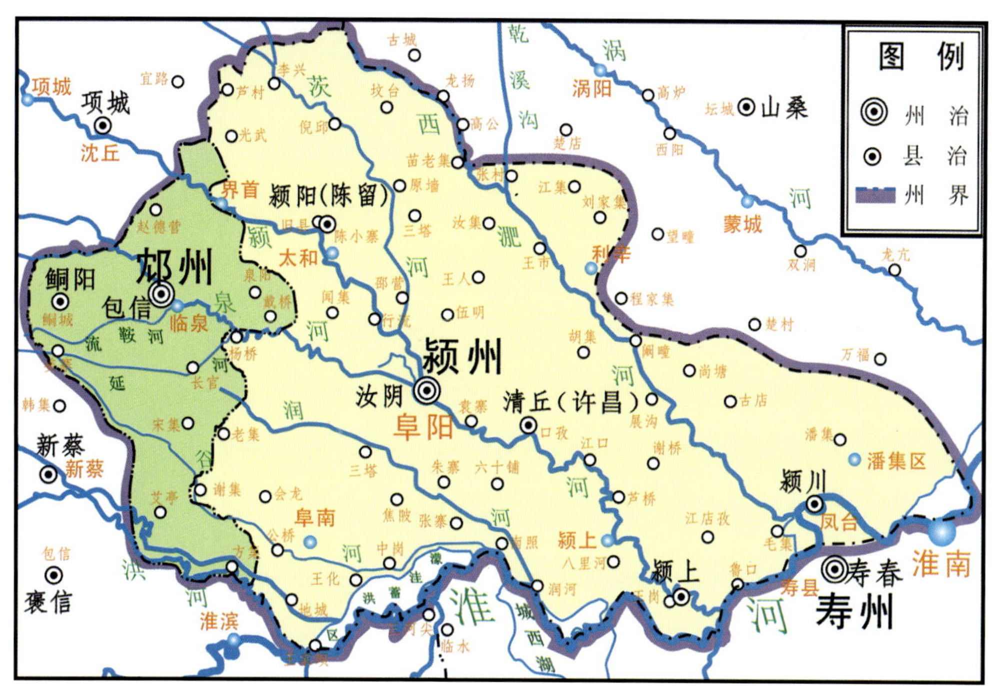

隋颍州、邩州

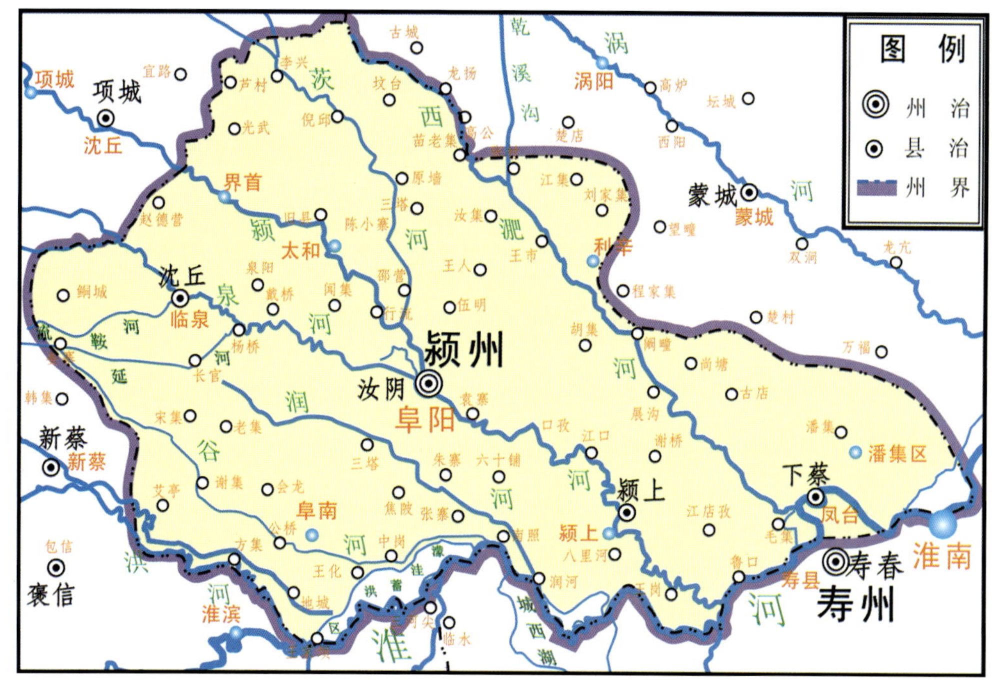

图例
州治
县治
州界
项城
项城
沈丘
宜路
李兴
芦村
光武
古城
龙扬
坟台
倪邱
高公
茨
西
河
乾
溪
沟
涡
涡阳
高炉
坛城
山桑
西阳
楚店
苗老集
张村
江集
刘家集
界首
颍阳(陈留)
原墙
赵德营
旧县
陈小寨
三塔
汝集
淝
望疃
蒙城
双涧
龙亢
邩州
鲖阳
包信
临泉
泉
颍
太和
王市
利辛
程家集
鲖城
流
鞍
河
闻集
邵营
王人
伍明
行流
杨桥
胡集
阚疃
楚村
万福
延
长官
颍州
汝阴
清丘(许昌)
尚塘
古店
韩集
润
阜阳
袁寨
口孜
展沟
新蔡
新蔡
宋集
老集
三塔
朱寨
六十铺
江口
谢桥
潘集
潘集区
谷
艾亭
谢集
会龙
焦陂
张寨
芦桥
江店孜
颍川
阜南
公桥
南照
颍上
凤台
包信
方集
中岗
八里河
毛集
淮南
王化
鲁口
寿春
褒信
洪
濛
洼
润河
颍上
寿县
淮滨
地城
洪
蓄
淮
城
西
湖
寿州
临水

图例
州治
县治
州界
项城
项城
沈丘
宜路
李兴
芦村
光武
古城
龙扬
坟台
倪邱
高公
茨
西
乾
溪
沟
涡
涡阳
高炉
坛城
西阳
楚店
苗老集
江集
刘家集
界首
原墙
赵德营
旧县
陈小寨
三塔
汝集
淝
望疃
蒙城
蒙城
双涧
龙亢
颍
太和
王市
利辛
程家集
沈丘
临泉
泉
铜城
泉阳
戴桥
闻集
邵营
王人
伍明
行流
鞍
河
杨桥
胡集
阚疃
楚村
万福
延
长官
颍州
汝阴
尚塘
古店
韩集
润
阜阳
袁寨
口孜
展沟
新蔡
新蔡
宋集
老集
三塔
朱寨
六十铺
江口
谢桥
潘集
潘集区
谷
艾亭
谢集
会龙
焦陂
张寨
颍上
下蔡
阜南
公桥
南照
颍上
江店孜
凤台
包信
方集
中岗
八里河
毛集
淮南
王化
鲁口
寿春
褒信
洪
濛
洼
润河
寿县
淮滨
地城
洪
蓄
淮
城
西
湖
寿州
临水

唐颍州

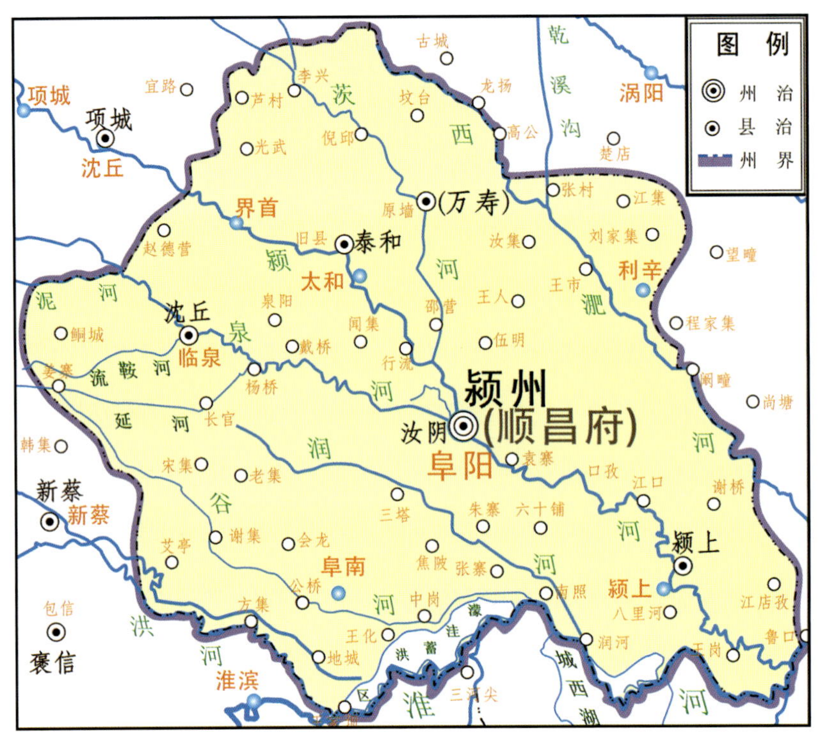

宋颍州顺昌府

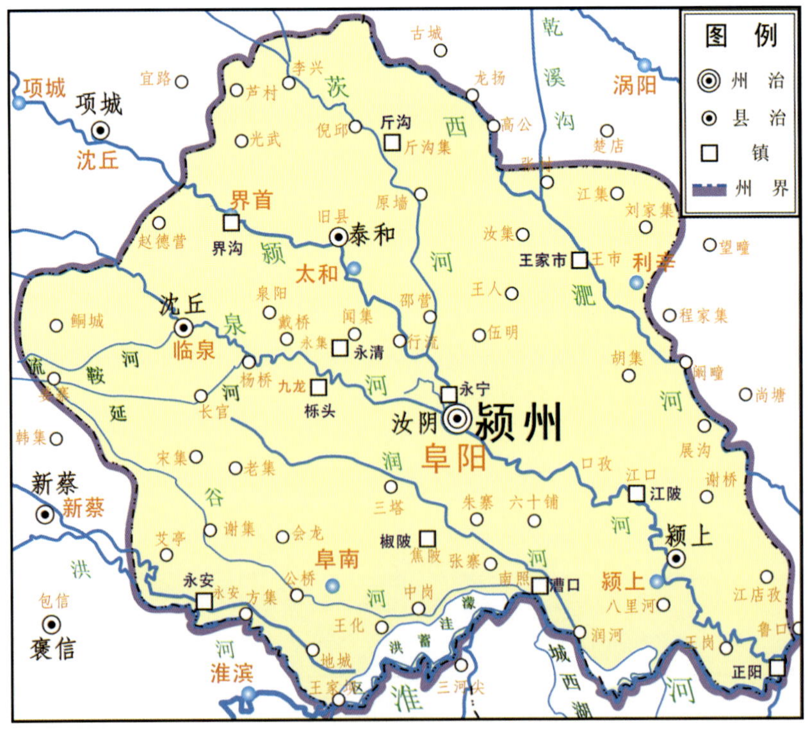

图例
州治
县治
州界
古城
乾
溪
沟
涡阳
项城
宜路
李兴
芦村
茨
坟台
龙扬
项城
沈丘
光武
倪邱
西
高公
楚店
张村
江集
界首
原墙
(万寿)
赵德营
旧县
泰和
刘家集
汝集
望疃
颍
太和
河
利辛
泥
河
泉阳
王人
王市
沈丘
邵营
淝
铜城
泉
闻集
程家集
临泉
戴桥
伍明
姜寨
流
鞍
河
行流
阚疃
杨桥
颍州
(顺昌府)
尚塘
延
河
长官
汝阴
韩集
润
阜阳
袁寨
河
宋集
老集
口孜
新蔡
新蔡
江口
谢桥
谷
三塔
朱寨
六十铺
颍上
谢集
会龙
河
艾亭
焦陂
张寨
阜南
颍上
包信
公桥
南照
江店孜
方集
河
中岗
八里河
洪
濛
王化
洼
润河
鲁口
褒信
河
洪
蓄
城
地城
王岗
淮滨
西
三河尖
区
淮
湖
河

图例
州治
县治
镇
州界
古城
乾
溪
沟
涡阳
项城
宜路
李兴
芦村
茨
龙扬
项城
沈丘
斤沟
西
高公
光武
倪邱
斤沟集
楚店
张村
江集
界首
原墙
刘家集
赵德营
旧县
泰和
汝集
界沟
颍
王家市
王市
利辛
望疃
太和
河
沈丘
泉阳
邵营
王人
淝
铜城
戴桥
闻集
程家集
泉
永集
永清
行流
伍明
临泉
胡集
阚疃
流
河
鞍
杨桥
九龙
河
永宁
尚塘
姜寨
河
栎头
延
长官
汝阴
颍州
韩集
阜阳
展沟
宋集
老集
润
口孜
新蔡
新蔡
江口
谢桥
江陂
谷
三塔
朱寨
六十铺
谢集
会龙
椒陂
河
颍上
艾亭
洪
阜南
焦陂
张寨
河
颍上
江店孜
永安
公桥
南照
漕口
包信
永安
方集
河
中岗
八里河
濛
褒信
王化
洼
润河
鲁口
河
地城
洪
蓄
城
王岗
淮滨
正阳
西
王家坝
区
三河尖
淮
湖
河

金颍州

图例
州治
县治
递铺
州界
颍州
阜阳
太和
沈丘
临泉
颍上
颍水
阜南
项城
新蔡
淮滨
涡阳
利辛
界首
伍明铺
杨桥铺
栗头铺
三十里河铺
西门总铺
沈丘铺
阜阳铺
鲖阳铺

元颍州

图例
州治
县治
重镇
州界
变动州界
亳州
武平卫
义门巡检司
颍川卫
颍州
阜阳
太和
乳香台巡检司
沈丘巡检司
界沟驿
临泉
界首
颍上
阜南
涡阳
利辛
柘城
鹿邑
永城
新蔡
淮滨
沈丘

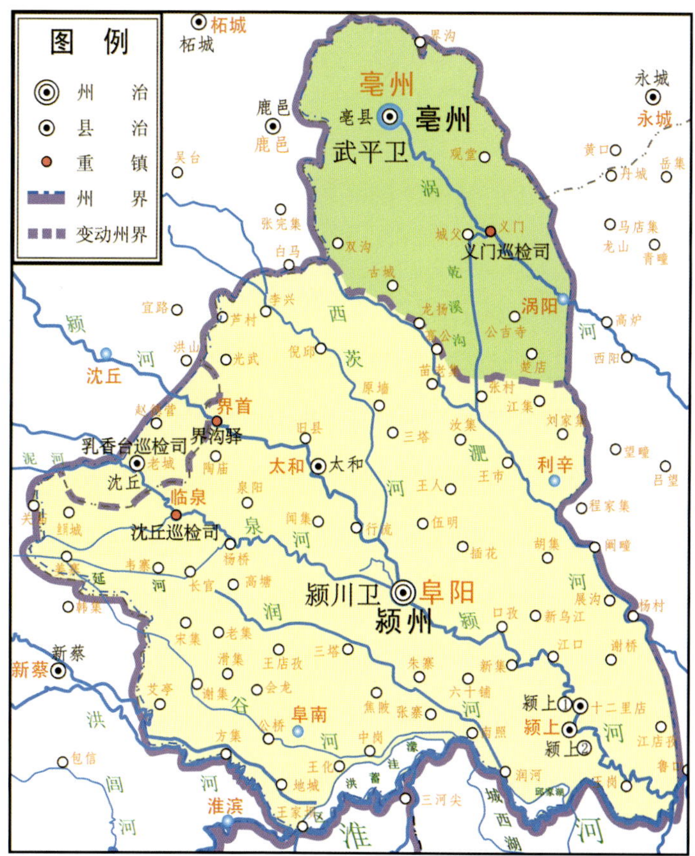

明颍州

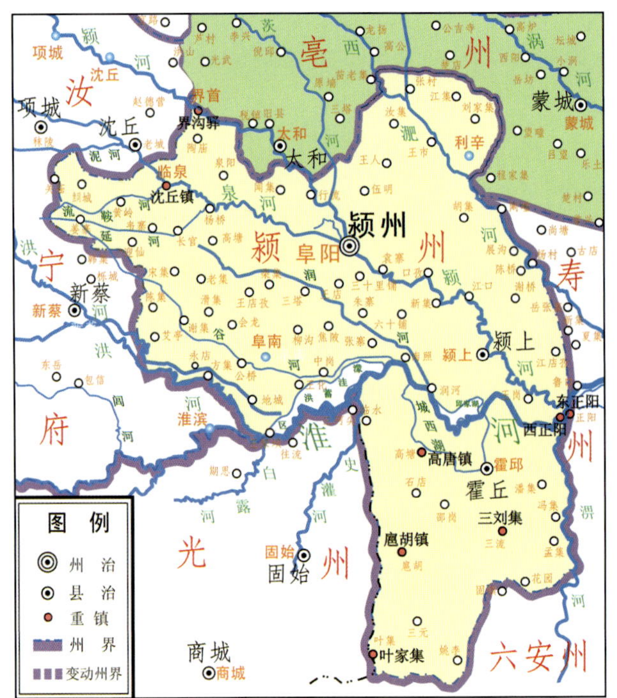

清颍州

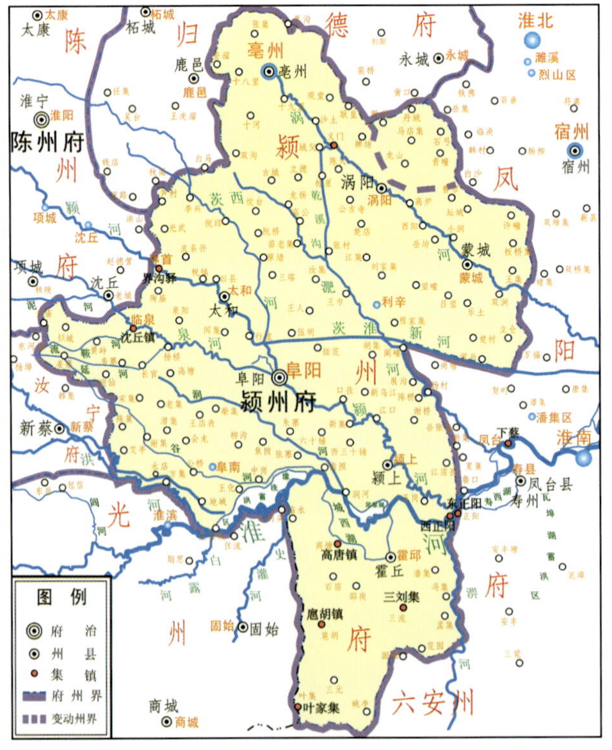

亳
州
颍州
颍
州
阜阳
寿
州
汝
宁
府
光
州
六安州
项城
沈丘
新蔡
太和
蒙城
颍上
霍邱
霍丘
固始
商城
临泉
沈丘镇
界首
界沟驿
利辛
阜南
淮滨
东正阳
西正阳
高唐镇
三刘集
扈胡镇
叶家集
图　例
州　治
县　治
重　镇
州　界
变动州界

归
德
府
陈
州
府
汝
宁
府
光
州
凤
阳
府
六安州
陈州府
颍州府
颍
州
府
太康
柘城
鹿邑
永城
淮北
濉溪
烈山区
淮宁
淮阳
亳州
宿州
涡阳
蒙城
项城
沈丘
界首
界沟驿
太和
利辛
临泉
沈丘镇
阜阳
新蔡
阜南
颍上
凤台
下蔡
凤台县
寿县
寿州
潘集区
淮南
淮滨
东正阳
西正阳
高唐镇
霍邱
霍丘
三刘集
扈胡镇
固始
叶家集
商城
图　例
府　治
州　县
集　镇
府州界
变动州界

清颍州府

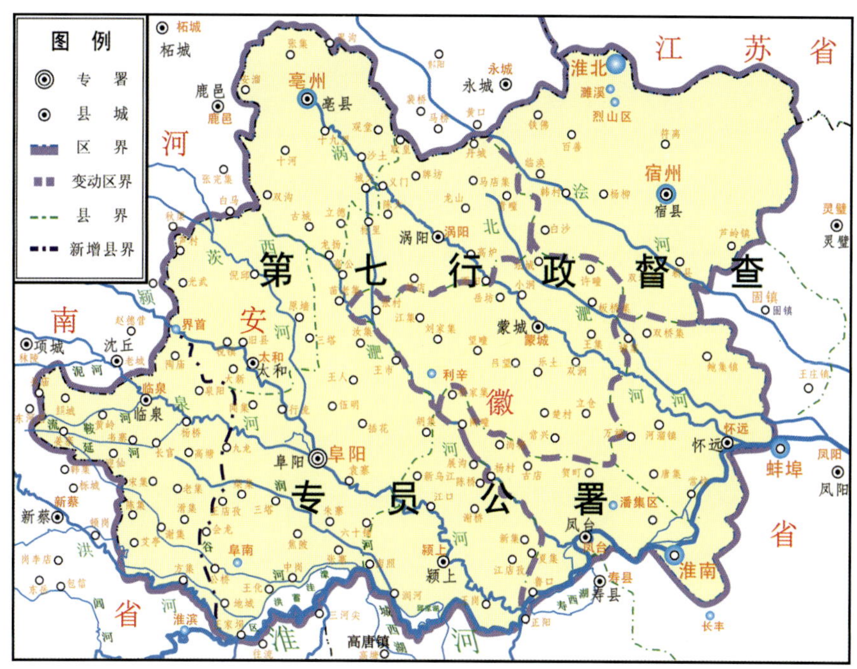

民国安徽第七区

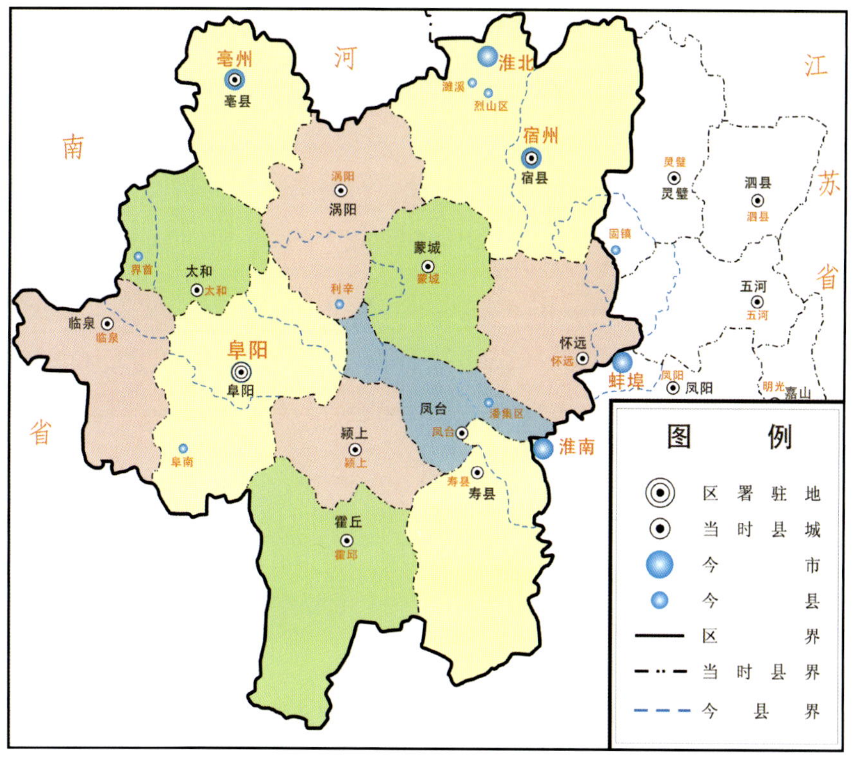

民国安徽第三区最大辖境图

阜阳地区
行政区划图
比例尺 1:850000
阜阳市区略图
图例
行署址
县（市）址
区（镇）址
乡（镇）址
铁路及车站
公路
河流
省界
地（市）界
县（市）界
河南省
淮北市
蚌埠市
淮南市
六安地区

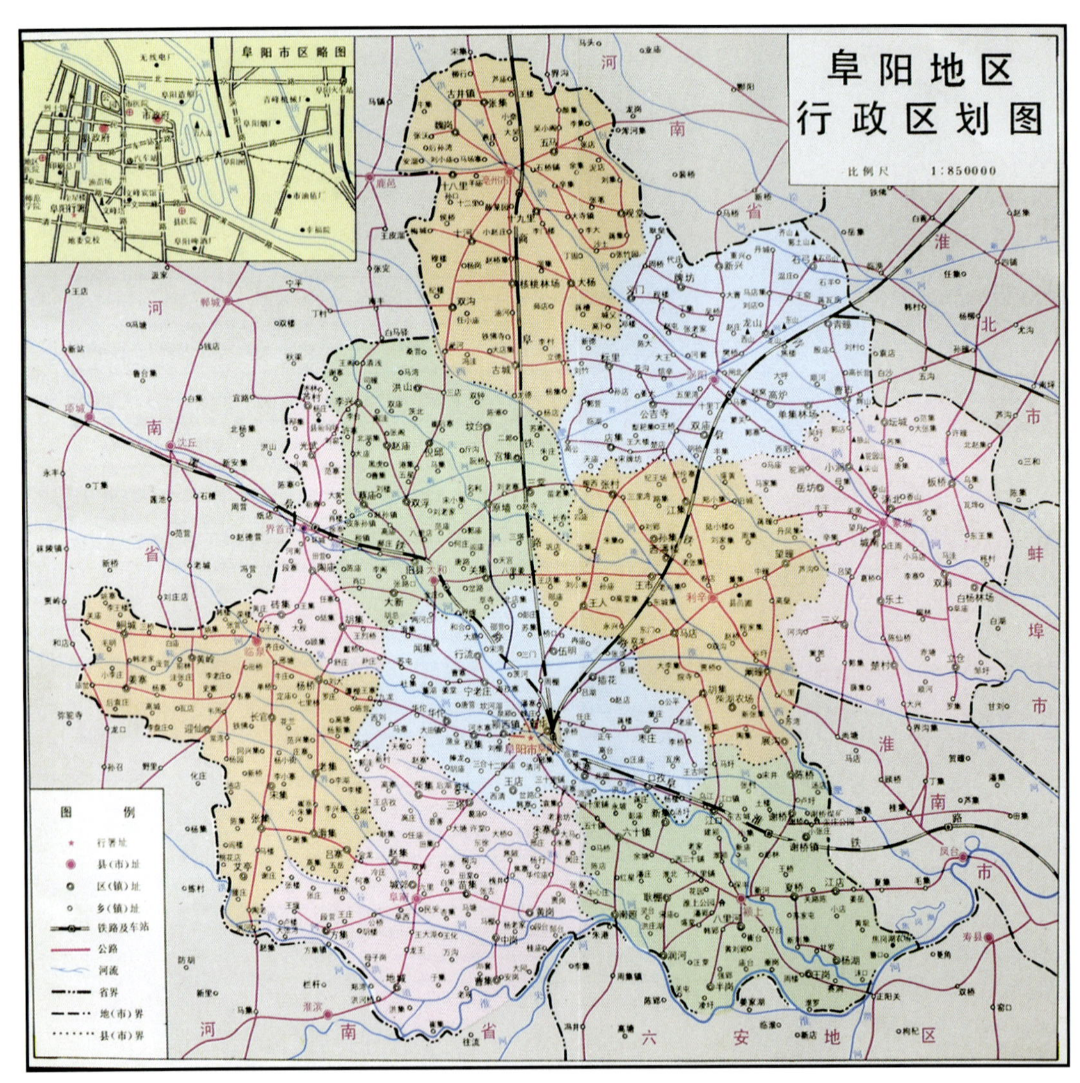

阜阳地区行政区划图

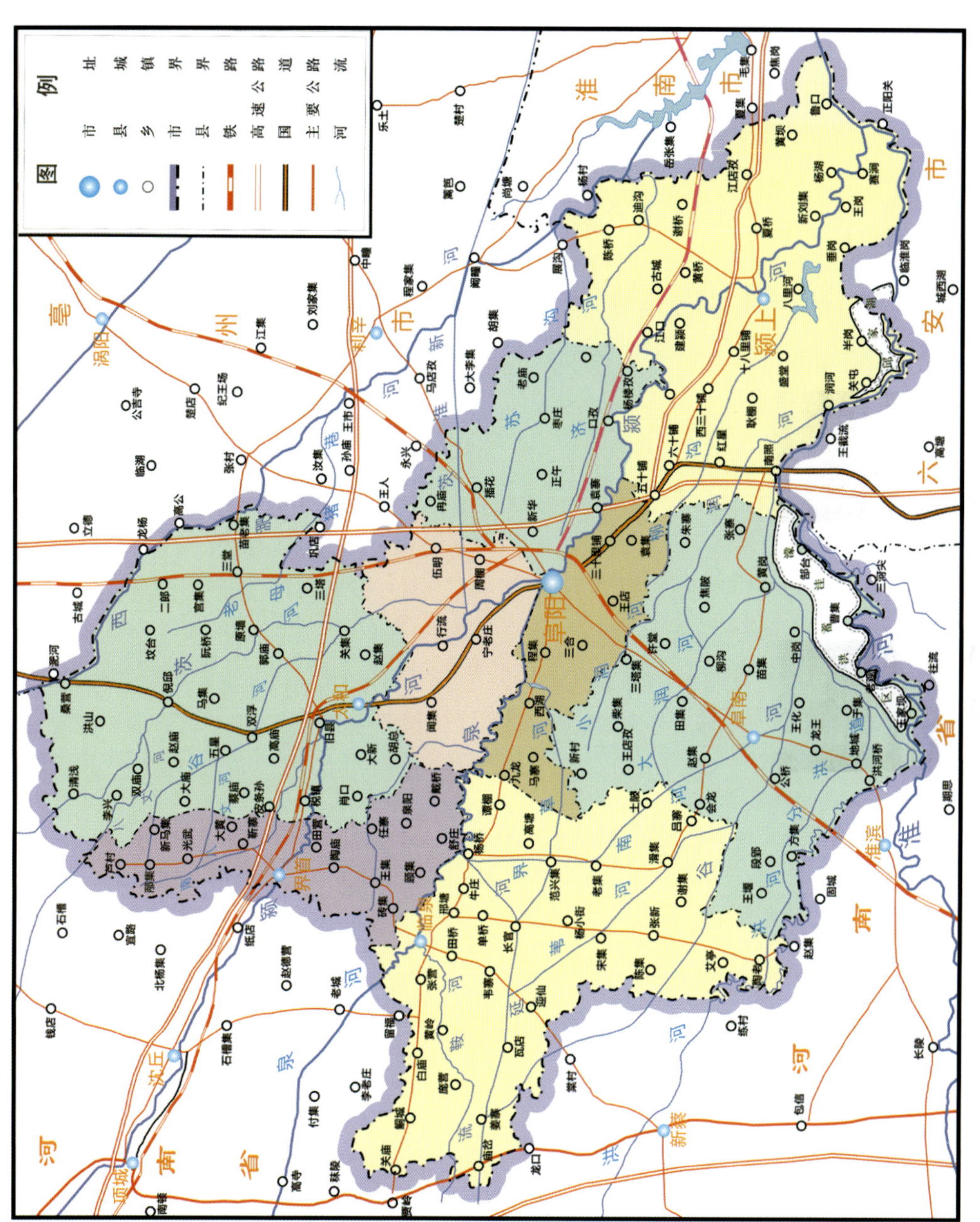

阜阳市行政区划图极简版

序　言

阜阳历史悠久，物华天宝，人杰地灵，源远流长、丰富多彩的历史文化遗产，如淮颍之水，滔滔汩汩，绵延不绝；上自殷末，下迄当代，其间名家辈出，光照千古；形式多样，异彩纷呈；艺术魅力，经久不衰。早在远古时代，这里就出现了文明的曙光。传说大禹治水成功后，把天下分为九州，今天的阜阳隶属豫州。商朝成汤建都于亳（今河南郑州），阜阳地近商都，社会经济文化都得到了进一步发展。西周时期，阜阳是胡子国的国都。春秋战国是我国历史上大变革时期，各国变法图强，弱肉强食，小国被迫依附大国。春秋后期，阜阳境内的小国基本上为楚国兼并。公元前221年，秦始皇统一中国，在地方上实行郡县制，把全国分为36郡，阜阳置汝阴县，隶属淮阳郡。汉承秦制，阜阳仍为汝阴县。公元108年，汉安帝封刘显为阜阳侯，其封地虽不在今天的阜阳市区，但阜阳地名开始出现。三国两晋南北朝时期，国家分裂，战事频繁，尤其是淮河一带，政权更替，属地交错，建制比较混乱，但总体上看，当时的阜阳属于豫州。隋唐时，阜阳设颍州汝阴郡。北宋时，对地方上开始实行路、府（州）、县三级管理体制，当时在阜阳境内设置了顺昌府（治今阜阳市）。元朝创设了行省制度，当时阜阳称为颍州，属河南江北行省汝宁府。明朝在今阜阳境内设置颍州。清朝雍正帝时，阜阳升州为府，取名颍州府。民国时期，在阜阳设置行政专员督察区（简称“专区”），作为安徽省政府的派出机构。新中国成立后，人民政府设立了阜阳专员公署（驻今阜阳市），1966年阜阳撤地设市，当时辖太和、界首、涡阳、蒙城、利辛、颍上、阜南、临泉，以及颍州、颍泉和颍东三区，并代管亳州市、界首市。1998年亳州市脱离阜阳，成为省辖市。2000年，涡阳、蒙城、利辛三县划归亳州管辖。目前，阜阳市辖三区、四县并代管界首市。

阜阳史前文化位于山东海岱文化与中原文化的交汇地带，这里曾创造过黄河文明，更是淮河文化的发祥地之一，大约5000年前，这里的人们已经开始摆脱逐水而居的境况，在颍河、小汝水（今泉河）沿河台地上定居下来，并形成以农业为主的原始部落，创造出辉煌的古代文化，留下了许多古文化遗址，如临泉吕寨境内的宫庄遗址是新石器时代中期偏早阶段的遗存，距今约7000年，临泉境内的九槐遗址、台阳寺遗址、老丘堆遗址、胡台遗址、费子街遗址，太和县的倪邱遗址、灰角寺遗址，阜南县的丁王庄遗址、地理城遗址、清凉寺遗址等属于大汶口文化中晚期的历史遗存。阜阳境内还发现龙山文化遗存二十多处，原始农业、手工业和艺术都有相当成就。阜阳境内的商周文化遗存，以陶器、青铜器为主，润河沿岸的阜南朱寨润河湾、颍上王岗郑小庄出土的青铜器以铸造工艺精湛、纹饰华美著称，阜南县朱寨海孜村常白庄润河湾1957年6月出土的龙虎尊青铜器，造型独特，端庄凝重，意蕴深长，被列为国家一级保护文物，现藏于中国国家博物馆。阜阳出土的青铜器还有商代酒器“酉”字爵，战国勾杀兵器大梁司寇绶戈、王莽铜镜等。秦汉以来，统治者为了巩固其统治，在墓前雕造一些实际上并不存在的动物象征守卫，石雕天禄就是其中的杰出代表。此件石器出土于临泉县境内，是国家一级文物。白底黑花釉虎形枕出土于太和县境内，现藏阜阳市博物馆，是宋代磁州窑出产的产品。瓷枕的整个画面生动活泼，不落俗套，造型优美，富有浓厚的乡土气息和民间色彩。阜阳城西南郊西汉汝阴侯墓出土的竹简、阜阳城西郊出土的古代玉器精品——蜻蜓眼玻璃珠、界首市光武出土的“大泉五十”钱母（古代铸钱的模具）等更具学术研究价值。阜阳竹简是西汉初期的简册，1977年在阜阳城西南的汝阴侯墓中发掘出土。这批被文物考古学界誉为稀世之宝的阜阳竹简，其珍贵之处在于：第一，简书种类多。阜阳竹简包括近十多种古代典籍，书种繁多，而且内容包罗万象。按我国传统的图书分类，经、史、子、集无所不有；就内容而言，则医药卫生、童蒙教育、天文计算、星相卜卦、天干地支、行气养生、建筑工程、器物制造、农产品加工、相狗术等无所不涉，在国内汉简发掘史上实属罕见。第二，史料价值高。在阜阳竹简所存的典籍中，有些属首次发现，为史籍所未载；有些即使有今本存在，但字句多有不同。第三，书法精湛。在国内历年出土的竹简中，阜阳竹简书法是被专家公认最为优美的一种。阜阳简文字墨书，且各种书籍字体各不相同。有的温文清秀，有的粗犷奇崛，有的飘逸俊美，有的严谨端庄，并非出自一人之手。这些资料对于考察秦汉时期的历史、语言、文字、研究历代书法艺术的发展源流等提供了重要的实物资料。目前，阜阳市具有重大考古价值的古代墓群花孤堆也正在考古发掘之中。

阜阳人文荟萃，艺术繁盛。历史对阜阳情有独钟，在这里留下了浓墨重彩。自古就“土风备于南北，人物推于古今”的美誉，孕育了姜子牙、管仲、鲍叔牙、甘茂、甘罗、吕蒙、吕霞光、常润侠、戴厚英、刘德培等闪烁古今、蜚声四海的名人贤士；漫长的历史长河给阜阳留下了颍州西湖、文峰塔、魁星楼、刘锜庙、管鲍祠等丰富的人文景观。唐宋时期的文坛巨子晏殊、欧阳修、苏轼先后在颍州任职，都与钟灵毓秀的颍州西湖结下不解之缘。他们钟爱西湖，疏浚西湖，广植花树菱荷，增益亭阁堂台，更以他们独有的视角去发掘和审视颍州西湖的美，把它凝于笔端，挥洒于尺素，写下一首首，一曲曲颍州西湖的千古绝唱，也留下了颍州西湖余韵悠远的人文景观。王安石曾应邀至颍州西湖玩赏，留下“书院四周水上莲，平湖万顷叶田田。无穷红点无穷碧，正是游人探望天”的诗句，对西湖书院及四周胜景大加赞赏。欧阳修对西湖更情有独钟，“筑室买田清颍尾”“独结茅庐颍水西”“西湖烟水如我家”“都将二十四桥月，换得西湖十顷秋”，直至仙逝于老西湖湖心洲。历史上的颍州西湖曾与杭州西湖难分伯仲。宋代诗人杨万里说：“三处西湖一色秋，钱塘汝颍与罗浮”，汝颍即是指今天的阜阳。宋代大文豪苏轼更感叹曰：“大千起灭一尘里，未觉杭颍谁雌雄”。明代《正德颍州志》载：“西湖长十里，广三里，水深莫测，广袤相齐。”《大清统一志》云：“颍州西湖名闻天下，亭台之胜，觞咏之繁，可与杭州西湖媲美”。古今称颂颍州西湖风景之美的诗篇多达259篇。南宋时，抗金名将刘锜在此地大破金兵，取得重大胜利。元朝末年，刘福通在这里领导了著名的红巾军起义。1928年4月9日，在以优秀共产党员和宣传活动家、中共皖北特委书记魏野畴为首的皖北特委领导下，阜阳爆发了我党历史著名的“四·九起义”，为阜阳历史文化增添了新的光彩。

阜阳剪纸、颍上花鼓灯等8项文化遗产被列为国家级非物质文化遗产、16项被列为省级非物质文化遗产。阜阳民歌感情朴实，曲调流畅，具有浓郁的乡土气息和鲜明的淮北特色。曾经广为流传的有《逃荒》《摘石榴》

《十大绣》《看戏》《货郎子调》《李玉莲》等。乐器有班鼓、边鼓、手板、大锣、小锣、水镲、大镲、架排云锣、班笛、小喇叭等，音乐豪爽奔放，善于表现喜乐欢腾的情绪。阜阳在安徽省享有“曲艺之乡”的美誉。源于或流散于全市的曲种有淮词、清音、莺歌柳、琴书、坠子、道情、大鼓、评书、三弦书、端公戏、灶书、莲花落、杠天神、讲圣谕、相声、大小铙等近20种。阜阳民间舞蹈有40多种，具有鲜明的民族风格和强烈的地域特色，其中花鼓灯舞蹈已蜚声海内外，自立于世界舞蹈之林而别具风姿。阜阳的传统庙会和民间灯会也是一条色彩斑斓的群众文化活动风景线。传统庙会除开展大型民间商贸活动外，也利用庙会唱大戏、演杂技、说曲艺、玩杂耍等。阜阳有名的灯会有界首灯会、颍州灯会、沙河灯会等，颇受群众欢迎。淮北梆子本称梆剧，又称高梆、土梆。其源系秦腔传入阜阳后吸取当地流行的坠子嗡、灶王戏及民歌小调，逐渐衍化成具有淮北地方特色的梆子剧种。阜阳教育、科技、学术、宗教、民俗、工艺独具特色，在全国和黄淮海流域都具有较大影响。

“明镜所以照形，古事所以知今。”习近平总书记在庆祝中国共产党成立95周年大会上强调指出：“一切向前走，都不能忘记走过的路；走得再远，走到再光辉的未来，也不能忘记走过的过去，不能忘记为什么出发。面向未来，面对挑战，全党同志一定要不忘初心、继续前进。”阜阳厚重的历史文化，在经济、文化、社会发展中起着极其重要的作用。它可以鉴史明得失、育人爱热土、凝心开民智、聚力兴大业，可以牢记历史责任、强化对外交流，推动经济发展，促进社会和谐。传承历史文化，弘扬社会主义先进文化，创造文化新辉煌，促进文化大繁荣，是时代赋予我们的重任。为全面总结、准确反映阜阳有史以来的灿烂文化，探讨文化事业发展规律，给全市人民提供一套科学、规范的文史典籍，为阜阳文化的大发展、大繁荣奠定坚实基础。根据市政协领导安排，市政协文史委员会组织我市（包括阜阳师范学院）有关学者、教授20余人多次进行研讨、论证，确定从阜阳文学、文物考古、艺术、工艺、学术、教育、民风民俗、宗教、历史名人、名胜古迹等十个方面入手进行整理、编撰，出版《阜阳历史文化》丛书。在近五年的编写过程中，许多专家、学者为此倾注大量心血和汗水，他们不畏艰难、无私奉献、殚精竭虑、严谨治学的精神使我们深受感动，他们在阜阳历史上也将留下璀璨的一页。

本书作者胡天生先生曾任阜阳市档案局副局长，是阜阳著名文史专家、阜阳市政协文史馆馆员、淮河文化研究会常务理事、安徽管子研究会理事、阜阳市历史文化研究会顾问。出于对故乡历史的痴情和本土文化的热爱，几十年来，他致力于挖掘、搜集、整理地方史料。2011年，他的《阜阳考古录》一书由中华书局出版后，受到国家水利、区划部门的高度关注，胡天生被誉为“阜阳的翦伯赞”（市人大主任胡明莹语）“当代郦道元”。这部《阜阳疆域建置沿革》以阜阳历史上的行政管辖范围为研究对象，厘清了阜阳有史以来的建置沿革、区域面积及四至，全书三十多万字，分为封邦建国、天下一统、动荡分裂、国势升降、版图扩张、走向共和五大部分，共二十章，胡先生在三年多的时间里，不舍昼夜，竭诚尽致，广征博引，不无证妄断，坚持真理，不迷信权威，求真务实，重实地考察，认真细致，不放过一个疑点，富于创新勇开先河，严谨考证又大胆推理，注重文献又辩证灵活，思路开阔不拘泥成说，破除历史上积淀的一些误解、误信和错讹，还历史真相。为了进一步证明阜阳老城就是汉代汝阴县城，他在典籍引证的同时，十分重视实地考察。他查阅《水经注·颍水》“颍水又东迳女阴县故城北”的记述，发现与今天的颍河从三里湾接纳泉河，直接南下大不一样。于是查找《阜阳市城区标准地名图》，实地考察出阜太路阜阳市早教幼儿园路东有一段残存的河道，向北直通颍河。书中写道，这段残存“向南的河道已经湮没，但对照《水经注》，这一段故道在北魏是存在的。又，三角洲西有‘老颍河、沙河塘’，是颍河故道直接流入三角洲西、不通过今颍河主道的历史遗迹。这段残存的颍河和老泉河弯道，证明秦汉的汝阴县城就是今天的阜阳老城”。上世纪80年代，有人提出“阜阳侯国在黄岭说”，一直被人们误信。胡先生在考证有关史料后，对此提出质疑。为了验证自己的观点，他三次到黄岭进行实地考察，并请市博物馆文物专家杨玉彬先生到黄岭对所谓“阜阳侯国遗址”的地表文物进行鉴定。杨先生看后认为黄岭只是新石器时代聚落遗址，没有汉代器物。胡先生经过反复阅读、仔细比较，对照正德《颍州志》等记录，最终确立了他的古阜阳城（阜阳侯国）遗址在临泉县白庙镇姚集村的新说。还有古胡子国所在地及其与汉汝阴县故址的区别，沈子国、沈丘县与今临泉县城的区别，南朝梁楼烦县的确切遗址、隋唐至明颍上县治所在地等，都是在实地考察、反复论证中逐步发现的。“千磨万漉真辛苦，吹尽黄沙始到金”，胡先生的《阜阳疆域建置沿革》填补了我市区域建置研究的空白，具有非常重要的史料价值。

组织编写《阜阳历史文化》丛书是一项浩大的系统工程，也是一项创新性的工作，由于我们经验不足，搜集、占有的资料、史料有限，加之时间仓促，对一些专题虽然组织专家多次讨论、论证、审稿、核稿，但我们始终强调文责自负，仍以编著者本人的思想观点和编写体例为主，这些观点和思想成果是作者的一家之言，难免有偏颇和不足之处，欢迎广大文史爱好者和社会各界有识之士提出批评指正，以利再版时加以修正。在丛书编写过程中，编著者充分借鉴了相关的资料和作品，在此我们对相关著作者表示深深的感谢。阜阳历史文化研究会会长、著名文史专家李兴武先生，阜阳历史文化研究会副会长、著名文学评论家陆志成先生，阜阳市博物馆副馆长、考古专家杨玉彬先生在百忙中挤出时间审稿、核稿，付出了大量心血，我们在此表示衷心的感谢；我们还对这部丛书编著出版过程中提供热情帮助的相关领导和专家表示崇高的敬意！

杨 新

2016 年 11 月 8 日

目　录

第五编　合奏第四曲：版图扩张

第六编　觉醒第五曲：走向共和

开 宗 明 义

一、名词释义

疆域，指的是一个管理机构所管辖的领土范围。分开来说，疆字从“土”，“彊”声（古音），本字为“畺”，本义为田与田之间的界线，引申为地界、边界；域则是在一定疆界内的地方。域字从“土”从“或”，“土”即领土，“或”就是古代的“国”字，字形是一个人手持武器（戈）站在一座城（口）边，在古代就是指领土的意思，“或”字下边的一横就是表示界线、疆界。“土”与“或”合起来，就是“国土”“领土”“辖境”的意思。《现代汉语词典》对疆域的解释是“国家领土（着重面积大小)”，未免偏狭。实际上旧志中几乎都有“疆域”一目，专门介绍本行政区域的四至八到，并不专指“国家”的领土。犹如“国土”本指国家领土，但各个地方所有的土地（抽象意义，包括田地、城区、道路、山川、沙漠、沼泽等)，也都属于国家所有，都可以称作“国土”。所以我们可以说：“阜阳市的国土面积是 9775 平方公里”，从中央到每个县都设有“国土资源局”。又，旧志对区域疆界的介绍主要以外部为参照，如“西到河南陈州若干里”，“东到江苏某州某县界若干里”，在今天看来也难以理解。其实古代缺少详细而准确的地图，不经过实地勘察，很难说清本行政区域的边界具体到内部的什么地方，而实地勘察又没有这个能力，也没有办法准确地绘制在地图上，只有以外地州县为坐标，希望它不要过两天就搬走。现在我们有了比较详尽的地图，可以改从内部介绍本区的疆界，不以外地为参照。这样做的好处是域内地名的变化自己可以随时掌握，而外部地名的变化（如淮阳改称陈州）则不可能这么快而准确。疆域的定位，只在有变化时标明具体位置（到今天的乡镇或行政村），其他时期尽量简略，以“今某县（市、区）东（西、南、北）界”的方式来介绍。本区历史上很多时间是以淮河为界，此时介绍南界时即标明“南到淮河”。

建置，指的是在一个地方建立或设置的管理机构。也可以分开来解释：建指建立，是一个地方自行组织的政权；置就是设置，是一个中枢机构（中央政权）在地方上设置的分支机构。从古文字分析，“建”是一个人手拿标志物（聿）到达（廴）某地，其开拓、初创之义十分明显；“置”是形声字，是拿一个网状物或筐类（罒）放置在那里，其为设置之义也是非常清楚的。建置有其特定的含义，专指地方权力或行政机构的建立、设置，不是指具体的、有形的建筑物的建造。

沿革，就是发展变化的历程。“沿”为形声字，从氵（水），右半部为声。它的本义是沿着河流走，引申为沿着特定的轨迹发展，即继承和发展。词语有“沿袭”“沿用”等；“革”是变化，单词有“革命”“革新”“改革”，成语有“革故鼎新”“洗心革面”。“沿”与“革”合在一起，就是继承、发展和变化的轨迹、历程。

二、研究内容

历史上阜阳辖境变化极大，抗战时期最大管辖面积达全安徽省的三分之一。本书主要以今阜阳市辖 8 个县市区为疆域研究内容，对于历史上辖境的扩缩作准确描述。

三国置郡以前，标出各建置（国、县、邑）所辖的大致边界；置郡以后，以总区域的疆界为主，兼及部分与今有别的县域疆界的细微变化。

民国时期的监察区、行政长官公署，在法律地位上不是一级行政区划，但具有实际管辖权，并得到地方（省级）法规的认可，可以视为一级行政区划。绥靖区属战时区划，出于中枢机构的临时决策而可以节制地方，军政统管，兼具行政权力，也可以看作一级行政区划。新中国成立后的专员公署、行政公署属于省派出机构，也没有得到法律的承认，但仍具有行政管辖权，大家都把它当成一级政区。这些都属于本书的研究范围。

本书以历史上的行政管辖范围为研究对象。新中国成立前中国共产党建立的红色根据地和革命政权，由于流动性大，变化多，资料少，考证、描述起来非常困难，可作专著进行研究，绝非本书所能容纳。此事有党史部门专管，且自 1949 年 1 月以后，根据中央“原边归界”的指示，已全部恢复旧有建置（部分地区有变动，本书有说明），故未列入本书研究范围。新中国成立后只简单介绍、考证行政区划的变化，国史掌故（见下）从略。

三、篇章结构

【建置简介】主要以历史时代（朝代）为分期，介绍本地的主要建置，即政权或行政机构的设置情况，使读者对这一时期本地的建置有一个大致的了解。秦统一中国以前，介绍这里的族群、部落、国、县、邑（城）及著名的建筑物；秦以后介绍当地的行政机构。

【疆域】过去的史志书籍，研究者由于史料奇缺，无力进行深入的钻研、探讨，故对于历代建置的介绍，偏重于行政机构的沿革，而较少介绍管辖的范围，尤其是前代的区划界线。本书在介绍行政建置的同时，另辟蹊径，着力于区划疆域的探讨，希望能还原历史上地方行政机构的管辖范围，供读者了解当时的概况，或可供决策者参考。旧志介绍疆域，主要是四至八到，以外界为参照；本书则着重介绍内至，以今天的行政区划边界为参照，附带简介外界四邻，以见不仅本地有变化，外地也是同样有变。

【附图】为便于读者直观地了解历代疆域的变化，本书附有阜阳历代疆域沿革图彩图。原拟随文插入各章，因为排版、装订困难，经与出版社责编协商，全部移至文前彩页之后。给读者造成的阅读困难，尚祈体谅。

【国史掌故】疆域、建置的变化，主要取决于政权的变化。所以我们在介绍疆域建置沿革的时候，不能不简要介绍一下国史。本书各章设“国史掌故”，即专门介绍历代政权的更迭，以彰显国家政权性质的变动，对于行政区划、行政架构的决定性影响。秦统一中国后的每个历史时期，以专节介绍国史掌故。因为秦汉以后，建置、疆域的变化，完全是由国家命运、行政命令决定的。不了解国史背景，就不知道为什么会发生这些变化，所以有必要简单介绍一下各个历史时期国家政权的演变和更迭。

但是，夏商周三代，实行封建制（封邦建国），有些政权属自主性质或在一定时期有自主权，有些则是由不同的王国分封的邦国。对于这些邦国，王国承认它们的治权，并提供保护；地方承认王国的主权，并向王国朝贡，但在纪年、正朔（历法）、治国方式、继承人和继承方式等问题上保留自己的主权，属于自治状态。不管是自主还是自治，这些地方建置都称为“国”，可以说有自己的“国史”。这一时期的建置，同时也反映了该“国”命运的变化。所以我们在介绍建置的时候，随文介绍国史，不另分节。

【国家建置】特定历史时期的国家建置，对地方产生根本影响，而且背景、含义较为深刻、复杂、影响深远的，另立“国家建置”予以专门介绍。

【建置简考】历史上的一些建置的变化，会由于时间久远、文献佚落、传述失真等原因导致现代人产生误解，所以本书在每章后作“建置简考”，对一些建置的来历、成因、变化、争议等进行考证，以期还原历史的真相，破除历史上积淀的一些误解、误信。

【附录】主要是秦汉以前的一些考证较为复杂，插入正文未免冗长，而且会影响阅读的连续性，破坏全书的体例，故于这一类的考证，附于全书正文之后，作为附录。

【正误】谭其骧先生主编的《中国历史地图集》，是迄今为止研究中国历史地理最好的一部地图集。但是，其中关于阜阳的边界，仍有数处失当，"文化大革命"后虽经修订，对于阜阳部分仍未作变动。如颍州（汝阴、阜阳）的东部、西部边界，《地图集》多以今界为依据，某些地方的界划甚至不知何所据而云然。而实际上由于建置的变化，古今疆界的差异很大，"以今例古"实等同"胶柱鼓瑟"。本书根据自己所见的资料（含本地旧志及未公开出版的资料）进行订正，并附"正误"以突出介绍，只是为了还原历史真相，想来不至于唐突先贤，无损于谭先生的日月之明。至于其他工具书中出现的错误，因为错处太多，或有争议，或须详细论证，则随代指出，或缀于《附录》，不在【正误】范围。

第一编

拂晓前奏：封邦建国

第一章　春秋以前阜阳境内的古国

春秋（前770—前476）以前，阜阳境内存在的、有文献和文物可考的古国、古地有：

胡国　今阜阳市颍泉区白庙集，归姓，夏早期建国于此。

吕国　姜姓，周初封于今河南新蔡县城（古吕镇），疆域抵今临泉杨桥西的延河。

沈国　临泉县古城子，姬姓，西周封于此（继承或瓜分了吕国的部分领地）。

养国　临泉杨桥。芈姓或姜姓，建国年代不详，或在春秋，或在商（姜姓）、西周（芈姓）。

豢龙氏　颍上县王岗镇郑家湾。董姓，夏初古国迁徙于此。

月己　同上，“己”为姓，应该是豢龙氏的同宗女（董“姓”实从己姓分出）。

女郎台　在阜阳老城西一里（今瑶海大市场），是胡国的观象台。

【疆域】

胡国　东到今利辛县刘家集镇东界，东南到颍上县城北，南到淮河，西南到阜南县地城镇，西到临泉杨桥—滑集一线，西北到界首北界，北到太和北界，东北以西淝河为界。

四邻　东邻钟离国，南隔淮河与蓼国相望，西与沈国为邻（早期与吕国为邻），西北为项国，北、东北为陈侯国地。

吕国　东到临泉延河—界南河，西到南汝河，南到淮河，北到泉河。

四邻　东为胡国，南界淮河为蒋国、黄国，西南为息国，西为道国，西北为蔡国，北为沈国。

沈国（前624年之前）　北到界首沙河以南，东到杨桥—滑集，南到延河与古吕国为邻，西到河南平舆县射桥镇西，以洪河与蔡国为界。

四邻　东为胡国，南为吕国，西为吕国、蔡国，北为顿国、项国。

养国　胡国附庸，孤城无界，仅有附近的一些领地。

【历史背景】

考古资料显示，早在新石器时代（约一万年—四千年前），阜阳地区就有人类居住，肯定存在过许多方国、部落，创造过辉煌的文明。但是由于文献的缺失，我们无法还原当时的历史。我们所能做到的，只能是依靠现存的文献和考古资料，尽量找出本地古代的方国、城池、族群，还原阜阳地区悠久的历史与文化。

阜阳境内，春秋时代之前，有文献可考的，存在过三个古国：胡、沈、养，同时与古吕国边界交叉。还有一些不知名的古代聚落（豢龙氏、西方）。对于这些聚落，我们甚至不知道它们到底是方国还是族群、部落，至于具体的位置，何时存在、何时消失，为什么会消失？怎样消失的？是播迁远方还是被敌国所灭？等等问题，我们更是无从知晓，只能从甲骨文和青铜器的对照中找到它们。但是从文献中我们可以看出，它的历史同样悠久而辉煌，只是由于时间久远，被尘封在了历史的长河之中而已。

一、胡 国

胡国的来历

阜阳地区有文献可考的、最早的方国是胡国。胡国的历史可以追溯到夏朝，约公元前21世纪—公元前16世纪，即新石器时代晚期到3600年前。胡国的祖宗是舜帝的乐正（教育和文化部长）夔（kuí）。《路史·国名纪》卷己：“胡，归姓。《世本》《左传》皆云‘胡子国，归姓’。归姓，夔出。”归姓是从夔演变而来的，这一点没有争议。但是，胡国的族姓是归，却有很多人存在误区，有必要辨析一番。

《左传·襄公三十一年》：“（鲁人）立胡女敬归之子子野，次于季氏。秋九月癸巳，卒，毁也。”于是鲁人另“立敬归之娣齐归之子公子裯（鲁昭公）。”杜预注：“胡，归姓之国，敬归，襄公妾”。这里的“胡女”即胡国的女儿。先秦妇女名号（名、国名、排行、谥号、丈夫的谥号等）在前，族姓在后。这里的“敬归”“齐归”就是谥号（死后给的总结性质的称谓）加族姓（娘家的姓）。所以，胡国归姓有史料依据。

有学者称胡国为姬姓，依据的是《左传·哀公六年》：“（齐人）使胡姬以安孺子如赖”，杜预注：“胡姬，景公妾也”。这里的“胡姬”也是胡国女，却是姬姓，岂不矛盾？其实不然，历史上确实有姬姓胡国，在今河南漯河市郾城区老城镇。但它只是郑国的附庸，是个不入流的小国，和阜阳的归姓胡国不是一回事。此时归姓胡国已灭六年。

也有人说阜阳的胡国是妫姓。这个说法也很早。梅尧臣《陪淮南转运魏兵部游颍州女郎台寺》诗就有“旧传妫氏女，将适（嫁）楚人时”，这里说“妫氏女”，就是认为胡国是妫姓国。阜阳的一些旧志也都说“胡子国，妫姓”。《安徽省志·建置沿革志》（安徽省地方志编纂委员会编，方志出版社 1999 年版。下称“《省志》”）第十一章第一节“历史沿革”谈到阜阳在西周时的分封情况，更言之凿凿地说：“著名的有康王姬钊（公元前 1004 年至前 967 年在位）封功臣、舜后裔陈满（妫姓）后裔于胡（子爵，位今阜阳市区西北 1 公里处，今为农校址），公元前 495 年为楚所灭，立国近 5 个世纪。”（第 827 页）说得丁一确二，好像编者真掌握了第一手材料似的。我们从上引《左传》及杜预注可以明白此说没有文献依据，最不靠谱。妫、归字虽同音，却出于不同的种族。我们从西周青铜器铭文中可以确证胡国是归姓国，那么，所有“胡子国，妫姓”，“胡公满后裔封于此”的说法都是空穴来风。《省志》关于胡国旧址“位今阜阳市区西北 1 公里处，今为农校址”的说法也是错误的，“阜阳市区西北 1 公里处”应该是古汝阴郡治、故陶丘乡遗址，而不是胡子国城。再者，按实际测量，“阜阳市区西北 1 公里”也不在农校（市农校距阜阳老城 2 公里以上），而是在今阜阳市交通局一带，有出土文物和文献为证。详细辨析见下文。

关于夔，首先要分清历史上的真实人物和传说、神话的区别。古代有很多关于夔的传说和神话。《山海经·大荒经》：“东海中有流波山，入海七千里。其上有兽，状如牛，苍身而无角，一足，出入水则必风雨，其光如日月，其声如雷，其名曰夔。黄帝得之，以其皮为鼓，橛以雷兽之骨，声闻五百里，以威天下。”由此生发出许多神异怪诞的传说。春秋末年鲁哀公就曾经问孔子：“听说‘夔一足’，是真的吗?”因为上古时代的中国人，认为有残疾的人是上天对他的惩罚，是“不祥之人”，不但不能做官，还要受到人们的普遍厌弃。所以，如果夔只有一只脚，他是怎么当上这个典乐（乐正）的呢？这说明鲁哀公就把真实人物和传说中的夔混淆了。孔子告诉鲁哀公，当年舜帝任命夔为典乐，夔制定音律，谐调五声（宫商角徵羽），流传于八方，天下人都佩服。有人认为应该给他派个帮手，舜帝说：“音乐是天地的精华，得失的节奏，只有圣人（聪明绝顶的人）才能够做得如此完美。夔能够做到这样，就是圣人，所以天下人都佩服他。像夔这样的有一个人就够了（若夔者一而足矣），不需要再派帮手了。”说的是有一个夔就能满足乐舞教育的需要，而不是夔本人真的只有一只脚。

孔子的话是有根据的。夔实际上是一个部落首领。在最古老的文献《尚书·舜典》里，就有这样的记载："帝曰：'夔！命汝典乐，教胄子，直而温，宽而栗，刚而无虐，简而无傲。诗言志，歌永言，声依永，律和声。八音[①]克谐，无相夺伦，神人以和。'夔曰：'於！予击石拊石，百兽率舞。'"（舜帝说："夔！任命你掌管音乐，教育这些贵族子弟，使他们正直而温和，宽厚而坚忍，刚毅而不暴虐，简约而不傲慢。诗表达意志，歌用悠长的曲调唱出来，乐谱依据唱腔而制定，音律和着乐调。八类乐器的声音能够和谐，不要乱了它们的次序，那么神和人都会因此而和谐了。"夔说："是啊！我敲击石磬，能使扮演各种鸟兽的演员跟着音乐一齐跳舞。"）

这段话里的许多词语，如"直而温，宽而栗，刚而无虐，简而无傲""诗言志，歌永言，声依永，律和声""八音克谐""百兽率舞"等，都成了我国语言中的成语、典故、术语。

由此可见，夔是舜帝时代的一个部落首领，后来"夔"成了这个部落的族徽。从古代的文字看，夔应该是一个戴着假面、头上插着禽类的羽毛、能够用一只脚跳舞的歌舞高手（见图1），传说中的"夔一足"由此而来。他能歌善舞，善于掌握音乐的节奏（"击石拊石"即敲击和按住石磬，以控制音乐的节奏），可以指挥庞大的乐队（所谓"百兽率舞"，其实就是打扮成各种鸟兽的演员），因此被舜帝任命为乐正。

这个记载保留在我国上古时代的文书档案集《尚书》中，它的真实性是不容置疑的。

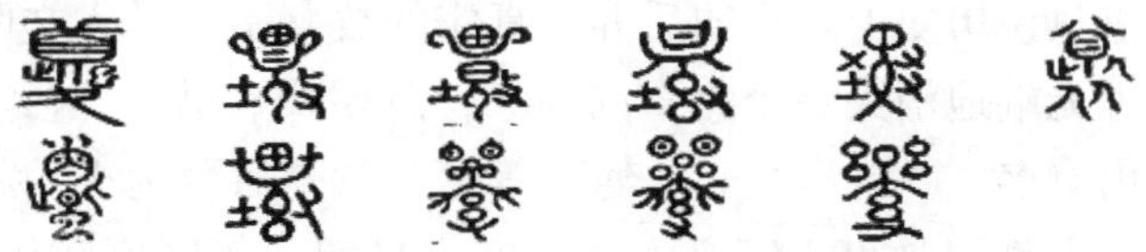

图1 "夔"字的各种写法（搜自百度百科"夔"）

那么，夔和皋阳有什么关系呢？

夔部落到了夏朝，仍然延续前代的职务——"乐正"。史载：乐正夔娶有仍氏女，此女不仅十分美貌，而且有一头漂亮的头发，"其光可鉴"

① 古代制作乐器的八种材料：金（如锣、钲）、石（磬）、土（埙）、革（鼓）、丝（琴）、木（拍板）、匏（葫芦丝）、竹（笛、箫）。

（“光可鉴人”这个成语就是从这位美女来的）。乐正夔喜欢得不得了，叫她“玄妻”，和她生了一个儿子叫伯封。史书上说伯封生性贪婪，外号“封豕”，意思是“大野猪”，最终被有穷氏后羿所灭。

后羿这个人也有神话传说和历史人物的区别。在神话传说中，后羿是个射掉天上9个太阳的大英雄。但据山东大学刘宗迪教授考证，这不过是对远古时代观察太阳位置以准确预测季节变化的图像的误解（见《失落的天书——〈山海经〉与古代华夏世界观》，商务印书馆，2010年版）；而在历史上，他是个居心叵测的野心家。他身为夏王朝的最高武官，侵吞了自己封国附近的许多小国，甚至于灭掉了夏王朝。所以，屈原《天问》中发出了这样的质疑：“帝降夷羿，革孽夏民。胡射夫河伯，而妻彼雒嫔?”（“上帝派下了夷族的后羿，祸害夏王朝的人民。他为什么射杀了河神，而娶了河神的妻子洛妃?”）可见从屈原时代，大家都认识到后羿是夏民的祸害。至于他杀死河伯（黄河之神），娶了河伯的妻子雒嫔，也是传说中具有神性的后羿的一大“功绩”。有人解释说这代表了人们征服、治理黄河的愿望，恐怕有点牵强。

附带说一下《天问》中的一个非常“冷僻”的词——革孽。我们说某个人或某件事让人非常讨厌、恶心，会说“真革孽人”，就是这两个字。这个词其实最晚从屈原时代就在用，现在仍活跃在老百姓的口语里。不过这个词现在被人写“白”了，写成了“膈应”。你在拼音输入法中输入geying，就会自动出现这个词，但其实应该是“革孽”。老百姓的口语能读准这个词，反倒是识字很多的人包括输入法写了白字，这真是中国文字的黑色幽默。

我们这里只说历史上真实的后羿。真实的故事是：进入文明时代的古人，不好意思无端地消灭一个无辜的国家，总要找点借口，污蔑对方，以表示自己师出有名。“封豕”“贪婪”等等，就是后羿为灭伯封编造的借口，以证明他灭夔国是出于正义。这其实是夏朝初年国家政权不太稳定，各部落之间互相兼并的结果，伯封贪婪与你后羿有什么关系？真正不好应该由夏王亲自处理，至少得有夏王的命令、指示、授权吧！你后羿说谁不好就不好，然后就把他灭掉了，那还要不要夏王这个天下共主了？

事实上后羿才真是贪得无厌，他甚至于把夏王国都灭掉了。《左传·襄公四年》：“昔有夏之方衰也，后羿自钼迁于穷石，因夏民以代夏政。”正是说后羿灭夏的事。后羿的封地在今河南商丘。《史记正义》引《括地志》云：“宋州宋城县，古阏伯之墟，即商丘也，又云羿所封之地。”《括地志》是唐初魏王李泰领导编纂的，其史料价值比起后来唐宪宗时的宰相李吉甫编的《元和郡县图志》要高。羿的封地在商丘，夏都阳城（今河南登封市告成镇），后羿灭伯封是灭夏的前奏。那么，夔、伯封的封地亦当在这两地附近，很可能在这中间。灭夔之后，夔族人南迁到胡也并不远。当然，这只是第一站。

后羿的下场非常悲惨。灭夏之后，后羿因为沉湎于打猎，政权和妻室都落到家臣寒浞的手里，他却浑然不知，最终被寒浞打死，并且煮成肉羹逼着他的儿子喝。他儿子不喝，也被寒浞杀死。据说寒浞打死后羿时用的是桃木大棒，桃木材质致密，制成的棍棒其重如铁，既称手又有杀伤力。因为桃木棒连凶猛的后羿都能打死，所以后人就认定桃木有驱鬼辟邪的功能：古人过年要在门上挂桃符，君主吊唁死去的臣子时要用桃枝拂扫棺材以祓除不祥；巫师镇墓是在墓地的四角钉上桃木橛子；就连道人驱鬼施法，用的也不是明晃晃金灿灿的青铜剑、赤金刀，而是玩具似的桃木剑。后羿用他的死证实了桃树、桃枝甚至桃木制品有巨大的辟邪功能，给我们留下了独特的“桃木崇拜文化”。

夏朝被灭40年后，夏王的遗腹子少康集结夏朝旧臣，消灭了寒浞和他的儿子，成功复国，然后又传了9世11王，至履癸（后人送外号叫“桀”“夏桀”）始为商汤所灭。由于夏朝有一段被篡夺的历史，这是历史上第一次出现这种情况，古人不知道该怎么计算夏朝的统治年代，于是就有夏朝历时471年和431年两说。很多人对于这种“矛盾”的说法感到不解。其实《竹书纪年》说得很清楚：“自禹至桀十七世，有王与无王，用岁四百七十一年。”这里的“有王”是指夏王在位，而“无王”是指后羿灭夏、寒浞代羿那40年。《史记正义》：“按：帝相被篡，历羿、浞二世四十年，而此纪不说，亦（司）马迁所为疏略也。”夏朝从大禹开国到夏桀亡国，一共历时471年，除去中间被篡的40年，正好是431年。所以这两种说法都是正确的，只不过一个是从禹开国直到商汤灭夏算，一个则是刨去了后羿、寒浞篡夏的年份。这和王莽篡汉15年算不算汉年、武周代唐的22年算不算唐年是一个道理，说算吧，却不是本朝的子孙在统治，甚至连国号、年号都改了；说不算呢，本朝的统治后来又延续了下来。这样的计年方式在禅让时代是不存在的，因为禅让制不存在篡夺的问题。但是，“万世一系”的帝王基业突然出现了这样一段“插曲”“闰数”，该不该算在帝王世系中，实在让人伤透脑筋。于是为了准确表述夏年，惜墨如金的古人只好特别加以说明：471年包括“有王与无王”，也就是禹、启一脉的统治和后羿、寒浞篡位的年代。

由于夏朝后来又复兴了，所以没人说夏朝有多坏。“成王败寇”就是这个道理。有意思的是，夏朝的第五个王、亡国之君夏后相娶的也是有仍氏的女儿（后缗），和玄妻是“一个庄上”的人。后羿灭夏的时候，她正怀着身孕，情急之下从狗洞里钻出来，逃回娘家有仍国，生下了一个儿子，就是后来复国的夏帝少康。这个有仍氏女，因为生下了一个复国的圣君，就没有人说她是导致夏朝亡国的祸胎。而可怜无辜的乐正夔的妻子却被愚蠢的古人认作罪魁祸首，说乐正夔亡国就是因为娶了她。春秋时晋国的大臣叔向的母亲就曾拿这个故事教育叔向不要娶漂亮女人——那个曾经害得许多男人为她杀身毁家的夏姬的女儿。叔向害怕，不敢娶，最后被晋平公所迫，还是娶了，结果导致灭族。这是中国古代“女色亡国论”的第一个牺牲品，诸如妲己、西施、杨玉环，都比她晚一两千年。

伯封被灭以后，后人被迫迁播远方，往南的迁到今豫东和苏皖两省的淮北地区，并在这一带建立了一些方国或部落（方国的意思是城邦国家或部落联合体，以一座城为中心的一群聚落，有基本固定的边界和中心政权），被称为“归夷”；往北的则融合于游牧民族。他们不忘祖先的荣耀，以夔为姓，后来因为方音和文字的不同演变为夔姓、归姓（南迁）、媿姓、嬇姓（北迁）、隗姓（南北都有，字音有别）等等。这些字在上古都是同音字，可以互通。或者更明白地说，这些字都是由夔字演变而来的。夔可以演变为姓，并且分化成多个姓氏，说明夔不是一个人的名字，而是一个部落、方国的名称。东汉王符《潜夫论·志氏姓》记载：“归姓胡、有、何”，胡国就是在这个时候建立的归姓方国。“胡”的本意是黄牛颈部下面的褶（《说文解字》：“胡，牛颇垂也”），在古文中更多的是作为“长寿”的意思。

夏商周三代胡国的踪迹

胡国在夏代没有留下什么记载。当然，也可能是有记载而今人没能释读出来。商代则出现很多不确切的记载和实物，能帮助我们大致还原古胡国的面貌。

龙虎尊

阜南县境内出土的商代青铜器龙虎尊（见图），主体尊腹铸有虎口含人的形象。殷商甲骨卜辞有“途虎方”“伐虎方”的文字。卜辞中“方”字意为人、男人、族人、方国，虎口含人其实就是“虎方”。而西周初年的青铜器铭文有“㝬”字，唐兰、李学勤等专家释为“胡”，并认为就在今天的阜阳，得到了学术界的普遍认可。“㝬”字从“害”从“夫”，而这个“害”字就是“虎”的正面形象（龙虎尊含着人头的虎也是正面形象），“夫”和“方”在甲骨文中字形、语义相通。也就是说，“虎夫”字其实就是“虎方”的另一种写法，“虎方”是两个字，“虎夫”字把它们合成一个字。所以，龙虎尊——虎方——虎夫——胡表达的是同一个意思，都是胡国的标志、族徽、国号。龙虎尊、虎方、虎夫字金文，形成了一个完整的证据链，确证商代的胡国就在今天的阜阳，商王武丁“途虎方”应该就是征伐胡国。（参拙著：《阜阳考古录·龙虎尊与古虎方》）经过这次征伐，胡国产生了分裂，一部分人留在原地坚守祖宗的基业，另一部分人则远走他乡，在经过多次迁徙后，到达现在的四川成都地区。于是我们惊奇地发现：在阜阳出土的商代青铜器龙虎尊，竟然也出现在四川三星堆的出土文物中！

女郎台

北魏郦道元《水经注·颍水》记载：“城西有一城，故陶丘乡也，汝阴郡治。城外东北隅有旧台，翼城若丘，俗谓之女郎台，虽经颓毁，犹自广崇。上有一井。疑故陶丘乡所，未详。”这是《水经注》中记载的今阜阳境内唯一的一处人文景观。女郎台建于何处、何时所建、建造目的、为何命名、形制如何、有何功用等问题，自郦道元以来直到当代，就都没人能说得清。笔者根据有关文献和当代学者的最新研究，加上自己对一些疑点的考证，得出如下结论（具体考证请参阅附录一：《千古悠悠女郎台》）：

北宋乐史《太平寰宇记》记载：女郎台建在“县（今阜阳老城）西北一里”，即今瑶海大市场一带。过去有专家把颍泉区工业园区内唐代花孤堆遗址称为“女郎台遗址”，没有根据。女郎台建于夏初，是伯封被灭其族人迁徙到这里建国后，为了观察记录日位、了解季节变化，以便安排农时而修筑的天文观测台。女郎台为两层高台，其面积至少有一公顷（15亩，10000平方米）。它不仅是天文观测台，而且是举行祭天大典、新君即位等大事向上天祭告的“告成台”。另外，它还是祭祀高禖神的地方。从汉代画像砖来看，高禖神是一个赤身裸体、乳房高耸、鼓腹挺胸、拖儿带女的孕妇形象。夏代以后，日位观测被星象观测所取代，观象台的功能消失；胡国被楚国灭掉后，“告成”的功能也归于消亡，而祭祀高禖神的功能还在，后人不知所以，见台上只有一个裸体女人，遂误称为女郎台。

胡国的归属

胡国在商周时期很可能不属于中原王朝，而属于同在一个纬度的徐王国（今安徽省泗县西北五十里。此据杨伯峻说），也就是淮夷集团。西周初年，徐王国相当强大。周成王时，以徐驹王为首的东夷人，在殷纣王之子武庚禄父联合管叔、蔡叔、霍叔发动的“三监之乱”的同时，也出兵伐周，一直打到黄河边上（《礼记·檀弓下》）。据《后汉书·东夷列传》，周穆王时，徐驹王的后代偃王率领九个淮夷方国进攻周王朝，又一次打到了黄河边上。连周穆王都害怕徐国的强盛，与徐国协商，把东方诸侯分给徐国管辖。徐偃王行仁义，得到各诸侯国的拥戴，从陆路朝贡徐国的就有三十六国。《后汉书》中关于东夷的记载有很多经不住推敲的地方，但是，徐偃王伐周这一段记载有甲骨文、金文印证，是可信的。胡国也应该在这三十六国之数，因为胡国也参与了偃王领导的反周行动，记载在穆王时期的钟鼎文中。我们看《春秋》《左传》，春秋时代最大规模的诸侯会盟，是定公四年三月，周王室召集晋、齐、宋、鲁、陈、蔡等国于召陵（河南漯河市召陵区），商量侵楚的事（最后由于晋国权臣的阻挠而泡汤）。这次会盟以周王室的名义召集，除了周王国以外，大大小小（宗主国和附庸国）加一块才十八国，恰好是朝贡徐王国的诸侯的一半，已经占了周王朝“天下”（势力范围）的差不多一半！这么一比，我们可以想见徐王国当时的排场。

徐偃王伐周的时候，周穆王正在远方外国旅游呢。所谓“分东方诸侯，命徐偃王主之”，不过是权宜之计。等到穆王赶回都城后，马上派出其主力野战部队——八师，镇压包括胡国在内的淮夷集团。在周军强大的攻势面前，淮夷集团很快分裂、溃败，投降了周王朝。但是，徐国并没有如《后汉书·东夷列传》说的那样在偃王之后就偃旗息鼓。从出土的青铜器铭文可见，徐国一直在称王。《春秋经·庄公二十六年》“秋，公会宋人、齐人伐徐。”杨伯峻注：“徐，国名，嬴姓。古徐子国在今安徽省泗县西北五十里。彝器有徐伯彝。又有郐王锠、郐王量鼎，则作‘郐’，与‘徐’同。甲骨文有‘夻子国’，夻国或即徐国。”按：夻今释为“途”，应该不是徐字（不确定）。彝器是徐国自己的宝器，可见徐一直在自称为王；而甲骨文所谓“徐子”，是商或周对徐的贬称，或是对那些父王死后没有正式继位的太子的称呼（或太子自称），不是徐国的爵位。

周穆王伐徐的时候，胡国处在最前沿，最先遭遇周军主力，很快就战败投降，成了周的属国。此后，“到西周晚期，胡国归姓公族中的胡叔娶妻胡姬，其后又有一胡叔娶妻信姬。最后到平王东迁前后，又有一胡叔娶妻吴姬。这些胡国公族成员的妻子都是姬姓，说明胡国已和西周的王族持续联姻，可能一直是与周和好，臣服于西周王朝了。”（张家琦：《安徽阜阳地区史略》第7页）

青铜器能够证明胡国的存在，却不能详述它的历史。直到春秋时代晚期，才有了不完备的文字记载。通过这些记载和后世的史料，我们基本能够还原周初胡国的大致状况。胡国的国君在《春秋》和《左传》中被称为“胡子”，胡国也被称为“胡子国”，意思是子爵小国。这是鲁国史官对它的称呼。鲁国是周公的封地，而周公是西周初期的摄政王，在周王室中的地位相当高。周公摄政期间，制礼作乐，奠定了中国传统文化的根基。因此鲁国在周王朝的礼乐文化建设中也发挥着不可替代的作用，那就是代表周王朝管理天下的意思。所以鲁国的观点就代表周王朝的观点。他们对于没有纳入周王朝版图、不向周王室进贡的方国，不论大小，一律称为“子”，意味着是最小的国家（周朝五等爵位制下面还有男爵，但男爵只是附庸，只依附于宗主国而存在，基本没有独立的权力，不算一个国家）。这是地缘政治前提下对周边国家、民族的贬称，是典型的地域歧视。孔子说过：“夷狄之有君，不如诸夏之无也。”那意思就是：你们这些住在边缘地区的蛮子，再强大也只相当于我们最小的国家。地域歧视非常明显。地域歧视是周王朝灭商后，为了保证周王国对周边国家、民族的优越感而建立起来的民族认同体系。周族经过了多少代人的努力，才灭掉了他们心目中的“大邦商”，心理上自卑的阴影总是挥之不去。于是由周公起手，建立了严格的等级制度，不仅人与人之间层次分明，连地方也都按照距京师的远近划分出不同的级别。实际上，西周初期，胡国向周王室进贡，那时曾经被称为“胡侯”，青铜器铭文作“㝬侯”。唐兰先生、李学勤教授等考释“㝬侯”时一致认为就是“胡侯”，并且认定就在今天的阜阳。从《左传》的记载可见，侯是春秋时期诸侯的通用称号。中原诸侯在国内都自称“公”，死后的谥号也都称“公”（包括只是男爵的许国），可是对于外国君主，则一律称之为侯，就连鲁国以及霸主齐桓、晋文也不例外。西周早中期的胡君被周王室称为胡侯，而到了春秋，则被鲁国史书称为“胡子”，是因为胡国脱离了中原王朝的统治，沦为了楚国的附庸。

胡国的都城

常听人们说：“阜阳古为胡子国”，这有两个意思：一个是指这里是胡子国的领地，另一个含义则是说胡子国的国都就在阜阳。前一种说法没有问题，现在阜阳市所辖范围内，在春秋以前大部分属于胡国的领地；但是如果以为胡国的国都就在现在的阜阳城，那就错了。胡国遗址不在阜阳城。

胡子国的旧址，《水经注》里有详细的记载，它就在颍河和老泉河弯道之间。具体的位置，在今颍泉区泉颍办事处白庙集西北约一里处。当地人称为“胡庙”。为了便于说明问题，我们把《水经注·颍水》中关于胡子国与颍水、汝水枝津（又称枝汝，即今泉河）、阜阳老城［西汉为女阴县（女读作 rǔ，即汝字），东汉改汝阴县，《水经注》称为“女阴县故城”］的文字集中起来，用简图表示如下：

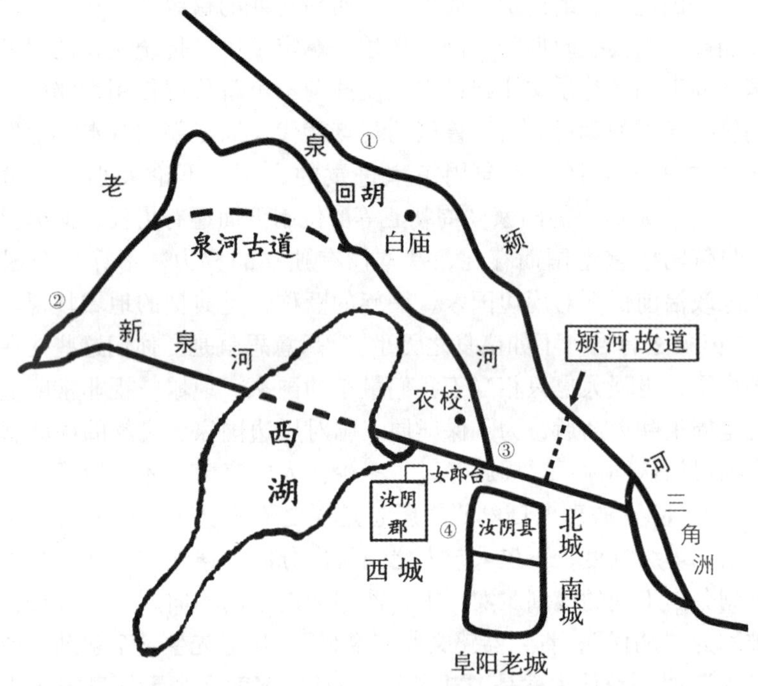

图 1　汝颍故道与阜阳老城等关系位置示意图

说明：图中数字与《水经注·颍水》对应文字

① 颍水又东南流，迳胡城东，故胡子国也。

② 枝汝又东北流，迳胡城南，而东（南）历女（音 rǔ）阴县故城西北，东入颍水。

③ 颍水又东迳女阴县故城北。

④ 县在汝水之阴，故以汝水纳称。

图中的新泉河是 1953 年 2 月到 1954 年依托白龙沟开挖的新河道，老泉河是泉河故道。从这幅图中我们可以看到：①颍水经过胡城东往东南流，这个胡城就是胡子国；②枝汝（泉河）向东北流，经过胡城（即胡子国）南，折向东南流，到女阴县故城（阜阳老城）西北，流入颍水。需要说明的是：本图泉河的河道是按照今天的样子描下来的，与 1400 多年前的《水经注》时代已有较大的不同。由于河流切割的原因，河道会向弯道的外弯拓展，固有的河道会更加弯曲，所以泉河河道比古代弯度要大很多，胡子国的对应位置已经不在今天老泉河弯道的顶端，而是稍偏，在弯道的东北。图中弧形虚线是古泉河河道复原图。

需要说明的是，阜阳城北的颍河（颍水）故道，也不是像现在这样从城东北直接流向三角洲，而是从现在的阜阳市早教幼儿园北，经幼儿园东，向南偏西流到阜阳老城的东北角，再汇合泉河（汝水支津）向东流，图中的虚线即那一段颍河故道，现仅存部分残迹。这在《水经注·颍水》和唐宋地理志书中都有记载。直到明朝初年，颍河才改道从三角洲东侧向南流。

但是，宋·乐史《太平寰宇记》卷十一《颍州·汝阴县》记："胡城，在县西北二里。春秋时胡子之国也"。此说导致后人许多误解和争议。清·道光《阜阳县志》（这是第一次厘清阜阳境内汝颍水系的志书）即主此说。上文引《省志》称胡子国城在今农校处，也是由此而来（里程不确）。而明·正德《颍州志》则驳称城西二里无遗迹，遂指今南城（鼓楼以南至南城河，东城河、西城河之间）为胡子国旧城。其实这些都是错误的。考证古城遗址，《水经注》是专著，而且时代更靠前，自然比后出诸说可靠，描述也更确切。我们通过对《水经注》的图解可以懂得：胡子国城确址就在今颍泉区白庙集西。而且隋末唐初还成为州治所在地（参见本书唐颍州部分），说明从北魏到隋唐遗址犹存，虽然没有进行考古发掘，但地表浅层零星出土的文物已经足以证实此地是古国遗址。而农校、南城二说，则既没有地理学文献的支持，也没有出土文物的佐证。

那么，"胡城在县西北二里"的误说是怎么来的呢？结合《水经注》对女郎台的记载，我们认为：**县西北二里的旧城不是胡子国城，而是女郎台所附丽的"故陶丘乡"，也就是曹魏直到郦道元时代的汝阴郡治。**

胡国的疆域

那么，胡国的范围有多大呢？经过我们考证，胡国的东界，当在今颍上县城颍河西岸、利辛县的西淝河西岸，隔颍河、西淝河与州来国相邻（最近的地方距阜阳不足百里）；西界当在临泉杨桥（距阜阳90里）；南到淮河，距阜阳100余里；北到界首、太和的北界，可能还有河南郸城县的一部分，距阜阳200余里。下面分别加以说明：

胡国的东界，到颍上县颍河西岸，利辛县的淝河东岸。东属州来，西属胡国。

公元前530年，楚灵王到达州来，停在了颍尾（今颍上县颍河入淮处），派出五位大将进攻徐国（今安徽泗县西北），想借此恐吓吴国。然后自己到了乾溪。《左传》上记载的是为五大将作后援，但距离这么远，显然起不到作用。实际上，据清华简《楚居》，楚灵王是定居在乾溪，以此为国都。楚灵王在乾溪建有章华台，台上有王宫。宋·沈括《梦溪笔谈·辨正（二）》：“亳州城父县（今亳州市谯城区城父镇）有乾溪，其侧亦有章华台……楚灵王十二年，王狩于州来，……次于乾溪。此则城父之乾溪。”实际上，乾溪的源头在今阜阳市颍泉区伍明镇北。民国《阜阳县志续编·卷一·舆地志》：“乾溪沟南通伍名沟，自韩家庙北流，经王老人集，入母猪港，过母猪港入淝河，与涡阳之乾溪沟通，北达涡河。相传春秋时楚子会诸侯于乾溪，即此地。”经实地考察，韩家庙在伍明北约10里处，阜涡路与济广高速的交叉路口，现已被济广高速覆盖。1958年“河网化”以前的乾溪，是从韩家庙往北，经今利辛县王人镇，穿过老母猪港，经汝（当地人读 yǔ）集镇西，向北到张村镇南入西淝河，再向北流，到亳州市谯城区城父镇入涡河。1962年修阜涡路，沿路开挖了一道“阜涡河”，乾溪自张村以南的这段河道，以及伍名沟（自韩家庙向南流，在周棚办事处抱龙村南界入济河，旧入茨河、颍河）都被取代，旧名消失。伍明镇关工委主任高汝轩、副主任姜友良二位先生都能指认乾溪在伍明。阜阳市文物局局长刘建生同志参与过韩家庙考古发掘，由于时间匆忙，仅见汉代器物若干。但地为夯土，疑为章华台旧址。楚灵王到州来而停留在颍尾，说明颍尾是州来的地方，当时颍河以东、西淝河两岸地区属于楚国所有。虽然此年楚已迁胡侯于荆（楚国改称楚之前的国名），但平王时胡君复国，《左传》有吴灭州来，而没有侵入胡国故地的记载，说明边界的划分是比较固定的。

胡国的最东界，当在今利辛县刘家集乡东界。此地到清朝还属于阜阳县，清同治三年（1864）建涡阳县时，从阜阳县拨出的四个集，其中就有刘家集，此前一直属阜阳县、颍州、汝阴县、胡国。这里需要说明的是：凤台（下蔡）和阜阳县（颍州）、颍上的地界，历代多有变动。《新唐书》载下蔡（今凤台）西北一百二十里有大漴陂，在今利辛县大李集镇。大李集原属胡集区，在胡集西北。清嘉庆《凤台县志》同样记载了大漴陂在凤台县境。而在民国时期的阜阳县志和地图上，胡集、李集（当时称“老李集”）都属阜阳县王老人集区张扬镇。这说明唐代以前胡集、大李集都属下蔡，可以确定下蔡的西北界到今利辛县刘家集镇西北界，到民国时期才划归阜阳。

建涡阳县时从阜阳县拨出的四个集，北起利辛县北界，南到利辛县城关镇南界，东到江集镇、刘家集乡东界，全部是胡国的地盘。

战国时秦国的甘罗，十二岁封为上卿，在历史上非常有名。《史记·樗里子甘茂列传》记载甘茂（甘罗的爷爷）是“下蔡人”。下蔡本是州来国，原是楚国的附庸，公元前529年为吴所灭，此后吴、楚反复争夺，春秋后期属吴。公元前493年，蔡国受楚国的欺压，蔡昭侯不堪忍受，向吴国求援。吴王夫差就把蔡国从今河南新蔡迁到州来，改名下蔡，就是现在的凤台县（也有人说在淮河以南，即今寿县附近，不确。另有考）。但是，甘罗的实际住址却在甘城。顾祖禹《读史方舆纪要》："甘城，亦在（颍上）县西北。《括地志》：'秦甘罗旧居此，城因以名。'罗，楚下蔡人也。杜佑曰：'故甘城。'梁于此置下蔡郡，有关。吴魏以来，关防津济之所也。今为甘城驿，颍河所经。"顾祖禹所说的县，是唐朝的颍上县，在今颍上县北十二里店（高河涯，涯字土音读 yé），颍河东岸，明朝天顺四年（1460）被泛滥的颍河冲毁后迁于今址。民国《颍上县志·舆地书下·古迹·甘城》记载："今考县西北颍水南岸有古城梗，一名高河沿。颓垣断瓦，触处皆是，相传此处旧为甘城。"地理志书说甲地在乙地的某个方位，如果不加里程，往往就是在它的附近，最多不超过二里。甘城在颍上县西北，就是在县城的西北角或不远处。甘罗是下蔡人而在甘城居住，说明直到战国时代，这里都还是州来（下蔡）的地盘，颍河西岸才是胡国的地盘。

可见胡国的东部大致到今颍东区口孜、杨楼一带，再往东、南就是州来（下蔡）的地盘了。

胡国的西界，当在今临泉杨桥（距阜阳90里）

公元前512年，楚昭王为了安置从吴国逃往楚国的两位公子，把他们封到养（临泉杨桥）和城父（亳州城父镇），割取胡国的土地为他们的封地。胡国的封地和养相连，说明这里本来就是胡国的领地。这个疆界一直保持到明朝。根据正德《颍州志》，今临泉境内当时没有建县，杨桥是颍州西乡和沈丘乡的分界处，杨桥以东属西乡，以西（延河西岸）属沈丘乡，中间以延河为界。此可证胡国的西界一直都是到今杨桥的。

胡国的南界，到淮河（距阜阳100余里）

这个没有什么问题，淮河是古代南北分界的天堑，跨淮而治的诸侯国恐怕只有州来国。我们找不到胡国领有淮南土地的记载，淮河以南是蓼国（国都在河南固始县蓼城冈），其势力范围也没有达到淮河以北。

胡国的北界，到今界首、太和的北界（离阜阳200里）

界首西北，是项国（今河南沈丘），早已沦为陈国的附庸；界首、太和以北和东北，是陈国的地盘：今河南鹿邑，古为苦县；安徽亳州，古之焦邑；亳州城父镇，古称夷邑，楚国侵入以后才改称城父。以上三地，春秋早期都属于陈国，后来城父被楚夺去。春秋末期，公元前479年，楚国灭了陈国，这一带所有的地盘就都属于楚国了。

在这个范围内，没有其他方国的记载，胡国是这一带唯一的政权。这样算起来，胡国东西宽接近二百里，南北长达三百多里，无论是按照周朝的封国制度，还是与周围的诸侯国相比较，胡国都应该算是一个中等国家。西周初期称它为“胡侯”，是符合实情的。这是本地人自己建起的政权，不是中央王朝分封的，属于“建”的性质。

二、沈国和沈县

今临泉县境内，建于春秋之前的，还有一个方国——沈。沈国的确切地址，在今临泉县西古城子。因为处在周王朝的“边远地带”，史料中的记载也是子国。但它其实是周王朝的封国，而且是姬姓，和周王室是同姓宗亲。更有资料说它是周王朝的开国之君周武王最小的弟弟季载的封地，但是我们综合各种因素考量，认为不大可能。而它是姬姓国则毫无疑问（见《后汉书·郡国志》）。

沈国、沈县之辨

由于历史记载的粗略，沈国迁徙的过程没有被记录下来，能够说清这段历史的人不多。临泉的学者只承认在临泉的沈国，不知道沈国后期的迁徙；而河南平舆的学者根据《水经注》关于㶏水（今洪河）流经平舆县故城南，“县，旧沈国也，有沈亭。《春秋》定公四年，蔡灭沈，以沈子嘉归。后，楚以为县”的记载，认为沈国就在平舆县境。只有理清沈国迁徙的过程，才能还原沈国的历史。

《水经注》的记载固然没错，沈国被蔡国灭掉之前确实是在就河南平舆县射桥镇。但是《水经注》没有记录沈国前期的地址和迁徙的过程。通过地方志书的记载，我们能够找到古沈国曾经在临泉的证据。

沈国的都城，以公元前624年为界，可以分为两个阶段：前期在临泉，此后在今河南平舆县射桥镇。公元前624年，因为沈国加入了楚国集团，中原诸侯晋、鲁、宋、陈、卫、郑六国联合伐沈。这六国无论哪一个拉出来跟沈国单打独斗，沈国都不是价钱，何况是六个大国呢？沈国人民哪见过这样的阵势，于是一哄而散，集体逃亡。楚国救援不及，六国烧杀抢掠一番后撤走。因为沈国已经不堪居住，楚国就把沈国人民安置在今河南省平舆县射桥镇，而把沈国故地改为沈县，这符合楚国一贯的扩张政策。这就是《左传》中既有“沈子”，又有“沈尹”的缘故。沈子是沈国的君主，是世袭制；沈尹是楚语对沈县县长的称呼，是由楚国任命的干部。两者不是一个概念。

明朝正德《颍州志》记载有“添子冢”（“天子冢”的讳称。明朝专有名词禁止使用帝、王、天、神之类神圣的字眼，甚至连前人的名字都被改了），在今临泉县泉河以北的一个支流（当时称“小汝河”）与双沟交叉口，距沈子国城仅10余里，对照书中附图，详其位置，当在界首市砖集镇谢庄行政村孙桥西北，与河南接界处。据说是古代小国国君（也称“天子”）的墓葬。这座墓明朝正统年间就已被盗掘，出土了大量的玉环、玉簪、金银器玩，盗墓者随即全家死绝，其旁支亲属找到残存的殉葬品埋回墓中，仍然封好。到写《颍州志》的时候（明成化年间）已经浸在水中，支离破碎，现在的状况如何，不得而知。这个“天子”应该就是古沈国的国君，因为那里距古沈国（今临泉县古城子）最近，而且附近没有诸侯国存在。沈国被迫迁都后，丘墓无人照料，先是被人们尊崇为“天子冢”，历世变迁，失其传承脉络，终被盗掘，凌夷后沦入河中。如果说是河南平舆县的那个沈国的国君或东部胡国的国君葬在这里，则是绝对不可能的。这是古沈国在今临泉的唯一证据。

古沈国后来成为楚国的一个县，也有据可考。《左传》中记载的沈尹，有沈尹寿、沈尹赤、沈尹射、沈尹戌、沈尹朱等等，他们作为楚国的大将，经常带兵出征。而他们的军队称为“繁阳之师”，繁阳在今临泉县关庙镇南（原鲖城区园艺场），显然是属于沈县，所以沈尹可以带领繁阳之师出征。

古人给一地命名或改名，往往大有深意。“平”和“丘”用于地名，都是表示“这里有旧地名”的意思。但是，二者有显著的区别：“平”是灭国以后在旧地名前加的“前缀”，一般都是战胜国在灭掉敌国后随即加上的称呼；而“丘”是缀于旧地名后的“后缀”，表示这里是从前某个国或城邑的遗址。凡是带“丘”字的，大多是旧国、城邑灭绝或迁徙后很久才命的名。因为临泉古城子曾经是沈国的故地，所以从隋朝以后这里才被称为“沈丘”。虽然从明朝初年就取消了沈丘县，明中期又把它“搬”到了今河南沈丘县老城镇，改属河南省陈州，但沈丘旧名一直没废。甚至直到1934年9月在阜阳西乡建县，以临泉取代了沈丘，“老沈丘”之名在附近的乡间还依然在用。笔者小时候，外祖母（在界首市砖集镇，旧属临泉）就曾告诉我：临泉以前叫“老沈丘”。而平舆县射桥镇在沈国迁徙到此之前为“舆”。蔡国灭掉沈国以后，不称“平沈”，而称“平舆”，就是《史记·白起王翦列传》“李信攻平舆”的平舆（“舆”是“舆”字的误写，或传抄之误）。所以，平舆最古的名称并不是沈，而是舆；沈国故地本来在沈丘（今临泉）。

沈国（沈县）的疆域

古沈国的疆域，可能比六国来犯后改为沈县的疆域要大得多。我们只能根据史料的记载来还原沈县的疆域，附带了解一下后沈国（在平舆县射桥镇）的疆域。

前文已经说过，胡国的西界到今临泉杨桥镇，杨桥以西就是沈国的地盘，所以古沈国的东界在杨桥西，与胡国以延河为界。西部，既然楚国可以把古沈国溃逃的民众安置在平舆（射桥镇），则平舆是沈国的西界应该没有任何疑问。射桥镇西有洪河，古名澺水，是一大片水域，《水经注》有记载，但是上古时期比郦道元时代大太多了。它应该就是沈国与蔡国（国都在今河南上蔡西南）的界河。向南，隔延河与古吕国为界。吕国被灭，其地自然归沈国。后来，楚国迁蔡国于古吕国，其地又全属蔡国。北面，有项国（河南沈丘）、顿国（河南项城市西），与沈国的分界线当在两国与沈国的中间。所以，沈国很可能就是处于泉河和洪河之间的一个小国。六国入侵后，其地两分，分界线应该就是明朝以前颍州沈丘县的西界。这段界线比较复杂，完全不是现在的样子，读者可以参考本书第十七章明代部分。大致说来，就是今河南沈丘县泉河以南的大部、泉河、颍河之间的东部地区。

三、古吕国

在今临泉境内，有一部分属于吕国（姜子牙受封的地方）。据河南新蔡县文联主席谢石华同志考证，伯夷佐大禹治水有功，被封于吕，就在今河南新蔡县。所以新蔡县城叫作古吕镇。《国语·郑语》所谓南有荆蛮、申、吕，这里正是古吕国的位置。临泉县姜寨镇，是古代“兵家之祖”姜尚（姜子牙、姜太公）的故里。姜寨在历史上长期属于新蔡县，大概直到唐朝才划归颍州沈丘县。唐朝贞观元年（627），沈丘县被废入颍州，鲖阳县（今临泉县鲖城镇）并入项县（今河南沈丘）。唐中宗神龙二年（706），重建沈丘县，隶颍州，鲖阳改入沈丘县。大概就是这个时候，姜寨划归颍州沈丘县。

姜尚于周初改封齐国后，此地仍是姜尚庶支的地盘。传世有“吕王”印，看来规模仍然不小。后来楚国北侵，此地正当其锋，早已被灭。1958年清理延河时，在姜寨附近河段曾出土过一块汉代石碑，上书“姜尚故里”四个大字。此碑当时运至临泉县政府保存，“文革”期间不知去向。

汉代人崇尚实证，没有经过考证就指某地为某名人故里，是会被人笑话的，所以，此碑可以作为姜尚在今临泉县姜寨镇的实物证据。关于姜子牙的身世，请参阅附录二：《姜尚综考》。

临泉西部、河南南阳、驻马店一带，上古是姜姓的地盘，中国许多姓氏，如吕、谢、申等，都起源于此。姜尚辅佐周武王夺取天下，初封于吕。后来商族诸国以及东夷、淮夷联合反周，周公八师东征，打了三年，才平定了商族的叛乱。为了镇抚边远地区，周公把自己的儿子改封于商奄故地，改称鲁，即今山东曲阜；把召公改封于蓟，改称燕，即今北京；把姜尚改封于蒲姑氏的营丘，改称齐，即今山东淄博。鲁、燕都是用原来的封地名取代旧有的地名，只有齐是新改的，据说是用天齐神的尊号为国名。因为齐地信奉天齐神，而太公治国，是“因其俗，简其礼”，故将国号改称为齐，表明自己是天齐神的后裔，代表神来治理本地。齐国后来被田氏篡夺，仍号称齐，为了区分这两个齐国，人们把姜太公建立的齐国称为“姜齐”，又因为姜姓初封于吕，所以也叫“吕齐”；而把田氏篡夺后的齐国称为“田齐”。

吕国的疆域

河南新蔡县文联主席谢石华先生，在相关文章中谈到过吕国的东部疆界，在“今安徽省临泉县杨桥—滑集之线以西”（见《姜子牙故里初考》，《志鉴》2010 年第 3、4 期合刊），但没有古吕国西部、南部、北部边界的考证，今补充考订如下：

吕国的东界，在今界南河

此说与谢石华的说法基本相同，杨桥—滑集一线有公路贯通，公路紧依界南河东岸而筑。那么，说古吕国的东界是“在杨桥—滑集一线”和“以界南河为界”不是一样吗？何必标新立异呢？其实二者很有区别。古国往往以河为界，平原地区尤其如此。界南河基本沿原润河故道而修，部分地区进行了裁弯取直，今天临泉老集一带仍保留润河的称呼。润河不仅是一条古老的河道，而且是夏商时期重要的水上运输通道。古润河比现在要宽很多，而且水流平缓，在造船技术不够发达的古代，这样的河流更有安全保证，更适于水运。以河流为界，既便于两国的交流，又便于划清两国的界线，而陆路就没有这样的优点。所以，说界南河（古润河）是吕、胡两国的国界，比较确切。还需要说明的是：古润河从今临泉老集（古驿口桥）东折往东南流，在临泉境内今称界南河，入阜南县境即为大润河，然后向东，横贯阜南县，进入颍上县境，到润河镇流入淮河。这样看来，古吕国的疆界很可能到达现在的阜南县甚至颍上县境内，说不定胡国的南界是润河而不是淮河——此说仅属推测。

吕国的南界，到淮河

作为一道天然屏障，淮河自古就比润河宽得多，作为界河是理所当然的。淮河以南是蒋国（河南固始县期思镇）和蓼国的地盘。

吕国的西界，到今南汝河

从新蔡县向西划一条直线到南汝河，以这条直线与南汝河的交叉点为中心点，向北，南汝河是吕国的西界，向南则可能包括南汝河以西的部分地区。这一线再往西，是息（河南息县西）、道（河南确山县北）等小国。

吕国的北界：以延河为界

延河现在基本是临泉的内河，由庙岔镇入境，东经姜寨、瓦店、长官，向东北折往杨桥镇，北入泉河。《水经注》称为三严水，上游河南人称之为“杨河”，实为“羊河”，应该是姜姓发祥的河流。延河以南属吕国，以北是沈国（在商朝应该部分或全部属于吕国）。吕国灭，其地属楚，部分归沈国。

以上的考订，都是基于大吕国的考证，即吕侯国的界线。周初吕侯改封于齐，吕国是否还有人继承？我们只能推测可能还有人继承，不过不是嫡长子，而是“小宗”；地盘也没有前期那么大。沈国初封可能就在这个时候，所以它的地盘明显要比吕国小很多。

四、养国和养邑

在今临泉县杨桥镇，曾经存在过一个古国——养国。关于杨桥之为古养国，古今学者不少都有误解。误解的根源，是由于明朝弘治十年（1498）在今河南沈丘县老城镇重建沈丘县，划归河南陈州，新建的沈丘县，不仅隶属关系改变，县地由颍州、陈州、项城拼凑而成，而且主要是县城向西迁了30里。而学者们不知其中的变化，误以为明朝的沈丘县就是元朝以前在临泉的沈丘县（有“东至南直颍州百二十里，北至南直太和县八十里”可证，这两个里程都是元以前沈丘的里程）。于是，根据“养城在沈丘县东”的说法，把本在临泉东杨桥的养国，误作在今河南沈丘县老城镇东，推测为在今界首（无确指）。具体怎么出的错，请参阅本书附录三：《养国、养邑三辨》。

杨桥本名养桥，因为那里建有一座桥（在延河上），在古代一直是颍州沟通西部的咽喉要道，记载在历代的地方志书中。到了元朝，由于颍州划归河南行省汝宁府（今汝南县）管辖，这里更是从颍州到汝宁府的重要通道。同时，这里又是泉河通往上游直至河南境内的重要码头，也是泉河通过延河到达上游河南新蔡县的枢纽。1935 年临泉建县以后不久，新任县长就着手兴修水利，疏浚延河，使它可以通航。在以水运为主的时代，杨桥兼控陆路和水路的交通枢纽，是一个十分重要的地方。

古养国的来历尚不清楚。养氏与楚国同为芈姓（源于姜姓），是同种同源的关系。养（繁体字为“養”）字从“羊”从“食”，应该是从楚国分出的、为楚国提供食物或养羊的一个族群（“食”在古汉语中又读 sì，喂养的意思）。从地理位置看，杨桥处于今延河流入泉河的河口以东，史料证实这里是胡国的西界。过了延河再往西就是沈国（后来成了楚国的沈县）的地盘，而延河上游（临泉姜寨）是姜姓的发祥地。这里东有强大的归姓胡国（颍泉区白庙集），西有周王室的宗亲沈国，芈姓（即姜姓）的这一支是如何留在杨桥的呢？是从上游的总支分流过来的？还是从别的地方迁徙过来的？抑或这里本来就是他们的地方，是胡国把这里变成了自己的殖民地？目前还没有材料可以证实其中的任何一种说法。根据姜姓的历史，我们倾向于最后一种猜测，即这里本来就是姜姓吕国的地方。因为姜姓比夔部落更强大，而且历史更久远。最主要的是：这里原先就是姜姓的地盘，夔部落是被迫迁徙到此才建立的胡国，是晚到的“客籍”族群。但是，胡国的立国者鉴于灭国的教训，特别注重发展国力，国势迅速强大，很快就占据了略大于今阜阳市的广大地盘，成了这一带最强大的国家。这时候，养国沦为胡国的附庸。

养国的四至，目前没有文献可考。可能它就是一座孤城，很早就被胡国纳入版图，成了胡国的附庸。

五、和西方豢龙氏

在颍上县东南部颍河入淮口旁边的王岗镇郑家湾，历史上曾经存在过一个神奇的部落或方国。在当地发现的商代青铜器中，有“豢父丁卣”、尊（见彩页）等，是夏朝豢龙氏的后代铸造的器物。据《左传·昭公二十九年》记载，豢龙氏是舜帝的养龙官，夏朝初年就被灭掉了。到了夏朝中期，夏帝孔甲还没有当王的时候，因为很会办事，深得王的欢心，王就赐给他四条龙。孔甲是帝不降的儿子，帝不降死后传位给弟弟帝扃，帝扃传位给儿子帝胤甲，帝胤甲死后才传位给孔甲，史书上没有记载是哪个王赐的龙。孔甲得到了龙却不会饲养，此时出身于“陶唐氏”的刘累从豢龙氏那里学到养龙的本领，给孔甲喂龙。孔甲很高兴，赐封御龙氏。从这件事来看，豢龙氏在夏朝初年被灭，并没有彻底消失，只是到了当时夏王还不知道的地方。我们从豢父丁卣的图案上可以确证豢龙氏的后裔就在颍上，他们把“豢龙”的技术传给了御龙氏。这里所谓的龙其实就是马。韩愈《衢州徐偃王庙碑》记：“周天子穆王无道，意不在天下，好道士说，得八龙，骑（应为‘驾’，整个西周直至春秋时期华夏民族都不会骑马）之西游”，而《列子》则说：“周穆王驾八骏之乘，西征昆仑”，可见古代的“龙”就是马。豢龙氏生活在舜帝时代，距今4000多年，而人类驯养野马的历史也是4000多年，豢龙氏应该是第一个掌握了驯养野马技术的家族。驯马的技术为什么会失传？因为中国在一万年前就已经进入了农耕社会，很早就学会了使牛，牛能耕田，能负重，也比较容易驾驭。但是，华夏人对于马这个腿脚麻利、脾气暴躁、好踢人、难驾驭、耕田负重又不如牛的家伙一直很无奈，所以驾驭马对我们的祖先来说是个让人头疼的事。主要还是没有发现它的用途，华夏民族的骑马技术还是在夏朝以后一千多年的战国时代才从匈奴人那里学来的（赵武灵王胡服骑射），而匈奴人会骑马也是在战国时代，根据《左传》的记载，春秋时代匈奴人打仗还全是步兵，而华夏族已经懂得车战，并且有完备的配合方法（中驭、左射手，右持戈或矛，每辆战车的后面还有一定数量的步兵），同时期欧洲人打仗也是车战，说明当时全世界都没有人会骑马。在夏朝根本就不知道该拿它怎么办，估计连驾车都不会，只是在朝堂上当个摆设，或者在战争中让它踢敌人。豢龙氏所掌握的“豢龙”，在当时确实是一门高深的技术。

传说中那个给孔甲养马的御龙氏刘累并没有完全掌握好养马技术，还是把马给养死了，于是他就把马肉煮了给孔甲吃，孔甲吃了感觉味道不错，还想吃，刘累拿不出来，只好逃跑。这大概是历史上第一个因为不称职而弃官的人。从这件事看，刘累应该是一个很好的厨师，叫他养马恐怕“屈才”了。真正的养马技术，还是掌握在淮河岸边的豢龙氏手中。

能证明豢父丁卣是豢龙氏后裔的，还有同时出土的“月己”爵。己是上古最古老的姓之一。很早就分出了昆吾、苏、顾、温、董五姓（其实应该称为“氏”。姓氏混称，在很早以前就开始了）。而豢龙氏正是董姓（董氏）的分支。《国语·郑语》：“董姓鬷夷、豢龙，则夏灭之矣”。这说明豢龙氏为董姓，其族源为古老的己姓。

古代男子称氏以别贵贱，女子称姓以别婚姻。因为“氏”的来源有封地、官职、谥号等等的不同，而庶民大众是没有氏的，所以称氏可以表明一个男人的地位；由于古代“同姓不婚”，所以女子出嫁，在提亲的时候就要称自己的姓，男方根据对方的姓就可以断定双方是否适合结婚。古代女子的姓缀于名（或排行）之后，所以月己爵的“己”字是姓，此爵是己姓国一个叫“月”的女子的陪嫁品。《封神演义》中大名鼎鼎的苏妲己也是己姓，月己和妲己是同族同源的关系。“妲”字拆为“旦”“女”，意即“像初升的太阳一样的女孩”，而“月己”即己姓国一位名叫“月亮”的姑娘。二者命名的意境相同。豢龙氏是己姓，月己爵又是己姓女的嫁妆，二者互相印证，可证豢龙氏的确就在今颍上境内。

据阜阳市博物馆原馆长韩自强先生介绍，铸有“月己”铭文的青铜器在国内只此一套，在日本倒有发现。日本怎么会有颍上县的文物呢？民国《颍上县志》记载：1944 年 4 月 27 日—5 月 10 日，倭寇曾经侵占颍上县 13 天，“凡其所到之处，遇财则掠，遇物非掠即毁。在颍城东里许颍水中，陈汽艇及帆船百余只，尽量载运所掠之物”，铸有“月己”铭文的青铜器应该就是在那个时候被抢走的。

己姓豢龙氏的所有文物就只有这些，此后的文献、文物没有丝毫记载。所以他们后来的情况，我们一无所知。或许他们就留在原地，默默无闻地繁衍生息，固守着老祖宗开辟的这片热土？或者他们远徙他方，从此消失在历史的长河里，只留下谜一样的遗物，让后人欣赏、揣摩？或者，他们渡淮而去，建立了州来国，所以这里一直是州来的地盘？所有这些，都只能是猜测，没有一个字的证据。

与“豢父丁卣”和“月己爵”同时出土的还有铭文为“酉”的爵。据阜阳市博物专家韩自强先生考证，这就是商代甲骨文中的“畱方”。甲骨文中有商王讨畱方的记载，专家推测这个“畱方”就在从亳州到颍上的范围。酉字爵的出土印证了专家关于畱方国方位的判断——就在今颍上县境内。

上海黄浦区业余大学退休校长、阜阳籍学者张家琦教授在《安徽阜阳地区史略》中说：“武丁时期，在阜阳地区的畱方与殷王朝是敌对的。于是殷王武丁和大臣弜等亲自带兵征伐畱方，畱方失败，臣服于殷。……祖庚、祖甲以后，再无征伐畱方和归方的卜辞。”

我们认为，武丁远征酉方，酉方不敌，但并没有彻底臣服于商，而很可能是渡淮以避其锋芒，在淮河以南重建自己的国家。这可能就是州来国的来历。

现在一说到州来，学术界都以为是在凤台。但是，据华南师范大学历史文化学院教授（原安徽省社科院历史所所长）陈立柱先生研究，州来古国其实在淮河以南。他根据《尔雅·释丘》“淮南有州黎丘”的记载，指出这里的“州黎丘”就是州来故地。这个说法很有道理。《左传·昭公九年》记载：楚国人把许国从故地迁到城父（今亳州城父镇），“取州来淮北之田以益之”，就是把州来在淮河以北的土地补偿给许国。州来有“淮北之田”，说明它当时还在淮河以南，州黎丘应该是州来被灭以后留下的废城，就在今寿县一带。

寿县在战国为寿春，是楚国最后的国都。但在战国以前，却没有任何文献记载，的确令人费解。通过对《尔雅·释丘》“淮南有州黎丘”的破解，我们可以知道寿春之前就是州来。又通过《左传》“取州来淮北之田以益之”，得知州来在淮北还有一部分领土，是一个地跨两淮的大国，足以抵抗商王朝的侵略，把国脉一直延续到春秋时期。

必须说明的是：月己爵是已婚女子的嫁妆，古代同姓不婚，月己所嫁的对象不能是豢龙氏。月己爵又和西字爵同一个地方出土，则月己的夫君应该是西方国的国君。如此推测，西方国不是己姓国。

那么，西方国是怎样变成“州来”的呢？上古西、酒同音，许慎《说文解字》：酒，“从水从酉，酉亦声。”徐铉注音为“子酉切”，用现在的注音酒字读 ziu，与“州”音同或接近。需要说明的是：徐铉注的音是南方音（五代时南唐音），“子酉切”表明“酒”和“酉”的读音已经分化。而许慎“酉亦声”则表明在汉代酒、酉根本就是同音字，也与“州”同音。另外，现在读 you 的一部分字，上古就有 zhou 音，如“由”和“轴”是同音字，《说文解字》：“轴，持轮也，从车由声。”徐锴（徐铉的弟弟）注：“当从胄省。”就是说轴字的声旁并不是单纯的“由”，而是“胄”省去了“肉（月）”。其实徐锴注说的是轴当读去声，与车轴的轴读平声的古音不同。这可能还是以南音正北音。《说文》胄：“胤也，从肉由声。”都是 you、zhou 同音的例子。这样看来，淮南的州来，是西国人所建的来（赖）国，为了不忘自己的祖国在西方，所以自称“西来”，外地人不知道，另外当时人们用同音字记录姓名（如《左传》费无极，《史记》记为费无忌，秦穆公作秦缪公，鲁僖公作鲁釐公等等）、地名（阜阳市颍泉区伍明镇，本以伍鸣名镇，今作“伍明”，旧志中有作“仵名”者）非常普遍，所以《左传》中把西来记为州来，从音韵学的角度来看，并没有什么不对。西来、州来一音之转。

“州”作为淮南州来的地名可能一直延续下来，只不过变为了“寿”，州，《说文解字》注“职流切”，寿“殖酉切”，古音同。寿加春字，就是战国时楚国最后的首都寿春。寿春作为地名一直使用到明朝初年改为寿州而取消州下辖县，长达1600年以上，是有文字记载以来、到目前为止寿县历史上使用得最长久的地名。

第二章　春秋时期：楚国的北方军事基地

春秋时期，阜阳境内古国古地有文献可考者有：

胡子国　今阜阳市颍泉区白庙集。

鹿上　阜南县公桥乡阮城集，宋、齐、楚三国会盟之地。

沈县　临泉县古城子。楚封孙叔敖。

伍邑　颍泉区伍明镇。邲之战后封伍参。

椒邑　阜南县焦陂镇。公元前547年增封伍参的儿子椒举（伍举）。

繁阳　临泉县关庙镇毛明村。楚国在北方的军事基地，楚国著名的“繁阳之师”驻扎于此。繁音pó（婆），因地处繁河（今地图标为流鞍河，当地人仍称繁河）以北为名。

慎邑　颍上县江口镇汤圩子村。白公胜封邑。

养邑　临泉县杨桥镇，养由基或其先人封邑。

【疆域】

楚国侵入本地前，疆域没有变化。本地被楚国侵夺后，所有的封国、封邑都没有可考的四至边界。

春秋时代，文献记载较详细，许多史实较为清晰。本地出现了许多著名的历史人物，发生了一些重大事件，但由于过去史料的缺失和地理考证的舛误，发生在这里的许多事件被嫁接外地。发生地的错误，导致许多史实变得模糊不清，缺乏逻辑，甚至颠倒错乱，根本不能自圆其说。本章将根据历史文献的记载，以本地的人物、故事为主线，串讲这一时期的疆域、建置沿革史。对于历史上错乱的地名考证，随时指出其错误所在和致误原因，以期拨乱反正，还原历史的真实面目。

这里先介绍几部研究春秋时期历史的文献。首先是《春秋》。它是鲁国史官根据各国通报文书记录的春秋时期的历史，“春秋”这个时代就是根据这部史书命名的。《春秋》一直流传至今，是最可靠的历史记录。但是，由于它的文字过于简略，后人看来简直不知所云，所以后来就出现了几部专门详解春秋时代大事的“传”。最早的“传”是在春秋晚期成书的

《春秋左氏传》（亦称《左氏春秋》，简称《左传》），它是学者根据鲁国公室档案编纂而成的，是最为可靠的春秋时代的历史。基本记载同一时期历史的还有一部《国语》，分国别记载当时几个大国的一些重大事件和重要言论，侧重于言论。据说《国语》是编纂《左传》时剩余史料的汇集，但其内容上到周穆王（西周中期），下讫晋国智伯被灭（前453年，战国早期）并不全是春秋时代的事件，倒很可能是晋国公室档案的残余。古代史学界把《左传》称为《春秋内传》，而把《国语》称为《春秋外传》。

为《春秋》作传的著作还有：《公羊传》（亦称《春秋公羊传》），相传是孔门弟子子夏的弟子、战国时齐人公羊高所传。西汉景帝时由其玄孙公羊寿与胡母生一起写成文本；《谷梁传》（亦称《春秋谷梁传》《谷梁春秋》），据说也是子夏传给其弟子谷梁俶（亦名谷梁赤，字元始），以后代代相传，也是到汉代才写成文本。

《左传》《公羊传》《谷梁传》合称“《春秋》三传”。《公羊传》和《谷梁传》都是阐发所谓《春秋》“微言大义”的注解体，着重宣扬天命思想，以证明贵族统治的合理性，斥责和贬低造反、暴乱的贵族和平民，所以很受汉代皇帝的欢迎，被列入学官，成为汉代儒生必读必考的教科书，而《左传》《国语》则被排挤在外，只在民间传习。具有讽刺意味的是：据今人研究，所谓《左传》，其底本就是孔子根据鲁国档案编修的史书，即所谓的“孔子《春秋》”（见姚曼波：《〈春秋〉考论》，江苏古籍出版社，2002年版。还有《孔子〈春秋〉原貌考》，《左丘明因孔子史记具论其语考》等论文）。《左传》不入学官，在“独尊儒术”的汉代，实在是个天大的笑话。

除了“《春秋》三传”和《国语》外，《竹书纪年》也是常用的史料。它是春秋时代晋国史官和战国时代魏国史官的编年体史书，本是魏安釐王（一说魏襄王）拿来陪葬的，到西晋太康二年（281）被盗墓贼挖了出来。《竹书纪年》记录了从夏朝初年到魏襄王之间的重要历史事件，对研究整个先秦史都有很高的价值，不只是春秋历史。此书出土后西晋朝廷组织人员进行了整理。但是，不久就遇上了导致国家分裂、动荡的“永嘉之乱”，竹简亡佚，只有整理本流传。到了宋代，整理本也失传。今有辑本，内容当然不能与整理本相比，更不要说原本了。

此外有近代以来陆续出土的大量楚简、秦简等，可以补现存史料之不足，其中尤以楚简为贵，因为本地长期处于楚国的统治之下。清华简《系年》《楚居》对研究本地春秋战国时代的历史尤其重要，可以澄清正史的许多误说。

了解历史事件，以时间为经，以地点为纬，以人物为角色，写剧本、小说是这样，研究历史也是这样。弄不清事件发生的先后，就不能清楚地了解历史。所以这里先将春秋时期与今阜阳有关的大事列表如下，以期使读者有一个大致的、直观的了解。

春秋时期与今阜阳有关事件时间表

公元年	鲁公年	楚王年	相关事件及背景
前 656	僖四	成十六	齐桓公和管仲率八国诸侯侵蔡、伐楚。背景：楚国已经侵入今河南南阳地区，并且深入中原腹地，蚕食陈国、蔡国周边地区
前 648	僖十二	成二十四	楚国灭黄（河南潢川），开启了从东路北进中原的通道
前 645	僖十五	成二十七	管仲卒年。齐桓公霸业走向末路
前 639	僖二十一	成三十三	宋、齐、楚鹿上之盟。鹿上在今阜南县。楚国侵入本地的最早记录
前 633	僖二十七	成三十九	楚伐宋。城濮之战拉开序幕。蒍贾观子玉治兵，料其必败
前 624	文三	穆二	晋、鲁、宋、陈、卫、郑六国伐沈，沈溃。在今临泉的沈国不复存在，迁往河南平舆县射桥镇。旧沈国被楚国建为县（沈县）。中原诸侯仍很强大，楚国集团遭受侵犯，没有报复
前 605	宣四	庄九	蒍贾死。背景：蒍氏被剥夺封地，孙叔敖沦落为平民。同年，楚灭若敖氏
前 598	宣十一	庄十六	楚、陈（夏徵舒）、郑会盟于辰陵（夷陵）。夷陵即今颍上六十铺，楚地。《颍州府志》：“旧以为列国君之陵墓。掘地得古砖，可作砚，呼夷陵砚。”
前 597	宣十二	庄十七	晋、楚邲之战，楚国大胜。伍参以此功封于伍（颍泉区伍明镇）。孙叔敖此前已经封于沈（临泉）。所以战前伍参为“嬖人”，孙叔敖为“沈尹”。此战孙叔敖无功，故孙、伍二人由此生怨
前 575	成十六	共十六	晋楚鄢陵之战。楚军战败。养由基一箭成名。影响：楚国失去霸权，晋国也无力中原称霸
前 569	襄四	共二十二	春，楚师为陈叛故，犹在繁阳（临泉关庙镇毛明村）。繁阳首次出现

（续表）

公元年	鲁公年	楚王年	相关事件及背景
前 560	襄十三	共三十一	楚共王死，吴人侵楚，养由基诱敌深入，大败吴师。吴人乘丧伐楚，不守战争规矩
前 558	襄十五	康二	令尹子囊死，重新组阁：公子午为令尹，公子罢戎为右尹，蔿子冯为大司马，公子橐师为右司马，公子成为左司马，屈到为莫敖，公子追舒为箴尹，屈荡为连尹，养由基为宫厩尹。此可见楚官职排序
前 547	襄二十六	康十三	伍举奔郑。好友声子劝令尹子木接伍举回国，加封椒邑
前 545	襄二十八	康十五	齐侯、陈侯、蔡侯、北燕伯、杞伯、胡子、沈子、白狄朝于晋。胡国始见于《左传》
前 540—前 529	昭二至昭十三	灵元至灵十二	楚灵王迁都乾溪，建章华台、王宫。影响：奠定了楚国北方的军事中心
前 538	昭四	灵三	楚灵王率蔡、陈、许、顿、胡、沈、淮夷伐吴。胡国始见于《春秋》
前 535	昭七	灵六	楚灵王在乾溪建章华台、章华宫，奠定了楚灵王、平王时代楚国的首都
前 529	昭十三	灵十二	逃亡国外的公子比、公子皙和公子弃疾，煽动国人叛乱，推翻楚灵王。公子弃疾杀害了两位哥哥，自己当王，是为楚平王
前 523	昭十九	平六	楚平王为太子建娶妻，而自娶之。平王仍驻乾溪，梳妆等地名来历清晰有据
前 522	昭二十	平七	楚平王欲杀太子建，子建奔宋。平王杀伍奢、伍尚，伍子胥奔吴
前 522 ~521	昭二十至二十一	平七至八	宋国华氏作乱，宋公请晋、齐、卫为助，华氏请楚人为助，太子建遂奔郑
前 520	昭二十二	平九	太子建奔晋，晋约其为内应以伐郑。邑人告发，郑人搜得晋国间谍，杀太子建
前 519	昭二十三	平十	吴人侵犯州来，楚平王派令尹子瑕救之。吴军按照伍之鸡的指挥，挖长沟引淮河水淹州来，是为“鸡父之洍”。吴人迎平王前妻郹阳封人之女，并取其宝器以归。楚司马薳越追之不及，乃缢于薳澨

（续表）

公元年	鲁公年	楚王年	相关事件及背景
前512	昭三十	昭四	楚国安置前来逃难的吴国公子掩余、烛庸于养（今临泉县杨桥镇）。此举被视为对吴国的挑衅，并为吴伐楚埋下了伏笔
前506	定四	昭十	蔡昭侯请中原诸侯伐楚，因未满足晋国大臣的贪欲，被拒。蔡灭沈。吴国行人伍员至蔡，约伐楚。冬，蔡、吴、唐、陈、胡伐楚，柏举之战，楚军大败，令尹囊瓦奔郑。吴军入郢都。申包胥请秦国出师助楚
前505	定五	昭十一	秦助楚复国。越国侵入吴国，吴夫概王自立被逐
前504	定六	昭十二	郑灭许，因楚败也。吴军屡败楚师。楚迁都
前496	定十四	昭二十	楚灭顿，八年来首次对外用兵。自昭王复国以来，除次年被动防御吴国来犯外，八年休养生息，不见于《春秋》经、传
前495	定十五	昭二十一	楚灭胡
前479	哀十六	惠十	王孙胜请伐郑复仇，令尹子西许之。晋伐郑，楚救之，胜怒。在慎邑败吴师，借口献俘，作乱。杀令尹子西、子期。叶公诸梁平叛
前478	哀十七	惠十一	楚灭陈。《史记》作惠王十年事，误

说明：以公元纪年为纲，按照时间顺序排列春秋时期发生的一些与今阜阳及附近地区有关的重大事件。因为这些事件大都记录在鲁国史书《春秋》《左传》中，为便于对照，分别列出《春秋》《左传》鲁国各公、楚国各王及年代，以及这些事件的背景和寓意，以便认真的学者、读者按图索骥。公元纪年用阿拉伯数字，鲁国、楚国纪年用汉文数字，表明前者用阳历，而后者用阴历。

一、侵略者闯进我家乡

春秋早期，楚国开始北进中原。楚人本是重黎之后，老大为昆吾，封地在许（河南许昌东三十六里古城）。老六季连就是楚人的祖先。季连的后代熊绎，在周武王时率领族人参与了灭商行动。西周初年，成王追记文王、武王时代勋臣的功劳，封熊绎于丹阳（今湖北秭归县东），为蛮夷小国，子爵。其地处于荆山之南，遂自号其国为“荆”。楚之立国就在此时。但是，周的所谓封爵，其实就是允许楚人在这一带活动。这和东周初年周平王封秦人于西周故地一样，就是划给你一片地方，西周已经残破不堪收拾，划给秦只是一个顺水人情，压根儿没想到后来会那么强盛。楚人受封也是一样，当时列国林立，荆山一带远离周王朝的统治中心，当地人根本不把周王朝放在眼里。像楚国这样的所谓封国，稍不留神就可能被周围的小国给灭了。其生存之艰难，可想而知。好在经过许多代人的励精图治，楚国迅速强盛起来。周夷王时（公元前894—前879），王室式微，楚人趁机大肆扩张，吞并了周围的一些小国，国力迅速壮大，并谋求向当时的“天下”中心——中原发展。

到了楚武王、文王时代，楚人突破汉水，到达淮河上游的申（河南南阳北）、邓（湖北襄阳县邓城），并且攻破息国（河南息县西）、蔡国（河南上蔡），杀死了息侯，俘虏了蔡哀侯，引起了中原诸侯的恐慌。

公元前656年，楚成王十六年，势头强劲的“春秋第一霸主”齐桓公带领齐、鲁、宋、卫、陈、郑、许、曹之师伐蔡，蔡国迅速崩溃，诸侯之师乘胜伐楚。但是，当楚成王（楚文王之子）派出使者质问“为什么侵犯我们边界”的时候，诸侯的代表管仲的回答令人意外，他没有告诉楚国使者：这里本来就不是你们的地盘，是你们侵占了别国的领土，侵略者滚回去！更没有采取任何军事行动，只是轻描淡写地责备楚国为什么没有向周王朝进贡苞茅（祭祀时过滤酒的茅草）。在楚国使者承认“错误”并保证今后一定按时供给后，诸侯联军和楚国在召陵（河南漯河市召陵区）会盟，约定互不侵犯，然后就“体面”地撤离了。

会盟期间有一个小插曲，充分说明齐国为首的中原诸侯集团的外强中干：会盟之前，齐桓公向楚国使者屈完展示诸侯之师的强大阵容，得意而骄横地说：“以此众战，谁能御之？以此攻城，何城不克？”不料屈完不卑不亢地回答：“君若以德绥诸侯，谁敢不服？君若以力，楚国方城以为城，汉水以为池，虽众，无所用之。”（“您如果用道德来安抚诸侯，谁敢不服从？您如果以武力来征服我们，那我们楚国以方城做城墙，汉水当城河，您的军队再多，也没有用武之地。”）齐桓公遭此反击，哑口无言，十分无趣。

伐楚诸侯的领袖是齐桓公，他所任用的宰相就是春秋第一贤相管仲。根据《史记》的记载，管仲是颍上人。据专家考证，管仲故里在今颍上县建颍乡管谷村。管仲的父亲管庄是齐国的大夫。管庄早死，家道中衰，管仲为了生计，与鲍叔牙合伙做过生意，也当过兵，结果都不理想，与他既定的目标差距太大。后来管仲成了公子纠的老师，而鲍叔牙则辅佐公子小白。齐襄公晚年，政治混乱，公子纠和小白为了避祸，分别逃出齐国。后来内乱平定，管仲带公子纠回国。齐国权臣高氏、国氏提前召小白回国，并发兵击退了护送公子纠的鲁国军队。公子小白就是后来大名鼎鼎的齐桓公，他当上齐国君主后要让鲍叔牙为相，鲍叔牙不肯，说："如果您要称霸诸侯，非管仲不可。"齐桓公听从了鲍叔牙的意见，放弃前仇，把管仲从鲁国要回，拜他为相，成就了春秋第一霸业。

楚成王时楚国国力正盛，齐桓公敢于讨伐，已经是很大的勇气。但是，这次的讨伐不仅没有阻拦住楚国北进的步伐，反而使楚国看清了中原诸侯的软弱，助长了楚国的嚣张气焰。第二年，楚国就出兵灭掉了亲近齐国、疏远自己的弦国（河南光山县西北，隗姓国，和胡国源自同族），给齐国一记响亮的耳光。

据《史记·楚世家》记载：楚成王元年（前671）派人向周天子进贡。当时的周天子是周惠王，告诉他说："镇尔南方夷越之乱，无侵中国。"（"治理你们南方蛮夷和越国地区的乱象，不要侵略中原了。"）这个记载是可信的，因为同一年的《春秋》也记载："荆人来聘"。向周王室进贡的同时向鲁国馈赠礼品，是当时通行的做法。就是在这一时期，楚成王把楚国北侵的重点放在了今阜阳地区。这里正是淮夷的势力范围，不属于"中国"，算是没有违背周天子的嘱咐；而且这里是淮夷的边缘地区，取之如探囊取物，十分容易。后来发生的鹿上之盟（见下），证明楚国侵入本地就在成王时期。此后以这一带为基地，向北方大肆扩张，给中原诸侯带来了一大堆的麻烦。

楚国的开拓和征服非常有特色：它采取的是典型的"农村包围城市""先蚕食后鲸吞"的战略。楚国的开拓者们每到一地，总是先夺取中心政权周边的地域，或直接在适宜人居的野地、要津建立城邑，然后把这些"不出名"的小地方赏赐给"开拓功臣"，让他们在此封邦建国，或作为军事基地，却很少硬碰硬地直接灭掉当地的中心政权。这样做能够巧妙地避免与当地的大国决战，却能大大削弱该国的经济实力。经过一定时间的发展，就可以反客为主，全盘掌控当地的局势了。他们就像寄生在宿主身上的赤眼蜂一样，当把受害国的领地蚕食殆尽时，他们就成了这里的宗主国，而原来领地的主人反而变成了楚国的奴隶和附庸。如果胆敢反抗，那就毫不客气地予以消灭。由于先前已经建有政权和军事基地，采取军事行动的时候不需要调集大军和转运辎重，消灭这些地方政权时真是易如反掌，至少是十拿九稳。事实就是：楚国在北进中原的过程中，几乎从来没有吃过败仗。阜阳境内各地、各国就是这样逐步并入楚国，最后整个地区都属于楚国了。

下面就根据这一时期发生的重大事件，分别介绍楚国侵入今阜阳地区以后占领和剥夺的国家和地区。

二、鹿上和鹿上之盟

楚国对今阜阳地区的侵入时间，史料和文物中都没有明确记载。但是，根据现有史料分析，楚人侵及阜阳周边最晚在楚成王时代（前671—前626年），当齐桓公十五年至昭公七年，鲁庄公二十三年至文公元年，其起始年恰逢春秋中期第一年。还要记住的是：楚成王是楚庄王（前613—前591年在位）的祖父。

我们之所以说楚国侵入阜阳地区最晚是在楚成王时代，是因为春秋三传中记载了一场著名的会盟——“鹿上之盟”。公元前639年春，宋国君主宋襄公企图从楚国分到一部分附庸国，便召集齐国、楚国在鹿上会盟，由此引发了一系列的事件，使这一年成为非常热闹、颇具喜剧色彩的一年。

会盟时的排名和结果都让楚成王非常郁闷。宋襄公之所以敢召集鹿上之盟，是因为他对齐国有功。齐桓公末年，齐国大乱，五公子争位。宋襄公率诸侯大军保护太子即位，是为齐孝公。其他四公子攻击太子，太子逃往宋国，宋襄公再度率军进入齐国，打败四公子，武装保护太子复位。由于有这个功劳，宋襄公在会盟时要第一个歃血，齐孝公当然不便反对，这次会盟就只能以宋襄公为首。而齐国虽进入“后桓公时代”，但国力仍然足够强大，另外挟桓公“九合诸侯”的余威，齐孝公的地位仍然比楚王高，所以宋国之后当然是齐国。这样一来，楚国只能排在最后。这已经让楚成王感到非常窝火了。而宋襄公竟然想要从楚国手里分走一部分附庸国，这无异于与虎谋皮，让楚成王觉得既好气又好笑。他强压下心中的怒火，表面上答应了宋国的非分要求，内心里早已看透了宋襄公的愚蠢和无能，做好了在下一次会盟时羞辱宋襄公的打算，这次就没有发作，会盟“圆满”结束。

到了秋天，宋襄公在盂（今河南商丘市睢县西北，属宋）再次召集楚国及其附庸聚会（史称“盂之会”），准备和楚国办理附庸国交接手续。这时，楚成王突然发难，抓住了宋襄公，并且押着他去攻打宋国。幸亏宋国大司马公子目夷从会场逃出，并回国组织抵抗，楚国才没能攻下宋国。现在宋襄公在楚国手里成了一块鸡肋：杀了他跟杀一介平民一样，却可能招致中原诸侯的合力讨伐，胜败暂且不论，总会有很长一段时间不得安宁是真的；放了还感觉不舍。万般无奈之下，楚国人想了一个“妙招”：向鲁国“献捷”，把抓住宋襄公的“喜讯”报告给鲁国。由于西周初年周文公姬旦曾任摄政王，鲁国在东方可以代表周王朝，接受诸侯的献捷、献俘，这是西周以来的惯例。问题是楚国已经僭号称王多少代，连一车茅草都不肯向周王室进贡，现在竟然屈尊下驾、糊里糊涂地跑到周王朝的代理国鲁国献捷，这可不是一般智商所能理解的。好在鲁国君主僖公比较聪明，受宠若惊之余，很快明白是什么意思。于是到了冬天，鲁僖公在薄（一作“蒲”，古音同。在今山东曹县南。又称北亳、景亳，春秋时宋地）召集各国会盟，出面向楚国求情，把宋襄公给放了。

这一年有三次会盟，是春秋史上会盟最多的一年。

鹿上会盟是齐、楚、宋三巨头之会，其地点就在楚国的鹿上，今阜南县公桥乡。《水经·淮水》：“（淮水）又东过原鹿县故城南”，郦道元注：“（原鹿）县即春秋之鹿上也。《左传·僖公二十一年》：宋人为鹿上之盟，以求诸侯于楚。”杜预注：“鹿上，宋地，汝阴有原鹿县。”《史记索隐》认为宋国主盟，自然应该在宋地举行，而鹿上属楚，宋国不应该在此会盟，并指“今济阴乘氏县（今山东菏泽）北有鹿城”为会盟之地。但《左传》明说是“宋人为鹿上之盟，以求诸侯于楚”（企图从楚国分得部分附庸），有求于人，所以必须在对方的地盘聚会。《左传·昭公十三年》：“秋，晋侯会吴子于良”，此“良”地就在今江苏邳州市东南，属吴国。可见春秋时代有求于人时，虽旧日盟主也不得不屈尊在对方国土内会盟。而司马贞（《史记索隐》的作者，唐代人）所说的“今（唐代）济阴乘氏县（菏泽）”春秋时属鲁国，《左传·庄公十年》鲁国人“杀子纠（齐国公子，与齐桓公争位失败被杀）于生窦”就在今菏泽北二十里。鲁国没有参加会盟，所以三国根本不可能在那里聚会。注释《史记》的两部书（《索隐》《正义》），其作者都是地理盲，尤其是对于一些小地方，几乎完全不懂，却敢随口瞎说，强不知以为知，尤其喜欢拿南北朝以后的地名附会秦汉魏晋的地名，真是害人。

对照《水经注》的记载，鹿上就在阜南县公桥乡阮城集，即东汉原鹿侯国故地。原鹿者，原“鹿上”城也。据清·道光《阜阳县志·沿革考三》记载：“俗呼‘远城’。”“远城”即原鹿城之省称，不过是把“远”写成了“原”。现在又写作“阮城”，如按普通话的注音读，连字音也错了，不过当地群众口语仍称“远城”。

鹿上也不是胡国的地盘，因为鹿上会盟胡国也没有参加。所以鹿上会盟是楚国侵入今阜阳地区的铁证。请记住：这是在楚庄王的爷爷那一代。

三、晋楚邲之战前后的分封

在鹿上会盟的42年后，公元前597年，发生了晋楚两国争霸的邲之战。

此战之前，晋、楚两国为争夺郑国展开了反复的拉锯战。而郑国虽然国力不弱，可夹在两个“超级大国”之间，日子并不好过，只能采取“墙头草，两面倒”的策略，晋国强大就投靠晋，楚国强势就倒向楚。为了争夺郑国，晋国跟楚国连年交兵，征战不止，郑国随时敞开大门，供他们进出，时不时出手捞一点便宜。

公元前598年，楚国主盟，在辰陵（一作夷陵，或说在今河南淮阳，乾隆《颍州府志》说在颍上六十铺，旧名夷陵，一直沿用到民国时期，《阜阳县志续编》写作“彝陵”。后者为楚地，可信）约请陈、郑两国前来会盟。此后，郑国并没有规规矩矩地按照盟约只向楚国进贡，而是仍然向晋国暗送秋波，这让楚国非常恼火。终于在公元前597年三月，楚庄王亲率大军进攻郑国，包围了三个月，攻进国都，郑襄公率众投降。由于认罪态度较好，楚庄王并没有灭掉郑国，而是退军三十里，签订了停战协议。春秋时列国开战还十分讲究君子风度，打下敌国，仍然退兵三十里，不签城下之盟，以示对对手的尊重。

晋国闻讯出兵支援郑国，中、上、下三军都出动了。这里介绍一下晋楚两国的军制：晋国三军以中军为主，然后依次是上军、下军；而楚军则为两军制：楚王率亲军精锐部队，分别为右广和左广。在庄王之前是右广为主，左广为副。邲之战时庄王下车误入左广，以后就改为左广为上，右广次之。当然，碰到小型战役，楚王并不亲自出战，最多只是作为后援、策应。这次楚庄王亲自率军伐郑，说明郑国的军事力量足够强盛，不容小觑。令尹则率领国家主力部队，分为中、左、右三军，令尹居中军，右尹居左军，司马居右军。如果令尹留守，则由右尹或司马居中军，指挥三军。六月间晋军来到黄河边，听到郑国与楚国和谈的消息，中军主帅荀林父想要退兵，得到上军主帅士会的支持。但是，中军副帅先縠坚决反对撤军，并且带着自己的部队渡过了黄河。先縠是老将，荀林父则刚接手主帅，威望未立，见先縠一意孤行，明知要坏事，也只能硬着头皮指挥大军全部渡河。

楚国大军已经到了郔（河南郑州市北），楚庄王本打算饮马黄河，向晋国炫耀一下武力就撤军，一听说晋军渡河，不愿与晋军交锋，就下令回军。已经退到现在的郑州南边了，庄王的宠臣伍参却坚持要和晋军打上一仗。孙叔敖反对说："我们去年伐陈，今年伐郑，战事够频繁的了。如果万一失败，你伍参的肉可够愤怒的将士们吃的?"伍参回答："如果打败了晋军，那是你孙叔敖谋划不到；万一战败，我伍参的肉只会留在敌人阵营里，你（只会逃跑）也吃不着。"那意思是我伍参也知道战败的后果，但是我不像你那样贪生怕死。孙叔敖无言以对，干脆不理他，径自指挥大军向南撤走了。伍参急了，他向庄王仔细分析了敌我双方的态势，指出晋军统帅没有威望，中军副帅不服管束，三军将领各自为政，打起来一定会吃败仗。况且，您是一国之君，而躲避敌方的将军，回去以后怎么向社稷（国家的祖神）祭告？楚庄王被他挤对得无路可退，只好调转马头，继续北上，同时通知孙叔敖回军，自己到管地（郑州）等他。

楚庄王和孙叔敖代表了大多数楚国将士的想法，那就是害怕晋国。邲之战后期有一段插曲，可以充分说明这个问题：晋军战败后，有掉队的战车陷到坑里没法出来，楚军教对方撤掉车前的横木；刚走不远，驾车的马又盘旋着不能前进，楚军又教他们扔掉车上的东西，这才得以顺利脱逃。脱险的晋军是这样"感谢"楚国老师的："惭愧，我们真不如大国（尊称楚国）的将军们这么有逃命的经验!"早在公元前632年的城濮之战，楚成王就不想让楚军跟晋军对垒，是令尹成得臣（字子玉）坚持出兵，结果吃了败仗，子玉被逼自杀。自那以后，楚军就很少跟晋军正面冲突。不怕齐桓公时的齐国，而一直害怕晋国，这就是楚国人的心理。只有伍参看透了敌人的弱点，逼使楚庄王做出了正确的选择。而楚庄王接受了伍参的意见，统一了全军的思想，这是邲之战楚国能够取得胜利的思想基础。

而晋军内部的将帅不和、各自为政，导致了严重的后果。楚庄王仍然打算和谈，晋军主帅也答应了。但是，几个私欲没有得到满足的军帅却私自前往楚军阵营挑战。于是仓促之间两军"擦枪走火"，一场大战就此展开。楚庄王亲率左广（左军）追逐前来挑战的晋军将领，恰逢晋军派人来接应，楚将潘党望见敌军阵地上扬起的尘土，急忙派人回营告诉大家："晋军至矣!"楚军怕庄王有闪失，全员出动，孙叔敖这时显出了他的英雄气概，指挥大军直逼晋军阵地，势如排山倒海。晋军主帅慌乱之中全无计策，只是命人击鼓大喊："先渡河者有赏!"于是晋军争先渡河，拼命抢船，掀翻了好多。先上船的开船要走，没上船的扒着船帮不肯松手，船上的人拿刀就砍，砍落到船上的手指多得可以用手捧。实际上晋军来的时候渡河一定有足够的船只，只须各人乘坐各自的船即可，为什么这个时候拼命争船？这只能说明晋军心理上已经陷于崩溃，主帅的混账命令更加剧了晋军的混乱。只有晋军上军在士会的指挥下，预先设下埋伏，不断袭扰楚军。楚庄王派潘党、唐惠侯率军攻击，士会殿后，指挥上军安全撤离，部队没有受损。

这就是春秋史上奠定楚国霸权的“邲之战”，因为主战场在蒗汤渠，蒗汤又音“两棠”，所以此战又称“两棠之役”。

邲之战后，伍参因功封于伍，在今颍泉区伍名镇；孙叔敖在战前就已受封于沈，即今临泉县古城子，春秋早期沈国故地。所以《左传》在战前就称他为“沈尹”，而称伍参为“嬖人”，说明伍参还没有封地。战国以后盛传孙叔敖没有封地，死后让他儿子求封于寝丘（临泉古城子南），《史记》也把这个故事收入《滑稽列传》中，真是扯淡。关于孙叔敖的详细考证，读者可以参看附录四：《春秋沈、寝研究》，兹不详谈。这里只说两点：孙叔敖身为堂堂楚国的令尹，怎么会没有封地？封地就是他的“工资卡”，没有封地叫他怎么活？再说，孙叔敖即使在战前没有封地，在邲之战中表现非常勇猛，立有大功，难道不应该封赏？给他封赏他会不要？关于伍氏家族，后面将有详细叙述，就不专门考证了。

四、伍氏和楚国的恩怨

伍举加封

伍氏家族源于春秋楚国，可考者有2600多年的历史。邲之战后，伍参受封于伍（阜阳市颍泉区伍名镇），以后伍家就世世代代生活在这里。但是，由于史料的大量缺失，伍氏家族的传承、先祖事迹的发生地甚至始封地，都变成了历史之谜。前不久从网上看到一条消息，说是2009年，苏州职业大学教授、吴文化研究所所长吴恩培，中国地质大学教授、博士后伍颖，湖北荆楚伍氏宗族理事会伍峰等人组成的伍子胥故里考察组，专程赴监利县进行了考察，查阅了《监利县志》和《伍氏族谱》《伍乾氏家史》，考察了监利县城和黄歇口镇伍场村、伍子胥帅府、后悔池、跑马界、打鼓台、斩龙渊、跑马路、伍家祠堂、伍子胥衣冠冢等地，确认该县黄歇口镇伍场村就是伍子胥故里。（见新华网转载《专家确认监利县黄歇口镇伍场村为伍子胥故里》，2009-02-12）

我很怀疑这个结论是怎么得出来的。这一系列考证、考察，没有一点历史地理学基础，只以当地的传说和后世族谱及伪造的“遗址”为依据，就定湖北监利县为伍子胥故里，简直是天大的笑话。伍子胥投奔吴国，带领吴国军队攻陷郢都，在吴为功臣，在楚则罪人。楚昭王复国，除了无力报复吴国外，所有参与攻楚的国家都遭报复，或至灭国，伍子胥作为楚国的叛徒，即使有后人在，也会被株连灭族，怎么可能有后人留在楚国？修谱之风大兴于唐代，关于本家族的来历，许多是捕风捉影，攀附名人，唐以后的“史实”、谱记很难作为凭据。最要命的是：春秋战国时代监利县还在云梦泽的水中（见谭其骧《中国历史地图集》，中国地图出版社，1982 年版），黄歇口镇还在监利县北，更在云梦泽的深水区，直到南北朝时期才从水下冒出来，还没有建县。难道楚王封伍氏为船户？

2015 年 7 月 5 日至 6 日，中华全国伍氏宗亲会（筹）在阜阳聚会，笔者应邀参加了前期座谈会（见彩页）、伍奢家庙（在利辛县）奠基仪式和伍明镇考察（分头行动）等活动。在前期（7 月 5 日）的座谈会上，笔者巧遇前文报道中的中国地质大学伍颖教授，他向笔者证实了他和吴恩培教授并没有确认湖北监利是伍子胥的故里，前述报道有误。“正是因为这样，我们才把这次活动安排到阜阳。”事情的真相原来是这样的！

伍参受封于伍以后，他的儿子伍举袭封。公元前 547 年，伍举的岳父王子牟因为犯法而逃亡，楚国大臣都说：“是伍举送走了王子牟。”伍举听到这个消息，就逃到郑国，准备下一步逃往晋国。他的好友声子出使晋国，在郑国郊外遇见了伍举。伍举说出了他的打算。声子说：“你去吧！但是我一定会让你回到楚国。”其实，伍举是迫于无奈才投奔晋国，心里并不想去。于是，声子出使回来后，面见令尹子木。子木问他：“晋国和楚国的大夫哪边好些？”声子说：“晋国的卿（宰相级的官员）与楚国不能比（这话让令尹子木很舒服），但是，他们的大夫（部长级官员）却很贤良，都是卿一级的才干。他们都是从楚国过去的。虽楚有材，晋实用之。”最后这八个字后来精简为“楚才晋用”，成为著名典故。金元时期金国尚书右丞耶律履之子耶律楚材，字晋卿，用的就是这个典故。他后来被灭掉金国的蒙古成吉思汗用为宰相，是典型的“楚才晋用”。

令尹子木对声子的话十分不解，问道：“难道晋国没有公族、姻亲吗？”因为楚国都是用人唯亲，很少用外国、外族的人才，所以对于“楚才晋用”感到不解。声子说：“虽然有，但是他们用楚国的人才实在太多了。”接着他列举了晋国利用楚国的叛逃者打败楚国的一系列史实，指出：楚国的刑罚严酷，而且株连无辜，导致人才大量流失。“现在，伍举的岳父得罪逃亡，楚国的大臣们都指责伍举：‘就是你放走了他！’伍举害怕，逃到郑国，天天盼望着楚国赦免他，但是楚国似乎没人想到这事。现在他已经到了晋国了，听说晋国人将封给他一大片地方，和晋国的上大夫叔向一样的待遇。他如果想危害楚国，难道不是楚国的心腹大患吗？”

子木这才感觉到事情的严重性，急忙告诉楚康王，给伍举增加封地，派他的儿子伍鸣接他回国。伍举增加的封地在椒（今阜南县焦陂镇），所以伍举又称“椒举”，伍鸣又叫“椒鸣”，下文还要讲到。

伍和椒都在今阜阳附近，所以才能都封给同一个人。而且我还怀疑：今伍名镇的地名有可能是由伍参的儿子伍鸣而来，伍明实为“伍鸣”之误。

楚国在灵王时代（前540—前529），迁都乾溪（今颍泉区伍明镇北），并且修筑章华台，建了王宫。这里北接中原，东镇吴越，是一种强势进取的姿态。这个时候，楚灵王伐徐、伐吴，灭陈、灭蔡，迁胡、沈、许、顿之君于荆（楚国故都），大会诸侯，东征西讨，盛极一时。中原霸主讨好楚国，吴国也抿着毛不敢反抗。

关于楚灵王迁都，《左传·昭公十二年》只说了一句含糊的“次于乾溪”。《左传·庄公三年》：“凡师，一宿为舍，再宿为信，过信为次。”是说军队停留两天以上为“次”，这句话给人的印象似乎是楚灵王仅仅是带着军队路过这里，在此驻扎。而事实上在五年前，《左传·昭公七年》就记载有“楚子成章华之台，愿与诸侯落之。”这个章华台就在乾溪附近。《左传》在这一年还记有“章华宫”，说楚灵王建成章华宫后，一些贵族犯罪的家臣都躲到里边，但是主人不敢进去抓。容留逃亡的人是犯罪行为，当年周武王声讨商纣王的时候，罗列的罪状就有“纣为天下逋逃主”。偏偏芋邑（今利辛县汝集镇）的长官芋尹无宇的看门人逃到章华宫，无宇闯进宫里把他捉住要带走。宫中的护卫不干了，说：“执人于王宫，其罪大矣！”显然，这个章华宫就是王宫。过去都以为章华宫、章华台在今湖北境内，沈括在列举了乾溪、章华台的多处误说之后，指出只有“城父（今亳州城父镇）之乾溪”是正确的（见《梦溪笔谈》卷四《辩证》二）。

章华宫又称“顷宫”。《晏子春秋·谏下七》：“昔者楚灵王作顷宫，三年未息也；又为章华之台，五年又不息也；乾溪之役八年，百姓之力不足而自息也。灵王死于乾溪，而民不与君归。”“乾溪之役”即建顷宫和章华台，前后是八年的时间。而《左传》的记载是在楚灵王六年（鲁昭公七年），也就是说建王宫和章华台只用了六年的时间，这是怎么回事？难道是谁错了吗？其实谁都没错，错的是古人对时间的算法。古人计算“年”，是两头算，即不管在这一年的哪个月开始，都算一年；也不管到结束那一年的哪个月结束，又都算一年。按照这样的算法，如果一个工程恰巧是在第一年的十二月开工，到第三年的正月结束，现在算仅十四个月，而按古代的算法却是“三年”——所谓的“三年”，只是“三个年头”的意思。

那么我们按照这个算法来算一下："乾溪之役八年"，实际上只有七年（作顷宫的三年和建章华台的五年是重复计算，即第三个年头顷宫建成，即刻开建章华台，到第七个年头建成，本只四年，却还是两头算，就成了五年）；而楚灵王于昭公元年冬杀死郏敖后并没有称王（但并不影响工程启动），不算元年，到楚灵王六年，正好也是七年，所以《晏子春秋》说的"乾溪之役八年"和《左传·昭公七年》"楚子成章华之台，愿与诸侯落之"是吻合的。这些记载不仅可以帮助我们确认章华台落成的时间，而且可以排除"章华台、章华宫有多处"的误说：楚灵王在位总共十二年，一直到死都在乾溪，哪还有时间在别处建章华台？再说，难道除了"章华台"，他就想不出第二个名字了吗？怎么可能出现"两个"章华台？

清华简《楚居》的出现，为我们解决章华宫、章华台的确切地址提供了充分的证据。从《楚居》看，楚国的君王似乎总爱搬来搬去，不肯安心住在一个地方，在位期间迁都达四五次（含迁回故都）的不止一个王。但是只有灵王、平王老老实实地在一个地方住了下来，这个地方就是乾溪。根据《楚居》的记载："至灵王自为郢①徙居秦溪之上，以为处于章华之台。"（到楚灵王时，从"为郢"迁都于秦溪之上，居住在章华台。）"景平王即位，犹居秦溪之上。"（平王即位以后，仍然居住在秦溪之上）据李学勤教授解释，此"秦溪"就是《左传》中的乾溪，学术界无异议。根据这两条记载，楚灵王、楚平王都一直居住在乾溪，这在楚国诸王中算是难得的安稳了。

楚灵王、平王的王都在乾溪，不仅有清华简《楚居》的记载，而且有出土文物可资证明。楚平王墓在今阜阳、利辛一带，并且已被盗掘。现世文物有楚平王铸器铭文，文曰："楚子弃疾择其吉金自作□簠"（见彩页），现收藏于利辛某私人手中。

知道灵王、平王都在乾溪，下面发生的一系列事件才能够解释得通。

历史记载的楚灵王虽然使楚国成为当时的一号强国，但是他暴虐无道，奴隶般役使人民，无休止地在外征战。公元前529年，国内的野心家召回逃亡国外的两位王子、灵王的两个弟弟子干、子皙（二人于公元前541年分别投奔晋国和郑国），联合发动了政变，他们夺取为郢，杀死了灵王的两个儿子。于是子干为王，子皙为令尹，弃疾年龄最小为司马。叛乱

① 为郢，地名。整理者以为在今河南淅川，而淅川是否蔿氏家族封地有争议；或以为在蔿邑，而释为在湖北荆州。愚意以为若在蔿邑，则当在今河南淮滨县期思镇，而淅川明显属于鬭氏封地。见附录五：《蔿地今址考》。

者派观从到乾溪通报政变情况，并且说："新王有令：先回为郢的享受本来的待遇，后回来的割鼻子。"于是灵王所率的军队到了訾梁就溃散了。訾梁就是现在颍泉区茨河铺到太和关集镇这一段的茨河（参见附录六：《"乾溪之变"地名重释》）。孤身一人的楚灵王最后自杀在逃往郑国的路上。参与政变的王子弃疾，一方面因为灵王对他不薄，想为灵王报仇，另一方面还是想自己当王。于是他利用楚人对楚灵王的恐惧心理，派手下的亲信散布"灵王马上就要打回来了"，搞得国内人心惶惶，然后连哄带吓，逼得参与政变的两个哥哥自杀，最终自己夺得了王位，改名熊居，这就是历史上臭名昭著的"扒灰头"楚平王。

楚平王并没有迁回他的叛乱根据地为郢（今河南淮滨县期思镇），而是继续待在灵王的故都——乾溪章华台。

恶迹斑斑楚平王

楚平王即位之初，尚能装出一副好人的样子。他先让被楚灵王迁往荆国故地（今湖北秭归东）的许、胡、沈、道、房诸君复国，让斗成然安抚孤穷，蓄养民力，不轻易出兵。但是，渐渐地他就露出残忍凶暴的本性。帮助他夺取王位的斗成然不知进退，贪婪擅权，并且与养氏勾结。养氏是养由基的后代，在楚国很有威望。斗氏和养氏勾结，这让王位来路不正的楚平王非常担心。于是，在楚平王元年秋八月，即楚灵王死后一年零三个月后，楚平王杀死了斗成然，而灭掉了养氏家族。

楚平王为王子时，拐走了郹阳（今河南上蔡县境内）封人（地方官）的女儿，生下一个儿子芈建。楚平王即位后被立为太子，史称太子建。楚平王让伍举的儿子伍奢当太子建的老师，而让费无极为少师。费无极心术不正，但是平王却对他言听计从。费无极知道太子建和伍奢都不喜欢他，就想挑拨平王和太子的关系。他告诉平王："太子建可以成家了。"于是公元前523年，楚平王即位的第六年正月，平王派费无极向秦国求亲，并接回新娘秦嬴。这时，还没有人知道费无极包藏祸心。

按照《左传》的记载，太子建是楚平王在蔡的时候，与郹阳封人之女生的儿子。这个记载有点靠不住。因为昭公十一年（前531）夏四月，楚灵王派公子弃疾（即未来的楚平王）帅师围蔡，冬十一月灭蔡，然后封公子弃疾为蔡公，在这之前蔡国未灭，也没有弃疾守蔡的记录。就算弃疾是在年初围蔡期间接纳的郹阳封人之女，最快也得到次年（前530）正月生太子建。那么到平王六年太子建也仅有七周岁，八虚岁，根本没到结婚年龄，更不可能生孩子。而根据后面的记载，太子建在逃到宋国以后，在郑国遇害以前，就生有儿子，史称公孙胜。所以此时的太子建绝对不止八岁。另外，算起来，楚灵王娶第一个妻子（郑国公孙段氏）时是在公元前541年，到此时仅十八年，他的第一个儿子也不过十七岁；四年后又娶晋平公女，使王弟弃疾出使晋国答谢，到这一年也不过十四年，弃疾好像还没有结婚。即使是《左传》记错了，弃疾就是在这之后接纳的第一个夫人，太子建也仅有十二三岁。古人结婚很早，往往在十二三岁左右。费无极让平王给太子建娶亲，也不算太早。不过，费无极希望太子早结婚，不是为了延续楚王的血胤，而是另有阴谋在。

费无极接回新娘，没有直接带到楚王宫，而是停在半路上，说是先让新娘打扮一番，自己先回去向平王报告。今颍州西湖东有地名梳妆，传为秦嬴停驾梳妆的地方，过去我根本不解，太子建结婚新娘怎么可能走到这个地方？现在根据清华简《楚居》，知道楚平王时定都在乾溪，那就完全可能了。探讨这段路程需要还原古代道路和河流的走向，太过专业、复杂和枯燥，这里就不详考了。简单地说，从秦国到乾溪，应该从秦到今河南南阳市，然后向东，出古方城，沿今上蔡（蔡国）、平舆县射桥镇（沈国）、临泉古城子（沈县），入泉河（汝水故道），或从陆路沿今阜临路向东走即到。这是陆路，还有水路，当时的河道现在已经完全非复旧貌，说起来更加复杂，这里就不说了。但上段（从秦国到今南阳）大致是不变的，这就是后来秦孝公助楚昭王复国时出兵的路线。

费无极见了平王，把新娘子夸得一朵花似的，把正值壮年的楚平王说得双眼发直，淫心大发。见平王已经上钩，费无极屏退从人，劝平王自娶秦嬴，反正太子还是个小屁孩，回头再给他找一个漂亮的就是了。其实楚平王不用他劝已有此心，便顺水推舟，答应下来。于是就有了民间传说的“金顶轿换银顶轿”的故事。

楚平王娶了秦嬴之后，废了太子建的母亲，把她赶回娘家，立秦嬴为王后，并且派令尹子瑕出使秦国，感谢秦国给他们送去了一个好王后。春秋时没有后来的辈分观念，秦国倒也没有介意（可能费无极提亲的时候就有意隐瞒了给太子娶妻的事实）。但是楚平王见了儿子不能不尴尬。费无极抓住这个心理，劝平王说：大王何不大力扩建城父（今亳州城父镇），让太子驻扎在那儿，联络北方，而大王出征南方，这样就可以掌控天下了。费无极的话正合平王心意，立刻派他落实此事。于是太子建和伍奢迁往城父。城父和伍奢的封邑（伍名镇）相距不远，让伍奢照顾太子建是一个不错的主意，不过这是个包藏祸心的主意。

第二年春天，费无极向楚平王诬告太子建和伍奢“将以方城之外（今南阳以东、以北地区）叛”。这是有史以来第一次诬人谋反的记录，从此以后，“诬以谋反”就成了打击、陷害政治对手的利器，而且屡试不爽。

为了“落实”太子建的谋反，楚平王找来伍奢，问他太子谋反可是真的。伍奢对他说：“大王犯一次错误（娶太子妻）也就算了，为什么还会听信这样的谗言?”这话戳中了平王的隐痛处，立刻把伍奢抓了起来，并且下令城父的司马奋扬杀死太子建。奋扬对这个任务并不买账，提前派人让太子逃命，然后自己再去杀他，果然“发现”太子建早已出逃了。平王知道后大为光火，下令把奋扬叫来。奋扬让城父人捆上自己去见楚王。平王问：“让你杀死太子的话，从我的口里出去，只传到你的耳朵里，那么，是谁告诉太子建的?”司马奋扬坦然对答：“是臣告诉太子的。当年大王命令臣说：‘事奉太子如同事奉我。’臣没有能力，不敢背叛太子，一直遵循您最初的命令，所以放走了太子。现在我也很后悔，但是已经来不及了。”平王问：“那你怎么还敢来?”奋扬答：“没有完成大王的指示，被召再不来，是两次违背大王的命令了。这样的人，能往哪里逃呢?”楚平王无话可答，摆摆手说：“回去吧，还当你的城父司马。”

太子建出逃的第一站是宋国（今河南商丘）。太子建仓皇出逃，自然先拣最近的外国。从城父到宋国只隔了一个谯邑（今亳州市区），符合当时的情况。而杨伯峻注《左传》，认定太子建所住城父是河南宝丰县的父城，实误。从宝丰的父城到宋国中间还隔着郑国，太子建若是在父城，何不先逃到郑国去呢？所以，太子建所居的城父只能是今亳州市谯城区城父镇，而不是河南宝丰的什么父城，地名既不一样，而且还是晚出。说见附录七：《太子建所居城父考》。

费无极心里一直惦记着伍奢呢。他告诉平王：“伍奢的儿子都很有才，如果让他们逃到吴国，一定会给楚国添大麻烦。何不以赦免其父的名义召他们来？他们孝顺父亲，必然会来，那样，就可以一网打尽了。不然的话，他们一定会成为楚国的祸患。”楚平王就让人召伍奢的两个儿子，说：“你们来了，我就赦免了你们的父亲。”

伍奢的大儿子伍尚已经受封于棠，为棠君。伍尚的弟弟伍员（伍子胥）接到平王的命令后，一眼就看穿了费无极的阴谋。于是他星夜跑到棠邑和哥哥商量。棠邑应该就是今河南舞阳县东之棠谿，后来封给从吴国投奔来的王子夫概。《左传·昭公十八年》左尹王子胜告诉楚王说：“叶在楚国，方城外之蔽也。”棠谿与叶县相距不远，都在方城之外，所以费无极才说太子和伍奢“将以方城之外叛”。而只有在棠谿，伍子胥也才可能到这里，并且后来在逃亡的途中遇到他的好友申包胥。伍尚听到父亲被抓的消息，跟弟弟伍员（伍子胥）说：“听说可以赦免父亲而不去，是不孝；

亲人被害而不复仇，是不义。你到吴国去吧，我回去受死。报仇，我不如你，尽孝的事让我来吧。”古人视死如归的坚定态度，让人无比感慨。

有一个鲜为人知的史料在这里披露给大家：伍子胥前往棠邑的途中，在今太和县境内遇见过自己的未婚妻冯氏。明万历《太和县志卷一·寺宇》：

浣纱女庙在县西门外。世传原庙在黑龙潭上，即今县治墙西古河道之所经也。后徙西南流，此道淤塞。元大德间，置县此地，乃迁其庙于西门外。女冯氏，县之河西人，或以女为仪真人，以事迹考之，为太和人无疑也。夫女乃一匹之妇，非有威重显赫，而能作福作灾，处处香火而崇奉之也。而既有庙于此者，盖子胥，颍之乾溪人，去太和不四十里。方其自楚而奔，取道必由太和，而女故遇之。是女之与子胥，其居固相近也。且人之所欲，莫甚于生，其有许人以死者，必出于至情而不吝也，未有轻为人死者也。女之为子胥死者，必真知其父子之无辜被戮，一旦□而雠之，相□之情迫切不已，此其所以为子胥死也。若以女为仪真人，素与子胥不相识矣，其肯轻为之死哉！以此视之，女为太和人无疑也。

此处以事理（逻辑）推定，伍子胥是乾溪人，冯氏女为颍河西岸人，二人相距不远，当伍子胥逃走的时候，必经太和，她知道伍子胥父兄无辜被戮，伍子胥一定会为父兄报仇，自己不愿拖累他，所以甘愿为他而死。如果女子是仪真（今江苏仪征）人，与伍子胥无亲无故，怎么会轻易为他自杀？这里是反驳旧时的传说：伍子胥过江后，饥渴难忍，遇一女子给他食物和水，伍子胥吃喝后感谢女子，并一再嘱咐女子不要透露他的行踪。女子见不被人信任，愤然自杀。这个讹传影响很大，《东周列国志》就把它收入书中，其实非常荒唐。仪征在江南，已经是吴国内地了，伍子胥完全没必要惧怕楚国的权势，为什么还要隐瞒自己的行踪？一个弱女子为什么要为他自杀？所以，说女子是仪真人根本不靠谱。

《太和县志》的质疑是有道理的。但是，说伍子胥逃跑时要经过太和，在地理上却说不通：如果他是从自己的封地伍鸣出走，应该向东、向南，怎么也不会向西经过太和。所以只能是伍子胥到棠邑找哥哥伍尚商议营救父亲时，路过这里（伍子胥回程不走这一线，见下）。因为抱定誓死为父报仇的决心，走到这里一定会向冯氏女告别。冯氏女知道此行即是永诀，不想拖累伍子胥，这才自杀。所以伍子胥与冯氏女见面，一定是在伍子胥西去找哥哥的途中，而不是在逃往吴国的路上。

伍奢听说伍子胥不肯上当后，叹息说：“从今往后，楚国的君臣别打算吃上安生饭了！”楚平王和费无极通令全国缉捕伍子胥，但伍子胥早已逃到吴国。楚平王和费无极抓不住伍子胥，就把伍奢和伍尚都杀害了。伍奢死后，被埋葬在今利辛县孙集镇庙李村，至今有伍奢冢在。从 2015 年开始，中华全国伍氏宗亲会在伍奢冢前建“伍圣祠”，并兴庙会，以纪念自己的这位伟大祖先。

子胥奔吴

伍子胥跟哥哥从棠谿分别，伍尚从棠谿直接去见楚平王，而伍子胥则取道今河南舞阳—西平—上蔡—平舆县射桥镇（沈国）—临泉（沈县）—阜阳—颍上、凤台（或从沈县分手），从南线辗转逃到吴国。伍子胥逃难过程被后世演义出许多曲折复杂而荒诞不经的传说、故事、戏曲等等，而事实上这些文学文艺作品都经不起推敲，本书有专门考证，参见附录八：《伍子胥奔吴经过辨析》。

伍子胥一行到吴国后，首先晋见了吴国掌握实权的公子光。据清华简《系年》，伍鸣被任命为将军，而伍子胥被任命为太宰（管理王室内部事务、备顾问的小官）。太宰亲近国王，位虽不高而权重，这是符合伍子胥身份的。他想鼓动吴王僚攻打楚国，却被公子光否决了：“这是伍子胥亲人被杀，他想借助于吴国的力量报仇，不可听从。”这让伍子胥感到非常纳闷。经过多方打听，才知道其中的缘由。

原来，公子光的爷爷吴王寿梦有四个儿子，依次是诸樊、余祭、夷末（《史记》作“余眛”）、季札。寿梦见季札非常优秀，想让他接班，季札不答应。于是寿梦就让长子诸樊摄政。寿梦死，诸樊让国于季札，季札死活不干，诸樊只好即位，但他立下规矩：兄终弟及，一定要把王位传给季札。后来直到夷末死，大家都让季札为王，季札却还是不肯。吴国人就立了夷末的儿子僚（一说是寿梦的庶长子，不可信）为王，史称吴王僚。伍子胥投靠的公子光，是老大诸樊的儿子。他心中很不平衡：先王诸樊安排兄终弟及的本意，是想依次传位给季札。季札既然不干，那就应该由我来继承王位，僚凭什么当王？于是，就暗中聚集一些敢死之士，准备刺杀王僚，夺取王位。

伍子胥知道这些情况后，决定帮助公子光。他打听到吴王僚喜欢吃鱼，就找到一名擅长做鱼的勇士鱼鮄设诸（《史记》作“专诸”，误。鮄是吴国洞庭湖的一种鱼，鮄设诸因为擅长做这种鱼而得氏），推荐给公子光，自己到郊外种地去了。

公元前 516 年，楚平王去世，楚国为王位继承问题争执不休。吴王僚认为楚国此时是最软弱的时候，就派自己的两个亲弟弟出兵伐楚，派季扎出使中原各国。他的安排使自己完全孤立，于是公子光与鮄设诸合谋，成功刺杀了王僚。公子光登上王位，改名阖闾。以伍子胥为行人（外交部长），参与谋划军国大事。

此时，有两个重要人物也来到了吴国：伯嚭和孙武。伯嚭的祖上是晋国贵族，受诬陷被害，其祖父伯州犁逃到楚国，仍是贵族。伯州犁的儿子、伯嚭的父亲郤宛又被楚国令尹囊瓦冤杀，伯嚭为避祸又逃到了吴国，吴王阖闾让他担任太宰。孙武是齐国人，中国历史上著名的军事家。但他在齐国不受重用，就来到吴国，经伍子胥推荐，见到阖闾，献上所著兵书十三篇（史称《孙子兵法》），深受吴王的赏识，被聘为军师。

楚国蠹虫囊瓦

就在吴国君臣合力、上下一心、摩拳擦掌准备伐楚的时候，楚国却在君臣合力败坏自己的国家。原来，楚平王死后，昭王即位，把国都迁到美郢（今安徽金寨县梅山镇），后来又迁到鄂郢（今湖北鄂州）。由于不断被吴国攻击，所以楚昭王不得不反复迁都。掌握国家大政的令尹囊瓦（字子常）是个贪渎财货之徒。在他的操控下，楚国不知不觉走向了下坡路，各附庸国诸侯离心离德，国力开始下降。前面讲过的伯嚭就是因为父亲受到囊瓦的迫害而逃到吴国的。

伯嚭的父亲郤宛正直而和善，楚国人都喜欢他。费无极和鄢将师互相勾结，遭到郤宛的批评，因此对郤宛怀恨在心。费无极就设计陷害郤宛。他先透风说令尹囊瓦想到郤宛家做客，让郤宛宴请囊瓦，然后说囊瓦喜欢兵器，让郤宛把许多崭新的兵器陈列在帷帐后，说等囊瓦来了，掀起帷帐让他参观，可以给令尹一个惊喜，然后让令尹挑选他喜欢的送给他，令尹一定非常开心。郤宛不知是计，完全照办。费无极又跑到囊瓦那里，说郤宛想请令尹吃饭，不知令尹肯不肯赏光？囊瓦知道郤宛在楚国人望极高，巴不得与他亲近，就很爽快地答应了。不料费无极在两边周旋的时候，突然慌慌张张地跑到囊瓦家，告诉他："我听说郤宛请客是假，想借机除掉您才是真的。没有准备很可能会遭遇不测，令尹大人何不先找人前去探察一下？"囊瓦派人到郤宛家一看，果然发现帷帐后藏有甲兵。囊瓦又惊又怒，就把这事告诉了鄢将师。鄢将师出门立刻以令尹的名义下令攻击郤宛家族。郤宛这才知道上了费无极的当，投诉无门，含恨自杀。鄢将师逼着国人拿柴草烧郤宛家的房子，宣布谁不放火就与郤宛同罪。国人无奈，一个人拿一两根草棍儿应付，火着不起来。鄢将师、费无极逼着当地的小官放火，最终烧掉了郤氏的宅院。费无极、鄢将师利用楚国的法律，残忍屠杀郤宛的亲党。一些受到牵连的朋友和他们的家人到处呼冤，说费无极、鄢将师互相勾结，蒙蔽国王和令尹，冤杀好人，令尹偏信他们的话，这个国家怎么办？这话很快就在达官贵族中间散布传开，而且传到楚昭王那儿。令尹心里非常不安，就向时任左司马的沈尹戌（沈县的长官）问计。沈尹戌说："您听信谗言，杀害郤宛和他的亲友。杀人以阻止非议，仁人都不愿意做，现在你却杀人来招惹诽谤，你傻不傻呀？那费无极干了许多坏事，只有平王受他欺瞒。平王是那么伟大，甚至超过成王、庄王，之所以没有实现霸业，就是因为听信费无极。现在他们设计杀害楚国的大好人郤宛，还连累了许多无辜，都是假借你的名义。前不久吴国新王阖闾即位，多次侵犯我国。楚国如果有事，您的地位就危险了！"囊瓦听得冷汗直冒，说："唉！这都是我的错，我要洗清自己！"就聚集国人宣布费无极、鄢将师陷害好人，蒙蔽国王，罪大恶极，应当灭族。于是费、鄢两家都被灭族，这一回不要人安排，楚国人都争先恐后地聚拢柴草，把费无极、鄢将师两家烧了个精光。但是伯嚭此时并没有回到楚国，而是积极谋划灭楚。

囊瓦灭了费、鄢两族，制止了民众的诽谤，但他那贪婪的本性并没有改变，终于因此给楚国惹下大祸。

公元前510年冬，蔡昭侯到楚国，带了两块玉佩和两件裘皮大衣，他把一块玉佩和一件大衣给了楚昭王，另一半自己享用。令尹是囊瓦看见楚昭王穿皮衣、带玉佩，觉得很不错，得知是蔡昭侯进贡的，就向蔡昭侯索要。蔡昭侯不舍得给，囊瓦就把他软禁在楚国三年；唐成公有两匹骕骦马，进献给楚昭王一匹，自己留一匹，没给囊瓦，也被软禁在楚国三年。公元前507年，唐国先派人把宝马偷出来献给囊瓦，很快就被允许回国了。蔡昭侯的随从听说后，竭力劝说蔡昭侯，也把玉佩献给了囊瓦，囊瓦立刻就命令看守蔡昭侯的人："明天不让蔡侯回国，你们都得死！"蔡昭侯被释放后，感觉十分窝囊，回国途中经过汉水时，气愤地把随身携带的玉扔进江中，发誓说："我如果不能报仇雪耻再过汉水，大川为证！"奇怪的是，对于令尹囊瓦明目张胆地勒索和扣押附庸国诸侯的事情，楚昭王好像一点也不知情，可见楚国令尹该有多大的权势！

蔡昭侯回国后，立刻派出他的公子和大夫的儿子到北方的霸主晋国作为人质，请求晋国出兵伐楚。次年（前506）春，晋国召集了齐、鲁、宋、卫、陈等大大小小十八个国家，其中也包括胡国，在召陵（今河南漯河市召陵区）会合，准备伐楚，周王室也派出卿士进行协调、指导。这是春秋时代规模最大的一次盛会，而且除了秦国以外，中原大国都参加了，自平王东迁以来没有见过这么大的阵仗。不料晋国大臣荀寅向蔡昭侯索要财物没有得逞，暗地里劝主帅改了主意，不提伐楚，只讲会盟。会盟期间，卫国还因为歃血时不愿排在蔡国的后面，同晋国官员进行了一番交涉。《左传·定公四年》详细记录了卫国太祝（掌管祭祀祖宗神庙的官员）祝鮀（字子鱼）说服晋国主帅，让卫国排在蔡国前面的一大段说辞。这段话最大的价值不在于当时说服了晋军主帅，而在于它在后世成了人们研究周初分封的宝贵资料。此时的中原诸侯，离心离德，矛盾重重，根本没有丝毫的战斗力，就算他们去伐楚，也不可能取得什么实质性的胜利。于是，春秋史上规模最大的一次会盟就这样无果而终。

晋国主帅盘点前来参会的诸侯，发现沈国竟然没有来，就命令蔡国向沈国问责。蔡昭侯本来是遭到楚国权臣的勒索才向晋国求援的，眼看着来了这么多诸侯，似乎复仇有望，不料又遭晋国大臣勒索，伐楚不成，在歃血排名时还被卫国挤到了后面，一肚子怨气无处发泄，回国后立刻整顿大军，就把沈国给灭掉了。因为沈国旧名"舆"，为庆祝灭沈的胜利，蔡国就把沈国这一块地方改名叫"平舆"，这就是后来平舆县名的来历。《水经注·汝水》："又东迳平舆县故城南，为澺水。县，旧沈国也，有沈亭。《春秋》定公四年，蔡灭沈，以沈子嘉归。"说明蔡灭之沈是国而不是县，沈国被灭时是在汝水的支流澺水北。

蔡国灭沈，楚国不干了，派军队包围了蔡国。这时吴国从东边打了过来，楚国只好撤军。伐蔡没见任何成果。本来吴国的实力跟楚国根本没法相比，但是，自从楚国叛臣申公巫臣（楚庄王、共王时人）教吴人袭扰楚国边境，而不与楚军主力正面交锋，多年积累下来，楚军被拖得筋疲力尽。吴王阖闾即位，伍子胥又教他分三军，每次以一军袭扰楚境，楚人必定三军齐出，敌出我退，敌退我出，如此反复折腾，定能拖垮敌人。等敌军完全疲惫后再三军齐出，一举击垮楚军。这一招非常凶狠，而楚国令尹囊瓦只顾贪污，根本不研究敌军的战术，只能被动应付。所以吴军一出动，楚国就急忙撤军，蔡国暂时安全了。

楚军一走，吴国行人伍子胥敲开了蔡国的大门，给蔡昭侯带来了一个他求之不得的利好消息。当时，全世界的人都不会料到，伍子胥的到来，会给楚国带来一场天翻地覆的大灾变，几乎连国家都葬送了。

五、胡国的削弱

前一章已经讲过，胡国本是徐国为首的淮夷集团的成员。徐国国都在今安徽泗县西北，曾经是一个大国。看一下春秋时代的地图就会发现：吴国（国都在江苏苏州）崛起之前，今苏北和鲁南地区，一直处于"无人管理"的状态。这里当然不是无人区，但它既不属于北边的齐国、鲁国，也不属于南边的吴国，因为那时吴国还很小。那么这里的权力中心只有徐国。如果不了解这一点，就难以理解被称为“春秋第一霸主”的齐国为什么没有向南扩张，而吴国崛起后又为什么那么容易就深入到今皖北地区。因为这一带本来就属于徐国，徐国被吴侵伐直至灭国后，领地都落到吴国手中。而齐人在管仲的既定国策指导下，奉行的是“兴灭国、继绝世”的政策，他们安置许多被夷狄或中原诸侯所灭的国家，却没有领土野心，自然没有伐徐，领地也一直没有向南扩张。倒是吴国后来居上，突然崛起，它所掠夺的基本上都是徐国的地盘。灭徐以后，它和楚国的边界也基本上是原来徐、楚的边界。另外，楚国在淮北的东侵也是由于徐国而不是吴国的遏止而停下，淮北最东方的战线只能到州来。所以，徐作为王国，一直存续到春秋时期。

至于胡国，在周穆王以后，是固定属于中原集团还是回归徐国集团，我们无法考证。不过，《春秋》《左传》中一直称胡国君主为“胡‘子’”，这很能说明问题。称“子”是鲁国对不属于中原集团的外国君主的贬称，这说明胡国在归顺周朝后，并没有老老实实地服从周王朝的统治，而是很快回归了淮夷集团。既不向周王朝进贡，也不与中原诸侯互通音问，所以胡国在《春秋》《左传》中出现的时间很晚，记载也很粗略，地位也很低下（称“子”），当然这是鲁国官方强加的称谓。

《春秋》昭公四年（前538）：“秋七月，楚子、蔡侯、陈侯、许男、顿子、胡子、沈子、淮夷伐吴。”这是胡国在《春秋》中出现的最早记录。此时的胡国，周围的地盘被楚国蚕食鲸吞殆尽，已经彻底沦为楚国的附庸，一直跟在楚国的屁股后面，东征西讨，俨然是楚国的一个“铁杆粉丝”。但是，这并没有逃脱被楚国摆弄的命运。公元前531年，楚灵王派大军灭掉蔡国，把蔡国的世子（储君，法定接班人）姬有俘虏到楚国，杀掉祭神。这在中原诸侯尤其是姬姓诸侯中引起了极大的震动和恐慌。但是，楚国当时的国力达于顶峰，而中原诸侯的领头老大晋平公本来就是楚灵王的岳父，又长期沉湎于土木声色犬马，国势不振，大权旁落，权臣操控国政，根本无心也无力与楚国争锋。所以，虽然蔡国是姬姓国中较大的国家，被楚国灭掉也没有遇到任何抵制和抗议。接下来发生了更为骇人听闻的系列事件：楚灵王竟然把许、胡、沈、道、房、申六国的君主都迁到荆，即楚国祖先起家的地方。这么多国家的君主挤在一个地方，实际上就等于被楚国灭掉了。

按：关于荆、楚的国号问题，《春秋经》最后一次称楚国为“荆”是在庄公二十八年（前666），至僖公元年（前659）改称楚（在这之间没有楚国的记录)，说明荆国在这7年间改了国号。改国号的时间，当以《春秋经》为准，因其“从告而书”，即楚国通报中称“荆”，鲁国的史官就记录“荆”；通报是“楚”，则书“楚”。而《左传》《史记·楚世家》则都是一直称“楚”，这是用后来的国号统称其国。这和契丹于1066年改称“辽”，而《辽史》自始至终都称“辽”而不称“契丹”是一样的。修史书的人，却不注意这些细节，给后人制造了许多麻烦。许多学者认为荆楚是楚国同时使用的两种称谓，以为周昭王所伐之楚就是芈姓楚国。殊不知此时荆是荆，楚是楚，周昭王所伐之楚不知何姓，但绝对与芈姓楚国（当时称“荆”）无关，所以公元前656年，齐桓公率领八国联军伐蔡侵楚，责问“昭王南征而不复，寡人是问”时，楚国使者回答：“昭王之不复，君其问诸水滨”，那意思是：“昭王南征不是讨伐我们，他的死也不是我们的责任。”杜预的注说得非常明白：“昭王时汉非楚境，故不受罪。”（周昭王时汉水流域不属于楚国，所以不应承担罪责）

胡国在楚平王即位后就复国了。因为楚平王的王位来路不正，为了收买人心，他就让许、胡等六国和被楚灵王灭掉的陈、蔡二国全部复国，以显示他的“仁德”，《左传》评价认为这是合乎“礼”的举动。从此，胡国就牢牢地绑在楚国的战车上，跟着楚国攻打吴国和中原诸侯，几乎没有背叛过。

但是，胡国如此铁了心地跟定楚国，除了失去周边的地盘、甚至还要搭上国君的性命（见下）以外，并没有获得什么实际的好处。于是，当楚国在平王、昭王时代渐趋衰落的时候，胡国就试图投靠中原诸侯集团，摆脱楚国的控制。

六、楚国的灭亡和复兴

被遗忘的伍鸣

记载春秋时代历史的著作《左传》《国语》，在介绍了楚令尹子木派伍鸣（椒鸣）把伍举接回楚国后，就再也没有伍鸣的一点信息。感谢清华简《系年》，为我们提供了伍鸣后来的事迹，并且破解掉古代的一大疑案。

历来的文献和传说中，伍奢及其长子伍尚被费无极诬陷杀害后，只有次子伍子胥逃了出来，历尽艰辛为父兄复仇。而据《系年》，和伍子胥一同逃难的还有“伍之鸡”。不要笑这个名字很古怪，笔者家乡一位老人的小名就叫“鸡”。《系年》原文为：“景平王即位，少师无极谗连尹奢（即伍奢）而杀之，其子伍员与伍之鸡逃归吴”。这里的“其子伍员与伍之鸡”，既可以理解为“伍奢的二儿子伍员与另一个儿子伍之鸡”，也可以理解为“伍奢的儿子伍员和伍邑名叫鸡的人”。根据古文的习惯，和伍鸣名字的含义，我们认为后一种解释是正确的。古人有名有字，而且名和字一定有关系。如孔子名丘字仲尼，是因为他的母亲向尼山（尼丘）大神祈祷而生下了孔子，名“丘”是为了记住这个山，字“仲尼”是因为他排行老二（仲），又是祷于尼山而生。伍鸣的“鸣”，是鸡的本领、天性，所以伍鸣应该就是这里的“伍之鸡”，即伍员的大伯、伍奢的哥哥、把伍举从晋国接回来的伍鸣。“鸡”是他的名，“鸣”是他的字。古人的“名”是在生下后三个月才起的，在此之前连“名”都没有（大概是怕夭折吧）。所以“名”在古代就相当于现在的小名（乳名），“字”是在十八岁成人礼上给起的，联系到笔者家乡某人的小名，跟伍鸣名鸡恰好可以互相印证。伍奢、伍尚被诬“谋反”，在楚国是株连全族的重罪。伍鸣不想被株连，只能逃走。但他地位比伍员低（在楚国封地被剥夺，在吴国伍子胥是“太宰”，管理王室内部事务，而伍鸣最多是个少将），所以逃往吴国的记载是先说伍员后说他。那么，《系年》里的“伍之鸡”就是伍鸣。伍鸣是伍举的大儿子，伍奢的哥哥，封地的当然继承人。伍举死后，这里就是他的封地。另外，伍明镇旁有伍明沟，旧志称是伍奢为疏导水患而兴修的水利工程。我们根据古代继承权来分析，开挖这条河的应该是封地的主人伍鸣，包括现在的伍明镇也应该是以他的氏、字命名的。“明”和“鸣”古今都是同音字，镇称“伍明”、沟称“伍明”，应该都是由“伍鸣”讹变而来。

《系年》记载的这个“伍之鸡”，不仅提供了文献中伍鸣（椒鸣）的下落，而且破解了一场经典战役的谜团，还原了中国最早的水战范例。

据《左传》记载，昭公二十三年（前519），吴人进攻州来（凤台），楚国令尹薳越率领楚国和胡、沈、陈、蔡、许、顿等几个小国的军队救援州来，和吴人在钟离（凤阳县临淮关）相遇。此时薳越突然病故，楚军的士气大受打击。吴国的公子光分析敌情后认为应该先打击参战的胡、沈、陈国的军队，他们一乱，楚军必败。七月二十九日（月末），按当时的规矩是不该出战的日子，吴楚“战于鸡父”，吴人先用三千罪人攻击三个小国的军队。由于没有战斗力，这些罪人很快就被打败，三小国的将士都去抢抓俘虏，罪犯们慌忙逃命，战场上一片混乱。吴军趁势出击，三国败下阵来，胡、沈的君主和陈国的将领都被抓住杀死。吴国放掉三国的俘虏，让他们跑到另外三国的阵营，大喊：“我们的君主死了！”另外三国立刻混乱起来。吴军跟在后面掩击，这三国军队也开始逃跑，楚军跟着逃跑，全军溃败。这场战役由于是“战于鸡父”，所以史称“鸡父之战”。

《左传》的记载详细而生动，但是，其中的“战于鸡父”却成了千古之谜。

《左传》原文是："戊辰晦，战于鸡父。"这里的"鸡父"显然是地名。所以杜预注："鸡父，楚地，安丰县南有鸡备亭。"杨伯峻《春秋左传注》："西晋（杜预生活的时代）之安丰县在今河南固始县东，则鸡父又在其南。"《中国历史地名大词典》据此说鸡父"在今河南固始县东南"。但是，如果吴军在钟离抵御楚军，这个所谓的"鸡父"距钟离直线距离超过200公里，当时至少要跑20天才能到达，吴军不可能推进如此神速。所以我在《阜阳考古录·"鸡父在固始"说质疑》中推测"此鸡父似应在凤阳县临淮关附近。"当然这只是按地理、道里和战场逻辑进行的分析，并没有确切的证据。

清华简《系年》为我们解决了这个千古谜团：原来"鸡父之战"根本就是个误会！《系年》第15节记："灵王即世，景平王即位。少师无极谗连尹奢而杀之，其子伍员与伍之鸡逃归吴。伍鸡将吴人以围州来，为长壑而洍之，以败楚师，是鸡父之洍。"［"楚灵王死，楚平王即位，太子少师费无极诬陷连尹奢（即伍奢），杀害了他。伍奢的儿子伍员和伍之鸡逃到吴国。伍之鸡带着吴国人围攻州来，挖成长沟淹州来，打败了楚军，这就是鸡父之洍"。］

原来所谓的"战于鸡父"，竟然是伍之鸡带领吴国军队围攻州来，挖了一条长沟，打败了楚军联盟。因此这场战役应该称为"鸡父之洍"。洍音sì，一般的字辞典查不到，意思是从主河道流出又流回主河道的岔道。由此可见，"鸡父之洍"是吴国人围攻州来时挖出的、引淮河水绕城一周又导入淮河的长沟。吴军擅长水战，这次是凭借水势攻进州来，打败楚军的，并不是在什么安丰县南的山沟里展开的大决战。《左传》记载的整个战事经过和地点都是错误的，杜预对"鸡父"的注释更是谬以千里。

那么，"鸡父"是什么意思？已知这里的"鸡"就是"伍之鸡"的名，"父"是古代对男子的美称，犹如后世称"公"。伍鸣逃往吴国的时候，其弟伍奢已经是太子少师，他本人也应该进入老年（当时四十岁就算老人了），他设计打败了楚军，吴国人佩服他、尊敬他，所以称他为"鸡父"（齐桓公就尊管仲为"仲父"），就是"鸡叔叔（伯伯、爷爷）"的意思。可见鸡父是人名而不是地名，《春秋》《左传》从一开始就弄错了。

有意思的是，鸡父的"父"，《谷梁传》作"甫"，是男子美称的标准用字。可是古往今来，研究者被"战于鸡父"所误导，一直以为鸡父是地名，根本没有注意到鸡父为什么又写成"鸡甫"。这个鸡父（鸡甫）就是伍鸣（椒鸣），确切地说，是对伍鸣的尊称。请注意：吴国用蛮俗，断发文身，不避名讳。齐国人称管仲为“仲父”，“仲”是管仲的字；而吴国人称“鸡父”，“鸡”当是伍鸣的名。鸡父既然是对伍鸡的尊称，那么这场战事的正确名称应该用《系年》的说法，叫“鸡父之洍”。

“鸡父之洍”一战下来，更使楚国上下对吴军产生了严重的畏惧心理。鸡父之洍不但是吴国的崛起之战，而且是中国有史以来最早的水战，但它没有被写入正史，而是由于歪曲的记载被称为“鸡父之战”，把人名当成了地名。《左传》记载：七年后（前512年冬），吴王阖闾围攻徐国，“防山以水之”（堵截山水用来淹徐国都城），杨伯峻注：“此盖利用堤防以山水攻城最早记录。”其实这只不过是模仿“鸡父之洍”的战例，可惜杨老先生没能见到清华简。这次水战更比智襄子决汾水淹晋阳（前454）早了六十多年。

联军伐楚

公元前506年秋，吴国行人伍子胥来到蔡国，约蔡昭侯共同伐楚。蔡昭侯瞌睡找不到枕头，吴国人给送来了，自然是一拍即合。他像求晋国一样，也派出了自己儿子和大夫的儿子到吴国做人质，约请吴国共同伐楚。

冬天，吴、蔡向楚国发动总攻。参与伐楚的，除了也曾被囊瓦勒索的唐国外，还有屡受楚国欺侮的陈国和胡国。这五国并没有组成联军统一行动，而是各有分工：吴军为主，蔡、唐配合，打击楚军主力；胡、陈二国则夺取各自周边的失地，收复固有的领土。此时楚国的都城又迁回郢都，吴国大军很快就突破今皖中的大片地带，跨越大别山，进入到今湖北境内。吴军把战船停泊在淮河口，从东边与楚军隔汉水布阵。沈尹戌对令尹子常说：“您沿着汉水和吴军对阵，他们往哪走你们就往哪堵，一定要阻止他们渡过汉水。我把方城外的军队都带去毁掉敌军的战船，然后回头堵住他们的来路，那时候您再渡过汉水攻击吴军，我从后面夹击他们，一定可以大败敌军。”囊瓦答应了他。但是，沈尹戌走后，他的亲信武城黑要求速战速决，囊瓦还有点犹豫，大夫史皇对子常说：“楚国人讨厌您而喜欢沈尹戌，如果沈尹戌毁掉敌军的战船，堵住了他们的退路，从背后袭击敌军，一定能把吴军打败。这样大家就会认为是左司马自己打败了吴军。您一定要赶快开战，不然的话就不能免祸。”于是囊瓦不再犹豫，指挥楚军渡过汉水列阵，与吴军打了三仗。吴军虽连战连退，却拼命战斗，在气势上渐渐压倒楚军。囊瓦看看打不过吴军，就想丢弃军队自己逃跑。史皇说：“安定时要当令尹，大难来临就想逃跑，能逃到哪里去呢？你必须战死在前线，这样才可以洗清你的一切罪责。”

但是，贪财的囊瓦根本就没打算战死沙场。吴楚两军再次在柏举对阵，吴王阖闾的弟弟夫概王清晨起来对吴王说：“囊瓦不得人心，他的部下没有必死的斗志。如果我们突击囊瓦的中军，他们必然溃败，然后大军跟上，楚军一定会土崩瓦解。”但是阖闾认为这个计划太冒险，没有答应。夫概王不等吴王的命令，带领自己的部属五千人，对囊瓦的中军发起突然袭击，楚军大乱。阖闾见状，不再犹豫，指挥吴国大军乘胜追击，大败楚军。子常到底还是丢下军队，只身逃往郑国，贪污索贿得来的钱财一点没有带走。那个劝他为国尽忠的史皇，率领子常留下的车兵迎战吴军，最后死在了战场上。沈尹戌没有囊瓦的配合，孤军奋战，在息（河南息县西）附近的淮河南岸战至弹尽粮绝，壮烈殉国。吴军再接再厉，渡过汉水，连败楚军，一口气攻下郢都。楚昭王只带了少数亲信随从仓皇出逃，连王室家眷和财富都没来得及带走，就把楚国王城让给了敌人，说明楚昭王君臣逃跑的时候极其仓促，根本没有做任何战斗准备。

吴王阖闾随即对楚昭王进行追捕。楚昭王躲到随国，吴军跟踪而至，要求随人把楚王交出来。楚国贵族子西和昭王面貌相似，情愿冒充楚王替死。随国君臣占卜要不要交出楚王，结果是不吉。于是他们告诉吴人："随国地方偏僻，而紧挨着楚国，全靠楚国庇佑我们，世世代代都有盟誓，至今未改。如果遇到难处就抛弃他们，将来你们灭了楚国，还会信赖我们吗？吴国的大患，不在乎楚王一个人。如果你们把楚国全部都占领了，那你们想怎么样就怎么样。”吴国军队觉得也有道理，就撤走了。

吴军进入郢都后，随即陷入分裂。他们争先恐后地进入郢都，按等级、职位抢占楚国王公大臣们的宫室，瓜分起他们的财富和妻妾来。吴王进驻王宫，占有了昭王的家室；王子子山则抢先住进了囊瓦的府邸。但是，子山还没有安顿好，他的叔叔夫概王就带着手下的将士们浩浩荡荡地开进令尹府，下令让子山赶紧滚出去。夫概王平常就非常骄横，连吴王也怕他三分；柏举之战中又冒险立下大功，更是骄横无比。子山只得非常不情愿地赶紧撤出，把令尹府让给夫概王。可笑囊瓦从战场上直接逃到郑国，十几年搜刮勒索的大量财富一丁点儿也没有带走，家中又是妻妾成群，都送给吴人做了战利品。子山没有得到囊瓦的资产、家人，心中自然不满。刚刚取得胜利的吴军就因为分赃不均而产生了矛盾和分裂，战斗力大大削弱；而楚国王公大臣丰厚的资产，也严重地腐蚀着吴国这个暴发户。

昭王复国

当年伍子胥从楚国出逃的时候，在半路上遇见了好友申包胥。他把家族蒙冤的事告诉申包胥，并且告诉他："我一定要颠覆楚国！"申包胥拘于友情，不能劝阻他，毅然告诉伍子胥："你按照你的意思办吧。你能灭掉楚国，我一定能复兴它！"在楚国处于最危难的关头，申包胥想到，只有秦国能够帮助楚国复国，于是跋山涉水跑到秦国，向秦孝公求援。秦孝公认为楚国路程遥远，能否战胜吴军也没把握，而且代价太大，所以一开始还在犹豫。申包胥在绝望之下，靠着秦国的宫墙痛哭，一直哭了七天，其间一滴水都没有入口。终于感动了秦孝公，让乐人演奏了一曲《无衣》：

岂曰无衣？与子同袍。王于兴师，修我戈矛。与子同仇！
岂曰无衣？与子同泽。王于兴师，修我矛戟。与子偕作！
岂曰无衣？与子同裳。王于兴师，修我甲兵。与子偕行！

《无衣》在《诗经》中归于《秦风》。但是，从诗中“王于兴师”看，这首诗应该是产生在西周时期。秦地本是西周的王畿，这里称“王”兴师，显然是当年王畿内的诗歌，它表达的是王畿民众呼朋唤友同仇敌忾携手出征保家卫国的壮烈情怀。随着平王东迁，当年的王畿变成了秦国的地盘。但是，王畿的文化依然如故，所以虽称“秦风”，却有王的字眼，而秦直到战国初年始终没有称过王。可见这首诗显然是西周时代的作品，诗中的“王”是指周王而不是秦王。秦孝公用这首诗歌表达了与楚国为异姓兄弟的情谊和同意出兵助楚驱吴复国的意向。申包胥明白了诗中的含义，停止了哭泣，向秦孝公行九叩首的大礼，这才开始喝一点水。

秦国出动了五百辆战车（五万人），深入楚境，先打败了夫概王，然后连续四次大战，吴军全面溃败，秦国助楚成功复国。到了战国时代秦楚决裂时，这成了秦人诅咒楚国的长篇雄文《诅楚文》的重要口实。

就在这时，吴国后院突然起火：它南边的邻居越国，趁着吴国主力远征，国内空虚，起兵侵入了吴国。一番烧杀抢掠之后，随即撤走。吴国要回击越国，只得匆忙退兵。阖闾回国后才发现：夫概王竟然提前回国，并且自立为王。阖闾大怒，率军攻打夫概王，夫概王战败，又投奔楚国去了。楚国人不计前嫌，封夫概王于棠谿。夫概王带来了吴国先进的铸剑技术，至今棠溪剑、龙泉剑名扬天下。

楚国的报复

复国后的楚昭王痛定思痛，一改前辙，励精图治，楚国又开始强大起来。我们注意到：楚自靠秦国帮助复国以来，除了第二年（前504）被动防御吴国来犯而且屡战屡败，被迫迁都外，八年不见于《春秋》经、传，连郑国灭许①，都没有报复。可见这八年中间，楚国一直在休养生息。

① 许是楚的同姓国。楚本姜姓，周初独立，分姓芈。芈是会意字，主体还是姜姓族徽羊，中间的一竖在古文字中是一道弯曲的线，像羊发出的声音，正确的读音是 miē。徐铉注《说文》用南音读 mǐ，其实不符合古音，但一直流传了下来。

公元前496年，缓过气来的楚国开始发威。这一年的二月，楚国派王子结会合陈国大将公孙佗人，灭掉了陈国附近的顿。顿国原在今河南周口市东南，是陈国的附庸，因为忍受不了陈国的压迫，在楚国的帮助下迁于今河南项城市南顿镇，成了楚国的铁杆追随者。现在眼看楚国衰弱了，就想投靠晋国。不料事情还没办成，就被楚国发现，牛刀小试，把顿国给灭了。这是楚国八年来第一次出现在"国际舞台"，也是九年来第一次对外用兵。

灭顿只是热身，楚国还要进行全面的报复。因为，所有参与伐楚的国家中，除了唐国在秦军到来时被顺手灭掉外，其他所有参与伐楚的国家都没有受到惩罚。于是，次年二月，距灭顿整一年的时间，楚国出兵灭了胡国。

关于胡国的灭亡，《左传》记："吴之入楚也，胡子尽俘楚邑之近胡者。楚既定，胡子豹又不事楚，曰：'存亡有命，事楚何为？多取费焉。'二月，楚灭胡。"（吴国进入楚都的时候，胡君把附近的城邑都据为己有。楚昭王复国以后，胡君又不肯侍奉楚国，还说：'存亡有命，事奉楚国干什么？除了多花钱。'二月，楚国发兵灭掉了胡国。"）这种说法非常奇怪而不合逻辑。试想：春秋早期楚国只不过是江汉间的一个小国，哪有飞地在胡国？胡国附近的地盘本来就是胡国的，它只不过是收复自己固有的领土而已，怎么还要侍奉楚国？楚国灭胡并没有什么道理可讲。但是，清华简《系年》告诉我们灭胡背后另有隐情。《系年》第19条记："景平王即世，昭王即位，陈、蔡、胡反楚，与吴人伐楚。"原来，胡国也参与了伐楚，是《左传》漏记了。而清华简《楚居》记："闔庐入郢，焉复徙居秦溪之上，秦溪之上复徙袭美郢。"原来，在吴国攻陷楚都的时候，楚昭王又搬回乾溪章华宫，距胡国最近，所以复国以后，第一个灭的就是胡国。

胡国是本地最后一个原住民政权，胡国一灭，阜阳这一带就都是楚国的领土了。楚人把胡国遗民迁到今阜阳老城北城（今鼓楼一带向北到泉河），建为县，县名阳城（关于阜阳老城建县与否，以及县名的问题，后文详述）；而把胡国故都留给胡国君主的旁支，作为祭祀胡国祖先的地方，叫"宗胡"，意思是胡国宗庙所在地。我们看楚庄王灭若敖氏、楚平王灭养氏，都是"尽灭其族"，为什么楚昭王会对胡国法外施恩，不肯斩尽杀绝呢？这不是楚昭王特别宽大，而是基于当时的迷信。春秋时代仍延续前代的做法，"灭国不绝祀"，所以周灭商，仍封商纣王的儿子武庚禄父于商都旧地；后来武庚谋反被诛，周公又封商纣王的庶兄微子启于宋（今河南商丘)。因为战胜国如果灭掉外姓而不留下后裔祭祀其祖先的话，这个被灭国的祖先就会（因为饥饿）变为厉鬼，散布瘟疫、饥荒和恐惧，祸害战胜国的君主和人民。又因为“神不歆非类，民不祀非族”（神不享受外姓人的祭祀，老百姓不祭祀异姓的神灵)，所以必须由本族的后代祭祀自己的祖先，才能避免他们作祸。楚国的若敖氏、养氏都是楚王的同宗，灭族后他们的祖先可以由楚国王室代为祭祀，所以可以灭族；而胡国是归姓国，不与楚王同祖，所以楚国不能代替他们祭祀祖先，必须留下庶支供奉香火。过去外国人往往惊讶于国人的“窝里斗”，其根源就是这个迷信。但“灭国不绝祀”仅限于大国，本国或先辈在历史上有重大贡献，或国初始封的一些大国；而对于一些小的封国、方国、部落，“灭国绝祀”者数不胜数，很多方国连一点记载都没有留下。楚灭胡国后，能让其保留宗庙，足以说明胡国不是一个小国。因为胡国的祖先夔曾任尧帝的乐正，在历史上有过重大贡献。至于那些被灭绝的小国的祖先，以及由于各种意外、天灾、瘟疫、饥荒造成大规模死亡的族群，后世仁慈的人们建有“厉坛”，专门安置那些孤魂野鬼，每年的清明、七月十五、十月初一定时祭祀，以免危害无辜。这虽是迷信，却也是古代的仁政。今人在清明、十一祭祀时，“清明赶早，十一赶晚”，其实是为了避开正节，好留下时间祭祀厉坛。

八、沈尹和繁阳

楚国在成王时代已经到达今阜阳地区，但其军事基地要晚于此。这和楚国侵略扩张的步骤是一致的：先占领边缘地带，逐步打通战略要道，然后建立军事基地，最后夺取大部甚至全部地盘，巩固自己的统治。

公元前624年，因为沈国是姬姓国而投靠楚国，遭到中原诸侯的联合讨伐，官民溃散，被楚国安置在今河南平舆县射桥镇，这是新迁的沈国；原沈国故地则被楚国建为县，县尹称沈尹。最早的沈尹是晋楚邲之战中因功被封在沈县的孙叔敖。在此之前，未见沈尹，除沈溃之年外，也未见沈国的记载。沈县是沈国溃散迁移后新建的县，沈尹是因战功而封。孙叔敖是蔿贾的儿子，蔿是蔿贾家族最早的封地。“蔿”亦作“薳”，《左传》中多次出现沈尹，都是薳氏，说明改封沈尹后一直由薳氏家族世袭。

繁阳（繁扬）在今临泉县关庙镇毛明村。杨伯峻注《左传》（襄公四年）谓在新蔡县北，这是使用旧的区划资料所致。《中国历史地名大辞典》说“在河南新蔡县韩集镇”，则是完全错误的。历史上，新蔡北部和临泉西部的边界曾经长期交叉，例如姜寨，从唐朝取消鲖阳县，把鲖阳并入沈丘（临泉）以来，时隔千年，到近现代仍然有人把姜寨作为“新蔡八景”之一。又如瓦店，《明史·地理志·汝宁府》：“新蔡　府东少（稍）南。……又东北有瓦店巡检司。”似乎瓦店在明朝属于新蔡；但是，明正德《颍州志》明明记有“瓦店　在沈丘（乡），一百五十里。主客户。”这说明其时瓦店属颍州，也没有设巡检司。又查乾隆《颍州府志》卷之二《建置志·村集》，于阜阳县境内列有“瓦店集　西乡一百五十里”，初以为是其沿袭旧志之误，然又查道光《阜阳县志》卷三《诸乡》，于“西三里”有“迎仙店、瓦店集、双庙集”，这是“乾隆十五年，知县侯兹遵行‘顺庄法’，里编集镇为保，以便催科”整理出来的名单，不可能出现错误。到底怎么回事，有待详考，但可以证明阜阳（颍州）、新蔡之间的地界不清是由来已久的。繁阳也应该是这样。繁阳在姜寨北，离姜寨很近，与新蔡也是近邻，从大比例地图上很难看出它属于临泉还是新蔡。但是，所谓繁阳，其实是以水得名。临泉境内有一条河叫流鞍河，从河南平舆县流入，到临泉县城西（现已在城内）流入泉河。这条河的上段还有一个名字，叫“繁河”。繁音 pó，所谓的繁阳（毛明村）就在这条河的北岸，水北为阳，故名繁阳，旧称“繁阳亭”，有石碑。

繁阳是楚国的一个军事基地。根据《楚居》，楚成王曾经迁都“为郢”，即今河南淮滨县期思镇，这是进逼中原、开拓北方的态势。按现在的行政区划来说，从“为郢”到“繁阳”中间只隔淮滨、新蔡两个县，从国家驻军的距离看，并不是很远。所以把这里辟为军事基地，在这里驻军是顺理成章的事。

在《左传》中，繁阳总是随着楚国在北方的军事行动而出现，与沈尹的关系十分密切，说明繁阳一直属于沈县。列表如下：

《左传》沈尹与繁阳关系表

公元年	鲁公年	楚王年	人物/地点	事　件
前 624	文三	穆二	沈国、沈县	晋、宋、鲁、陈、卫、郑伐沈，沈溃。在今临泉的沈国被楚国安置在河南平舆县射桥镇。旧沈国被楚国建为县（沈县）
前 597	宣十二	庄十七	沈尹孙叔敖	晋楚邲之战，孙叔敖将中军，因功封于沈，为最早的沈尹
前 569	襄四	共二十二	繁阳	四年春，楚师为陈叛故，犹在繁阳

（续表）

公元年	鲁公年	楚王年	人物/地点	事　件
前549	襄二十四	康十一	沈尹寿	吴人召舒鸠人叛楚。楚王出师荒浦，使沈尹寿与师祁犁责问舒鸠人。舒鸠首领恭迎二将，发誓没有叛楚。二将复命，楚王欲伐舒鸠。薳子（即沈尹寿。杜注以为薳子冯）曰："不可。彼告不叛，且请受盟，而又伐之，伐无罪也。"乃还
前538	昭四年	灵三	沈尹射	冬，吴伐楚，入棘、栎、麻。楚沈尹射奔命于夏汭（西淝河入淮口，今凤台），葴尹宜咎城钟离，薳启疆城巢，然丹城州来
前537	昭五年	灵四	薳射（即沈尹射），沈尹赤（薳射帅繁阳之师，是现任沈尹；沈尹赤即薳启疆）	冬十月，楚子以诸侯及东夷伐吴，以报棘、栎、麻之役。薳射以繁扬之师会于夏汭。越大夫常寿过帅师会楚子于琐。闻吴师出，薳启疆帅师从之。 楚师济于罗汭，沈尹赤会楚子，次于莱山。薳射帅繁扬之师先入南怀，楚师从之。……楚子惧吴，使沈尹射待命于巢，薳启疆待命于雩娄，礼也
前535	昭七	灵六	薳启疆为太宰	楚子成章华之台，愿与诸侯落之。大宰薳启疆曰："臣能得鲁侯。"
前523	昭十九	平六	薳启疆为工尹沈尹戌出现	十九年春，楚工尹赤迁阴于下阴，令尹子瑕城郏。 楚城州来，沈尹戌料其必败
前519	昭二十三	平十	沈尹戌	楚囊瓦为令尹，城郢。沈尹戌曰："子常必亡郢！"
前518	昭二十四	平十一	沈尹戌	楚子为舟师以略吴疆。沈尹戌曰："此行也，楚必亡邑。"
前515	昭二十七	昭元	沈尹戌（此时为左司马）	楚莠尹然、王尹麇帅师救潜。左司马沈尹戌帅都君子与王马之属以济师，与吴师遇于穷。令尹子常以舟师及沙汭而还

（续表）

公元年	鲁公年	楚王年	人物/地点	事　件
前512	昭三十	昭四	沈尹戌（左司马）	吴公子掩余、烛庸奔楚，楚王使监马尹大心逆吴公子，使居养。莠尹然、左司马沈尹戌城之，取于城父与胡田以与之。将以害吴也
前511	昭三十一	昭五	左司马沈尹戌	秋，吴人侵楚，伐夷，侵潜、六。楚沈尹戌帅师救潜，吴师还。楚师迁潜于南冈而还。吴师围弦。左司马戌、右司马稽帅师救弦，及豫章。吴师还。始用子胥之谋也
前506	定四	昭十	左司马沈尹戌	吴、蔡、唐伐楚，沈尹戌与囊瓦分工御敌，囊瓦贪功冒进，沈尹戌战死
前504	定六	昭十二	司马子期，繁阳	四月己丑，吴大子终累败楚舟师，获潘子臣、小惟子及大夫七人。楚国大惕，惧亡。子期又以陵（当为“陆”，陆师与舟师对言）师败于繁扬
前479	哀十六	惠十	沈诸梁（叶公诸梁）	叶公诸梁平定白公胜之乱。沈诸梁兼令尹和司马，楚国安定后，使宁（子西之子子国）为令尹，宽（子期之子）为司马，而归老于叶（后来事提前交代）
前478	哀十七	惠十一	沈尹朱	楚白公之乱，陈人恃其聚（财富、粮草）而侵楚。楚既宁，将取陈麦。楚子问帅于大师子谷与叶公诸梁。王与叶公枚卜子良以为令尹。沈尹朱曰：“吉，过于其志。”叶公曰：“王子而相国，过将何为?”他日，改卜子国而使为令尹
前476	哀十九	惠十三	沈诸梁	秋，楚沈诸梁伐东夷，三夷男女及楚师盟于敖

从上表可以看出，繁阳的出现晚于沈尹，而且驻军（繁阳之师）总是由沈尹率领行动，说明它是由沈尹管辖。有几处需要辨析一下：

（1）前549年，吴国为报复楚国，让舒鸠人叛楚。楚王出兵逼近舒鸠，派沈尹寿与师祁犁责问舒鸠人。舒鸠的首领恭敬地迎接二位楚将，告诉他们自己没有背叛楚国，并且请求盟誓。二位将领回去告诉楚王，楚王还要伐舒鸠，薳子说："不可。他们说了没有背叛我们，而且在神明面前盟誓，我们再去讨伐他们，是讨伐无罪的人。"

这里的"薳子"，杜预注说是楚国令尹薳子冯，窃以为不妥。前面没有交代令尹随楚王出征，而介绍了沈尹寿；后面蓦然出现了薳子，而说是楚国令尹，于事理不通。此后出现的几代沈尹都是薳氏，所以这里的薳子也应该是沈尹寿。

(2)《左传》昭五年楚师伐吴，薳射即沈尹射，由于都"帅繁扬之师"，显然是同一人。但是，沈尹赤和薳启疆是什么关系，为什么会出现两个沈尹，哪个是现任，历来没有注释。我们注意到：《左传》的记载是：楚灵王出兵伐吴，"薳射以繁扬之师，会于夏汭（今凤台县西淝河入淮口）"，这是第一阶段的军事行动：薳射（沈尹射）率军在凤台会楚王。因为楚灵王定都乾溪，顺西淝河往南就是凤台；而沈尹射帅繁阳之师从西往东赶，先沿今延河东行，至今长官镇（或杨桥镇）入古润河，经阜南县，到颍上县南照镇入淮河，东行到凤台会楚王。会合楚王以后到哪里去了，不知道；然后是"闻吴师出，薳启疆帅师从之（迎击敌军）"，结果没来得及设防，被吴军袭击，在鹊岸（今安徽无为县南至铜陵市北沿江北岸）吃了败仗。这是第二阶段的战事。然后，"楚子以驲至于罗汭（楚王乘坐驿站的车到达罗汭）"。罗汭确址不详，《水经注·汨水》谓即湖南的汨罗江。然而从凤台到汨罗大概需要半年的时间，绝无可能。杨伯峻引高士奇说以为在今河南罗山县旧罗水入淮处，仍然不可理解：从下文看，楚王是听说薳启疆在鹊岸遇袭，前往支援，必定是从凤台往南，怎么会跑到西南的罗山？显然解释不通。所以这里的罗汭只能"地址不详"，猜测应该在寿县—合肥—舒城（或巢湖市）一线，这是第三阶段的行动。最后，楚师渡过罗汭，"沈尹赤会楚子"。薳启疆打了败仗，他不来会见楚王，却叫沈尹赤会楚王，这是怎么回事？显然，这里的沈尹赤就是薳启疆。

前文已述，沈尹行动，都要率领繁阳之师。薳射既帅繁阳之师，显然是现在的沈尹；《左传》隔年（昭公七年）记薳启疆是太宰，那么，沈尹赤（薳启疆）应该是前任沈尹。这样才可以解释为什么沈尹赤出现了一次就没有再出现了——他变成了"薳启疆"，到楚王身边当了太宰（后又改任工尹）。

(3)白公之乱时，叶公诸梁率军平叛。叶公诸梁又称沈诸梁。平叛时称为叶公，是以其封地称之。事后又称沈诸梁（"沈诸梁兼二事"），则是以其祖辈封邑称之。按照楚国的制度，沈尹戌为国战死，其子应该改封大县。叶县是大县，而且是楚国北出方城（楚国长城）的重要关隘，所以沈尹戌的后代改封叶县，顺理成章。沈尹戌战死于公元前506年，27年后有沈诸梁，算起来应该是沈尹戌的孙辈。孙辈仍称祖辈的封地，也是当时的规矩，所以叶公诸梁又称“沈诸梁”。而从叶公诸梁在平叛时的威望看，他当时就应该是叶县公，所以才能率领大军平叛。

附：养邑

养邑在今临泉境内，所以附记在沈尹以下。养国（今临泉县杨桥镇）历史上出了一个著名人物，那就是春秋时期楚庄王手下的名将、神箭手养由基。养由基，字叔，“百步穿杨”“百发百中”“力贯重甲”（一箭射穿九层铠甲）等典故都是由他而来。其实楚国人都擅长射箭，但很难达到养由基的力道和准度。公元前575年，晋楚鄢陵之战时，晋国大将吕锜射中楚共王的眼。共王召来养由基，给了他两支箭，让他射吕锜。养由基一箭射中吕锜的脖子，立刻要了他的命。养由基把另一支箭交给楚共王复命。两千多年过去，我们仿佛还能看见这位英雄潇洒的英姿。

公元前529年，楚国发生政变，楚灵王被推翻，逃亡途中自杀。政变的首领王子比（字子干）登上王位，他的弟弟王子黑肱（字子皙）为令尹，政变的实际领导人王子弃疾成为司马。弃疾用诡计导致新王子干和令尹子皙自杀，自己登上王位，改名熊居，即楚平王。蔓成然自以为帮助平王夺位有功，不知进退，向平王索取很多好处，让平王难以忍受。养氏家族（杜预注：“养由基之后。”按时间推算，应该是养由基的孙辈）又和蔓成然勾结起来，操控楚国的政权，这更让楚平王十分担心。终于在平王元年（前528）九月，楚平王再也按捺不住心中的愤怒，兽性大发，下令杀害了蔓成然，然后灭掉养氏之族。考虑到楚平王仍在乾溪，杨桥距离乾溪并不算远，这样，蔓成然与养氏勾结，才会让平王感到不安。

养氏灭族意味着楚国国都再也没有养氏，但这并不等于在其他地方没有养氏。《百家姓》中，养姓排在389位，但在史料、文学作品和生活中都很少碰到。根据户籍资料，临泉县有养姓聚居地，在长官镇蔡庄行政村杨畔庄。

楚昭王四年（前512），养国被封给了前来投降的吴国公子，此举被视为是对吴国的挑衅，并为后来吴国伐楚埋下了伏笔。

九、慎邑及今颍上辖境的归属

慎邑属楚，在今颍上县江口镇汤圩子村。根据《左传》的记载，从鲁成公七年（前584）吴入州来起，到鲁哀公二年（前493年），吴迁蔡国于州来，改称下蔡止，前后90多年的时间，吴、楚为了争夺州来，进行了反复多次的拉锯战。在此期间，州来或属吴，或属楚，但是都没有提到慎。蔡国迁于州来后14年（前479），慎才出现于《左传》中，而且是楚国的领地。这可以确切地证明，在此之前慎已经建城了。因为这时州来属吴，那么可以肯定，慎不属于州来（下蔡），而是属于楚国。

但是，慎邑何时属楚，年代尚不可知。可以肯定的是：慎地最早属胡。同样根据鹿上之盟的时间，慎邑也应该在楚成王后期就已经被楚国夺去。清·道光《颍上县志》推断楚国取慎在鲁文公（前626—前609）后，似乎太晚。之所以作出这样的推断，主要是因为对鹿上的认识存在误区，或以为属宋，或以为不在今阜南县境内。

据《水经注·汝水》的记载，白公胜的封地在今河南息县长陵乡，为吴城，与慎邑中隔今河南淮滨县和安徽阜南县，直线距离约230里，这里似乎不可能是白公胜的封地。但是，《左传·哀公十六年》明明说：楚令尹子西召王孙胜，“使处吴竟（境），为白公”，是说子西使白公胜驻守在吴楚边界，慎邑符合这一条件，而长陵乡则相隔太远，从来就不是吴楚的边界。那么，或许《水经注》的记载是错误的，《通典》说：“慎，白公胜封邑”，是符合逻辑和历史事实的。

这个白公胜就是王孙胜，楚平王的孙子，太子建的亲生儿子。史书中作“公孙胜”，是仍把楚王当诸侯对待（战国时代的王子王孙也都称“公子公孙”）。实际上楚国是王国，所封大县的长官都称公，楚王的孙子自然应该称为王孙。太子建被费无极诬陷，楚平王要司马奋扬杀他，司马奋扬接到命令后却提前通知太子建让他逃跑。太子建就近逃到宋国（河南商丘），宋国待他很好。但是，不久宋国发生内乱，太子建呆不下去，随即投奔郑国，郑国人待他比宋国还好，但他为了复仇，还是去了晋国。晋国人答应帮他复仇，但前提是他必须回到郑国当内应，先灭掉郑国。于是他又回到郑国，郑国人一如既往地对他好，哪里知道他包藏祸心？晋国派间谍与他约定攻郑国的时间，被他的私属封地内的人告发，郑国人从太子建的家里搜出了晋国间谍，杀掉了这个忘恩负义的楚国太子（楚国人称之为“隐太子”）。这是公元前520年（楚平王九年）的事，这一年王孙胜仅3岁。

自从有了新欢，楚平王就把他的前妻、太子建的母亲、郹阳封人的女儿（下称楚夫人）赶回了娘家。楚国司马薳越驻军就在附近，顺带执行保护和看守的职责。第二年，公元前519年，即鸡父之涯那一年，楚夫人暗中约吴国人接她去吴国。这时楚国的伍子胥、伍鸣、伯嚭等人都到了吴国，都希望把“前国母”接来，省得在楚国备受冷落，形同囚徒。十月十六日，吴国太子诸樊进入郹阳，接走了楚夫人，并且带走了大批宝贝。最主要的是还带走了太子建的儿子王孙胜。薳越听到消息急忙率军追赶，已经来不及了。薳越自觉失职，无颜向楚王交代，遂自缢于薳澨（今河南淮滨县期思镇白露河下游①）。

王孙胜去吴，是谁带去的，很值得研究。首先，王孙胜没有跟随太子建逃亡，否则郑国在诛杀太子建的时候是不会留下王孙胜，更不会让他逃到吴国的；其次，旧传伍子胥携王孙胜到吴国，也不大可能。史载伍子胥逃亡时曾遇到过好朋友申包胥，并告诉他自己将要全力复仇。申包胥说：“你能颠覆楚国，我也一定能挽救楚国。”二人就此分别。这说明伍子胥在逃亡前到过棠邑。而如果是从城父或伍明镇逃往吴国，只能往东走，情急之下一天就出了国界，怎么可能在途中遇到申包胥？从遇到冯氏女和申包胥可以看出，伍子胥出逃前没有带走王孙胜，所以没有引起楚王和费无极的警觉。何况当时王孙胜很小，太子建娶妻在平王六年正月，出逃时是平王七年三月，就算结婚当天怀孕生下的王孙胜，当时最多也只有四五个月大，还没有断奶，不可能托孤给伍子胥。

那么，最大的可能就是：太子建出逃时根本没有携带家眷。他走后太子妃就带着王孙胜投奔了婆婆、楚平王的前妻、太子建的生母，那个被始乱终弃的郹阳封人之女。从太子建之母出走吴国时携带了大量的宝贝可知，楚平王只是为了讨好秦嬴，才把她送回娘家的，并没有十分的难为她，“前国母”的地位还是不容忽视的。太子妃投奔她，可以得到她的庇护，没人敢轻易加害于她。那么，当太子建的母亲出走吴国时，把王孙胜和太子妃同时带走，就是顺理成章的了。

公元前479年，令尹子西不顾叶公诸梁的反对，把王孙胜接回楚国，封为白公，让他居住在吴楚边境，也就是慎邑。从此王孙胜变为白公胜。这一年白公胜43岁。

白公胜回国以后，就强烈要求讨伐郑国，为父报仇。我们前面讲过，

---

① 旧注以为薳澨在今湖北京山县西百余里的汉水东岸，大误！是时楚平王仍在乾溪，而郹阳在上蔡境内。吴人接楚夫人应该是由淮河入汝水（今南汝河）到达郹阳，然后原路返回。而司马薳越追楚夫人也应该是沿今南汝河向南，到汝河入淮口，发现吴人已经进入淮河，追之不及，遂自杀。汝河口对面即薳邑（蒍邑，今河南淮滨县期思镇），今有白露河通淮河，古时或为沼泽，故称“薳澨”。楚平王在乾溪，薳越在汝河口失去吴人的目标，他却跑到千里之外的湖北京山县西自杀？何其荒唐！所有这些误解，都是由于不知道蒍邑所在而导致的。其时蒍邑虽已改为期思，但当地的沼泽并未随之改变名称，仍称薳澨。

郑国并没有亏待白公胜的父亲太子建，但他却勾结晋国，企图灭郑。这样背信弃义、寡廉鲜耻之徒，被杀是他应得的报应。而白公胜却不分是非曲直，一定要伐郑。我们如果留心观察，一定会发现身边有那么一种人，认准一条死理，明明知道错了也不肯罢手，抵死不肯认错，毫无道理可言。我在电视新闻上甚至看到一个女贼，带着几岁大的女儿行窃被抓，她竟然理直气壮地说："我不偷你让我怎么生活?"打小就向孩子灌输这样的思想，真让人不寒而栗。白公胜就是这样的拗种，他并不管他的父亲为什么被杀，只管报仇。本来令尹子西已经答应伐郑，不料楚国军队还没有出发，晋国先来伐郑，郑国向楚国求救，于是楚国由伐郑变成了救郑，不仅帮郑国赶走了晋军，而且还和郑国结了盟。白公胜感到受了愚弄，遂起心造反。

恰在此时，吴国前来侵犯慎邑，白公胜毫不客气地打败了他曾经寄身的敌国的军队。这是慎邑第一次出现在史籍中。吴国的军队来得这么巧，中华伍氏宗亲会的学者研究认为这是白公胜和吴国勾结设下的圈套，好让白公胜有借口到楚都。这个说法很有道理，因为《左传·哀公十六年》记载白公胜宣称"胜利"后是"请以战备献"，即仅进献缴获的战备物资，而没有献俘(因为没有抓到俘虏)。这样的胜利非常像演戏，但楚王、令尹和司马都相信了。于是王孙胜来到楚都为郢（河南淮滨县期思镇），趁机发动叛乱，杀死了令尹子西和司马子期，劫走了楚惠王。叶公诸梁率军平叛，楚惠王被人救走，平叛大军击败白公胜。白公胜逃到山中自杀，协助白公胜造反的石乞宁死不肯说出白公胜的下落，被烹死。楚国得以平定。

春秋时代，今颍上境内还有水台，在南照镇，也是楚国入侵淮北后掠取的胡国地盘。楚灵王灭陈、蔡后，迁许、胡、沈诸国国君于荆，由水台开凿通商渠（今中清河）引淮河入胡国城（约在前533—前530）。关于水台，明·正德《颍州志·山川》记载："清河　在州南城之南。相传楚灵王自水台西开通商渠，自淮而北，转而西，又折而北，直抵胡子城。"又："水台湾　在州南一百里。淮至此，河宽倍上流，故平王（应为灵王）筑台于此，以观竞渡之戏。"清高泽生《颍上风物纪》卷上："清河在县西北五十里，出漕口镇（今南照镇）。旧传楚王自水台开渠，引淮流达胡子国，即此。"根据这些记载，楚灵王开通商渠，其起始地即水台，后来改称漕口镇。通商渠开凿的大致时间，史料中也可以推测出来：《史记·楚世家》载：楚灵王十二年（前529）春，"国人苦役"，因而造反，杀死楚灵王，这里的"国人苦役"当包括开凿通商渠在内的劳役。所以我们知道正德《颍州志》说"平王筑台于此"有误，筑水台的人应该是楚灵王。

第三章 战国时代的阜阳

战国时代属楚。今阜阳市境内地名载于史册的有：

宗胡 颍泉区白庙集西一里，旧称胡庙。

阳城县 今阜阳老城北城。

鹿上 今阜南县公桥乡阮城集。春秋时齐、楚、宋三国会盟之地。

甘城 颍上县城北二里。

寝邑 临泉县古城子。

钜阳 楚国都城。具体地点有争议。

鄟丘 太和县倪邱镇。

【疆域】

疆界无可考。

【建置简考】

下面重点介绍几个发生过重大事件的地方（阳城在下一章介绍）：

宗胡

通过春秋时期的历史我们知道，胡国被灭之后，楚国把原胡国故都留给胡国君主的旁支，让他们留在原地，祭祀自己的祖先。这里是胡国宗庙所在，被称为“宗胡”。战国时代，宗胡被楚国改造为北方的军事基地。宗胡在今颍泉区白庙集，这里地处泉河（上古汝水主道）和颍水之间，可以同时扼控汝颍，地理位置十分重要。同时，因为楚都的不确定性，春秋晚期，楚都或迁于乾溪，或迁于蔦邑，宗胡都是防御西方的强秦与北方的晋、韩、魏的重要阵地。过去，史学界一直认为楚国只有那么几个国都，清华简《楚居》的出现，完全颠覆了人们的印象，以至于一些学者怀疑清华简的真实性。但是实物俱在，而且可以和以前出土的其他秦简、楚简相印证，怀疑是没有根据的。可是，由于清华简《楚居》只到楚悼王时代（前401—前381年），以后楚都是否迁徙、迁于何地，史料中没有更多线索，就连《楚居》中所载的楚都到底是何地，现在都众说纷纭，莫衷一是。清华简的作用，就在于帮助我们摆脱了楚都只有那么三几个，而且都在湖北、河南境内的思维定势。至于《楚居》没有记载的、战国中后期的楚都，我们只能根据史籍记载的重大事件来推断它的所在。

宗胡作为地名，出现在《史记·越王勾践世家》：

> 王无彊时，越兴师北伐齐，西伐楚，与中国争强。当楚威王之时，越北伐齐，齐威王使人说越王曰："越不伐楚，大不王，小不伯。图越之所为不伐楚者，为不得晋也。……所重于得晋者何也?"越王曰："所求于晋者，不至顿刃接兵，而况于攻城围邑乎？愿魏以聚大梁之下，愿齐之试兵南阳莒地，以聚常、郯之境，则方城之外不南，淮、泗之间不东，商、於、析、郦，宗胡之地、夏路以左，不足以备秦，江南、泗上不足以待越矣。则齐、秦、韩、魏得志于楚也，是二晋不战分地，不耕而获之。不此之为，而顿刃于河山之间以为齐秦用，所待者如此其失计，奈何其以此王也!"

这里是说越王无彊时，侵略齐国，又侵略楚国。齐威王为了嫁祸于楚，派人游说越王，让他专心伐楚。而越王认为如果晋（战国初期韩赵魏三家分晋，后人仍以晋称此三家）从北面攻楚，齐国出兵东北，那么，楚国就无暇顾及越国了。这样做的结果是齐、秦、韩、魏得势，尤其是韩、魏，可以不战而得地。但是，他们没有这样做，却把军队隐藏在黄河和太行山之间，等着给齐国和秦国用，真不知道是怎么想的！他们还配当王吗?

"宗胡"为胡国故地，古无异说。《史记集解》引徐广曰："胡国，今之汝阴。"《史记索隐》："宗胡，邑名。胡姓之宗，因以名邑。杜预云：'汝阴县北有故胡城'是。"所有的解释都认为宗胡是胡国故地。但是，由于语境单一，这里的"商、於、析、郦、宗胡之地，夏路以左"，稍有分歧。由于"夏路以左"出现了"现代派"的解释，左右完全颠倒，致使一些人连宗胡的所在也怀疑起来了。《史记索隐》引刘氏云："楚适诸夏，路出方城，人向北行，以西为左，故云夏路以左"，是说从方城（楚国长城，在今河南方城县北）向北，即为夏路，人向北走，西边就是左边，所以夏路以左就是夏路的西边。既然商（陕西丹凤县）、於（河南西峡县东）、析（河南西峡）、郦（河南南阳北）都在夏路以西，那么，宗胡自然也应该在夏路以西了。如果此说成立，则宗胡自然不可能在胡国故地。

此说实误!

夏路是楚国方城通往北方的道路不错，但是这种说法完全颠倒了走向：夏路是夏人所建，最初是诸夏通往南方的道路，而不是楚人去往北方的道路。别忘了楚人是从北方来的，从清华简《楚居》看，楚人的祖先在西周初年南迁时就是沿着夏路走的，彼时的夏路已经存在了一千多年。夏路北起禹州、阳城，本是禹、启起家的地方，夏初的国都就在此地。南抵方城、南阳，楚人南迁、楚庄王问鼎，以及晋楚多次交战，都发生在这条路的沿线。更主要的是：这条道路不光用于军事目的，当初最重要的用途还是中原王朝采运南方铜料、输送盐等高科技产品的重要贸易通道。既然夏路是诸夏南行的道路，那就自然是以东为左。而且，楚人南迁是从北向南，留在文化记忆里自然是也东为左；楚国地图历来是上南下北，左东右西，那么，处于夏路以东的宗胡自然就在“夏路以左”了。

通观全文，更可以明白“夏路以左”的指向。越王的意思是四国联合攻楚，就可以按照上述的地块把楚国瓜分了。“方城之外不南”指的是韩魏对楚国造成的威胁；“淮、泗之间不东”是齐国攻击的重点；“江南、泗上不足以待越”是说越国攻取的地盘，大致就是吴越争霸时期的吴国之地，此时已被楚国侵夺甚多。那么，“商、於、析、郦，宗胡之地、夏路以左”自然是秦国攻击的区域，就是楚国的淮北之地。按照越王的如意算盘，秦国也只能分得这一块地方了。通过上一章我们知道，太子建娶秦女，费无极迎亲，以及吴伐楚时秦国出兵击吴，走的都是商、於一带的路线。而楚以“夏路以左”为军事基地“以备秦”，也可以通过后来的史实加以印证。《史记》记载的秦灭楚之战，李信、蒙恬和王翦两次出兵，都是全力攻击楚国的淮北之地（下文详述）。楚国大将项燕就是被秦将王翦杀死在今宿州市南。秦军可以东进到今宿州，宗胡之地自然也是抗秦前线了。

需要说明的是：从“商、於”到“夏路以左”并不是一块地方。“商、於、析、郦”在夏路之右，而“宗胡之地、夏路以左”则是举宗胡以概夏路以左。这些地方就是秦国进攻楚国淮北之地所要占据的核心区域。

综上所述，宗胡是楚国的军事基地，在今颍泉区白庙集。

甘城之谜

战国时代，今颍上境内，出了甘茂、甘罗祖孙二人。

秦惠王时，甘茂靠张仪、樗里子的介绍，当了副将，协助魏章平定汉中一带。秦武王即位，秦王子蜀侯煇和蜀相陈壮不服武王，举兵造反。秦武王派甘茂率兵镇压，很快平定了蜀地。秦武王因此功拜甘茂为左丞相，樗里子为右丞相。秦武王三年（前308），派甘茂率军攻打韩国战略要地宜阳。宜阳是个大县，曾经是韩国的国都，兵力、粮草储备都非常充足。甘茂意识到此非易事，在息壤（秦地）与秦王约定，不干涉、不限时，全权由甘茂指挥，甘茂这才放手攻打宜阳。结果五个月没有打下来，秦国内部出现了反对意见，樗里子等人攻击甘茂不肯尽心效力，秦武王就打算把甘茂撤回来。甘茂告诉使臣："息壤在彼。"意思是"我们在息壤有约定呢。"秦武王恍然大悟，立刻加派兵力增援甘茂，全力攻打宜阳，最终打下了这个坚固的城市，开辟了秦通三川的道路，使秦国的势力得以进入中原，扫清了统一天下的障碍。甘茂后来因为遭受谗言而逃离秦国，先后到齐、楚、魏国，最后客死于魏。

甘罗是甘茂的孙子。甘茂出逃不久，秦昭王就后悔了，照顾好他的家人，希望他能回到秦国。甘茂死的时候，十二岁的甘罗在秦国丞相吕不韦门下为庶子（掌贵族庶族子弟教育的官）。秦王政（秦始皇）派张唐到燕国（今北京）为相，张唐因为以前曾经伐赵，被赵国悬赏缉拿。而这次到燕国，必须经过赵国，怕赵国报复，所以坚决不愿意去。吕不韦虽然很窝火，却也拿他没办法。甘罗知道后告诉吕不韦："小臣可以让张唐去燕国。"吕不韦非常生气："去！我亲自请都请不动，你能让他去?"甘罗说："伟大的项橐七岁为孔子老师，我今年都十二了。您没试怎么知道我不行呢?"吕不韦无话可答，只好让他去试试。甘罗就找到张唐，问他："您和武安君（白起）谁的功劳更大?"张唐说："武安君南挫强楚，北威燕赵，战必胜，攻必取，我跟他不能比。"甘罗又问："应侯（范雎，杀死白起的秦相）在秦国的地位，可有文信侯（吕不韦）高?""没有。""您既然知道，那该知道应侯让武安君攻赵，武安君不肯，结果出了咸阳（秦都）十里就被赐死在杜邮的事吧？现在文信侯亲自请您去到燕国为相，您不肯去，我真不知道您会死到哪里了!"张唐吓出了一身冷汗，赶紧说："请您报告文信侯，我这就去!"急忙令人打点行装，准备出发。

离定下的日子还有几天，甘罗告诉吕不韦："请您借给我五乘车（五百人），我要先把张唐去燕国的消息通报给赵国。"于是吕不韦告诉秦王："旧臣甘茂的孙子甘罗，虽然年纪很小，但是名人的后代，外国诸侯都听说过他的大名。前边张唐不肯出使燕国，是甘罗说服他去的。现在他想先把张唐出使燕国的消息通报给赵国，请大王允许他去。"秦王政召见甘罗，派他出使赵国。赵襄王出城迎接甘罗，甘罗问赵王："大王听说燕太子丹到秦国作人质的事了吗?""听说了。""听说张唐要到燕国为相了吗?""听说了。""燕国派太子丹入秦，是向秦国交了保证书；秦国派张唐相燕，是想让燕国放心。燕、秦联合，然后共同伐赵，赵国就危险了！燕、秦互不欺骗，没有别的原因，就是想攻赵国而扩大河间的地盘。大王不如送给臣五座城，让秦王把燕国太子送回去，与强大的赵国攻击弱小的燕国。"赵王立即割让给秦国五座城，然后秦国就把燕国太子送了回去。赵国不等秦国行动，就发兵攻燕，取得燕国三十座城，又送给秦国十一座。秦国没费一兵一卒，就从赵国手里得到了十六座城。

甘罗回去报告秦王，秦王政封甘罗为上卿，并且把甘茂的旧宅、田地赐还给他。

《史记·樗里子甘茂列传》说："甘茂者，下蔡（今安徽凤台）人也。"但是，甘茂故里其实在今颍上县境内。顾祖禹《读史方舆纪要》："甘城，亦在（颍上）县西北。《括地志》：'秦甘罗旧居此，城因以名'。罗，楚下蔡人也。杜佑曰：'故甘城。'梁于此置下蔡郡，有关，吴魏以来，关防津济之所也。今为甘城驿，颍河所经。"甘城、甘城驿之名已经确切地证实了甘茂祖孙二人为今颍上人。那么，《史记》为什么说甘茂是下蔡人呢？司马迁应该是沿用战国时代的建置而言，此地在战国时代属下蔡。《括地志》是唐初魏王李泰组织编纂，唐代颍上县城在今县北十二里店，甘城既在县北，应该还在十二里店北。这就可以证明，在春秋战国时代下蔡国（县）的辖境到达今颍上县城西北。《左传·昭公九年》："二月庚申，楚公子弃疾迁许于夷，实城父，取州来淮北之田以益之。"许国因为受郑国的欺压，在楚国王子弃疾（即后来的楚平王）的主持下迁于城父（今亳州城父镇），而把州来在淮北的地盘割给新迁来的许国，这里的"州来淮北之田"就包括今颍上东部地区。因为州来东部有钟离国，"州来淮北之田"只能是今颍上东部和利辛县的一部分，否则不能与城父连成一片。两年后（前531），楚灵王把许国和胡、沈等国都迁到楚国故地——荆，又两年后（前529），楚灵王死，楚平王让这些被迁的各国回复故地。但是，由于吴国又夺回州来，恢复了州来辖地，颍上东部就又归属州来（下蔡），许国被迁至叶（今河南叶县西南）。整个战国时代，这一区划没有变动，都是以慎邑为界，东属州来，西属故胡国。司马迁说甘茂是下蔡人，依据的是战国时的行政区划，与甘茂的籍贯在今颍上并不矛盾。

民国《颍上县志·舆地书下·古迹·甘城》记载："今考县西北颍水南岸有古城梗，一名高河沿：颓垣断瓦，触处皆是，相传此处旧为甘城，土人每制祀神表，书'颍上县甘罗乡'等字，由来已久，今犹未改。……又王敛福《颍州志》：旧县城，县北十二里，唐所迁县也。后又迁今治。按：唐所迁之县应即甘城。"所考不误，但"王钦福《颍州志》"属误记。王钦福修的是《颍州府志》，没有颍上旧县城在县北十二里的记载。旧志中唯一记颍上县旧城在今县北的是明代吕景蒙的嘉靖《颍州志》。

综上所述，春秋战国时代，今颍上县城以西，南到颍河入淮处，北到江口镇附近以南的地区都属于州来的辖境。从州来（下蔡、凤台）到胡国

(阜阳)，其间220里的路程。以今颍上西北为界，州来和胡国各占100余里。《史记》所载甘茂为“下蔡人”，缘此。

寝丘之战

秦王政二十三年（前224），秦王召见猛将李信，问：“我想灭掉楚国，将军觉得用多少人可以？”李信回答：“不过二十万人就足够了。”秦王又召见老将王翦，问他灭楚需要多少人，王翦答：“非六十万人不可。”秦王认为王翦真是老了，太胆怯了，还是李信年轻壮勇，值得寄以重任。于是就派李信和蒙恬率军二十万人，攻击楚国。王翦见自己的意见不被采纳，就推说有病，告老还乡去了。

于是，李信和蒙恬分工，李信攻平舆（今河南平舆县射桥镇），蒙恬攻寝（今安徽临泉县古城子）。楚军进行了激烈的抵抗，但是，这两个小地方哪里是如狼似虎的秦军的对手，很快就被秦军拿下来了。秦军乘胜扩大战果，李信又攻陷鄢陵，然后挥师西进，准备在父城（今河南平顶山市北）与蒙恬会师。不料楚军跟踪而至，穷追三天三夜，大破李信军，杀死了七个都尉，李信只好带着残部狼狈逃窜。

秦王政听到李信惨败的消息，大怒（不如说震惊和焦急），自己驾车跑到王翦的老家频阳（今陕西富平县美原镇古城村），力请王翦出掌帅印。王翦推辞说：“老臣实在是病得不轻，还是请大王另选良将。”秦王道歉说：“好了，我知道错了，不要再难为我了！”王翦说：“大王真要用我，没有六十万人不行。”秦王见王翦肯答应，急忙说：“我这次来就是要按照将军的意思办的！”

于是，王翦率领六十万大军（这可能是秦国交由将军带兵时出动兵力最多的一次），向楚国进发。秦王政亲自到灞上送行。秦军到了楚国，没有立刻投入战斗，而是一直原地休息待命。楚国见王翦军到来，倾全部大军前来挑战，王翦坚壁不出，任凭楚军在阵前叫骂，只管让将士吃饱喝足休息好，就是不理楚军。历来大军远征，利于速战速决，不利于持久。王翦偏要反其道而行之，坚守不战，将士们已经憋得一身怒气，只能靠比赛跳远、跳高、扔石块来宣泄自己多余的精力。而楚军多次挑战得不到回应，辗转向东撤走。王翦立刻指挥大军跟踪追击，大败楚军，一直追到蕲县（今宿州市蕲县镇）南，杀死了楚将项燕，给楚国以沉重的打击。经此一战，楚国元气凋丧，再也没有能力抵御秦国的进攻。一年之后（前223，秦王政二十四年），楚王负刍被俘，楚国灭亡。

关于项燕之死，《史记》的记载有矛盾之处，主要是《秦始皇本纪》与其他记载相矛盾。本文的说法据《白起王翦列传》《六国年表》和《楚世家》。另外，《项羽本纪》也说“（项）梁父即楚将项燕，为秦将王翦所戮者也”。而《秦始皇本纪》则记项燕在荆王负刍被俘后另立昌平君，昌平君死后绝望自杀。其说不可靠。研究《史记》，在遇到《年表》与他处相矛盾时，一般都以《年表》为准，再佐以其他传记，可以认定秦将王翦在蕲县攻杀项燕是准确的，项燕死在负刍王被俘之前，他不可能在此后立昌平君为王，《秦始皇本纪》的说法自相矛盾，且属孤证，不可为据。睡虎地出土秦简《编年纪》，止于秦王政（秦始皇）卅年（前217），其中记秦王政廿年（前227），“韩王居□山”；“廿一年（前226），韩王死。昌平君居其处，有死□属”，廿三年（前224）“攻荆”，“廿四年，□□□王□□”，对照《史记·秦始皇本纪》，简文“王”字前一字当为“荆”，后二字或为“负刍”，全句应为“廿四年，王虏荆王负刍”，与《史记·六国年表》所记相合。廿五、廿六年无事。据此，秦取淮北的次年攻淮南，而淮南反秦大军应该是楚王负刍指挥的。负刍被俘，楚国随即被灭，没有项燕立昌平君反秦之事。

那么，昌平君反秦是怎么回事？睡虎地秦简《家书》有“黑夫等直佐淮阳，攻反城久”（黑夫兄弟跟随驻扎在淮阳的大军，攻打反叛的城池，可能需要很久。按：原译“黑夫就要跟大军去攻打反叛的淮阳了，可能要打很久”，实误。“直”即“值”，“轮到”之意，“佐淮阳”即帮助淮阳的驻军，并非攻打淮阳）。这里的“反城”未说明何地，根据《编年纪》推测，应该是秦王政廿一年韩王死后，秦王让昌平君居于韩王驻地□山，昌平君遂据此地反秦，而不是在秦取淮北之后。司马迁是把昌平君反秦的时间、地点都弄颠倒了。有关传记、《年表》都说项燕自杀于蕲县，怎么可能后来又立昌平君为王呢？再说，昌平君在秦人的控制之下，何时跑到了淮河以南？

《史记》记载的秦灭楚的这两次战役，王翦军介绍得十分简略，没有多少可以研究之处。而李信、蒙恬所进行的战役，涉及到淮北的几处地方，历代注家语焉不详，甚至强不知以为知，给人们对这场战役的理解增加了不少麻烦，所以有必要在这里简单介绍一下。

《史记·白起王翦列传》记：“李信攻平與”。平與即平舆，在今河南平舆县射桥镇，是司马迁写错了一个字（也可能是后世传抄的过程中弄错的），把很多人弄迷糊了。唐·张守节《史记正义》注：“在预东北五十四里。”这里又错了一个关键字：预。古平舆（射桥镇）在唐豫州（河南汝南县）东北，张守节注释是正确的，但他少了一个“州”字，而且把“豫”写成“预”，增加了理解的困难。《史记正义》成书于开元二十四年

(736)，初为单行本，可能是后来刊刻或与《史记》合刻时，为避唐代宗李豫的御讳改的吧。

《史记》又记："蒙恬攻寝"。寝即寝丘，《史记集解》注引徐广曰："今固始寝丘。"客观引述，好处是不至于出现错误，弊端是对于不懂的人，仍然没有什么帮助。《史记索隐》注："徐广云固始寝丘。固始，县，属淮阳。寝丘，地名也。"倒是在徐广的解释以外加了一点说明，可惜说的全错了。

固始作为地名，发生过三次变化。最早的固始，在今河南太康县南，秦为固陵县，西汉初改称固始县；东汉建武二年（26），司空李通仰慕孙叔敖的为人，向光武帝请得在今临泉县古城子的寝丘作为封邑。光武帝为了表彰他，把寝丘改名为固始（侯国），而原在太康县南的固始县废为固陵镇（恢复旧名）。《后汉书·郡国志》："［固始］侯国。故寝也，光武中兴更名。有寝丘。"三国魏改侯国为县（固始县）。南朝宋明帝刘彧于泰始年间（465—471）在今河南固始县东北侨置固始县，这就是现在河南固始县的前身。

这三个"固始县"到底哪个是徐广说的固始呢？从《集解》看，徐广说的是"今固始寝丘"。徐广是东晋到刘宋时期的人，他去世的时候，在今河南的固始县还没有侨置，所以他说的"今"当然是由东汉固始侯国改置的固始县，就是现在的安徽省临泉县古城子。《索隐》则以西汉的固始解释徐广所说的"今固始"，忽略了徐广所处的时代。

此外，如"（李）信又攻鄢郢"，此"鄢郢"应为"鄢陵"，在今河南鄢陵县北，原名鄢，是春秋初期郑灭虢、郐，取其十邑之一。入郑后，加"陵"字。公元前575年晋楚鄢陵之战就发生在这里。《左传·昭公十三年》（前529），楚国发生叛乱，楚灵王只身逃亡。"王沿夏（夏淝水，今西淝河），将欲入鄢"的"鄢"，也是这里。当时郑虽称鄢陵，楚人仍称为鄢。公元前375年，韩灭郑，鄢陵入韩。此时韩已灭，地或入楚。又，李信破鄢陵以后，"于是引兵而西，与蒙恬会城父。"这里的"城父"或当为"父城"，在今河南宝丰县古城村，在鄢陵西南；而城父在鄢陵东偏南。从鄢陵向西只能到父城，怎么能到了城父？必须说明的是：这里的鄢郢肯定不是在今湖北宜城的楚国故都鄢，否则就连神仙也不知道李信他们是怎么进行这一系列战斗的。因为宜城的鄢郢早已陷落入秦，而且远在大西南，跟寝、平舆、城父（父城）一点边都沾不上。

从《史记》的记载来看，楚军当时在淮北部署了大量的军队防御秦国的入侵。在西线战场（湖北、豫南）全面失利的情况下，即使像平舆、寝丘这样的地方，也都进行重点防御。此时楚国已经迁都于寿春（寿县），这样的战略纵深，对于李信是一个大大的陷阱，只以为轻易得手，没想到随后就遭到惨败。只有王翦这样老谋深算的毒辣老将，深刻认识到楚国的强大，不容忽视，倾全国兵力对付楚国，才能确保战争的胜利。

秦灭楚，淮北之地全入于秦。秦改楚之阳城县（今阜阳）为汝阴县，其他地名仍旧。

关于楚都钜阳的争论

《史记·六国年表》：楚考烈王十年（前253），“徙于钜阳”；二十二年（前241）“王东徙寿春（今寿县），命曰郢”。楚国于公元前278年迁都于陈（河南淮阳），称为“陈郢”。于公元前241年退保寿春。秦军从西北来，故往东南迁都。从陈到寿春，今阜阳居中，所以钜阳一定是在今阜阳境内。关于楚都钜阳，旧有三说：一说在汉代的细阳县，一说在今太和县宫集镇东殿顶（殿顶，地名），一说在今阜阳市颍泉区苏集附近。辨析如下：

以上三说都是依据顾祖禹《读史方舆纪要·南直·颍州》：“细阳城，（颍）州西北四十里。或曰：战国时，楚考烈王迁钜阳，此即钜阳城。后讹为细阳。”《方舆纪要》的记载有多处矛盾，成为后人争执的焦点：

一、顾祖禹所记颍州内各地的里程几乎都是错的。细阳在今太和县原墙镇，距颍州远不止百里，这里记的仅有四十里，是“颍泉区苏集说”的依据；

二、若按“州西北四十里”，则从未有“细阳”的建制。这也是学界反驳“苏集说”的理由；

三、细阳汉代始见，因水为名（在细水之阳），并不是由钜阳“讹为细阳”。汉代建县不会拿一个讹误的地名给一个县命名；

四、顾祖禹自己并不肯定这种说法，所以他用的是“或曰”——有人这样说，他自己并没有肯定这种说法正确与否。这种模棱两可的说法，也为后人的争端埋下了伏笔。

由于《楚世家》没有楚徙都钜阳的记载，所以有人就怀疑甚至否认楚国曾徙都钜阳。但《史记》有许多事件在《年表》和《世家》中互见，不一定全记入《世家》，所以楚徙都钜阳应该是确有其事。

我在《阜阳考古录》相关文章中认为钜阳不在以上诸处，而是另有地方，很可能就在今阜阳经济技术开发区黄庄行政村。1993年12月，原县级阜阳市建委请京九铁路工程兵机筑队取土，填鱼池（古慧湖的一部分）建阜阳中心广场。取土处在现在的阜阳经济技术开发区黄庄行政村，是一个大土堆，高约5米，长宽各约100余米，当地人称清谷堆，已知是一处古遗址。当即有人报告阜阳市文管所，市文管所报请主管部门批准，由省考古所、阜阳地区博物馆联合对该遗址进行试掘。1994年1月12日，在约4000平方米的遗址表面掘探方三个，一处经清理确认为建筑遗址，另一处为砖铺甬道，第三处未见遗物。省考古所领队高一龙等专家考察后，认定此处属于战国时代一处毁于大火的宫殿遗址。今遗址早已被毁罄尽，但遗物存于阜阳市博物馆，可供考察。笔者怀疑此地应该就是楚都钜阳遗址。因为地形符合地名特征，并且被专家认定是战国宫殿遗址，又居于从陈郢到寿春之间，而且居于颍水、泉河（古汝水）之南，可作为抵御秦军的天然屏障，而其他三处没有如此的地利，难挡秦虎狼之师，不宜作楚国都城。所以这里应该就是钜阳。

近来又出现"河南沈丘说"，网上所见，未知其详，估计应该是《水经注·颍水》"（谷水）又东迳项城中，楚襄王所郭，以为别都。""楚襄王"即楚顷襄王（考烈王之父，前298—163年在位），这与考烈王徙都不符。如果说是顷襄王建的别都，考烈王徙居于此，似乎也能说得过去。但是，我们从清华简《楚居》可以看出：楚人徙都后喜欢改名为某"郢"。项本为项国，楚灭项以后，如果改名，当称之为"项郢"，不应该称为"钜阳"，此其一；项县入楚后封给本国贵族，是为楚国项氏，战国时代有项燕、项梁、项羽等，说明项没有改名，沈丘的历史上也没有改名项郢或钜阳的记录，此其二；由陈到项，直线不足百里，如果秦人攻陷陈郢，骑兵一天，步兵不过两三天就可以到达项，没有战略纵深，起不到缓冲作用。所以，从文献考察和战略考虑，钜阳也不可能是在项县（沈丘）。

第二编

黎明第一曲：天下一统

第四章　秦之汝阴：归属和旧称

秦代阜阳全境属淮阳郡（旧称陈郡）。境内置三县：

汝阴县　阜阳老城。旧阳城。有慎邑（今颍上县江口镇汤圩子村）、下蔡（今凤台）。

寝县　临泉县古城子。

新阳县　界首市光武镇尹城子村。

【疆域】

汝阴县　东到今利辛县刘家集东界、淮南市潘集区高皇镇闸口村，南到淮河（淮南有地），西到临泉杨桥，北界不详。

四邻　东，泗水郡城父、蕲县；南，九江郡寿春、安丰；西，汝南郡新蔡、寝县；北，汝南郡新阳县、泗水郡城父县。

寝县　东到杨桥以西，西到河南沈丘县南部、东部，南到洪河，北到界首市沙河以南。

四邻　东，汝阴；南，新蔡；西，平舆；北，项县、新阳。

新阳县　四至不详，约为今界首沙河以北、太和县全境，也可能有今河南部分地。

四邻　东，城父；南，汝阴、寝县；西，项县；西北，陈县；北，苦县。

【正误】

《中国历史地图集》以涡阳建县（1864）以后的地界划陈郡汝阴、新阳东界，误。其实秦时下蔡属汝阴，汝阴县在西淝河以东有地。下蔡地的归属见附录九：《陈胜的籍贯和秦朝下蔡的旧属》，利辛县刘家集东界以西的归属见第十八章、二十章。

【国史掌故】

秦之祖先，本在东夷，嬴姓。周武王灭商，立三监以防备殷商的残余。武王死后，殷商旧族联合三监叛周。周成王杀死武庚禄父，其手下勇士飞廉（《史记》作“蜚廉”）逃到商奄（山东曲阜）。飞廉的父亲中潏，儿子恶来，祖孙三人都是商纣王的大臣。《史记·秦本纪》："恶来有力，蜚廉善走，父子俱以材力事殷纣。"成王伐商奄，杀死了飞廉，把商奄之民西迁到邾虎壬（甘肃甘谷县西南），以抵御西戎。此时还不能称为秦人。

到了西周中期，周孝王因其族善养马，封之于秦（甘肃陇西县秦亭），为附庸。周宣王时，秦伐西戎有功，地盘开始扩大，被封为大夫。西周末年，周幽王宠幸褒姒，废王后申后和太子宜臼，立褒姒为王后，褒姒所生之子伯服为太子。宜臼逃往舅家，向舅舅申侯诉苦。申侯大怒，勾结西戎、犬戎、曾人（一作"缯"，商奄遗民的一支），攻破镐京，杀死幽王，掠走褒姒，送给西戎，立宜臼为王（平王），迁都雒阳，史称东周。

由于分赃不均，申侯与戎人产生了矛盾，戎人在京城大肆烧杀抢掠，引起了国人的极大愤慨。秦人与晋国共同出兵，驱逐戎人后，秦人就迁居西周废都镐京，声称是给周王室看守坟墓。周平王业已迁都雒阳，不想再要那个已被焚毁的破败的旧京城，于是做了个顺水人情，封秦人于镐京，让他们仍然保卫王国的西部。

秦族虽然获封西部大片土地，但是由于它是附庸出身，而且封在西部，在中原诸侯眼里，它和戎狄没有两样，非常受歧视。这和现在某些城里人歧视那些迁到城里的乡下人并无二致。这激发了秦人上进之心。经过许多代的发愤图强，到了秦穆公时代（前659—前621），秦国灭掉西戎的许多部落，成为西方的霸主，并且可以插手中原事务，与中原霸主晋国抗衡了（晋国霸主晋文公逃难的时候，也曾到过秦国，托庇于秦穆公）。

秦穆公死的时候做了一件非常愚蠢的事：恢复殉葬制度。古人"事死如事生"，认为人死了还可以享受生前的荣华富贵，所以死的时候要把活着时享受的一切都带到地下去。但是，商代时兴拿奴隶殉葬，到了周朝，实际上废止了这项制度。当然，奴隶或亲人自己要求殉葬的，还是予以鼓励，但是杀殉已经废止。只有秦国在武公时杀了66人为殉。秦穆公死的时候，不仅杀死了177名奴隶和近臣，而且让"三良"（秦国的三个良臣）陪葬。"三良"是子车氏的三个儿子：奄息、仲行、针虎，为秦穆公建立霸业立下了大功。秦穆公死后却遗令让他们陪葬。秦人为之赋《黄鸟》诗以哀哭之。诗中描述了三良临死前的恐惧之状，反复哀叹："彼苍者天，歼我良人！如可赎兮，人百其身！"后世的史家就指出："秦穆之不为盟主也宜哉！死而弃民！""君子是以知秦之不复东征也。"

秦国的霸业确实止步了多年。到了秦哀公时代，吴伐楚的时候，秦国派出五百辆战车（五万人），帮助楚昭王复国，这是秦穆公以后秦国唯一的一次活跃在"国际舞台"上。

秦国无力东扩，不仅是因为秦人无力进取，还由于秦国的东边和南边分别有强大的晋国和楚国。战国早期，韩赵魏三家分晋，给秦国东进带来了契机。秦孝公感叹穆公霸业不再，下令招贤。魏国的公孙鞅（商鞅）入秦，在秦孝公的支持下大力推行变法，秦国得以富强。东击魏、晋，夺取了黄河以北、以西的大片土地。孝公十二年（前350），秦迁都咸阳，合并乡村，建为大县，征赋，在全国实行军国化管理。

秦孝公死，太子立，即秦惠文王。商鞅因为变法过程中得罪过太子，此时惨遭车裂。但是，秦国变法强国的政治取向没有变。此时张仪入秦，为秦制定了“远交近攻”的扩张战略，理清了秦灭诸侯、统一天下的思路。秦惠文王早期主要是攻取魏地，东取魏河西的广大土地，后期更东渡黄河，击败了韩、赵、魏、燕、齐、匈奴的联合进攻，西伐义渠，南攻强楚，覆军杀将，扩张领土。秦惠文王后元九年（前315）听取司马错的建议，伐灭蜀国，为后来的统一战争建立了一块富庶的后方基地。

此后秦武王、昭襄王、庄襄王，步步紧逼中原，紧邻秦国的韩、魏、赵，吃尽了苦头，国境线一步步萎缩。公元前246年，秦王政即位，太后赵姬把奸夫嫪毐封为长信侯，国政全部由嫪毐主持。九年（前238），秦王行成人礼，加冠，佩剑，即将亲政。嫪毐发动叛乱，企图夺权。秦王政果断命令相国昌平君和昌文君发兵攻打嫪毐，平定了叛乱，显出非凡的定力和指挥才能。十七年（前230）内史腾率秦军灭韩；十八年灭赵，获赵王迁；二十二年灭魏；二十四年灭楚；二十五年灭燕，并灭赵国残余代王嘉。秦将王翦平定楚国的江南之地，越君投降，秦于江南置会稽郡。二十六年（前220）灭齐，统一中国。

秦统一后，秦王政改号始皇帝，废封建，行郡县，统一度量衡，车同轨，书同文，创制了专制皇权的极致。南征百越，北逐匈奴，充分展示了一个统一帝国在世界上的崇高地位，也显示了统一帝国无法比拟的优越性——无论是抵御外敌还是抗御自然灾害，都是一件轻而易举的事，人民不必再过割据时期今天这个打过来、明天那个打过去的日子了。

帝国版图空前辽阔，军事实力空前强大，但这并不能挽救它迅速灭亡的命运。由于方士的愚弄，秦始皇从小就非常迷信，尤其笃信五德终始说。方士宣传历史上每个朝代都具备五德（金木水火土）之一，具备某“德”的朝代必须按此德的属性统治国家，才能国运久长，万世不竭。方士推定“秦为水德”，水德主刑杀，这正好与秦国一以贯之的军国主义国策、崛起和统一的历史相吻合（其实所谓“秦为水德”就是方士们根据秦国的历史瞎编的，当然吻合得严丝合缝），于是秦始皇就无休止地奴役人民，用严刑峻法镇压他们，残酷对待他们；方士说“亡秦者胡”，他便穷兵黩武，调遣大量的民工修长城，派公子扶苏和大将蒙恬率四十万大军驻守北方，防备匈奴（胡人）。秦灭楚时给王翦派出的军队是六十万，差不多已经是秦国的全部兵力。但那只是一时的战争之需，现在要拿出三分之二的兵力常年驻守边关以防外患，这是正常人所无法想象的，也是国家的人力财力物力所难以承受的。我们可以想象一下，如果不是公子扶苏太过孱弱，而是举兵反叛的话，秦始皇身后的中国会发生什么样的变化。

秦二世元年（前209），征发一批贫苦农民去渔阳（今北京密云县西南）戍边，这些人走到泗水郡蕲县大泽乡，因连阴雨天耽搁了行程，按照法律，即使到达也要处死。于是这些人在屯长陈胜、吴广的带领下，杀死了押解他们的官兵，“斩木为兵，揭竿为旗”，掀起了中国专制时代第一场轰轰烈烈的革命暴动，各地不堪忍受秦王朝暴政的农民和那些没落贵族纷纷响应。秦二世无兵可用，只能释放骊山徒人（苦工）临时组成军队进行镇压。由于赵高这个与秦始皇、秦帝国有着血海深仇的权宦的操纵，打了胜仗的秦军不仅得不到奖赏，还要蒙受冤屈，面临责罚，秦军将领只好投降义军。于是，在起义军领袖刘邦、项羽的沉重打击下，秦帝国最后二世而亡，“天禄永终”。

【建置简考】

汝阴县的归属

秦灭楚后，把阳城县改为汝阴县。现在阜阳城北的泉河，西汉以前是汝水主河道，因为县在汝水之南，水南为阴，故称汝阴（关于阜阳境内泉河、颍水的历史变化，请参阅附录十：《汝颍水系变迁述要》）。但是，汝阴县在秦朝归属何郡，秦汉间特别是楚霸王统治期间和汉初分封诸侯以后，汝阴县的归属，几乎成了不解之谜，从明朝起地方志书就在这方面进行研究，却一直不得要领。

明·正德《颍州志》卷一《建置沿革》：“秦为颍川郡地。”此后的州志、府志大都照抄照搬，因循不改。嘉靖十五年本《颍州志》：“秦制天下郡四十，颍为颍川郡地。”直到清·乾隆《颍州府志》卷之一《舆地志·沿革》还说：“秦灭六国，置郡县，汝阴、新阳属颍川郡。”道光六年《颍上县志》开始作出探讨。《沿革考五》云：

汉颍川即秦颍川，许、鄢、临颍是其东境，皆在陈西。秦置颍川（郡时），陈尚属楚，何由及颍上乎？

这是说秦灭韩，置颍川郡时，陈以东、以南（包括现在的阜阳、颍上）都还属于楚国。颍川郡不可能到达颍上，秦时属颍川郡的说法不可靠。所以《沿革考六》说：

沛既为秦泗水（郡），颍上独非秦泗水乎？

于是，在《沿革考》前面的《县名分属沿革表》中，秦一栏即标“慎县，属泗水郡。”并注：“《史记·楚世家》：负刍五年，秦灭楚，名为楚郡云。注以为三郡。楚有泗水，慎县属之。负刍五年，秦始皇二十四年也。秦亡，楚义帝时属西楚国。”

道光《颍上县志》的考证洋洋洒洒，旁征博引，似乎确实很有说服力。所以，稍晚出的道光九年《阜阳县志》即采用这个观点，在《沿革表》“秦”一栏下直接写：“为县邑，属泗水郡。”在《沿革考四》说：

旧志载县地于秦属颍川郡，往亦未识其误。及见颍上新志据《秦本纪》《楚世家》岁月辩之，而始豁然于县地确非颍川也。其引《汉书》沛郡、梁国，而折衷于《晋书》“汉分梁、沛，立汝南郡”以定秦时郡地所属。博综旁搜，往复数百言，诚为精核，不可移易。故斯志即以县地为秦泗水郡地而采注其说。

但是，《颍上县志》的编者误信“《史记》之文，以考三代则不足，以征秦汉则可据”。而事实上，由于《史记》致力于人物传记，甚至传说、神话，司马迁的地理知识又比较混搭，秦汉和三代古今地名变迁不能辨析，对于秦代的建置这一部分，往往语焉不详，漏记、误记之处很多。依靠《史记》的记述考证秦代的建置，很难保证不出错误。而对于秦代甚至汉代汝阴、慎邑的归属，从《史记》中都很难找到线索。后人所说的汝阴“汉属汝南郡”是从《汉书·地理志》中找到的。《秦始皇本纪》只简单地说：“分天下以为三十六郡”，没有列郡名。《集解》列三川、河东、南阳等三十五郡，加内史（京师所在地）为三十六，没有具体辖县。通过这些考证汝阴、慎县的归属，依然是盲人摸象。

最主要的是，《颍上县志》也存在误考、漏考。其《沿革表》注称：“《史记·楚世家》：负刍五年，秦灭楚，名为楚郡云。注以为三郡。”《史记》的记载和注都是没错的，但是，《史记·白起王翦列传》还记载：在秦灭楚的前一年，秦国已派大将王翦攻下了楚在淮北的大片领地，具体地说，大约就是今安徽省的整个淮北地区和苏北地区的一部，并在今宿州市南杀死了楚国名将、项羽的爷爷项燕。然后，“秦因乘胜略定荆地城邑”，即在攻取的这一带建立郡县。“岁余”，才“虏荆王负刍，竟平荆地为郡县。”《楚世家》所记“灭楚，名为楚（‘楚’字衍）郡”，《集解》引孙检曰：“秦虏楚王负刍，灭去楚名，以楚地为三郡”。此三郡是：九江（治寿春，即楚都）、鄣郡（治鄣县，即今浙江安吉县安城镇）、会稽（治吴县，即今江苏苏州），都在淮河以南，泗水郡不在其中。这就是说，“秦灭楚置郡”根本与淮北地区无关。

清代学者姚鼐最早发现了秦于陈置郡的问题。他根据《史记·陈涉世家》载陈胜“攻陈，陈守令皆不在，独守丞与战谯门中。弗胜，守丞死，乃入据陈”，推定秦时有陈郡（守即郡守，一郡的长官）。王国维、谭其骧等学者踵袭其说，并进行深入的探讨，基本还原了陈郡的真相。但是，随着研究的深入，陈郡的名称却引起了更大的争议。当代学者据秦封泥有“淮阳弩丞”（只有郡丞才有分工，县里只有一个丞）和《睡虎地秦墓竹简·书信》“黑夫等直佐淮阳，攻反城”等文字，断定秦时设置的是淮阳郡，而陈不过是郡治所在地的县名。这个说法有直接依据，应该遵从。这样说来，陈称为“淮阳”是从秦代就定下的名称。

由于汉初把淮阳郡分割为淮阳国（都陈县，今河南淮阳）和汝南郡（治平舆，即今河南平舆县射桥镇），秦淮阳郡的名称《史记》不载，淮阳郡的历史《汉书》也避而不谈，这一大郡竟然在历史上出现了空白（至于另一个大郡洞庭郡，则直到2002年里耶秦简发现后，才向世人展露真容，这是之前任何人包括司马迁、班固都没有考证到的）。《史记》所记王翦破楚后“秦因乘胜略定荆地城邑”，就是在王翦攻取的淮北之地建立郡县，把这一地区分为二郡：淮阳、泗水。这一区域与秦灭韩夺得的战略要地颍川比，要大得多，说明秦国在打下一片地盘后随即纳入版图，建立政权，巩固统治。这和一年后灭楚所建三郡完全不是一回事，但也并不是仅建了一个泗水郡。所有这些失误，都是由于史籍中漏载淮阳郡所造成的。

据谭其骧《中国历史地图集》，秦陈郡（淮阳郡）辖十二县：陈（河南淮阳，郡治）、阳夏（太康）、柘县（柘城）、固陵（太康南）、苦县（鹿邑）、项县（今沈丘）、上蔡、平舆（平舆县射桥镇）、新蔡（以上今属河南）、新阳（界首市光武镇尹城子）、寝县（临泉古城子）、汝阴（阜阳）。不要拿现在的行政区划想象秦之淮阳郡，秦时赋役繁重，刑法苛刻，民不聊生，大批逃亡藏匿，远没有后来这一地区的人口这么繁盛，尤其是经过秦将王翦在淮北进行的灭楚之战，大量的人口逃往淮河甚至长江以南，这里的行政区划出现了大片的空白，甚至以前的侯国、大县也都只剩下老弱病残，根本无法建县。而且秦实行的是大县的政策，县的辖地都很大，数量相应的也就少了许多。到了汉朝，差不多同样大的地方，分成了淮阳国和汝南郡，设置了四十六个县（淮阳国九个，汝南郡三十七个），其中只有三个县不在秦淮阳郡的范围。所以，秦之淮阳郡县数虽少，地盘大着呢。

明白了汝阴县的归属，也就知道同在今阜阳境内的寝县、新阳二县在秦时的归属了。

陈胜阳城人之谜

秦朝汝阴县的界划，比起楚国胡县的地盘要大得多，因为从颍上到凤台（下蔡）一带，已经全部划归本县。这一地区本来就和胡国有交集。前面我们介绍过：公元前512年，楚昭王四年，楚国就把前来投降的吴国公子掩余、烛庸安置在养（今临泉县杨桥镇），并且把州来淮北之田封给他们。就是这样的割地分田，奠定了历史上下蔡（凤台）与胡（汝阴、颍州、阜阳）两千多年的分分合合。我们通过研究陈胜吴广起义行经的路线，得出了秦朝下蔡属于汝阴县的结论。请参阅附录八：《陈胜的籍贯和秦朝下蔡的归属》。

关于陈胜的籍贯问题，司马迁《史记·陈涉世家》一句“陈胜者，阳城人也”，把历代学者说得晕头转向，不知所云。《中国历史地名大辞典》，在说到陈胜的籍贯时也并存两说——安徽界首说和河南方城说。“界首说”是复旦大学魏嵩山教授考证的，魏教授是界首人，其以新阳（界首市光武镇尹城子）解阳城，是基于一个错误的认识：以养城为阳城。而实际上养城在临泉县杨桥镇，由于顾祖禹《读史方舆纪要》的错误记载，致使许多学者误认为阳城在今界首市境内（见本书附录三：《养邑、养氏三辨》）。既然养城不在界首，那么“阳城即养城说”就不能成立，连带着“阳城在界首说”也根本不能成立。而河南方城秦时属南阳郡，与行政辖区不合。其他诸说下面将一一剖析。

（1）籍贯问题：排除了河南、宿州诸说

《史记》载：“吴广者，阳夏人也”。阳夏即今河南太康，秦时属淮阳郡。那么陈胜也应该是淮阳郡人。在今河南登封市告成镇的阳城属颍川郡，河南方城属南阳郡，宿州蕲县镇（秦蕲县，大泽乡属之）秦属泗水郡，更远，都跟吴广攀不上关系。《史记》说陈胜是阳城人跟这些地方都没有关系，所以陈胜不可能是这些地方的人。

（2）文献记载了陈胜是秦汉时的汝阴人

《淮南子·兵略训》高诱注：“陈胜，汝阴人”，明·嘉靖《颍州志》也说陈胜是颍州人。明朝的颍州就是秦汉的汝阴，汝阴在秦时属淮阳郡，所以陈胜是汝阴人合乎情理。

(3) 行经大泽乡说明了行走路线必经汝阴

我在《陈胜的籍贯和秦朝下蔡的隶属》中，举《三国志·魏书·明帝纪》中的例子，足以说明陈胜他们这支队伍集合和行经的路线，是在得到征发令后，随即从北向南，边传达边抓人，所以到了淮阳郡的最南端的时候，不可能再折回头走陈县，只能就近取道蕲县往渔阳进发。其中一定有一个取道蕲县的理由，一是从慎邑向北有很多沼泽和湖泊（如大漴陂等），古时就“水潦不通”（正德《颍州志》）；二是下蔡（今凤台）秦时属汝阴县（秦国的大县政策从秦孝公时代就定下来了，见上“国史掌故”），秦政府的将尉（这次的带兵人）必须要到下蔡抓人才能凑够人数。而在下蔡就不可能折回陈县。这就是淮阳郡的戍卒为什么会走到蕲县大泽乡，并在即里爆发起义的缘故。

(4) 包山楚简证明阳城在今阜阳境内

原阜阳市博物馆馆长韩自强先生，通过对包山楚简所记载的发生在阳城的一起诉讼案件（下称“阳城讼案”）的研究，找到了秦之阳城在今阜阳境内的文物证据。

阳城讼案记载的是一起发生在下蔡、阳城之间的盗马和谋杀案件。下蔡人宗猬到阳城公处告状称：有一个叫郏拳的家伙偷盗马匹到阳城贩卖，又与几个人合伙杀害了宗罼。阳城公抓住郏拳，进行审理，结果郏拳不承认盗马，而承认与下蔡关里人雇女返、东邗里人场贾、夷里人景不害合伙，在景不害的旅馆里杀死了宗罼。阳城公录下口供，派人分头抓捕这些罪犯，并且把案卷整理上报。

涉案的一些具体地点（关里、东邗里等）现在大都已不可考，只有夷里，由于有出土的楚国玺印“夷里贷玺”（颍东区插花镇征集，市博物馆收藏）和“夷市之玺”（颍东区袁寨镇地表发现，私人收藏），可以确认在今阜阳境内。颍上县六十铺镇古称夷陵，清乾隆《颍州府志》：“旧以为列国君之陵墓。掘地得古砖，可作砚，呼夷陵砚。”当即夷里之所在。公元前598年，楚庄王召集陈、郑会盟于辰陵。辰陵，《谷梁传》作“夷陵”，古人诸多解释，均不可信。夷陵即今六十里铺，属楚，楚庄王在自己的地盘召集陈、郑会盟，合乎惯例。此夷陵即阳城讼案和“夷里贷玺”中的夷里。由夷里的地理位置、原告下蔡人宗猬到阳城公处告发夷里发生的命案，可知今阜阳境内本有阳城，而不可能在阜阳市以外。

(5) 阳城讼案地理索解

韩自强先生根据阳城讼案和夷里文物考证阳城在今阜阳境内，是绝对没错的。但是对于阳城具体地点的确定，韩先生出现了误考。由于看法的分歧，所以当韩先生希望我与他合作完成考证文章时，我没有答应。

韩先生引证今阜南县公桥乡、王化镇一带流传的民谣："羊击鼓，驴撞钟，鵅子（鵅音 wò，《康熙字典》："水鸟也。"即鹭鸶，本地方音 wɑ̀）过河失阳城"。一作"驴弹鼓、羊撞钟，鵅子失了向阳城"。据说当年秦军进攻阳城（或"向阳城"）时，城内兵少准备撤走，为了拖延时间，把羊和驴绑在钟鼓的旁边。羊、驴乱踢乱撞，因此城里钟鼓声不绝。秦军不知虚实，又不知护城河的深浅，不敢贸然进攻。后来发现护城河里有鹭鸶在捉鱼，才知道城河很浅，就蹚水过河，发现是一座空城。韩先生用这个传说中的"阳城"证实即阳城讼案中的阳城，似有不妥。理由如下：

第一，民间传说，历时久远，难免走样。我在阜南县焦陂镇听老百姓说过"扒了焦阳建阜阳"，说阜阳城是拆了焦阳城（焦陂镇）建的。阮城集也有类似的传说，则说是拆了阮城集建的。按：阜阳作为县名，是清雍正十三年以后的事，阜阳县城即古颍州城，历代方志均记载有其建筑、修葺的年代和负责官员等，却并没有拆其他城建阜阳城的记录。若据此传说证明阜阳县城是从焦阳或阮城运砖修建的，实不可信。可见年代久远的传说根本靠不住；

第二，宋玉《登徒子好色赋》说其东邻之女"嫣然一笑，惑阳城，迷下蔡"，阳城与下蔡并举，说明其城市规模相当大；楚国小县称尹，大县称公。阳城讼案中阳城的长官称"公"，也可以证明阳城是个大县。但是，阜南的传说中鹭鸶可以站在水中捕鱼，说明护城河的水浅，也间接证明了这个城并不大，与宋玉赋中"阳城"的规格明显不符；

第三，公桥乡阮城集即春秋之鹿上，东汉为原鹿县（侯国），说明从春秋到汉代鹿上之名未改，不应中间改称阳城并建县，否则就不会有"原鹿"之名留下了。至于王化镇，西汉为富波（陂）县，此前的旧名无文献记载。按照汉代建县命名的惯例，没有特殊情况，一般是用旧地名，而不会另取新名；

第四，最主要的是：阳城讼案中的一个关键地点可以证明阳城不在阜南境内。前文已述，阳城公审理郏拳的时候，郏拳承认了与雇女返、场贾、景不害合伙，在景不害的旅馆里杀死了宗罼。这个景不害是夷里人，夷里即今颍上县六十里铺。从下蔡到阮城集或王化镇（两地很近，且都在谷河南岸），应该沿淮河一线往西，大致是从凤台到颍上县王岗镇（汉有安远侯国，见下一章）—润河镇—南照镇，进入阜南境内，从谷河南岸西行，而不可能先到六十里铺再折向西南。古代没有公路，当然是怎么近怎么走，这样如果从今凤台到王化镇，怎么也走不到六十里铺，阳城讼案中的阳城只能是在阜阳。

所以，根据地理路径和事理逻辑，阳城就是今阜阳在春秋末年到秦灭楚之前的旧名。秦虽改为汝阴，但由于秦灭楚到陈胜吴广起义只有十多年的时间，本地人对旧地名的记忆并未磨灭，基于故国之思，或出于叛逆心理（不愿用秦改的地名），仍然使用旧县名，于是就给我们留下了这样一个千古之谜。这就是《淮南子·兵略训》高诱注说“陈胜，汝阴人”，嘉靖《颍州志》也说陈胜是颍州人的原因。

沈县、寝县和其他

从《史记·白起王翦列传》看，楚国在战国时代就已经把沈县改称寝县。此地有古地名寝丘（今称老孤堆），寝与沈自古就有扯不清的关联：春秋时封沈尹的时候也有寝尹，寝尹稍晚，但沈尹与之并存，说明不是互相取代的关系。后来沈诸梁封于叶，就再也没有沈尹，而寝尹升为朝官，当是寝尹取代了沈尹。从文献记载来看，秦王政二十三年李信、蒙武攻楚，有寝县，说明当时仍有寝县。寝县的地盘还是今杨桥镇以西的临泉大部，以及河南沈丘县南部沙河以南地区。

养城（临泉杨桥）在秦灭楚的那场战役后，即归于消失，其领地并入汝阴县。

另外，在今界首市光武镇尹城子建有新阳县。新阳县的辖境不太清楚，当在今界首市沙河以北地区，太和县北部。

以上各地都属秦淮阳郡。

第五章　西汉：半封建半专制

阜阳西汉属豫州刺史部汝南郡，境内的建置有：

女阴侯国　阜阳老城。封开国功臣第八位夏侯婴。四世国绝，改为县。王莽篡汉，改为汝坟。

新阳侯国　界首市光武镇尹城子。封开国功臣第八十七位吕清。传国六代，坐酎金免，国改为县。王莽改名新明。

寖县　临泉县古城子。秦为寝县，汉改为寖。王莽改名闺治。

鲖阳县　临泉县鲖城镇。鲖音“同（tóng）”，旧说音“纣”，误，说见下。

新郪县　太和县赵庙镇城孜村。王莽改为新延。

细阳县　太和县原墙镇。王莽改名乐庆。

慎县　颍上县江口镇汤圩子村。汉初置。王莽改名慎治。

富波县　阜南县王化镇东。

乐昌侯国　太和县赵集乡古城张庄。封赵王妾子张寿。一年取消。

安远侯国　颍上县王岗镇郑家湾村。宣帝时封开拓西域的功臣郑吉。传位子郑光，郑光死，无子，国除。平帝立，复封郑吉曾孙郑永。

另有都尉治，在女阴城。

王莽时期，分汝南郡置赏都郡（见【建置简考】），郡治、辖县均无可考。

【疆域】

总：东到利辛县刘家集镇东界，南到淮河，西到河南新蔡县西北界、沈丘县东部、南部，北到界首、太和北界。

四邻：东北，沛郡城父县；东，沛郡山桑县、下蔡县；东南，扬州刺史部九江郡寿县；南（淮河以南），扬州刺史部六安国安风县、阳泉县、蓼县；西，汝南郡新蔡县；西北，平舆县（汝南郡治）；北，汝南郡项县、宜禄、兖州刺史部淮阳国宁平县。

【正误】

《中国历史地图集》以涡阳建县（1864）以后的地界划汝南郡汝阴、

细阳的东界，误。说参第十八章。又标汉细阳县在今太和东南、阜阳市区内，新郪在太和县倪邱镇，均误。细阳城址说见下，新郪城址说见下一章“宋公国”。

【国史掌故】

秦朝的暴政在陈胜、吴广点燃的革命烈火中开始崩塌，在群雄逐鹿的过程中，楚国旧贵族项羽率领的军队击溃了秦军主力，把抄捷径进入秦都咸阳的农民领袖刘邦赶走，自己主持瓜分胜利果实。他把自己封到彭城（江苏徐州），独占九郡之地，这九郡都在中原地区，大概相当于今江苏北部、安徽、河南的黄淮之间，当时是开发程度最高，也最具战略价值的地区。而把敢于和他抢夺胜利果实的刘邦分封到他认为偏僻荒凉落后的蜀地（今四川北部和陕西南部），为汉王。殊不知蜀地经过秦人的长期开发，富裕程度已经超过中原，秦灭六国的战争，全靠蜀地充足的战略物资支撑，项羽的信息早已过时了。刘邦暂时斗不过项羽，只能乖乖地到封地去，等候时机。项羽的天下并不稳固，很快各地的王爷就因为分封不公开始互相攻杀，重燃战火。刘邦在谋士萧何、张良、陈平等人的参谋下，趁项羽忙于平定东方诸侯叛乱的时机，出师中原，依仗着蜀地的雄厚资源，与项羽争夺天下。经过五年的浴血奋战，终于在公元前 202 年打败了项羽，夺取了天下，建立了大汉王朝，史称西汉。

西汉的天下也不太平。外有匈奴这个中原王朝的死对头，内有打天下的战友和招降过来的叛将、叛王。刘邦外表上非常慷慨，骨子里却十分自私，生怕有人夺去自己的天下。他先后用计除掉了异姓诸侯王，出兵塞外打击匈奴，希望把匈奴赶得越远越好。在这样频繁的征战中，刘邦都是亲自率军出征，使他的身体受到了极大的伤害，最终于公元前 195 年去世，把天下交给了他的儿子汉惠帝刘盈。刘盈也许是从小在战场上受惊吓过度，非常仁慈懦弱，一点也不像他的父母。刘邦死后，皇权实际上被刘盈的母亲、刘邦的第一个妻子吕雉掌握着。吕雉随刘邦多年，杀伐决断，十分刚强，汉家第一功臣韩信就是被吕雉和谋士萧何合谋除掉的。吕雉奉行黄老之术，实行与民休息的政策，农商兼顾，生产力得到了迅速的提高，为后来的文景之治打下了良好的基础。但她违背了刘邦生前与全体文武大臣立下的“非刘姓不王，无功不封侯”的誓约，分封诸吕为王，无功封侯。她死后，太尉周勃、丞相陈平、朱虚侯刘章及其兄齐王刘襄合谋，巧夺兵权，诛杀诸吕，迎立代王刘恒为帝，是为汉文帝。文帝、景帝实行无为之治，国力很快强大起来。到了武帝刘彻，北征匈奴，南伐百越，开疆拓土，成为一代雄主。但国力消耗过大，后代的几位皇帝，除了汉宣帝尚能开拓疆土，驻兵西域，打通丝绸之路以外，其他的都只能守成而已。

汉朝实行的是半封建半专制政体。汉朝初年，跟随刘邦打天下的功臣，都希望得到一块封地，有的则在征战的过程中就已经封王封侯，如韩信，在刘邦跟项羽拼命的时候，他打下了项羽分封的齐国。刘邦跟项羽大战，请他支援，他却要挟刘邦，要当什么“假齐王”（代理齐王）。刘邦正急得火烧眉毛，一听就炸了，正要骂娘（刘邦的流氓习气非常严重，口不积德），被谋士张良踢了一下，马上冷静下来，说：“堂堂大丈夫，要当就当真王，假齐王当个什么劲！”于是封韩信为齐王，韩信这才肯出兵助阵，最终灭了项羽。还有项羽封过的王，为了争取他们攻击项羽，只能违心地许诺他们共同灭掉项羽后仍让他们为王，或者增加封地，甚至瓜分天下。如燕王臧荼、九江王英布，都是为了拉“统一战线”时许下的，到了这时候不能不继续承认他们为王。

本来依着刘邦的性子，他是一寸土地也不想封给外人，但是不封不行，天下还会乱。于是公元前202年，灭掉项羽以后，刘邦开始大封功臣。不过这时候封的都是侯，连开国功臣排名第一的萧何也只封了酂（cuō）侯，其他的就更不要提了。但是他的儿子，包括他和妻妾生的孩子甚至私生子，都封了王。如齐王刘肥，就是他年轻时跟一个“外妇”曹氏所生。在他看来，土地封给自己子侄，是最保险的安排。于是，后来他就有计划地灭掉了所有的外姓王。他的妻子吕雉也充当帮凶，除掉了最会打仗的天才军事家韩信。刘邦死的时候，还怕后代封异姓王，立下遗嘱：“非刘姓不王，大臣贵戚无功不得封侯。”他以为只要有这个规矩就可以保证刘家江山永固，传之万代了。

但是，他的如意算盘打错了。他死后吕雉实际掌握了国家权力，很快就开始封诸吕为王为侯，导致后来吕雉死后大臣诛诸吕，换皇帝，又进行了一场流血的革命。汉景帝时，因为同姓诸侯王势力过于强大，大臣晁错提出削藩。在准备实施期间，吴王刘濞、楚王刘戊、赵王刘遂、济南王刘辟光、淄川王刘贤、胶西王刘昂、胶东王刘雄渠等七个刘姓王，借口“清君侧”（铲除皇帝身边的奸佞）发动了“七国之乱”，几乎就推翻了景帝的统治，给社会造成了很大的破坏。经过这一场动乱，景帝、武帝开始削夺诸侯王的兵权，并且派出“相”管理封国的政务，诸侯王成了吃空饷的闲人、废人、寄生虫。这样，不管他们怎么折腾，总不至于危害国家了。这个制度在整个专制时代成了铁律，谁不这样做都会招致动乱。西晋大封诸侯王，可以掌兵，引发了“八王之乱”，并最终导致中国陷入了长达290

余年的大分裂时代；明朝初年朱元璋分封诸王，让他们各带兵一万五千人驻守藩邸，引起了一场持续四年的内战——“靖难之役”，传给皇太孙的江山被燕王朱棣夺了去。

西汉在实行中央集权的同时，又大封诸侯王，并且给他们领地和兵权，所以我们可以说它是半封建半专制的社会。从阜阳的建置看，恰好也是封国和县互相交错，只不过县多“国”少，这里的统治权主要还是由朝廷掌握。

西汉末年，朝政大权落到外戚王莽的手里。王莽是汉元帝刘奭皇后王政君弟弟的儿子。元帝、成帝时，王政君的父辈、兄弟中，封了十个侯爵，五个大司马，全面掌控国家政权，成为外戚专权的“典范”，刘邦“无功不封侯”的誓约成了废纸一张。只有王莽的父亲早死，没有封侯。王家子弟都非常奢靡，声色犬马，飞鹰走狗，纸醉金迷。王莽家境贫寒，奢侈不起，但他勤奋好学，拜沛郡人陈参学习《礼经》，成了贵族子弟中难得的礼仪专家。他勤俭刻苦，侍奉寡母、寡嫂恭敬周到，养育侄子侄女如同亲生，受到当时人的普遍赞誉。阳朔三年（前22），王莽的旁支伯父、大将军王凤重病卧床，王莽衣不解带伺候了数月，亲尝汤药，蓬头垢面，一直到王凤死，没有一点懈怠，王凤的亲儿子都自愧不如。王凤快咽气的时候，向汉成帝和皇太后推荐了王莽，先让他当了黄门郎（禁卫军军官），很快就提拔为射声校尉（禁卫军武官名）。不久，王莽的叔叔、成都侯王商上书，请求把自己的封地分给王莽一部分，当时的许多名人也联名推荐王莽，于是王莽成了名人、好人。永始元年（前16），汉成帝封王莽为新都侯，就是汉初吕后封鲁元公主的丈夫赵王张敖小妾的儿子张侈的地方（河南新野县九女城），但是户数增加到1500户（宣帝时开拓西域、打通丝绸之路、首设西域都护府的安远侯郑吉仅封1090户）。此后王莽“爵位益尊，节操愈谦”（《汉书·王莽传》），得到朝野上下的一致赞誉。绥和元年（前8），由前任大司马王根推荐，王莽晋升为大司马（军委主席）。汉平帝元始元年（公元元年）拜王莽为太傅（皇帝的老师，赏赐大臣的虚职）、安汉公，并且增封召陵、新息二县两万八千户，还把汉初丞相萧何的府第赐给王莽。汉初吕后分封自家兄弟为王，导致诸吕在吕后死后满门被灭。鉴于这个教训，当时没有人敢提封王莽为王，封“公”已经是外姓所能得到的最高爵位了。此时的王莽，权力已经赶上甚至超过了皇帝。当汉平帝年纪轻轻死去，王莽新选的两岁（实仅一周岁）孩童孺子婴（刘婴）继位以后，大臣提请王莽居摄（当摄政王），代行皇帝事，于是“安汉公”变成了“代汉帝”。三年以后，王莽成了真皇帝，刘婴被封为定安公。自元帝死后就总揽朝政、一直任用娘家人为公卿的王政君，得知王莽要当真皇帝时，大吃一惊。她还想保留着汉帝传国玉玺，但已由不得她了。直到此时，她终于亲手把大汉皇权交到娘家侄子王莽手中，自己则成了“新室文母太皇太后”。

王莽篡汉后，进行了一系列的“改制”：土地制度改行井田制，改官制，改官名，改地名，改宫殿名，改王为公，“四夷僭号称王者皆更为侯”。柏杨评价王莽是一位伟大的改革家，但他的改革超过时代2000年，至今仍无法全部实现，当时的人们根本无法接受，最终被人民所推翻。实际上王莽是个开历史倒车的反动分子。他所推行的一系列改革，更多的是八百年前西周的那一套体制，而且经过战国秦末策士、汉初儒生按照自己的愿望、理想“加工”过（伪古书），在当时根本无法实行。他又非常迷信，因为自己姓王，就按照“符命”（假借“天命”的谣言）在全国找了十几个名叫王兴、王盛的家伙，其中有一个城门令史王兴，一个卖大馍的王盛，因为容貌合乎相书上的描述，直接提拔为高官，其他的十多个“兴、盛”也都提拔为郎（侍从官，生活及机要秘书）。而且在这同一天，封拜卿大夫、侍中、尚书之类的高官达数百人。他就依靠这么七拼八凑的一群官僚来维护新莽政权。

【建置简考】

汉代，本地属汝南郡，郡治在今河南平舆县射桥镇（一说在上蔡，误。西汉、东汉汝南郡治都在今射桥镇）。今阜阳市境内共建了十个县和侯国，这些侯国有的与县平级，称为县侯；有的比县小，或为乡侯，或为亭侯，属于区乡一级。秦汝阴县境内汉代新建了慎县（今颍上县江口镇汤圩子村）、富波县（今阜南县王化镇东）、细阳县（今太和县原墙镇）、乐昌侯国（今太和县赵集乡西之古城张庄，乡侯）和安远侯国（今颍上县王岗镇郑家湾，乡侯）。另有新郪县（今太和县赵庙镇城孜村宋城遗址），应该是从新阳县分出来或郪丘迁徙而来。另外，下蔡（凤台）开始建县，划归东边的沛郡。

西汉把汝南郡的都尉治所设在女阴县。都尉是一郡的最高武官，相当于现在的省军区司令。《续汉书·百官志》：“本注曰：凡郡国皆掌治民，进贤劝功，决讼检奸。……尉一人，典兵禁，备盗贼，景帝更名都尉。……边郡置农都尉，主屯田殖谷。又置属国都尉，主蛮夷降者。”都尉治的安置，说明汝阴在地形上具有重要的军事价值。

建置之谜一：本地置郡了吗？

王莽的改制，留下了很多谜团。在建置方面表现为不少郡名和很多县名都无法确认。今阜阳境内很多县都改了名，并且都记录在《汉书·地理志》中，可以不要考证。但是，本地最大的建置之谜，就是新莽是否曾经在这里设置了郡治。

《汉书·地理志》："汝南郡，高帝置，莽曰汝汾，分为赏都尉。"历代注家对于这个"赏都尉"都避而不谈，其实是都不知道，又都不去深究。

最早提出这个问题的是清中期学者齐召南，此后有钱大昕。系统整理"赏都尉"的是现代学者谭其骧。他在《新莽职方考》(《燕京学报》第十五期）中说：

赏都郡　分汝南郡置。《志》（按：指《汉书·地理志》）云：分为赏都尉。齐（按：指齐召南《汉书宫本考证》）曰：当是赏都郡之讹。盖莽改汝南郡曰汝坟郡，又分置赏都郡耳。钱曰（钱大昕《三史拾遗》卷三）：宜禄县，莽改曰赏都亭。此亦赏都为郡名之证也，《莽传下》有赏都大尹王钦。

这里是说"赏都尉"应该为"赏都郡"，王莽把汝南郡改为汝坟郡，又分设了赏都郡。钱大昕举王莽改宜禄县为赏都亭为例，证明赏都是地名，既可以作亭（王莽把与郡或别的县重名的县改称亭，不是秦汉时代副乡级的亭）名，当然也可以作郡名。并举《汉书·王莽传下》有赏都大尹为例，证明是赏都郡，而不是赏都尉。《汉书·王莽传中》：王莽称帝以后，"改郡太守曰大尹，都尉曰太尉，县令、长曰宰。"既有赏都大尹，就说明有赏都郡。此可证王莽确实设置了赏都郡。

但是，这个"赏都郡"郡治在什么地方，管辖几个县，都是哪几个县，现在已难以考证了。按照王莽改敦煌郡为敦德郡，改郡治所在县为敦德亭的体例，此赏都郡的郡治也应该在赏都亭（汉宜禄县，今河南郸城县宜路镇)。但这只是"个例"，并不是所有的郡治所在县都与郡同名，也不是所有与郡同名的县（亭）都一定是郡治。汉之女阴县（今阜阳）倒有可能是设置赏都郡的合适地点。女阴居汝水（泉河）、颍水交汇处，地理位置非常重要，汉初在这里置都尉，《地理志》："女阴，故胡国，都尉治。莽曰汝坟。"但是，我们看不到设置赏都郡的任何资料。既然"赏都"是一个词，那么"都尉治"就不是赏都郡（赏都尉）的治所。"莽曰汝坟"倒是与王莽改汝南郡为汝汾郡相合。齐召南、周寿昌等学者都证明（怀疑)《地理志》"莽曰汝汾（郡)"应为"莽曰汝坟"。既改汝南郡为汝坟郡，又改女阴县为汝坟县，是不是王莽要把这里作为汝坟郡的郡治呢？如果真是这样，则在原汝南郡的南部（女阴，汝坟）置汝坟郡，北部（宜禄，赏都亭）置赏都郡，也符合学者们的考证。不过，这有两点说不通：

一、既改汝南郡为“汝坟郡”，为什么汝阴没有改称“汝坟亭”呢？二、两个郡的政治中心都在东部，而且赏都郡的郡治坐落在本郡的一个角落里，东、北二面与其他州（兖州）接壤，处理起政务来也太不方便了，王莽应该不会这样划分的。附带说一下，《中国历史地图集》画西汉宜禄县西部、豫、兖二州边界到项县城北，似根据今河南沈丘县边界所划，实误。项县古项子国，而且立都于颍河北岸，当不至于这么狭小。绘图者不知道明朝沈丘迁县时曾从颍州割去今河南沈丘南部、东部的大片土地（见本书第十七章），那么在割地之前如果项县的边界按照《地图集》划的界线，再加上新阳县的地盘，项县几乎没有土地了。再说，如果那样，宜禄县三面被兖州包围，何不划归兖州？

总之，赏都郡或赏都尉，汝坟郡或汝汾郡，现在都已经很难考证清楚了。王莽频繁改制，留下的谜团实在太多，谁也无法去把它们全部解开，且未必完全整齐划一。好在王莽统治的时间不长，历史上也不占重要地位，只好撇开放到一边去。

建置之谜二：鲖阳县的“鲖”字读作什么？

由于时代久远，鲖阳县废弃已久，关于鲖阳的名称、界址，有很多难以考证清楚的地方。本章借助历代文献与工具书，希望尽可能地还原历史真相。

《汉书·地理志》记汝南郡有鲖阳县。“鲖”字现在只有一个音：“同（tóng）”，古音却很麻烦。东汉许慎《说文解字》破例注音：“从鱼同声，读若绔襱。”以古音注古音，现在人看起来仍然是一头雾水。实际上他说的是“鲖”是形声字，鱼字旁，“同”是它的声符。但在当时则应该读作“绔襱”的“襱”，并不是读成两个字音。徐铉据此注为“直陇切”，即音“zhǒng”。段玉裁《说文解字注》：“绔襱见衣部，丈冢切，故鲖亦直陇切。……‘鲖阳县’则音转读若纣。”“丈冢切”是说“襱”字音“肿（zhǒng）”，“鲖”字和“襱”同音，不念“同”而念“肿”。至于鲖阳县的“鲖”，则变音为“纣（zhòu）”，鲖阳县应该念作“纣阳县”。

那么，“鲖”到底是该读“同”还是“肿”，抑或“纣”呢？《说文解字》已经说得很清楚：“从鱼同声”，那么这个字是形声字，鱼字旁，“同”是它的音。就是说读作“同”是没有错的。许慎又说音“肿”，只能说明到东汉时这个字已经发生了音变，并不是本来就念“肿”。春秋以前为“d、t”声母的字，到汉代发生了分化，出现了“zh”“ch”“sh”声母（也有人认为上古“d、t、”声母本来就有前后舌位的区别，前舌位的声母保存不变，后舌位的声母后来演变为“zh、ch、sh”声母）。如“冬”和

“终”（“从纟，冬声”），董（从艹）、懂（从忄）、動（动）和重、踵、锺等。这里的“鲖”读作“肿”亦属此类，这可能与楚国语音的影响有关。因为春秋中晚期楚文化就开始渗透、影响中原，鲁襄公建宫殿模仿楚国样式（《左传·襄公三十一年》），就是明显的例证。而且自陈胜吴广起义以来，占领导、统治地位的政治集团成员（张楚政权、项羽集团、刘邦集团直至两汉的大臣）多为楚地人，许慎又是召陵人，召陵春秋战国时期属楚。在没有对字音进行规范的时代，占统治地位的楚人语音影响当地的读音，导致发生音变的情况是极其正常的。所以“鲖”音“肿”很可能有楚文化影响的因素。

至于段玉裁说鲖阳县的“鲖”音“纣”，则完全是一个误会。《康熙字典·鲖》：“又《广韵》直柳切，《集韵》《正韵》丈九切，并音纣。鲖阳，县名。《前汉·地理志》汝南郡鲖阳县《注》：应劭曰：在鲖水之阳。按：《正字通》引《汉书》孟康注：‘鲖音纣红反’。《左传·襄四年》注：鲖阳县南，鲖音纣。《后汉书》：阴兴子庆封鲖阳侯。注：鲖音纣。孙愐‘东韵’收‘鲖’，‘直蒙’‘直柳’二切。此皆《地理（志）》注之‘音纣红反’讹失其下‘红反’二字也。戴侗定为徒红、篆蛹二切，《韵会补》定音冢，则又缘‘纣红’改为上声也。据此，《说文》直陇切，《六书略》音胄，《正韵》收入有韵，并非。”

这一大段话可能很难理解，有必要解释一下。这是说《广韵》《集韵》《正韵》都说“鲖”字音“纣”是作县名（鲖阳县）时的读音。按：《正字通》引孟康为《汉书》作的注（《汉书音义》）说的是“鲖音纣红反”，即音“同”（不音“肿”）。但是此后为《左传》《后汉书·阴兴传》作的注，都作“鲖音纣”，孙愐《唐韵》在“东韵（ōng 韵母）”中收入有“鲖”字，注为“肿”“纣”二音。其实这些都是因为孟康《汉书音义》“鲖音纣红反”在流传的过程中漏掉了“红反”二字造成的误解。这样看来，《说文》徐铉注音为“直陇切”（肿）、《六书略》注音作“胄”（纣），《正韵》收入“有”韵（ǒu 韵母，音“纣”），都是错误的。

孟康是最早为《汉书》作注的人。此后（包括为《左传》作注）才出现了“鲖（阳县）音纣”的讹错，完全是因为后世流传过程中漏掉了孟注中的“红反”二字，把切音（“纣红反”）误解为直音（“鲖音纣”）所造成的笑话。所以“鲖（阳县）音纣”的说法是完全错误的。而段玉裁注《说文》仍注“‘鲖阳县’则音转读若纣”，则是把“鲖（阳县）音纣”说成是读音的转变，显系牵强附会，并无依据。不过，现在仍有人拿“鲖（阳县）音纣”当作知识点来进行卖弄，并以鲖城当地人的土音来进行附会，真令人齿冷。按：临泉鲖城的方音，凡为鼻音韵母（-n，-ng）的名词，无论单音节、双音节或多音节，最后一字均读成很重的带鼻音的儿化韵，而取消鼻音韵母。如读“鲖城”为 tóng-chě ŕ。其实这是“城”字的土语音变，与“鲖”字完全无关。

这样看来，现代字词典标“鲖”音“同”才是正确的，不仅符合形声字的造字规律，也符合现代人尤其是当地人的读音。“鲖”音“肿”可能是受了楚音的影响，今已废；而音“纣”则是史料在流传过程中发生的误会。真正的、完全正确的读音，就是“同”。

建置之谜三：鲖阳县的边界

鲖阳县是汉初才建的县，其边界四至在何处，今已难于考证。我们只能根据《后汉书》《水经注》及旧志等文献史料，探索鲖阳县的大致边界。

东部：后汉有阜阳侯国，在今临泉县姚集村，介于临泉到鲖城之间，不知道是属于固始还是属于鲖阳，总之鲖阳和西汉的寖县、东汉的固始当在今临泉姚集以东或以西，我们即推定以姚集为界（东西各三十里）。

南部的边界较难考证。《左传》记有繁阳，在今临泉县关庙镇毛明村（参见本书第二章“沈尹与繁阳”）。杜预注：“繁阳，楚地，在汝南鲖阳县南。”鲖阳正南就是新蔡，两县距离较近，边界难分，当以今临泉迎仙、新蔡韩集镇、李桥镇一带为界（李桥镇见下），也符合杜预注繁阳所在。

西部最远，也没有准确详细的记载。《水经注·汝水》：“（鲖阳）县有葛陵城”，东汉建武十五年（39），光武帝改封安城（西汉安成县）侯铫丹为葛陵侯，即在此地。葛陵侯国在今河南新蔡县西北李桥回族镇葛陵村，据此可知汉鲖阳县的西界至少到新蔡县西北界。铫丹为安城侯是袭封其父铫期的爵位，安城侯国在今河南汝南县东南七十里北胡，铫期“食邑五千户”，葛陵侯也应该不小于安城。据《后汉书·郡国志》，汝南郡有三十七县（侯国），户四十万挂零，平均一个县不过万余户，食邑五千户接近半个县，那么葛陵侯国的边界应该还在西部。鲖阳的西边是今河南平舆县，当时未建县。由葛陵侯国推断，鲖阳县的西界应该到达今河南平舆县东的杨埠镇，与安城县（侯国）以洪河为界。

至于北界，应该到泉河。唐初取消鲖阳县，并入项县（今河南沈丘），后来建沈丘县（临泉古城子）时才划归沈丘，那么鲖阳和项县肯定边界相连，而泉河正好位于两地之间。明朝在河南重建沈丘县的时候，曾经从颍州割去大片地盘，其中汾泉河以南地区，应该就是古鲖阳县的辖地。详情请参见本书第十七章。

至此，可以把鲖阳县界址大致勾勒如下：东到临泉姚集，南到河南新蔡韩集、李桥一线，西到新蔡西北至平舆县境内的小洪河，北到泉河，是一个不大的县。

建置之谜四："楚歌"与鲖阳县界

阜阳是文化之乡。《诗经·汝坟》就是西周时代本地传唱的民歌。入楚后两种文化的交流和融合，产生了更多的文艺奇葩。近日偶然检得宋郭茂倩《乐府诗集·杂歌谣辞》有关楚歌的描述，使我们对先秦两汉本地的诗歌艺术有了更进一步的认识，通过对歌词和诗歌背景的研究，也更加理解了本地的疆域建置及变化。

《杂歌谣辞·鸡鸣歌·解题》：

《乐府广题》曰："汉有鸡鸣卫士，主鸡唱。宫外旧仪，宫中与台并不得畜鸡。昼漏尽，夜漏起，中黄门持五夜，甲夜毕传乙，乙夜毕传丙，丙夜毕传丁，丁夜毕传戊，戊夜，是为五更。未明三刻鸡鸣，卫士起唱。"《汉书》曰："高祖围项羽垓下，羽是夜闻汉军四面皆楚歌。"应劭曰："楚歌者，鸡鸣歌也。"晋《太康地记》曰："后汉固始、鲖阳、公安、细阳四县卫士习此曲，于阙下歌之，今鸡鸣歌是也。然则此歌盖汉歌也。"按《周礼·鸡人》"掌大祭祀，夜嘑（呼）旦以□（'叫'的古字）百官"，则所起亦远矣。

又载《鸡鸣歌》：

东方欲明星烂烂，汝南晨鸡登坛唤。曲终漏尽严具陈，月没星稀天下旦。千门万户递鱼钥，宫中城上飞乌鹊。

从《题解》引应劭解楚歌看，历史上楚汉相争的重要战役垓下之战，吹散楚军百万兵的"四面楚歌"，竟然是《鸡鸣歌》！而据《太康地记》，《鸡鸣歌》就是流传在今阜阳北部几个县的民歌。"习此曲，于阙下歌之"显然是指在当地学会《鸡鸣歌》，然后为皇室和贵族服务。从这段记载可以看出：这几个县的卫士，一是勤劳，二是忠诚。但是《太康地记》根据后汉有《鸡鸣歌》推测为汉歌，并不完全准确，正确的说法应该是从战国时代就有《鸡鸣歌》（楚歌）了，因为秦统治时间很短，秦末的歌，而且以"楚歌"为名，必是战国时代楚国人流传下来的。又从《周礼·鸡人》看，《鸡鸣歌》的起源可能还要早，而单单在阜阳一带流传，可以看出今阜阳一带十分完整地保存了上古的民风和文化。

从诗歌的内容看，《鸡鸣歌》正是汝南郡卫士唱的，所以特别提到"汝南晨鸡登坛唤"。"曲终漏尽严具陈""宫中城上飞乌鹊"，都是宫中生活的写照。全诗用韵一二四句通押，五六句换韵，用韵规范，转折自然，体现了当时民歌的创作水平和艺术之美。

这里出现了一个谜题：《鸡鸣歌》既然产生于汝南郡，《太康地记》记东汉（后汉）固始（今临泉县古城子）、鲖阳（临泉县鲖城镇）、细阳（太和县原墙镇）都属汝南郡，但是突然其中出现一个“公安”，令人费解。查《后汉书·郡国志》汝南郡无公安县。公安今属湖北，旧名孱陵，公元209年刘备借荆州以后，改称公安县。十年后孙权取荆州，又改回孱陵，西晋改为江安，直到南朝梁武帝末年才又改回公安县。不仅时间不对，而且此县属荆州武陵郡，远在固始等县千里之外，怎么会跟汝南郡的这几个县放在一块说？显然有误。怀疑应该是“安城”的误写。宋公国在太和县赵庙镇城子村（见下一章），安城县在今河南汝南县东南七十里北胡，属汝南郡，当时正与鲖阳接壤。更通、更可能的解释是：此“公安”或是“宋公”的误倒、误写。西晋太康年间降为宋侯国，《太康地志》的编者不熟悉后汉有宋公国，误倒为公宋，再讹成公安，或本作“宋公”，在流传的过程中误倒，再讹变为“公安”，都是可能的。如果此说成立，则《鸡鸣歌》的流传全在今临泉、太和（含界首）境内，似乎更为顺理成章。

建置之谜五：细阳辨址

汉细阳县的位置，《中国历史地图集》标记在太和县东南、女阴县北、茨河东岸，实误。查《水经注·颍水》：“颍水又东南流，于胡城北，细水注之。……东迳新阳县故城（界首市光武镇尹城子）北，又东南迳宋公县故城（太和县赵庙镇宋王城）北。……细水又南迳细阳县，……细水又东南迳细阳县故城南。”细水即今茨河，上游河道与今茨河有很大的不同。按照《颍水注》的描述，细水“上承阳都陂”，在今河南郸城东南，似即今郸城境内的皇姑河（也是茨河的上源），经今界首、太和边界，称八丈河。在太和县李兴镇南东流入茨河。今茨河上游则为黑河，从河南淮阳县齐老乡西发源，东流经临蔡镇北，东南流入郸城县界，经郸城县城北东流，上段称黑河，下段称茨河（无明显分界）。在宁平镇东北折往东南流，从郸城县东的丁村乡、白马镇界出郸城，在太和县清浅镇北入境南流，到李兴镇折往东南流，以下河道与《水经注》同。《颍水注》说“细水又东南迳细阳县故城南……细水又东南，积而为陂，谓之次塘，……又东南流，屈而西南入颍。”茨河入颍处在今阜阳市颍泉区茨河铺。从地图上可见，这段河道还是东北——西南走向，符合《水经注》“屈而西南入颍”的描述。《中国历史地图集》标细阳县就在“屈而西南”的拐角处，显然忽略了《颍水注》前面还有“细水又东南，积而为陂”，“又东南流”这两处文字。“细水又东南，积而为陂，谓之次塘”，这个“次塘”是南北走向，在今太和县城以东。通过这段记载，我们可以准确地找到次塘的位置和长度：就是现在太和县关集镇南胡寨集村与赵集乡交界处起，到颍泉区伍明镇和行流镇交界处的南端，即茨河入颍河处止的那段河道。《水经注》说：“公私引裂，以供田溉”，可见次塘是筑有堤坝、作为水库用的。细水过了细阳县再东南流才到次塘，可见细阳县在次塘北端的西北，正是今原墙镇所在地。

所以，细阳县在太和县原墙镇，不在今阜阳市区。

下面说说西汉早期几个有名的封国：

女阴侯国

封在今阜阳的，是女阴侯夏侯婴。请注意“女阴”二字。在司马迁的《史记》里，夏侯婴是“汝阴侯”，而在《汉书·地理志》和本地出土的“女阴宫当”（见彩页）中，“汝”都写作“女”，读作汝。史籍和实物对照，可以看出《汉书》的记载是准确的，而司马迁则是沿用秦代的旧称。为什么会去掉三点水？因为根据五德终始说，汉帝国属火（汉为火德），水能克火，所以为了帝国的命运永远昌盛，要把带水旁的字改造一下：洛阳改成“雒阳”，汝阴改成“女阴”——但是，河（黄河）、江（长江），最主要的是汉高祖起家的地方——汉（汉水）却又不改，帝国的国号也没有改，仍然沿袭项羽所封的国号——汉。而且司马迁的《史记》中也没有把“汝”写成“女”，真是奇怪。

说到底，汉帝国到底属于什么“德”，是一个说不清道不明的问题。刘邦最先攻入秦都咸阳，灭秦肯定应该是汉的功劳，秦为水德，如按五行相克理论，唯土能克水，那么汉朝应该是土德；如按相生理论，秦为水，水生木，也挨不着火德的事，所以大汉王朝要么是土德，要么是木德，怎么会“汉为火德”，真让人闹不明白。总而言之，“五德终始说”本来就是扯淡，“汉为火德”更是胡说八道。秦始皇如果不是迷信此说，也不会像对待奴隶、牲畜一样对待人民，秦王朝也不会二世而亡。

夏侯婴在汉初功臣中排名第八，他和刘邦是沛县老乡，刘邦在秦统治时是泗水亭长（相当于过去县下边设区时区辖小乡的乡长，副科级干部），夏侯婴是沛县的厩司御（相当于现在的小车班班长）。两个人性格差异很大，却很谈得来。但是有一次两个人都喝醉了，要比气力，结果刘邦把夏侯婴摔伤了。夏侯婴倒没介意，但是，按照秦朝的法律，公务员打架伤人要入刑。于是就有人告刘邦，官府找夏侯婴了解情况，夏侯婴抵死不肯连累刘邦，并且为此挨了板子，差一点打死，总算保住了刘邦。刘邦因此非常感谢和信任夏侯婴。

陈胜吴广起义的时候，刘邦因为之前放跑了让他带去服劳役的农民而被朝廷通缉，躲在了芒砀山中。沛县县令本来是要召集刘邦他们共同起事的，但是突然反悔，把刘邦带来的一帮人堵在了城外，并且下令捉拿出主意要找刘邦的县吏萧何、曹参等人。夏侯婴率先得到消息，立刻通风报信，让他们逃出了城。萧何、曹参在城外会合刘邦，攻打县城，夏侯婴里应外合，杀死县令，夺取了县城。后来的反秦战争和楚汉之争中，夏侯婴一直是以“太仆”的身份为刘邦驾车，凭着精湛娴熟的驾车技术，一步步从五大夫到执帛，到执圭，成了贵族。到随大军在雒阳东击败秦军的时候，夏侯婴已经封为滕公。而汉初开国功臣排名第二的曹参却步步落后：夏侯婴封为执帛的时候，曹参是五大夫；夏侯婴执圭，他是执帛；夏侯婴封为滕公的时候，他才是执圭。至于那位帮助刘邦消灭项羽、功高震主的大将军韩信，此时还在项羽的军队里郁郁不得志，时刻准备当逃兵呢。不仅如此，韩信后来投靠了刘邦，仍不得志，真的当了逃兵，并被抓了回来，按军法要处死，监斩官就是夏侯婴。这次要斩的共有 14 人，当前面 13 个人都被斩以后，韩信抬头看见了夏侯婴，就说：“大王不想夺取天下了吗？为什么要斩壮士？”夏侯婴见韩信身材魁梧，死到临头还这么镇定，觉得此人不同凡响，就释放了他，与他交谈，发现韩信真是个人才，于是把他推荐给了刘邦。刘邦看在夏侯婴的面子上，让韩信做了治粟都尉（后勤处长）。韩信仍然不满意这个职务，再次出逃。萧何得到韩信逃跑的消息后，来不及向刘邦报告，让夏侯婴驾车追韩信。其他人不了解情况，向刘邦报告，刘邦以为萧何跑了，吓得魂都没了。提心吊胆地等了一两天，萧何终于回来了。在萧何的全力推荐下，刘邦最终拜韩信为大将军，兴刘灭项，其功最大。传统戏曲有《萧何月下追韩信》，其实，第一次发现韩信的是夏侯婴。没有夏侯婴，韩信小命都没了，萧何上哪去追去？再说，萧何月下追韩信的时候，也是夏侯婴给他驾的车。

秦朝被推翻后，刘邦和项羽的矛盾凸显出来。刘邦趁项羽出兵平定河北地区的叛乱时，攻城略地，夺取了西部的大片区域，然后倾巢而出，带领56 万大军攻占了项羽西楚的首都彭城（江苏徐州）。项羽知道后，亲率 3 万精兵悄悄赶到萧县（距徐州仅50 里），早晨从萧县出发，突袭彭城，把刘邦的56 万大军杀得像炸了窝的猪，一点反击的能力都没有，彭城周边河里都被尸体和鲜血填满了。此时如果不是骤然一阵大风，刘邦的小命就得玩完。难得夏侯婴临危不惧，在这阵狂风中驾车脱逃，救了刘邦一命。

风定之后，楚军又迅速追了上来。刘邦想到沛县老家接着家里人逃走，楚军跟踪追击到沛县，先把他的家人抓到手，没被抓住的也都四散奔逃，不知所踪。更为乌龙的是：刘邦的父亲、老婆吕雉和侍卫审食其竟然自投罗网，钻进了楚军的队伍里，做了俘虏，成了项羽后来要挟刘邦的筹码。所幸的是，刘邦在路上竟然碰到了自己的儿子和女儿！夏侯婴急忙把他们拉到车上，一起逃亡。这一耽搁，楚军就又追上来了。眼看着敌军越追越近，刘邦的流氓习气又一次大爆发：他竟然把两个孩子推下了车！夏侯婴见此情景，大吃一惊，哪见过这样当爹的！急忙停车把两个孩子拽上车。刘邦再推，最后干脆直接用脚踹！这样反复了多次，都被夏侯婴给救了下来。刘邦大概是真吓坏了，十几次拔剑逼着夏侯婴要他放下孩子。夏侯婴懒得理他，把两个孩子放在身旁，让他们搂住自己的脖子，继续驾车跑路。最终靠着娴熟精湛的驾车技术，甩掉了跟踪的楚军，顺利脱险。要说夏侯婴为刘邦政权建立的最大功绩，应该就是这一次了。他不仅救了刘邦，而且还救了他的两个孩子。这两个孩子可不简单：男孩是西汉的第二任皇帝孝惠帝刘盈，女孩是孝惠帝的姐姐鲁元公主刘娉。

公元前 202 年，汉高祖六年，刘邦最终灭掉了项羽，大封功臣。这次封爵，夏侯婴论功为第八，官拜太仆，“九卿”之一，是正部级高官；爵封汝阴侯，封地就在现在的安徽阜阳。夏侯婴当太仆，一干就是一辈子，官位一直没有“进步”，但所享受的尊崇却是旁人无法比拟的。公元前 195 年，刘邦在长乐宫病逝。长子刘盈继位，是为汉孝惠帝（简称惠帝）。惠帝的妈妈吕后成了吕太后。吕太后感念夏侯婴在生死关头救下了自己的两个孩子，对夏侯婴是宠信备至，在皇宫的北边建了一处全长安城最好的房子，赐予夏侯婴，说：“这样离我近些。”这是所有的功臣都没有享受过的待遇。孝文帝即位八年（前 172），夏侯婴走完了他的人生旅程，病逝在吕太后赐给他的官邸中，谥为“文侯”。

夏侯婴可能没有到过他的封地汝阴，他死后葬在了长安城东都门外饮马桥东大道南。《博物志》记载：大臣们为夏侯婴送葬，到东都门外，马停下不走了，倒在地上悲声嘶鸣。人们在那里得到一个石椁，上面刻着铭文说：“这是一块上好墓地，沉寂了三千年，终于见到天日。可悲呀滕公就住在这个墓室里。”于是就把夏侯婴葬在那里。这事非常神奇，不过未必可信。像夏侯婴这样的人物，一般从封侯的时候就开始为自己筹备墓室。夏侯婴从公元前 201 年封爵到前 172 年去世，整整 30 年，墓室早就该准备停当，不可能随便就改葬他处。这个传奇的故事，很可能是后人看到夏侯婴没有葬入封地而附会出来的，也是为了表达对夏侯婴的崇敬之情。

夏侯婴传国四代。他死后，儿子夏侯灶继位，然后是孙子夏侯赐、曾孙夏侯颇。夏侯颇娶了平阳公主。平阳公主是汉武帝的姐姐，第一次结婚嫁的是曹参的曾孙、平阳侯曹时。曹时大概从小就体弱多病，所以家中长辈又给他取名曹寿，但终于也没有抵抗住命运的安排，年纪轻轻就病死了。曹时病死后，平阳公主改嫁夏侯颇。曹参的曾孙媳妇改嫁了夏侯婴的曾孙，倒是不差辈儿。夏侯颇继位十九年，到汉武帝元鼎二年（前 115），因为与父亲临幸过的婢女通奸，被人告发，自杀，封爵取消，汝阴侯国被朝廷收回，改为汝阴县。

1977 年，考古学家发掘了当时阜阳县罗庄双古堆汝阴侯夏侯灶的墓葬。墓葬位于现在的阜阳师范学院新校区教学楼主楼前，东西并列，是夫妻合葬墓（同墓不同穴）。两墓出土漆、铜、铁、陶及金银器等文物 390 多件。漆器中最具价值的是六壬栻盘、太乙九宫占盘和二十八宿圆盘，后两种为中国考古中首次发现。墓中还出土九千余片竹简和三块木牍，内容包括《仓颉篇》《诗经》《周易》《年表》等文献典籍十余种，为不可多得的古文字资料，经修复后现在被河南安阳文字博物馆借去布展。还有两件天文测量仪器（漆器），长期无人知道作何用途。经过天文考古学家 30 多年的研究，最近才揭开了它们的神秘面纱，确认它们是世界上现存的最早且具有确定年代的圭表和赤道式天文测量仪器的支架。据中国科技大学科技史与科技考古系教授石云里说："根据计算，在汉代汝阴侯国的地理纬度上，这个支架正好可以把（观星）圆盘支撑到当地赤道面内，形成一架赤道式的天文观测仪器。""中国普遍使用天文仪器对赤道系统的观测，比欧洲要早 1000 多年。汝阴侯墓出土的观星圆盘是这种仪器现存最早而且有确切年代的一件实物。"汝阴侯墓出土的天文观测仪器证实：古汝阴（阜阳）曾经是汉代天文观测的一个基地。

新阳侯国

同期封到今阜阳市境内的，还有新阳侯吕清，封地在今界首市光武镇尹城子村。吕清又作吕青、吕靖，我们以《史记》为准。吕清没有什么功劳，他本来是项氏楚国的令尹，在楚有功，对汉朝没有多大的贡献，所以他在汉初 137 名功臣中排名比较靠后。但是，他的儿子、后来继承他爵位的吕臣，大家都不应该忘记。我们知道：陈胜在反秦斗争中遭到了挫折，从张楚的国都（河南淮阳）往汝阴去，想召集家乡的子弟，东山再起。走到下城父（今涡阳县南），他的车夫庄贾杀害了他，投降了秦军。此时，原来在陈胜手下任涓人（掌管通报、日程安排的侍卫官）的吕臣，从新阳拉出一支队伍，以青布帽子为标记，号称"苍头军"。他们打下了陈县，捉住了叛徒庄贾，杀掉他，并把陈又改为“楚”。此时项羽的叔叔项梁立楚怀王的孙子芈心为楚王，吕臣和他父亲就都投靠了项梁（也可能是吕清先入楚）。后来吕清官至楚国左令尹，项羽失败后，投降了刘邦，被封为新阳侯。他们父子从新阳的苍头军起家，又封为新阳侯，算是一个完美的终结。

关于吕清，《史记·高祖功臣侯者年表》和《汉书·高惠高后文功臣表》的记载有许多不同的地方，有必要辨析一下：先说人名：“吕清”是《史记》的写法，而《汉书》作“吕青”，这是第一点不同；《史记》吕清是“楚左令尹”，而《汉书》作“楚令尹”此其二不同；《史记》排名第八十一，《汉书》排次为八十七，三不同；《史记》作“新阳”，《汉书》则记“阳信侯吕青”，四不同。列表于下：

著作	姓名	在楚官位	位次	封地
史记	吕清	左令尹	八十一	新阳
汉书	吕青	令　尹	八十七	阳信

有此不同，我们几乎都不敢相信这竟然是一个人！但是，“他们”后代的名字、继位的年代、被废的时间和原因又都完全相同，不能不承认是一个人。我们只好从其他文字材料中找答案。《水经注·颍水》：“细水又南迳细阳县，新沟水注之。新沟首受交口（今河南淮阳县东南），东北迳新阳县故城南。汉高帝六年，封吕清为侯国，王莽更名曰新明也。故应劭曰：县在新水之阳。”这里唯一可以确定的是：吕清的封地在新阳，应该是新阳侯。又，《史记》《汉书》均注：“功比堂邑侯”。查堂邑侯陈婴为“楚柱国”，是最高武职，但居于令尹之下。如此相比，吕清就不可能是令尹，而应该是左令尹。至于位次，堂邑侯陈婴排位第八十六，封一千八百户，而吕清只有一千户；陈婴投降刘邦后还平定过今江西、浙江一带的割据势力，而吕清没有这样的功劳。所以吕清的位次不可能超过堂邑侯，应该排在陈婴之后，最高只能是第八十七位。又，同表有棘阳侯杜得臣，也是侯功第八十一，与《汉表》同。那么，《史记》所记吕清功位八十一应该是错误的。

最后只剩下吕清的大名了。前引《水经注·颍水》“吕清”，陈桥驿《水经注校释》作“吕青”，未出校记；而杨守敬、熊会贞《水经注疏》作“吕清”，并出校记：“赵（一清）据《史表》（按：指《史记·高祖功臣侯者年表》）改‘清’作‘青’。守敬按：《汉书·功臣表》作‘青’，此从《史表》。惟《索隐》本作‘青’，与《汉表》合。《汉表》新阳作

'阳信'，信、新通，但文误倒。"这是说赵一清根据记忆，把"清"改为"青"，说是根据《史记》改的，其实是《汉书》作"青"，而史记各本都作"清"，只有《史记索隐》作"青"，似乎也是根据《汉书·高惠高后文功臣表》改的。另外，新阳作"阳信"也是错误的。杨守敬认为第一任新阳侯的姓名应该是"吕清"而不是"吕青"，我们认为杨氏的观点是正确的。

所以，封在今界首市光武镇尹城子村的，是汉初功臣排名第八十七的吕清，不是吕青；封地是新阳不是阳信。投降刘邦之前曾任楚国的左令尹。

吕清传国六代。惠帝三年（前192），吕清死，传位吕臣，吕臣死，传位吕义，吕义传吕它，吕它传吕善，吕善传第六世吕谈。吕谈享国最久，也最倒霉：汉武帝元鼎五年（前112），"坐酎金免"：因为进贡的黄金成色不够、分量不足等原因被免去侯爵。查《汉书·武帝本纪》：元鼎五年"九月，列侯坐献黄金酎祭宗庙不如法夺爵者百六人"，其实是因为当年四月南越王相吕嘉造反，杀死南越王、王太后及汉朝使者，自立为王，汉武帝大怒，出兵镇压，要求诸侯国出人出钱相助，却没人响应。汉武帝即于当年九月亲自检查祭祀高祖庙时各诸侯国助祭的礼金，"发现"他们不仅不肯出兵襄助征讨南越，而且竟然连助祭的礼金也掺杂使假，分量不足，于是一下子免去了106个诸侯的爵位，丞相赵周也因为知情不报下狱自杀。古代打仗，出人就得出钱、出装备，马匹、兵器、服装等等，都得自己筹备自带，立下战功自己或家人享受。但是这些对诸侯国来说却是额外的负担，所以很多诸侯不愿意出。再说，除了征讨南越，北方还有匈奴，秦汉以来就一直麻烦不断，还有许多突发事件，如果都让诸侯掏腰包，岂不是没完没了？这些全凭自觉，诸侯们思想觉悟不高，皇帝好像对他们无可奈何。但是，助祭献金却是从祖宗那儿定下来的规矩，每年一次，由当朝皇帝亲自把关，说你成色不够、分量不足，哪里说理去？立刻免爵废位，扫地出门，连卫青的两个儿子都不能幸免。汉武帝就这样强势废掉了一大批鼠目寸光的侯王，给国家节省了大笔费用，用于支持对南越的战争，并于第二年十月（汉以十月为岁首）取得了决定性的胜利，自立为南越王的吕嘉被杀，传首京师。

乐昌侯国

今太和县赵集乡西的古城张庄，曾经封了一个时间很短的侯：乐昌侯国。公元前180年，吕太后封鲁元公主的儿子张偃为鲁王，又因为他太年轻，过早失去父母，兄弟幼小，无人帮扶，于是封鲁元公主的丈夫、赵王张敖小妾的两个儿子张侈为新都侯（今河南新野县九女城），张寿为乐昌侯。这个乐昌就在太和县赵集乡古城张庄，古称池阳乡，可见乐昌侯是个乡侯。第二年吕后死，汉文帝即位，不承认吕后所有的封侯，这个乐昌侯国就废了，撇下张氏一家人在这里。后来，到了东汉章帝时，乐昌侯的后代出了个张酺，精通《尚书》，官至东郡太守、魏郡太守、河南尹，最后升为司徒，三公之一。他为官不畏贵戚，打击豪强，深受皇帝器重。

安远侯国

真正值得大书特书的，是封在颍上县王岗镇郑家湾的安远侯国。

安远侯姓郑名吉，会稽（今江苏吴县）人。起先只是个普通小卒，但他喜欢冒险，多次到西域作战。自张骞出使西域、李广利征大宛以后，西域的经济地位越来越重要。汉宣帝时，郑吉因为通晓外国事，被提拔为郎（皇帝的护卫、陪从官），率士卒屯田于渠犁。他因征召西域多国军队攻破车师国有功，升为卫司马，使护鄯善以西南道（今新疆维吾尔自治区南疆地区及阿富汗北部帕米尔高原）。神爵二年（前60），匈奴发生内乱，日逐王先贤掸想投降汉朝，派人与郑吉联系，郑吉发渠犁、龟兹诸国五万人迎日逐王，并护送万余人归汉，西域震动。于是汉宣帝命他为骑都尉，“并护北道”，今新疆的全部地区以及今吉尔吉斯斯坦东部、塔吉克斯坦共和国东部、阿富汗北部地区都归郑吉统领。因为既守护南疆，又守护北疆，所以郑吉在西域开府，驻乌垒（今新疆库尔勒市西北），号称“西域都护府”，保障了丝绸之路的安全畅通。汉置西域都护，由郑吉首创。宣帝神爵三年（前59）因功封郑吉为安远侯，食邑1090户。后来不知道犯了什么错误，被削去了300户，还有790户。郑吉薨，子郑光嗣。郑光薨，无子，国除。元始元年（公元元年），诏令功臣后代不因犯罪而绝封者准予续封，于是郑吉曾孙郑永嗣封为安远侯。

关于安远侯国的所在地，《汉书·景武昭宣元成功臣表》记载在慎（今颍上县江口镇汤圩子村），于是许多人都以为是在慎县，这是没有细看甚至没有看懂这个表的结果。其实《汉书》只是记载当时分封在哪个县或郡境内，而不是就封在县城、郡城，更不是把某个郡县全部封给他。最明显的例子是：亲阳侯月氏元朔二年（前127）十月封侯，昌武侯赵安稽元朔四年（前125）七月封侯，二人的封地都在“舞阳”，难道一个县封给了两个人？只能是封在这个县的某个地方。宣帝时国力大增，人口繁盛，远非秦末那样凋敝荒凉，人口稀少。安远侯“食邑千户”，最多只是个乡侯，不可能给他安排一个县。安远侯国的封地，就在豢父丁卣出土的郑家湾。请参阅附录十一：《蜩蟟郭、郑城、安远侯国及颍上的变迁》。

第六章　东汉：遍地侯国

阜阳东汉属汝南郡。东汉一代，今阜阳境内共封有十一个侯国，按分封时间先后排列，分别是：

固始侯国　临泉县古城子。光武帝之妹宁平公主的丈夫、司空李通求封于此。建武二年（26）封；

慎侯国　颍上县江口镇汤圩孜村。封宗室刘赐，建武二年（26）封。

富陂侯国　亦作富波侯国，阜南县王化镇。改封平乡侯王霸。建武二年（26）改封；

汝阴侯国　阜阳老城。封光武帝族侄刘信，建武五年（29）封；

细阳侯国　太和县原墙镇。改封舞阴侯岑彭子岑遵。建武十一年（35）改封；

新阳侯国　界首市光武镇尹城子。改封宣恩侯阴就，建武十五年（39）改封；

原鹿侯国　阜南县公桥乡东阮城集。改封侍中、执金吾、阴乡侯阴识。建武十五年（39）改封；

新郪侯国　太和县赵庙镇城孜村。以军功封郭竟。建武十七年（41）封；

鲖阳侯国　临泉县鲖城镇。封卫尉阴兴子阴庆。明帝永平元年（58）封；

宋公国　太和县赵庙镇城孜村。改封殷商后裔。章帝建初四年（79）改封。

阜阳侯国　临泉县白庙镇姚集村。封光武帝第三子刘康之孙刘显。永初二年（108）封，乡侯。

【疆域】

同西汉。

【国史掌故】

王莽的新朝仅存在了15年时间，就被农民起义推翻。汉皇室后裔、农民军领袖刘玄被义军推举称帝，是为更始帝。更始帝害怕另一个最有人望的皇族后裔刘縯（字伯升），就设计杀害了他。但是不久又用刘縯的弟弟刘秀（字文叔）为“行（代理）大司马”，出兵征讨河北。刘秀得以脱身，并公开在河北招兵买马，壮大实力。他先消灭了王朗（另一支起义军首领），然后由河北开始，平定了四面八方大大小小的起义、反叛队伍，最终夺得了天下，是为汉光武帝。光武帝即位后，并不像他的老祖宗刘邦，把家业看得严严的，分封给功臣还要想方设法夺回来，而是推诚布公，大封功臣。东汉一代，仅阜阳全境就先后存在过11个封国。如果不计算时间的早晚，我们可以说：在东汉初期，整个阜阳地界，就没有国家的一块土地，全部分封给功臣、宗室了。现在看来，这种大封功臣的办法，虽然保证了东汉初年社会的安定，促进了经济的繁荣，但是，它的弊端也是显而易见的，那就是：造就了一大批官僚豪强，垄断了国家的政治资源，控制了社会的经济命脉。东汉中期，这些豪强就成了社会重要的不安定因素；到了晚期，则直接威胁皇权，最终导致了大汉王朝的分裂和灭亡。当然，这只是后人的看法，当时的人不但不以为错，反而大赞光武帝英明仁慈。

【建置简考】

都尉治的撤销

《汉书·地理志》：“女阴，故胡国。都尉治。”说明西汉在今阜阳设置有都尉治所。而《续汉书·郡国志》仅介绍：“［汝阴］本胡国”，没有都尉的设置。原来，设于汝阴的都尉治在东汉初年就已经撤销。《续汉书·百官志》：“中兴建武六年，省诸郡都尉，并职太守……唯边郡往往置都尉及属国都尉，稍有分县，治民比郡。”是说在东汉光武帝建武六年（30）就撤销了内地诸郡的都尉，而将其职能都合并给太守，只有沿边的郡往往设置都尉和属国都尉，而且管理不多的县，行使行政管理职能参照郡太守。汝阴不属于边郡，都尉的撤销就在建武六年。撤销都尉，由太守、刺史、州牧掌管军权，是导致汉末割据分裂的最重要的因素。

下面重点介绍东汉一朝今阜阳境内的一些重要封国：

固始侯国（李通）

在阜阳境内的11个封国中，分封最早的是固始侯国。固始侯李通，南阳宛县（今河南南阳市）人，本是王莽的五威将军从事（相当于参谋长），因为看到天下将乱，就辞官回乡。新朝末年，因参加农民起义，被王莽诛杀全家，包括留在洛阳的父亲和其他亲人，以及居住在南阳的64口人。更始帝立，以李通为柱国大将军、辅汉侯。跟随更始帝至长安，拜为大将军，封西平王。但是，李通更愿意跟从刘秀，所以他娶了刘秀的妹妹伯姬。光武帝即位，大封功臣、宗室，李通既是皇亲国戚，又是功臣，在分封的时候自然优先。但是他却要求封到以贫穷闻名的寖县（临泉县古城子）。刘秀非常不理解，就问他为什么。李通说：楚国令尹孙叔敖治理国家立下大功，楚庄王封他的时候，他就要了寝丘（即汉寖县），为的是土地贫瘠，可以长期作为后代的封地。我最仰慕孙叔敖，所以想得到孙叔敖的旧封地。光武帝非常感动，就把寖县赐封给他，并且给改了地名，叫做“固始”，意思是有稳定的根基。固始之名凡三易其地：西汉属河南淮阳侯国，又叫固陵（沿袭秦朝的地名），在今太康县南；东汉李通封于寖县，改称固始后，淮阳的固始改回固陵；南北朝以后挪到了现在的河南固始县。李通死后，其子李音嗣位；李音传子李定；李定传子李黄，李黄传位李寿。这个侯国大概一直延续到汉末，因为《后汉书·郡国志》在“固始”后注明是“侯国”。

慎侯国（刘赐、刘隆、何进）

慎侯国先后封了三次。最早的是封给刘姓宗室、光武族兄刘赐，只封了11年。据《后汉书·宗室四王三侯列传》，刘赐字子琴，刘秀的族兄。西汉末年，刘赐的哥哥刘显报复杀人，被官府捉住杀掉了。刘赐和刘显的儿子卖掉田宅，抛家舍业，聚集一些亡命之徒，杀死了惩罚他哥哥的官吏，然后潜逃，希望等到大赦时再出来。这是典型的违法犯罪，但是正赶上汉末天下大乱，没人追究他的罪责。刘赐听说刘秀的哥哥刘縯起兵，于是带着他的犯罪团伙加入了起义队伍，随军征战。

更始帝即位，以刘赐为光禄勋，封广汉侯。刘縯被更始帝害死，更始帝让刘赐代替刘縯为大司徒，率军平定在汝南郡称王的刘望。大军刚到汝南，更始帝又任命刘信（刘赐的侄子）为奋威大将军，代替刘赐征汝南，自己和刘赐一起回到洛阳。原来更始帝要选派大将进攻河北的王朗，不知道该选谁。刘赐向他推荐了刘秀，大司马朱鲔等人以为刚杀死了刘縯，现在又派他弟弟带兵打仗，绝对不可。更始帝就有些犹豫，刘赐再三劝说，更始帝终于信从，就拜刘秀“行（代理）大司马”，率军出征河北。当天就以刘赐为丞相，命令他先到长安，修建被毁坏的宗庙、宫室。更始帝定都长安后，封刘赐为宛王（在南阳），官拜“前大司马”（东部集团军司令），持节镇抚关东（今豫东皖北一带）。更始二年（24）春天，刘赐到他的封地南阳，统帅六部兵马。更始三年九月，赤眉军攻入长安，杀死了更始帝，刘赐所率领的六部兵士也逐渐散去，刘赐被迫放弃宛城，退守淯阳（今河南省新野县东北）。刘秀在洛阳称帝，刘赐接回更始帝的妻子儿女，把他们安置在洛阳。刘秀感念刘赐的恩情，封他为慎侯（颍上县江口镇汤圩孜村）。建武十三年（37），定封为安成侯（河南汝南县东南），奉朝请。

第二次封为侯国是在建武三十年（54），定封宗室刘隆为慎侯。刘隆字元伯，更始帝大封功臣的时候拜为骑都尉。后来追随刘秀，仍为骑都尉，与冯异共拒更始帝的大将朱鲔、李轶等，李轶于是杀死了李隆的妻子儿女。建武二年（26），封为亢父侯（今山东济宁市南）。四年，任诛虏将军。建武十一年（35），任南郡太守。十三年，增邑，更封竟陵侯（今湖北潜江或钟祥）。后因事下狱，免为庶人。明年复封为扶乐乡侯，以中郎将作为伏波将军马援的副手远征交阯，因功更封为长平侯。大司马吴汉死后，刘隆为骠骑将军，代理大司马。建武三十年，定封慎侯。建武中元二年（57），刘隆死，子刘安嗣爵。史书没有记载刘安之后何人嗣位，而《后汉书》称为县，说明刘安没有继承人。

第三次是在中平元年（184）封大将军何进为慎侯。何进，字遂高，南阳人，汉灵帝皇后何氏的异母兄。中平元年，黄巾军起，封何进为大将军，保卫京师。黄巾军首领张角派马元义进洛阳准备发动起义，被何进发觉，镇压下去，因功封为慎侯。中平六年（189）八月，何进欲引外将董卓等入京诛宦官，机事不密，反被宦官杀害，身死国除，天下大乱。

富波侯国（王霸）

王霸，字元伯，颍川颍阳（今河南许昌西）人，云台二十八将之一。王霸性喜法律，初为监狱官。光武帝刘秀路过颍阳时，王霸归附刘秀，参加了昆阳大战，随刘秀以数万精锐大破王莽百万大军，在阵前杀死了王莽的大将王寻、王邑。公元23年，刘秀任大司马，以王霸为功曹令史，前往河北征讨盘踞在当地的叛乱势力王朗（过去的史料中称他为农民起义首领）。跟随王霸的人也有几十个，半路上都跑了。刘秀说了一句经典语言："颍川从我者皆逝（逃跑），而子（您）独留。努力！疾风知劲草!""疾风知劲草"的典故由此而来。王朗听说刘秀前来征讨，发出通缉令："有将刘秀首级来献者，赏邑十万户!"刘秀招募战士，挥兵围攻邯郸（王朗的"首都"），攻破城池，王朗逃跑，被王霸追杀，因功封王乡侯。公元25年，光武帝即位，拜为偏将军。明年，改封富波侯（在今阜南县王化镇）。公元37年，因破匈奴功改封向侯（今怀远县西北）。公元54年，改封淮陵侯（今安徽明光市东北），越改离首都越远了。王霸是云台二十八将中唯一封在今阜阳境内的一个。《后汉书·郡国志》记："富波　侯国，永元中复"，不知道复封给谁。《后汉书·杨震传》："震五子。长子牧，富波相。"富波有相，必是侯国。而杨牧是顺帝时人，比王霸封为富波侯晚了

100多年，所以不可能是王霸的国相。

汝阴王（侯）国（刘信）

东汉封汝阴侯的，是慎侯刘赐的侄子刘信。刘信和刘赐共同变卖家产，为父兄报仇，又一起投奔了起义队伍。更始帝派刘赐征讨汝南，又封刘信为奋威大将军，代替刘赐。刘信顺利讨平汝南，击杀了在那里称王的刘望，因功封为汝阴王。接着，刘信率军进讨江南，驻扎在豫章（今江西南昌）。光武帝即位以后，派人招降刘信，刘信根本不买账。于是刘秀派桂阳（今湖南郴州市）太守张隆进攻豫章，刘信战败投降，被封为汝阴侯。汉明帝永平十三年（70），平民燕广告楚王刘英与渔阳王刘平等人谋反，经查证属实，废楚王，迁泾县。明帝任命燕广为折奸侯，彻查此案，于是辗转株连，被杀和流放的有数千人。刘信也受此案牵连，被废为庶民，国除。

细阳侯国（岑遵）

细阳侯国在太和县原墙镇。建武十一年（35），开国功臣岑彭死，其子岑遵继位，从舞阴侯（今河南泌阳县西北）改封为细阳侯。岑遵死，传位岑伉；岑伉死，传位其子岑杞。安帝元初三年（116），岑杞因事被废。建光元年（121），安帝复封岑杞为细阳侯。岑杞死，其子岑熙嗣位，岑熙娶安帝的妹妹涅阳长公主。年轻时就任侍中、虎贲中郎将，朝中大官都夸他能干。后来升任魏郡太守，履任两年，老百姓唱道："我有枳棘，岑君伐之。我有蟊贼，岑君遏之。狗吠不惊，足下生氂。含哺鼓腹，焉知凶灾？我喜我生，独丁斯时。美矣岑君，于戏休兹！"（"我的面前有荆棘，岑君为我砍掉它；我的地界有蟊贼，岑君帮我除掉他。岑君来到这里，连狗都没有惊动吠叫，好像脚下长了毛。每天嘴里有吃的，肚子撑得滴流圆，哪里知道有荒年？真高兴能生在这个时代。好人啊岑君，祝你永远幸福。"）岑熙死后，其子岑福嗣位，为黄门侍郎。

新阳侯国（阴就）

阴兴的弟弟阴就，本来没有什么功劳，是依靠外戚的身份继承得来的爵位。建武九年，阴丽华的母亲邓氏和弟弟阴䜣被盗寇劫持为人质，当地官吏按照古制，不顾人质，击斩盗贼，致使人质被盗寇杀死。光武帝异常悲愤，下诏追封阴丽华的父亲为宣恩侯，阴䜣为宣义侯，分别谥为哀侯、恭侯。并让阴就继承宣恩侯的爵位。建武十五年（39）改封阴就为新阳侯。汉明帝即位，任命阴就为少府（九卿之一），位特进（本是赏赐列侯有特殊贡献者的一种待遇，后为加官，在九卿之上）。阴就的儿子阴丰"尚"（娶公主的专称）郦邑公主刘绶。这个非同一般的荣宠，却为阴就带来家破人亡的灾祸。原来，这个刘绶是光武帝最小的女儿，平时骄横霸道惯了，偏偏阴丰的脾气也十分暴躁。永平二年（59），不知道什么原因，愤怒的阴丰不计后果杀死了骄横的公主，自己也被判死刑。按照汉朝的法律，杀死公主是大罪，父母都要连坐，于是阴就和夫人双双自杀，国除。明帝因为阴就是自己的舅舅，没有再深究此事。《郡国志》注为“侯国”，当是后来复封，未详。

原鹿侯国（阴识）

阴识字次伯，南阳新野人，是光武帝皇后阴丽华的异母哥哥。阴识在长安游学时，听说刘伯升（刘縯）在家乡起义，就放弃学业，率领家族中亲属和奴仆一千多人参加了刘伯升的起义队伍，被任命为校尉。更始元年，升为偏将军，随刘伯升攻下河南南阳附近的许多县，因功封为阴德侯，代理大将军。

建武元年，光武帝在洛阳，派人到南阳迎接阴贵人（阴丽华，后来的皇后），并且指定要阴识也来。到洛阳以后，拜为骑都尉，改封阴乡侯。建武二年，光武帝想给他增封，阴识坚决不答应，说：“天下初定，将帅有功的太多了。臣是外戚，已经够荣宠的了，再给加封，怎么激励这些有功的将士们？没法让天下人看呀！”光武帝感到非常难得，就任命他为关都尉，镇守函谷关。建武十五年（39），定封为原鹿侯。永平二年（59）死，传位儿子阴躬；阴躬死，传位儿子阴璜。永初七年（113），阴璜为家奴所杀，无子，国绝。永宁元年（120），邓太后让阴璜的弟弟阴淑继承爵位。阴淑死，儿子阴鲔继位。《郡国志》注为“侯国”。

新郪侯国（郭竞）

郭竟是光武帝第一个皇后郭圣通的堂兄，建武十七年（41），郭皇后失宠被废，而郭竟却被封为新郪侯。史书上仅记载他“以骑都尉从征伐有功，封为新郪侯，官至东海相”，并没有写他什么功劳。传到第二代侯郭嵩，因罪被废。

鲖阳侯国（阴庆）

说到阴庆，先要说他的父亲阴兴。阴兴是阴丽华的同母弟，建武二年为黄门侍郎，守（代理）期门仆射，专门侍候皇帝的起居，非常细心，深得光武帝的喜欢。建武九年，升为侍中，关内侯。此后，光武帝再想给他加封，被他坚决拒绝。在他的影响下，阴贵人也时刻注意自己的言行，从不为自家亲人求封爵、封地，赢得了光武帝的信赖。建武二十三年，在他三十九岁那年病故。永平元年（58），汉明帝即位，封阴兴的儿子阴庆为鲖阳侯。阴庆死，儿子阴琴嗣位。阴琴死，儿子阴万全继位。万全死，儿子阴桂嗣位。《郡国志》注为“侯国”。

宋公国（孔何齐）

在阜阳所有的封国中，如果不计短暂的汝阴王国，那么，级别最高的就是宋公国（太和县赵庙镇城孜村）。汉章帝建初四年（79）改封商王朝后裔于此，称宋公国，封地就在光武帝封给郭竟的新郪侯国。《续汉书·郡国志》：“宋　公国，周名郪丘，汉改为新郪，章帝建初四年徙宋公于此。”当地老百姓不知道公与王的区别，按照自己的想法称宋公为“宋王”，其遗址至今称为“宋王城”。

西汉王朝建立后，一开始并没有按照三代惯例分封前朝后裔。据《汉书·外戚恩泽侯表》，武帝元鼎四年（前113）始封周的后裔姬嘉为周子南君，封地在长社（今河南长葛东北）。元帝时晋爵为周承休侯，成帝绥和元年（前8）晋为周承休公。同年封孔子的后裔孔何齐为殷绍嘉侯，封地在沛县（今江苏沛县）境内，以祭祀殷商先祖（孔子七世祖孔父嘉曾任宋国大司马，是宋闵公的五世孙，殷商后裔），半年后晋封为殷绍嘉公。平帝元始二年（2）改称殷绍嘉公为宋公，周承休公曰郑公。

《汉书》和《续汉书·百官志》（《后汉书》中律历、礼仪、祭祀、天文、五行、郡国、百官、舆服等八《志》取自《续汉书》）关于周朝后人和殷商后裔的记载有所不同，列表如下：

国别	文献	新莽封	年代	封号	年代	封号
周后	汉书	章牟公	建武二年	周承休侯	建武十三	卫公
	续汉书		建武二年	周承休公	建武十三	卫公
殷后	汉书		绥和元年	殷绍嘉侯	元始二年	宋公
	续汉书		建武五年	殷绍嘉公	建武十三	宋公

说明：

①《汉书》周后于绥和元年（前8）由周承休侯晋爵为周承休公，元始四年（4）为郑公。王莽改封为“章牟公”。

②《汉书》未记建武以后殷后封爵的变化。

③《续汉书》“本注”未记建武以前殷、周封爵的传承变化。

由上表可见：《汉书》于周后记载到建武十三年，而于殷后只记载了西汉时代的封爵情况。《汉书》八表是班昭所作，在班固原作的基础上进行了加工，所以体例不一。周后与本地无关，《汉书》与《续汉书》的不同我们不作研究。

至于殷后，《续汉书》好像是承接《汉书》，但没有说明西汉末年已经是宋公的殷后，为什么到了建武五年又变成了“殷绍嘉公”，后来又改为宋公。我想这大概与王莽篡汉、废除殷后封爵有关。汉追封三代（“备三恪”），应该是商、周、秦。但是，秦经过二世胡亥、赵高和项羽的反复屠杀，已经找不到继承人，只能绝封；商、周的后人也都经过几次更换，才最后确定周子南君和孔子的后裔为继承人，所以汉“追封三代”实际只有商、周，没有秦。王莽建立新朝，追封三代，汉有定安公（孺子刘婴），秦已绝封，周由周承休公改封为章牟公，三代已足，所以不再分封殷后。刘秀称帝以后，虽然迁都洛阳，还是以高祖裔孙自居，不认为是改朝换代。至于王莽篡位，在汉人看来，只不过是汉朝帝统中间的“闰数”，不能算作一朝，所以东汉仍然要封殷商后裔。这才有建武五年封殷绍嘉公，十三年改为宋公之举。因为是复封，所以要从头再来一遍，和西汉初封、改号的过程一样。

章帝建初四年（79）改封宋公于新郪。按照汉朝制度，公国地方百里（长宽各百里），与大的侯国相等。但是，公国可以有自己的年号，可以用天子礼祭天，朝廷不考核它的政绩，犯了死罪要杀，但不取消封地（由其他支族子弟继承）。2010年我到太和县赵庙镇宋王城遗址实地考察时，当地村民告知，曾经发现一只铜钟，上铸“狗二元年”字样，今已不知下落，是否此字亦难确定，但可证宋公国确实有自己的年号。

关于宋公国铜钟铸“狗二元年”字样，我在《阜阳考古录》中已提出质疑：“狗”字可疑，“二”字或为重复号。当时已疑为“拘拘”二字（篆书“拘”“狗”二字非常相似，“二”字就是重复号），但因其含义不好，应该不宜做年号，故未提及。后来查到“拘拘”典出《庄子・大宗师》：“伟哉，夫造物者将以予为此拘拘也！”这才恍然大悟。成玄英疏：“拘拘，挛缩不申（伸）之貌也。”是拘挛的样子，描述的是一个佝偻症患者的残疾状态，实际上不是好词。但是，庄子本人是不承认世俗的是非美丑的，这里的“拘拘”在庄子心目中其实也是一种美，一种安于自然、乐天知命之美。于是后世也就以拘拘为美。查《淮南子・精神训》：“造化者其以我为此拘拘。”高诱注：“拘拘，好貌。”即美好的样子。这样说来，“拘拘”作为年号是可以的，而且含义深刻，符合宋公国的处境：宋是殷商后裔，现仅封百里，是拘谨、局促，与拘挛之意同；但是赶上和平年代，能够绝而复封，已经够美好的了。所以“狗二”一定是当地人的误读，正确的释读应该是“拘拘”。只可惜我们并不知道“拘拘元年”对应于汉朝的哪个皇帝、什么年号，公元多少年。

阜阳侯国

级别最低、分封最晚的是阜阳侯国。本来以它的级别和影响，可以不作介绍。但因为阜阳之名在清初“复活”，延续至今已成为本地的名号；又因为个别文史爱好者的误考，把阜阳侯国的遗址弄到临泉黄岭，而且以讹传讹到今天，所以有必要彻底澄清一下。

阜阳侯国在今临泉县白庙镇姚集村，汉光武帝第三子刘康之孙刘显的封地。据《后汉书·光武十王列传》，光武帝与郭皇后生有五子，第三子刘康于建武十五年（39）封为济南公，十七年晋封济南王。刘康是个很不守规矩的诸侯王。他容留许多不法分子，还大修宫室，聚敛财富，买奴婢、购私田，穷奢极欲，犯了罪也没人惩罚他。刘康在位59年，死后传位给儿子刘错。这个刘错也真能“克绍箕裘”，还是太子的时候就喜欢上了他爹的女器乐师宋闰，叫王府的医师叫她，没叫来，竟然把医师给杀了。国相奏报到朝廷，皇帝下旨不许追究。刘错仅当了六年济南王就“薨”了，传位给他的儿子刘香。汉安帝永初二年（108），封刘香的四个弟弟为“列侯”，其中就包括阜阳侯刘显。这个刘香爱行善，喜读书，并且把封国分一部分给他的堂弟。刘香无子嗣。他死了以后，永建元年（126），顺帝立刘香的弟弟阜阳侯刘显为济南王，继承刘香的爵位，阜阳侯国遂废。但是，阜阳的地名却保存在旧志中。正德《颍州志》（以下简称“《州志》”）记有从颍州通往汝宁府（河南汝南县）的多个递铺（驿站），其中就有阜阳铺（见下图），在临泉通往河南驻马店的公路上。

关于古阜阳的位置，本来在地方文献中记载得非常清楚。但有人误认为在今临泉县黄岭镇，并指黄岭以南的一个土堆为阜阳侯国故址。此说最早出现在阜阳地区地方志办公室刊物《颍州志讯》上，以讹传讹数十年，有必要加以辨析。仔细研究《州志》的记载（见下），不难发现：一、“阜阳城”和“黄牛岭”（今称“黄岭”）分别记载，名称不同；二、“阜阳城在州西一百五十里”，而“黄牛岭在州西一百六十里”，里程有别；三、阜阳城“今置邮舍其中”，明显处于交通要道；而黄牛岭在“流鞍河北”（今在流鞍河南，是河流改道的结果），依傍河流，不靠大路；四、阜阳城列入“古迹”部和“邮驿”部，黄牛岭在“山川”部。综上所述，二者根本就不是一个地方。至于黄岭以南的那个土堆，乃是新石器时代聚落遗址，根本就没有汉代的器物，与古阜阳城无关。

那么，古阜阳侯国城到底在什么地方呢？《州志》卷二《邮驿》详细记载了“废邮亭（元朝设置的递铺、驿站）十座，西通汝宁府（今河南汝南县。元朝颍州属汝宁府）”，分别是：西门总铺（在州城西门）、三十里河铺（在三十里河西岸）、栗头铺（在栗头店，今颍州区九龙镇）、杨桥铺（临泉县杨桥镇）、沈丘铺（今临泉县城）、阜阳铺、鲖阳铺（临泉县鲖城镇)。各铺间的距离都是30里，元朝及以前的沈丘县在临泉县西北的古城子，距颍州城126里，超过了30里一个邮亭的里程，所以沈丘铺只能设在“土城”即今临泉县城内，而没有设在沈丘县城遗址（古城子)。阜阳铺“在州西一百五十里”，和《古迹》中的“阜阳城”名称、里程相同，显然是一个地方。对照今地，“阜阳城”“阜阳铺”恰好就在临泉县白庙镇姚集村（见下图)。现在的里程稍小于150里，是因为古道弯曲，“75.8”大水后裁弯取直的结果。而黄岭镇偏南，不在颍州西通汝宁府的路上。

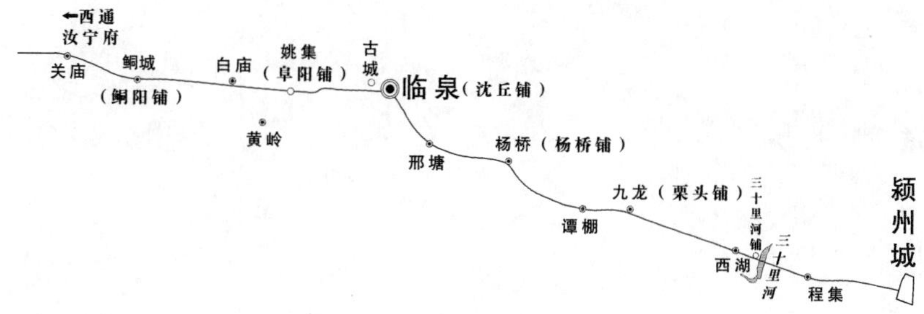

本地著名人物

郭　宪　字子横，东汉汝南宋（今太和县赵庙镇城孜村）人。王莽篡汉后，隐居东海。刘秀即位，拜为博士，迁光禄勋。刘秀西征隗嚣，郭宪说：“天下初定，车驾未可以动。”刘秀不听劝告，军队到了前线，后方发生叛乱，刘秀星夜赶回洛阳，叹惜说：“恨不听子横之言!”匈奴南侵，刘秀召集群臣商议对策，郭宪以为“天下疲蔽，不宜动众。”刘秀还是不听，他非常恼火，伏地假装晕眩，不拜而去。刘秀无可奈何地说：“尝闻关东觥觥（刚直的样子）郭子横，竟不虚也。”郭宪遂以病辞官，卒于家。古代君王对臣下均直呼其名，光武帝称郭宪的字（子横)，是表示尊敬、钦佩的意思，属于一种特殊礼遇。

按:《后汉书·方术列传》:“郭宪字子横，汝南宋人也。”有人即误以为是今河南商丘人。其实商丘在两汉皆为梁国，是王国，同于郡，不属汝南，且与汝南郡隔陈留郡、沛郡和淮阳国。东汉时汝南郡只有今太和县之宋。《水经注·颍水》：“又东南迳宋公县故城北。县即所谓郪丘者也，……（西）汉成帝绥和元年（前8)，诏封殷后于沛，以存三统。平帝元始四年（4)，改曰宋公。（东汉）章帝建初四年（79)，徙邑于此，故号新郪为宋公国也。”说得非常明白。又，此处称“宋公县”，可知当时公国已废。

张　酺　字孟侯，汝南细阳（今太和县原墙镇）人，赵王张敖（刘邦的女儿鲁元公主刘嫖的丈夫）之后。敖子张寿，封细阳之池阳乡，为乐昌侯。后侯国被废，遂举家留居此地。张酺精通《尚书》，章帝时，为东郡太守，和帝初为魏郡太守、河南尹，官至司徒。为官不畏贵戚，打击豪强，深受皇帝器重。

第三编

晨雾第二曲：沦于分裂

第七章　三国：曹魏置郡之谜

魏文帝曹丕即位第三年，黄初三年（222），割汉汝南郡东部置汝阴郡，属豫州。郡辖十三县（《阜阳考古录》漏记了项县、南顿、汝阳三县，多记了鲖阳县，后有考）：

汝阴郡郡治在县西一里陶丘乡（今自来水公司以西）。

汝阴县　今阜阳老城。

慎县　今颍上县江口镇汤圩孜村。

原鹿县　今阜南县公桥乡东五里。

富波县　今阜南县王化镇附近。

固始县　今临泉县西古城。

细阳县　今太和县原墙镇。景初二年并入汝阴县。

宋县　今太和县赵庙镇城孜村宋王城。

新阳县　今界首市光武镇尹城子。

新蔡县　今河南省新蔡县。

褒信县　今河南省息县包信镇。

项县　今河南省沈丘县。

南顿县　今河南项城市南顿镇。

汝阳县　今河南商水县。

另有一县不在汝阴郡：

鲖阳县　今临泉县鲖城镇。属汝南郡。

景初二年（238），细阳县并入汝阴县，宋县划归谯郡，汝阴郡辖十县。到了齐王曹芳在位期间（240—254），汝阴郡又被撤销，并入汝南郡。

【疆域】

魏汝阴郡：东到利辛县刘集镇东界，南到淮河，西南到河南息县东部，西到河南新蔡西界，西北到河南商水县界，北到河南沈丘、安徽界首、太和北界。

四邻：东，谯郡山桑；东南，扬州淮南郡下蔡；南，扬州庐江郡阳泉，豫州安丰郡安风、蓼县，弋阳郡期思、弋阳、轪县；西南，汝南郡新息、鲖阳、平舆、定颍；西北，召陵、西华；北，陈郡长平、陈县；东北，谯郡城父（景初二年后为谯郡宋县）。

【正误】

《中国历史地图集》以涡阳建县（1864）以后的地界划汝南郡汝阴县的东界，误。参第十八章。

【国史掌故】

东汉末年，豪强政治的恶果开始凸显出来：恶霸地主的土地连郡兼县，穷奢极欲，而贫苦农民上无片瓦，下无立锥之地，沦为豪强地主的奴隶；阶级矛盾空前尖锐。此时太平道首领、巨鹿人张角三兄弟，以传教为名发展成员，徒众达10万人，准备武装推翻汉政权。由于叛徒告密，他们只得提前发动。起义军以黄巾裹头，所以又称“黄巾军”。他们很快攻占了黄河两岸大片地区。官府迅速调集各地军队镇压起义，各路豪强纷纷而起。他们一边镇压农民起义，一边扩充、壮大自己的势力。同时，由西汉武帝开始实行的州刺史制度，逐渐被州牧所取代。汉武帝把天下划为十三个州（后来有调整、增加），由朝廷派遣官吏到每个州进行访查，了解各地舆情，举荐能吏廉官，弹劾各郡县官员的不法行为。“刺”即调查，词语有“刺探”；“史”即记录，古代有“左史记言、右史记事”的分工。从字面上分析，刺史就是“了解和记录”，刺史制度就是一种监察制度，刺史的任务，只是了解地方官吏的好坏，记录下来，向朝廷汇报，没有人事任免权。而且查访的内容有明文规定（六条），超出这个范围地方官可以拒绝回答。所以西汉的州又称“监察州”“监察区”，它只是朝廷为了便于安排刺史到某些地方去的一个大致划分，而不是行政区划。刺史随时由朝廷派出，没有常驻地，也没有固定的监察区。而且级别很低，只有六百石，仅相当于郡丞（郡守的副职）的品秩。西汉末年，汉成帝绥和元年（前8）十二月改刺史为州牧，秩二千石。哀帝建平二年（前5）改回刺史，元寿二年（前1）又改称州牧。建武十八年，复为刺史。但是，到了东汉末年，为了镇压农民起义，选拔列卿（相当于国务委员）、尚书（相当于部长级高官）为“州牧”，掌管一州军政大权，位在郡守以上。这些州牧一方面镇压农民起义，一方面扩充自己的势力，扩大自己的地盘，最后甚至掌管了数州的权力，而且可以传给儿孙，成为事实上的独立王国。在扑灭黄巾起义之后，他们就开始互相攻伐。

同时，由东汉初年豪强政治导致的外戚、宦官制度，也在深深地腐蚀着这个国家的肌体。在镇压黄巾军的同时，宦官和外戚围绕皇权展开了激烈的斗争。中平六年（189）八月，皇太后的弟弟、屠户出身的外戚何进，不顾主簿陈琳的反对，坚持要引外地将领董卓等入京诛杀宦官，结果机事不密，反被宦官杀害。董卓进兵洛阳，纵兵抢掠，挖掘皇陵，奸淫宫人，擅行废立，肆意杀戮，各地军阀对他无可奈何。为避开关东军阀，董卓纵火烧毁洛阳，胁迫皇帝迁到西安。董卓的亲信吕布，稍不注意，不知道怎么得罪了董卓，被他持戟追杀，几乎要命，虽然事后董卓原谅了吕布，但吕布怀恨在心，更怕董卓喜怒无常，就告诉了司徒王允。王允遂与吕布、仆射士孙瑞设计，刺杀了董卓，灭掉董氏家族。董卓的两个部将李傕、郭汜，率军大掠，攻陷长安，劫持汉献帝，杀死司徒王允。但他们很快又陷入分裂，开始自相残杀。李傕劫持皇帝，郭汜劫持了公卿大臣。汉献帝遣人和解，反复十次，李、郭才肯答应放过天子。于是御驾东迁，狼狈迁到洛阳，朝廷始得稍安，护驾的韩暹、董承又互相攻击。董承暗中召来兖州牧曹操，赶走了韩暹。曹操因为洛阳破败不堪，请求献帝迁都许昌。从此，曹操以许昌为基业，逐个消灭了北方和西北的割据势力，统一了北方。建安十三年（208）六月，罢三公，恢复丞相制，曹操为丞相。十六年正月，以世子曹丕为五官中郎将，丞相副。建安十七年正月，曹操征关中回到许昌，天子命他“赞拜不名，入朝不趋，剑履上殿，如萧何故事”。十八年五月，封为魏公，这是东汉立国以来册封外姓的最高爵位，可以置官开府，置都尉、尚书、侍中、六卿，“皆如汉初诸侯王之制”。建安二十一年（216），献帝晋封曹操为魏王，打破了“异姓不封王”的祖训。二十五年（220）正月，曹操死，曹丕继位为魏王，改元延康。十一月，汉献帝禅让天下，曹丕即天子位。明年四月，刘备即皇帝位于成都，改元章武，史称蜀汉。十一月，曹丕册命孙权为吴王，明年正月即吴王位，年号黄武，建都武昌。八年（229）四月称帝，改元黄龙，九月迁都建康（南京），三国割据局面正式形成。而事实上，大割据的局势早在建安十九年（214）刘备夺取蜀地、领益州牧的时候就已基本形成，三国建号称帝只不过是一个形式罢了。

【置郡之谜】

三国时期，阜阳全境属魏。由于现存的《三国志》无地理志，境内建置无可考。后人根据其他材料认为魏曾经设置过汝阴郡，但是，这些材料的来源颇受人质疑。于是，曹魏是否曾经设置过汝阴郡等一系列问题，成了千古之谜。

谜之一：魏置汝阴郡了吗?

明正德《颍州志》谓：“魏置汝阴郡。”可是，我们看《三国志·魏书·明帝纪》，景初二年（238）夏四月壬寅，“分沛国萧、相、竹邑、符离、蕲、铚、龙亢、山桑、洨、虹十县为汝阴郡。宋县、陈郡苦县皆属谯郡。以沛、杼秋、公丘、彭城丰国、广戚，并五县为沛王国。”从字面上看，这里的汝阴郡系从沛国分置。其中（以下所标均今地名），萧即萧县，相即淮北市相山区，竹邑：宿州市老符离集，符离：宿州市灰古镇，蕲：宿州市蕲县镇，铚：濉溪县铁佛镇古城村，龙亢：怀远县龙亢镇，山桑：蒙城县坛城镇，洨音 xiāo，固镇县濠城镇，虹音 jiàng，五河县的东刘集镇（所标今地据《中国历史地名大辞典》，今建制变动据中国地图出版社 2007 年版《安徽省地图册》改）。沛国是汉帝的老家，曹魏篡汉，自然要削弱刘姓的地盘，所以要把沛国的封地分割出来，单独建立一个郡。让人不明白的是：这个汝阴郡的郡治及辖县都在今宿州、淮北、蚌埠及亳州市境内，距汝阴很远，又不包括汝阴县，而且境内并没有汝水，为什么会命名为“汝阴郡”？笔者以前在引证这部分文字时，只是感到费解，并没有深入考证，就轻率地认为这个汝阴郡并不是在汝阴县设置的郡，与现在的阜阳无关。后来在网上搜索到相关文章，才发现自己过于疏略。事实是：曹魏的确在这里设置了汝阴郡，只是存在时间很短，因此史料中留下的信息极少。

对于《明帝纪》的这段记载，前人多有质疑。除汝阴郡名实不符外，“宋县、陈郡苦县皆属谯郡”也难以理解。宋县汉代属汝南郡，按照行文的惯例，这里还应该象“陈郡苦县”一样，表达为“汝南郡宋县”才是。再者，这一带除去“为汝阴郡”的十县、“为沛王国”的五县以外，谯郡好像只有两个县。作为皇帝老家的郡，竟然还没有新置的汝阴郡大，实在令人难以置信，所以前人多怀疑此处文句有误。

在《百度贴吧·南北朝吧》上搜索到田余庆先生《桓温的先世和桓温北伐问题》一文，才算明白了这段话错在何处。摘引如下：“解决这一疑惑，确指《魏志》误处的，是吴增仅（清代历史地理学家——引者注）。吴增仅所著《三国郡县表附考证》中，考定汝阴郡设置并不在景初二年；又证明《魏志》所列十县全在涡水之北，与汝水相隔数百里，而且与汝阴诸县不相连接，从而认定《魏志》景初二年之文确实有误。他提出新解，认为《魏志》‘……十县为汝阴郡’中的‘为’字为衍文。据此，《魏志》原文应当读作：‘分沛国萧、相、竹邑、符离、蕲、铚、龙亢、山桑、洨、虹十县，汝阴郡宋县，陈郡苦县，皆属谯郡。’这样，《魏志》原文就可以通读而无任何滞碍。”

“‘为’字为衍文”说到了问题的症结所在。把这个“为”字去掉，重新标点这段话，就可以明白这里说的是：魏明帝把沛国的十个县，还有原属汝阴郡的宋县、陈郡的苦县，都划归谯郡，而把沛县、杼秋、公丘，以及彭城国的丰国、广戚二县（共五县）作为沛王国的领地。这完全符合魏帝设置谯郡、扩大自己老家、缩小汉帝旧基的意图。割沛国的十个县“为汝阴郡”完全是由于多出来的一个“为”字而造成的误解，“魏置汝阴郡”确有其事。谭其骧《中国历史地图集》将上述十二县，以及在此范围内的酂（河南永城酂城镇，酂音 cuō）、城父（亳州城父镇）、山桑（蒙城县坛城镇），划为谯郡（还少了一个思善县，在亳州古城镇）。但是，汝阴郡没有划，仍属汝南郡。大概是不知道属县，没办法划出来吧。

不仅如此，我还发现《三国志》很早就有两个版本：一个是带“为”字的，一个不带。凡是说“魏置汝阴郡”的，所据版本就是不带“为”字的；凡是认为“晋始置汝阴郡”的，一定是看了带“为”字的讹误版本。这不光牵涉到魏是否设置了汝阴郡，而且还牵涉到魏之汝阴郡辖县的多少问题。下文详述。

谜之二：汝阴郡的郡治在何处？

这个问题一定会让人诧异：汝阴郡的郡治难道不是在汝阴县城吗？顾祖禹《读史方舆纪要》就明确说：“汝阴废县（汝阴县自元初废）今州治。……魏为汝阴郡治，自是州郡皆治此。”后世的所有地理志、地方志书都记载汝阴郡城在汝阴县，没有一个人、一本书说汝阴郡治在别的地方——只有北魏郦道元例外。其实这是毫无根据的猜测，魏置汝阴郡后，一直到南北朝后期，汝阴郡治就不在汝阴县城，而是在县西一里、女郎台西南，《水经注》记作“陶丘乡”亦即“汝阴郡治”的地方，今自来水公司以西。研究地方史者必读《水经注》，但是似乎没有一个人注意到《水经注·颍水篇》有“（汝阴故县）城西有一城，故陶丘乡也，汝阴郡治。”这个“汝阴郡治”只能是从前代沿袭而来的。具体考证请参见附录一：《千古悠悠女郎台》。

谜之三：汝阴郡辖几个县？

我在以前考证魏汝阴郡辖县的时候，根据成书于唐代的《晋书·地理志》所记汝阴郡辖县（八个），加上汉置魏撤的细阳县，以及汉置晋撤的新阳县、富波县，推测曹魏的汝阴郡应该辖有十一个县，即汝阴、宋、固始、慎、原鹿、富波、鲖阳、细阳、新阳、新蔡、褒信。但是，后来发现其实少了三个县，多了一个县。今补充并考证如下：

（1）南顿县（河南项城市南顿镇）

《左传·僖公二十三年》“城顿而还”，杜预注：“顿，国，今汝阴南顿县。”杜预是西晋人，他的说法应该没有错。因此我以前读到这里的时候就怀疑南顿县属魏之汝阴郡，并作了笔记。但是，由于《晋书·地理志》中没有南顿，所以只作悬疑处理。在读到《宋书·州郡志》及相关篇目后，我认为完全可以确认南顿在魏、晋均属汝阴，杜预的注释并没有错：

第一，《宋书·州郡志》（注意此书州称刺史，郡称太守，县称令）：“（豫州南颍郡）南顿令　汉旧县，何：故属汝阳（按：应是汝阴），晋武帝改属汝南。按晋《太康地志》、王隐《地道（记）》无汝阳郡。”这里的“何”是《州郡志》引用的参考书作者之一，其书名也叫《州郡志》，另外还有“徐”作《州郡志》，但作者的名字都已失传。为示区别，我们把《宋书·州郡志》简称为《宋志》，何氏《州郡志》称“《何志》”，徐氏《州郡志》称“《徐志》”。“何故属汝阳”意为“《何志》记载南顿属汝阳郡，到了晋武帝改属汝南郡。”《宋志》的编者随即驳斥说“晋以前没有汝阳郡”。说没有汝阳郡是不错的，但是，参考杜预注，这里的“汝阳”应为“汝阴”之误，《何志》认为魏南顿不属汝南郡而属汝阴郡（误作汝阳郡），晋武帝又改属汝南郡是没错的。《何志》说的“故属”是魏而不是秦汉时的建置，“晋武改属”就是到晋武帝时改属汝南郡。下文“汝阳县”同。

第二，如果说上面的解释还有点牵强的话，那么《宋书·符瑞志》的记载则确凿无误地证实了南顿确实曾经属于汝阴郡：“晋武帝咸宁元年正月，木连理生汝阴南顿。”《符瑞志》不牵涉到地理考证，就是根据各地上报（或虚报）的“瑞应”记录下来的，这样的记录是不会把郡县给记错的。这跟“大跃进”时代“放卫星”一样，粮食产量可以虚报得无边无沿，小麦几千斤、水稻几万斤都是屁话，经不起检验，但是这前面的“河南西平县某社”“湖北麻城县某社”是绝对不会报错的，没人会糊涂到写成“湖南西平县”“河北麻城县”。所以，仅凭这一条，就可以断定南顿县确实属于汝阴郡。而晋武帝时的汝阴郡有南顿，则是沿袭前代（魏）的建置，而不仅仅是晋时的建置。

（2）项县（今河南沈丘）

《春秋经·僖公十七年》：“夏，灭项。”杜预注：“项国，今汝阴项县。”我们既然已经确定杜预的记载没有错误，那么，也就可以确定项县在魏晋均属汝阴郡。项县介于南顿和汝阴之固始、新阳之间，南有汝南鲖阳，北是陈郡。项县如果不属汝阴郡，南顿就成了“飞地”了。所以只要南顿属汝阴，项县自然就属汝阴。

（3）汝阳县（今河南商水）

《宋志》豫州汝阳郡：“汝阳令　汉旧县，属汝南。何：故属汝阴，晋武改属汝南。按晋武分汝南为汝阴，何所言非也。”这里是说，按照《何志》的说法，魏之汝阴郡辖有汝阳县，而《宋志》的作者却认为何氏的说法是错误的，到西晋武帝才开始把汝南郡分为汝南和汝阴二郡。既然晋武帝以前没有汝阴郡，那么汝阳县“故属汝阴”当然也是错误的。但是，我们前面已经证实了汝阴郡初置于曹魏而不是晋武帝时代，那么何氏记载的汝阳“故属汝阴郡”就没有错，真正错的是《宋志》。由于汝阳建县晚，没有出现在《春秋》《左传》中，杜预没有注释，但我们可以根据《何志》确定魏汝阴郡有汝阳县。

通过以上的考证，我们不难发现：早在南北朝时期，《三国志》的讹本就已经出现，并且和正本并行。于是，持正本者冠冕堂皇地说魏置汝阴郡，而持讹本者则言之凿凿地说魏未置汝阴郡。两种版本没有互校，否则就会发现其中明显的错误。这种现象一直延续到明清。明·正德《颍州志》的作者刘节说“魏置汝阴郡”，没有细节；乾隆《颍州府志·沿革》直接写“三国属魏，置汝阴郡，治汝阴县”，不言何据。但《沿革表》说：“汝阴郡，景初二年始置”，似乎还是根据讹本；而清·道光《颍上县志》却坚持认为魏之“汝阴郡”与晋汝阴郡无关；道光《阜阳县志·沿革考》仍据讹本《三国志》，但据《晋书·地理志》认为魏置有汝阴郡。《沿革表》记阜阳县在魏“初为汝南郡，中为汝阴郡，末为汝南郡。”可见讹本《三国志》后来居上，并逐渐取代了正本。

（4）鲖阳县（今临泉县鲖城镇）不属汝阴郡

以前在考证汝阴郡辖县时，不加思考就认为鲖阳县理所当然地在汝阴郡。现在经过思考，确认鲖阳县不在汝阴郡。《左传·襄公四年》：“楚师为陈叛故，犹在繁阳。”杜预注：“繁阳，楚地，在汝南鲖阳县南。”如果细心研究就会发现：鲖阳显然不属于汝阴郡，否则杜预就会说繁阳“在汝阴鲖阳县南”，犹如上引“项国，今汝阴项县”一样。杜预作为一个方面军指挥员，写当时的地方归属应该是不会错的。或以为鲖阳与固始（临泉）距离这么近（60 里），怎么会划归两个郡？其实这不是不可能的，同样的例子有：召陵（河南漯河市召陵区）和郾县（故城在今漯河市源汇区阴阳赵镇古城村，郾城县改区前属郾城）距离更近（40 里），而且辖境同样很小，在两汉却一直不属于同一个郡。

谜之四：汝阴郡何时置废？

既然景初二年的这次区划变动把原属汝阴郡的宋县割给了谯郡，那么可以肯定在此之前已经设立了汝阴郡。但是，这个汝阴郡何时设置、何时撤销、辖境大小等，似乎都难以确定。《晋书·地理志》列举了魏武帝、文帝、明帝、少帝所增、减的各郡，都没有汝阴郡。但是在后文“汝阴郡”下，又说：“汝阴郡　魏置郡，后废，（西晋）泰始二年（266）复置。”这也证明魏确实设置了汝阴郡。至于具体设置的时间，唐李吉甫《元和郡县图志·河南道·颍州》：“魏、晋于此置汝阴郡。”“（颍州）汝阴县，本汉旧县，属汝南郡。魏文帝黄初三年属汝阴郡”。宋乐史《太平寰宇记》同。于此可见，曹魏设置汝阴郡在黄初三年（222）。东汉时汝南郡过大，朝中达官半出于此，故有“汝半朝”之称。曹操执政的时候即有意进行打压。魏初割分汝南，既符合国初改制的惯例，也符合曹魏一直试图压制、削弱汝南郡的初衷。

至于魏汝阴郡撤销的时间，似乎更难详考。以往的历代地理志和地理书，都没有魏汝阴郡撤销的时间。《三国志·魏书·三少帝纪》齐王曹芳嘉平五年（253）记：“自帝即位（240）至于是岁，郡国县道多所置省，俄或还复，不可胜纪。”汝阴郡撤销的时间当在此期间，但是，具体在哪一年，已经没有任何资料可考了。

由于《三国志》无地理志，本地封爵亦难寻踪。道光《颍上县志·秩官·历代爵封世表》：“晋　慎子陈温”注：“按《魏志》：陈群，颍川人，封颍阴侯，青龙四年薨。子泰嗣，以功增邑二千六百户。景元元年（260）薨，子恂嗣。恂薨，无嗣，弟温绍封。咸熙中开建五等，以泰著勋前朝，改封温为慎子。”出自《三国志·魏书·桓二陈徐卫卢传》。陈群子陈泰，字玄伯，青龙年间（233—237），除散骑侍郎。正始中（240—249），徙游击将军，为并州刺史，加振威将军，使持节，护匈奴中郎将。代郭淮为征西将军，假节都督雍、凉诸军事。征羌人，伐蜀汉，破姜维，屡立战功。后为尚书右仆射，掌管官吏任免，加侍中光禄大夫。吴人犯淮、泗，以陈泰为镇军将军，假节都督淮北诸军事，皇帝下诏命令徐州监军以下都要受陈泰节度。前后以功增邑二千六百户，赐子弟一人亭侯，二人关内侯。高贵乡公景元元年（260）死，追赠司空。谥为“穆侯”。子陈恂嗣位。陈恂死，无子。弟陈温继承封爵。咸熙初年（264），晋王司马炎提议恢复五等爵位制，改封陈温为慎子。

魏文帝即位不久就设置汝阴郡的目的非常明确，那就是削弱汝南郡。两汉期间，汝南郡辖有今豫东皖西北大片土地，而且是全国最富庶的地区，汉帝国的三大粮仓之一。到了东汉，汝南郡更进一步垄断了汉帝国大半的政治资源，连光武帝的根据地南阳郡都不能比。东汉朝中官员有很多是汝南郡人，当时人称“汝半朝”，如“四世三公”的袁氏，与宦官势力作殊死斗争的陈蕃、范滂。其他官至三公九卿者达数十人之多。曹操生前已经致力于削弱汝南郡的势力，并不仅仅是为了报复袁绍父子兄弟。把汝南郡分开，是从根本上削弱汝南郡。《后汉书·郡国志》记载汝南郡辖有三十七县（侯国），比西汉的汝南郡要大。从《三国志·魏书·明帝纪》中已知山桑侯国（今蒙城县坛城镇）、城父县（今亳州市城父镇）改属沛国，思善侯国（今亳州市古城镇）取消，地仍归城父县①。另外淮河以南的弋阳、期思划出为弋阳郡，宜禄取消，这样汝南郡的版图就基本还原到西汉汝南郡的面积，仍然是个大郡。《中国历史地图集》载魏汝南郡有三十个县（侯国），从汝南郡分出的汝阴郡，虽只辖十四个县，但其面积已经占了原汝南郡的一半，达到了削弱汝南郡的目的。

【人物】

吕　蒙　字子明，汝南郡富陂县（阜南县王化镇东）人。小时候家境贫寒，父亲早逝，母亲带他投奔他的姐夫、孙策手下的军官邓当，13 岁就当了兵。数年后邓当死，即接替他为别部司马。孙策死后孙权继任，想裁撤整合军队，看到吕蒙的部队军容整齐、训练有素，就给他增加了兵员。二十六岁那年，随孙权征战有功，官拜平北都尉，领广德县长。又讨江夏太守黄祖因功被提拔为横野中郎将，赐钱千万。此后为孙权出谋划策，帅军出征，屡败曹军。周瑜病逝后，鲁肃代为东吴统帅。吕蒙为他策划抵御曹军、防备刘备诸多策略，赢得鲁肃的极口称赞。鲁肃死前推荐吕蒙接替他的职务，施连环计，麻痹关羽，最终为东吴夺回荆州，擒斩关羽，立下不世之功。随后因感染瘟疫，病故，死时年仅四十二岁。

吕蒙病危时，举荐陆逊代替自己守卫荆州。公元 222 年，刘备率大军为关羽复仇，被陆逊诱敌深入，火烧连营，大败刘备，从此蜀汉不敢染指荆州。

毛泽东评价：“吕蒙如不折节读书，善用兵，能攻心，怎能充当东吴统帅？我们解放军许多将士都是行伍出身的，不可不读《吕蒙传》。”

吕　范　字子衡，汝南细阳县（今太和县原墙镇）人。少为县吏，投靠孙策，征讨有功。领都督，整肃军纪，威令大行。拜征虏中郎将。孙策

---

① 《中国历史地名大辞典》：“思善侯国　东汉章和二年（88）析城父县置，属汝南郡。治所在今安徽亳州市南八十里古城集。三国魏改为思善县。”而《中国历史地图集》三国魏并未标注思善县，从《明帝纪》分析，也看不到有思善县的信息，所以可以认为思善侯国到曹魏时代已经取消。

死，从孙权，甚见亲信。赤壁破曹，拜裨将军，领彭泽太守，迁平南将军、前将军，假节，改封南昌侯，拜扬州牧。黄武七年（228）升大司马，印绶未至，死。孙权素服举哀，祀以太牢。子吕据嗣。

吕　据　字世议，吕范次子。初拜副军校尉，佐领军事。吕范死，迁安军中郎将。数讨山贼及五溪蛮，又与朱然攻樊，皆有功。累官骠骑将军。五凤二年（255），破魏将曹真于高亭。太平元年（256），孙竣死，从弟孙綝自代。吕据大怒，欲废之。孙綝使中书收吕据。左右劝其降魏，据曰："吾耻为叛臣。"遂自杀。

胡　综　字伟则，汝南固始（今临泉县）人。从小死了父亲，母亲带他到江东避难，投靠了孙策。孙策死，孙权以胡综为金曹从事，拜鄂县（今湖北鄂州市）长。召回为秘书，掌军国机密事宜。因为征兵有功，孙权任命他领右部督。吴将晋宗投降曹操，被任命为蕲春太守，经常袭扰东吴边境。胡综与贺齐轻兵奇袭，活捉了晋宗，因功加封建武中郎将。孙权为吴王，封为亭侯。吴定都建业（今江苏南京），任胡综为侍中，进封乡侯，兼左右领军。曹魏派隐蕃诈降东吴，面见孙权，言辞机敏，颇受孙权欣赏，想用他为官。胡综告诉孙权："隐蕃上书，大语有似东方朔，巧捷诡辩有似祢衡，但是才干都不如他们"，不可重用。孙权因为隐蕃高谈刑狱之事，用他为廷尉监。后因谋反事被发觉，伏诛。孙权见胡综识人，拜为偏将军，兼左执法，领辞讼。赤乌六年（243）死，子胡冲继承爵位。

按：吕蒙、吕范、胡综等投奔东吴时在汉末，所以《三国志》介绍其籍贯都是用汉朝建置区划，不能依据《三国志》的介绍证明三国魏是否设置汝阴郡。因为这些人在南奔时，故乡的行政建置还是汉代旧制，他们既不知道有变化，也不可能承认曹魏政权的新建置。所以吕蒙、吕范、胡综等仍称"汝南郡某某县人"。

第八章　西晋：辖县的变动

晋武帝司马炎泰始二年（266）复置汝阴郡，属豫州。辖县十一（宋县复归本郡，撤新阳县、富波县），约一万户。

汝阴郡　郡城在汝阴县西一里陶丘乡，今自来水公司以西。

汝阴县　今阜阳老城。

慎县　今颍上县江口镇汤圩孜村。

原鹿县　今阜南县公桥乡东五里。

固始县　今临泉县西古城子。

宋侯相　今太和县赵庙镇城孜村宋王城遗址。按：此为西晋新封侯国，魏已撤宋公国建县。侯以朝廷派去的相治国，故称“宋侯相”。

新蔡县　今河南省新蔡县。

褒信县　今河南省息县包信镇。

项县(补)　今河南省沈丘县。

南顿县(补)　今河南项城市南顿镇。

汝阳县(补)　今河南商水县。

同时撤新阳（今界首市光武镇尹城子）、富波（今阜南县王化镇附近）二县。新阳并入宋侯国，富波并入汝阴县。

另有一县不在汝阴郡：

鲖阳县　今临泉县鲖城镇。属汝南郡，见第七章。

汝阴王国　辖县同上。

据《晋书》卷六十四《武十三王传》：汝阴哀王谟，字令度，太康七年（286）薨，时年十一。无后，国除。

据《晋书》本传，司马谟是司马炎与“诸姬”（宫中侍女）所生，连生母的姓和职位都没有留下来。但这并不影响他封王。本传中没有说司马谟什么时候封王，仅记载了他死的时间。据此我们可以知道，在西晋时代，汝阴是先为郡国，再为王国，最后才改为直属国家的郡的。汝阴王国因存在时间过短，不作详考。

太康二年（281），南顿、汝阳划归汝南郡，项县划归陈郡，汝阴郡仅领八县，八千五百户。

【疆域】

太康二年前同魏，加宋县。

【正误】

《中国历史地图集》以涡阳建县（1864）以后的地界划汝阴郡的东界，误。参第十八章。他处之误参本文。

【国史掌故】

公元264年，魏灭蜀汉。265年，晋王司马炎终于不想再当这个名义上低于曹魏皇帝的王了，于是就让亲信动员魏元帝曹奂“禅让天下”，司马炎假意推辞了一番后，才“不得不”接受禅让，成了晋帝，是为晋武帝。自曹丕以后，中国历史上发生过多次宫廷政变，都是以“禅让”的方式进行。那些接受“禅让”的主角，明明是窃国篡位，却可以在全国人民面前认认真真、毫无愧色地进行表演。

司马氏家族从曹操时代就追随曹氏父子。当曹操取代汉帝的苗头出现时，他的谋士司马懿就有“螳螂捕蝉、黄雀在后”的迹象。司马懿料事精准，做事果决，心狠手辣，城府极深，曹操非常担心，也曾经告诫过曹丕让他小心防备司马懿。但是，司马懿伪装得很好，他对曹操毕恭毕敬，俯首帖耳；对曹丕推心置腹，殷勤备至，曹操、曹丕都对他放松了警惕。尤其是那位浅薄的政治家曹丕，对司马懿的表演一点都没有看出破绽。曹丕掌握了皇权以后，因为能力有限，只能对司马懿委以重任，将军国大事托付给他。到了魏明帝时，司马懿已是权倾朝野，左右政局，最终受封十郡，远超当年曹操封为魏公、魏王时的地盘了。司马懿传位司马师，在位时间虽短，威权依旧；到了司马昭，更是以“司马昭之心，路人皆知”显扬天下，留名青史。咸熙元年（264），魏元帝晋封司马昭为晋王，封地比乃父又增加一倍，达二十郡，天下的核心区域、战略要地几乎都割给他了，还是不能满足他的要求；第二年，“天子命帝（司马昭）冕十有二旒，建天子旌旗，出警入跸，乘金根车，驾六马，备五时副车，置旄头云罕，乐舞八佾，设钟虡宫悬，位在燕王上。进王妃为王后，世子为太子，王女王孙爵命之号皆如帝者之仪”，除了名号以外，所有的待遇都和皇帝没有任何区别了。而且这里提到的“燕王”是魏元帝的父亲曹宇，司马昭排位在燕王之上，那就意味着比皇帝的老子地位还高。但是，司马昭还是不满意，他要自己当皇帝。可惜他不受皇天眷顾，五月受命，到八月就“薨”了，终究还是没能及身为皇帝。其子司马炎继位，大概怕夜长梦多，三个月后就迫不及待地逼迫魏帝禅让，到十二月就顺利地办理了交接手续。

司马炎当上皇帝后，大赦，改元，追崇三代，改封前朝皇帝为王（陈留王），一如曹魏篡汉的故事。做完这些以后，就大封诸王，从“皇叔祖父”司马孚开始，到“皇叔父”“皇弟”“皇从伯父”“皇从叔父”“皇从父兄”“皇从父弟”，一口气封了二十七个诸侯王，充分展示了司马家族的人丁旺盛和强大的人力资源。司马炎当然没有想到，他亲手树封的这些诸侯王，基于他家族的遗传基因，个个都是当量极高的“定时炸弹”，随时都可能引爆并导致连锁反应，成为毁灭晋帝国的内部破坏力量。为了让大家对晋初分封局势有所了解，我们把司马炎所封诸国列表如下：

晋武帝所封诸侯王表

王　号	亲属关系	名讳	国　都	今　地	备　注
安平王	皇叔祖父	孚	信都	河北冀州	
平原王	皇叔父	干	平原	山东平原张官店	
扶风王	皇叔父	亮	池阳	陕西泾阳西北（泰始三年迁）	改汝南王
东莞王	皇叔父	伷	东莞	山东沂水	
汝阴王	皇叔父	骏	汝阴	安徽阜阳	改扶风王
梁　王	皇叔父	肜	睢阳	河南商丘南	
琅邪王	皇叔父	伦	开阳	山东临沂	改赵王
齐　王	皇弟	攸	临淄	山东淄博市临淄区东北	
乐安王	皇弟	鉴	高苑	山东邹平县苑城镇	
燕　王	皇弟	几	蓟县	北京西南	
义阳王	皇从伯父	望	新野	河南新野	
渤海王	皇从叔父	辅	南皮	河北南皮	
下邳王	皇从叔父	晃	下邳	江苏睢宁县古邳镇东	
太原王	皇从叔父	瑰	晋阳	山西太原西南	
高阳王	皇从叔父	圭	博陆	河北蠡县南	
常山王	皇从叔父	衡	真定	河北石家庄	
沛　王	皇子	文	相县	安徽淮北市相山区	
陇西王	皇子	泰	襄武	甘肃陇西东南	
彭城王	皇子	权	彭城	江苏徐州	
范阳王	皇子	绥	涿县	河北涿州	

（续表）

王　号	亲属关系	名讳	国　都	今　地	备　注
济南王	皇子	遂	东平陵	山东章丘西	
谯　王	皇子	逊	谯	安徽亳州	
中山王	皇子	睦	卢奴	河北定州	
北海王	皇子	凌	剧县	山东昌乐西	
陈　王	皇子	斌	陈	河南淮阳	
河间王	皇从父兄	洪	乐成	河北献县东南	
东平王	皇从父弟	楙	须昌	山东东平西北	

从上表不难看到：北起北京，南到淮河，东自山东，西迄甘肃，中原富庶繁盛之地，都有司马家族的近亲封国。汝阴之封为王国，就在此时。

《晋书·地理志》：“汝阴郡　魏置郡，后废，泰始二年复置。”但是，我们看《晋书·武帝纪》，泰始元年十二月受禅之后，随即封了上述二十七个王，其中就有汝阴王。这是晋武帝实行的创新——郡王。他一厢情愿地认为，一个郡王只能占有一个郡，地称郡，主称王，但是又可以随时调动，这样就能避免汉末那种一人兼数郡、一州甚至数州导致的分裂割据。他想得未免太简单了。由于郡王可以掌兵，闹起分裂来比汉末更迅猛百倍。

郡王司马骏身世

《晋书》卷三十八《宣五王传》载：扶风武王司马骏，字子臧，五六岁就能写奏章，背诵经典，长大后在司马家族中名气最大。曹魏景初年间（237—239）封平阳亭侯，八岁时就任散骑常侍、侍讲，不久升为步兵校尉、屯骑校尉，仍兼侍讲。后升为乡侯，出任平南将军、假节、都督淮北诸军事，改封平寿侯，转安东将军。咸熙元年（264），徙封东牟侯，转安东大将军，镇许昌。

265 年冬，晋武帝登基，进封司马骏为汝阴王，邑万户，都督豫州诸军事。他打败了来犯的吴军，不久改任镇西大将军、使持节、都督雍凉等州诸军事，代汝南王司马亮镇守关中，加衮冕侍中之服（享受宰相级待遇）。当时西北边民已经十分难以管理，咸宁初，羌人叛乱，司马骏率兵讨平，进位征西大将军。开府、辟召仪同三司（可以自主任免官吏），持节、都督如故。司马骏通过一系列的征战，威震西北，羌人率服，纳质子者二十余部，率众来降者二十万人。咸宁三年（277），司马炎将前任扶风王司马亮改封汝南王，改封司马骏为扶风王，在封国内的所有氐族各户都属司马骏管辖。这是为了保障西北的安定而采取的措施，因为前任扶风王司马亮虽位高权重，却优柔寡断，临事无功，引起羌、氐人反感才发动叛乱。只有选派具有军事才能的司马骏驻守西北，才能使当地的少数民族服从晋朝。太康元年（279），拜骠骑将军，开府、持节、都督如故。

太康三年，晋武帝听信杨皇后父亲杨骏的谗言，害怕他的同母弟齐王司马攸会取代他的傻儿子司马衷（太子）当皇帝，就让司马攸到封地去(出镇藩国)。大抵喜欢弄权的外戚，都希望他“辅佐”的王位继承人年龄越小越好，如果是个傻瓜，那简直就是锦上添花了。杨骏是晋武帝宠信的皇后杨芷的父亲，杨芷没有孩子，如果让已经成年又聪明能干的司马攸当了皇帝，那么杨芷和她父亲就都没有机会再接近皇家权力中心了。杨骏虽是庸才，但这点道理他比谁都明白。所以他先危言耸听地告诉司马炎：“太子司马衷看样是当不上皇帝了！”司马炎知道自己的儿子是个傻瓜，但是他非常喜欢他的大孙子，聪明伶俐的司马遹。史书上说司马遹很像其高祖司马懿，所以司马炎把希望寄托在他的大孙子身上，想通过儿子传位给孙子，于是就问杨骏该怎么让司马衷顺利接班，杨骏就提议让司马攸到封国去。春秋时代，晋献公为了让自己宠幸的骊姬的儿子接班，把前妻的大儿子、太子申生派到曲沃镇守，最后借故杀死了太子，让骊姬的儿子奚齐顺利接班。从那时起，接班人一到封国，就等于昭告天下：“我打算废掉这个接班人了！”司马骏听到这个消息，认识到这是离间骨肉的举动，后果非常严重，多次上书切谏，武帝不从，司马骏忧愤发病死。西北地区的老百姓听说司马骏逝世，不禁痛哭失声，都自发地进行吊唁，为他树碑。司马骏死，频发暴乱的西北地区无人镇守，为以后的“元嘉之乱”留下了巨大的祸根。

但是，晋献公废太子申生，引发了晋国数十年的动荡；晋武帝赶走司马攸，却没有直接立司马遹为皇太孙，而是让傻儿子司马衷当了太子，最后继位，既造成了中国历史上历时最久、范围最广的大分裂、大动乱，而且也使自己的家族被屠杀殆尽，傻皇帝司马衷受尽了折磨和凌辱，最后仍然不免一死；司马遹也遭贾皇后陷害，二十三岁被杀，没能当成皇帝。

司马骏受封万户，而《晋书·地理志》记载汝阴郡“辖县八，户八千五百”，还缺一千五百户，怎么补齐，没有介绍。那么，司马骏封地真的缺了一千五百户吗？当然不是。我们在前一章已经进行过考证，证实魏之汝阴郡共辖十三个县，其中项县、南顿、汝阳三地《地理志》漏载。再来看看《晋书·地理志》所载八个县，实际相当于魏的十个县，共八千五百户，平均每个县七百余户。那么，加上漏划的三个县，大概正好一万户，符合司马骏封地的户数。可见司马骏的封地其实就是魏汝阴郡的全部领地。

【建置简考】

那么，南顿、汝阳是什么时候从汝阴郡划出的呢？

前章已述：杜预注南顿属汝阴，《何志》称汝阳、南顿属汝阴，而又称“晋武帝改属汝南”。但是《晋书·地理志》和《宋书·州郡志》又都不载南顿、汝阳，可以断定此二县从汝阴郡划出应该是在杜预注《左传》以后。《晋书·杜预传》载：杜预“既立功之后，从容无事，乃耽思经籍，为《春秋左氏经传集解》。又参考众家谱第，谓之《释例》。又作《盟会图》《春秋长历》，备成一家之学。”这里的“立功”，是指杜预策划并参与的灭吴之战［咸宁五年（279）十一月至太康元年闰三月①］。灭吴之后杜预方才开始著《春秋左氏经传集解》，而作《春秋释例》《春秋盟会图》等等则是以后的事。

《经传集解》是杜预平时积累的作品，并非灭吴之后才开始撰写。我们看杜预注“鸡父之战”（参见本书春秋部分）以及春秋楚国地理，可知他在灭吴之战时所经过的地方都非常熟悉，连一个偏僻的山峰都十分了解；而没有经过的地方则比较生疏，以至于把夏溮水（今西溮河）当成了汉水（见附录六：《“乾溪之变”地名重释》），可见他在“立功”期间就已经进行了积累，甚至已经撰写。“立功”之后不过是对以前的积累进行整理而已。如此，他撰写《春秋左氏经传集解》当不超过两年，也就是成书于太康二年（281）年底之前。而《晋书》《宋书》都参考了《太康地志》，《太康地志》是记录太康年间全国地理建置的著作，一般认为成书于太康三年。撰写人虽不具姓名，但可以肯定：一、该书是根据皇室档案所撰；二、撰写人是户部（民政部）官员；三、从文章体例看，内容简繁无定，风格不一，可以断定撰写人是一个群体；四、该书是奉皇帝的旨意所撰，不然不会冠以年号。后世带年号、国号的独立地理志书如《元和郡县

---

① 按：《晋书·武帝纪》太康元年春正月己丑朔（即初一），而“三月壬申，王浚以舟师至于建邺之石头”，吴主孙皓投降。下文有“二月戊午”，从己丑（正月初一）到戊午是30天，这里称“二月戊午”，那就肯定是二月初一，则此年正月小，仅29天；假如二月是大月，二月三十日是丁亥，到壬申日还有45天，所以三月绝不可能有壬申日，故推定此处的“三月壬申”应该是“闰三月壬申”。

图志》《太平寰宇记》《大明一统志》等，都是奉旨编撰的，因此可以说《太康地志》创制了一个新的体例，开了一个好头。有如此充足的撰写班子，又是奉旨修撰，其撰写时间不会超过一年。

太康三年的《地志》不载汝阴郡有南顿、汝阳二县，而杜预的《集解》又记汝阴郡有南顿县，可见此二县从汝阴郡划归汝南郡是在太康二年或三年。

同属汝阴郡、后来又划出的还有项县，不过项县是划给了陈郡。《水经注·颍水》："颍水自堰东南流，迳项县故城北，《春秋·僖公十七年》'鲁灭项'是矣。"杨守敬疏："守敬按：汉县属汝南郡，魏初属汝阴郡，后属陈郡，晋因。……在今项城县东北（即今沈丘县城）。"可见汝阴郡有项县，而这个归属同样是晋初沿袭魏的建置而来的。但是，杨守敬疏说项县"魏初属汝阴郡，后属陈郡，晋因（晋沿袭魏的建置，即晋时项县属陈州）"的说法有误，从杜注看，项县在西晋仍属汝阴郡，也是太康二年划归陈州。因为项县介于汝阴郡东部与西北的南顿、汝阳之间，项县划出，另二县也就隔断了与汝阴郡的联系，可见三县是同时从汝阴郡划出的。

【人物】

胡 冲 汝阴固始（今临泉县）人，胡综之子。平和有文才，三国吴天纪中（277—280）为吴国中书令。吴灭后，仕晋为尚书郎、吴郡太守。

毕 卓 字茂世，鲖阳（今临泉县鲖城镇）人。为吏部郎。性喜饮酒。曾因醉盗饮邻舍酒，为掌酒者所缚。到天明发现是毕吏部，于是又在酒瓮侧设宴，醉饮而去。齐白石有《毕卓盗酒图》，并题赞："宰相归田，囊底无钱；宁肯为盗，不肯伤廉。"毕卓死后葬鲖阳城东，今遗址尚在。按：两晋政治黑暗，士大夫动辄得罪，故多以怪异举动掩其真性情。嵇康、阮籍、刘伶等，莫不以怪诞自任，以避迫害。

第九章　“八王之乱”和五胡十六国

按：为了表述方便，这里记录的是自西晋惠帝司马衷到东晋时阜阳的建置，并没有按照历史朝代分期分别记录，因为这是一个混乱年代的特殊建置。

西晋惠帝时（290—306），又从汝阴郡划出新蔡郡。于是原汝阴郡成为两个郡，各辖四县，分别是：

汝阴郡　郡治在县西一里陶丘乡。魏置郡，后撤，晋武帝复置。辖县四：

汝阴县　今阜阳老城。

慎县　今颍上县江口镇汤圩孜村。

原鹿县　今阜南县公桥乡东五里。

宋侯相　今太和县倪邱镇西北城孜村西宋王城遗址。

新蔡郡　晋惠帝始置，治鲖阳县。辖县四：

鲖阳县　今临泉县鲖城镇。郡治。

固始县　今临泉县西古城子。

新蔡县　今河南省新蔡县。

褒信县　今河南省息县包信镇。

请注意：新蔡郡的郡城不在新蔡，而在鲖阳。在鲖阳为什么却叫新蔡郡？叫新蔡郡为什么又把郡城安在鲖阳县？这里面的高深道理，也许只有司马衷能够明白。

【疆域】

汝阴郡：东到利辛县刘集镇东界，南到淮河，西到临泉杨桥，北到太和北界。

四邻：东，谯郡城父、山桑；南，扬州淮南郡寿春，豫州安丰郡松滋、安风、蓼县，弋阳郡期思；西，新蔡郡褒信、新蔡、鲖阳；北，梁国项县、陈县。

新蔡郡：东到临泉杨桥，南到洪河，西到河南息县东部，北到河南沈丘县纸店镇。

四邻：东，汝阴郡宋县、汝阴、原鹿；南，弋阳郡期思、弋阳；西，汝南国新息、慎阳、安城；北，汝南国平舆、梁国项县。

到了东晋成帝咸康二年（336），又撤销汝阴郡，并入新蔡郡，阜阳一带的政治中心第一次、也是唯一一次西移至鲖阳县。

新蔡郡晋惠帝时初置，治鲖阳县，领县八：

鲖阳县　今临泉县鲖城镇。郡治。

固始县　今临泉县西古城子。

新蔡县　今河南省新蔡县。

褒信县　今河南省息县包信镇。

汝阴县　今阜阳老城。

慎县　今颍上县江口镇汤圩孜村。

原鹿县　今阜南县公桥乡东五里。

宋侯相　今太和县倪邱镇西北城孜村西宋王城遗址。

其实，这并不是心血来潮或权宜之计，而是整个汝阴郡已经沦陷于后赵（311），政治势力达不到这里，名曰合并，其实是这里官也逃了，民也跑了，城也空了，而且地方在敌人的掌控之下，还不如干脆合并了省事。

【疆域】

同上章（西晋初）。

东晋穆帝升平二年（358）复置郡，仍领四县，但是，旧有的原鹿县和慎县消失了，出现了两个新县。

汝阴郡郡治在县西一里陶丘乡。穆帝升平二年复置。领县四：

汝阴县　今阜阳老城。

宋县　今太和县赵庙镇城子村。汉新郪县，后汉改封宋公国，此时改为县。表明殷商彻底绝祀，逢年过节再也没人专门祭祀商王朝的列祖列宗了。

宋城县　今颍上县南照镇。

楼烦县　今颍上县王岗镇郑家湾。侨置。

另有新蔡郡，惠帝时置，辖四县，同上。

【疆域】

同惠帝时。

【国史掌故】

八王之乱

晋王朝是一个残暴嗜杀的王朝，这是由基因决定的。司马炎代魏后追封为“宣帝”的司马懿，是历史上最残忍毒辣的暴君。他解决对手的方式就是杀戮，毫不留情的杀戮，株连家族的杀戮。所有反对他的人，一旦落到他的手中，想“一人做事一人当”是不可能的。辽东太守公孙文懿反，司马懿破辽东，“男子年十五已（以）上七千余人皆杀之，以为京观（堆尸骨为城，以炫耀武功，威慑敌人）”，这是在战场上，将士愤怒，情尚可恕。但是，诛杀同是顾命大臣的大将军曹爽，“支党皆夷及三族，男女无少长，姑姊妹女子之适人（出嫁）者皆杀之”，所有的党羽都杀掉，已经够惨无人道了，男男女女、老老少少，甚至连出嫁的女子都要杀死，这简直就不是人心所能想到的了。太尉王凌和外甥令狐愚一起谋划废齐王曹芳（司马懿立的魏帝）立楚王曹彪，有人向司马懿告密，司马懿亲自出兵到达甘城（颍上县东北），王凌知道密谋泄漏，自己绑缚起来面见司马懿，司马懿假装原谅王凌，派600人送王凌回京。途经项县（今河南沈丘）魏豫州刺史贾逵（字梁道）庙，王凌进庙大呼：“贾梁道！王凌是大魏之忠臣，惟尔有神知之！”于是服毒而死。按照古代制度，自杀的罪犯就不再追究其家族的责任。但是，司马懿还是“收其余党，皆夷三族，并杀彪”（逮捕王凌的同党，全部株连三族，连楚王曹彪一并诛杀），一点没有宽恕。又扒开王凌和令狐愚（此前已死）的坟墓，劈开棺椁，在集市上暴尸三日，烧毁他的朝服、印绶，直接光着身子入土埋葬。实际上，这样的残忍正是内心怯懦的表现，当年六月，司马懿在家发病，梦见贾逵、王凌前来索命，百般祷告、祈求无效，拖延到八月，一命呜呼了。

他的继承人司马师，也是同样的狠毒，一点也没有吸取他父亲的教训。他辅佐登上帝位的齐王曹芳，中书令李丰、皇后的父亲张缉等人图谋废掉司马师，让夏侯玄辅政。司马师得知消息后，抓住李丰审问，被李丰痛骂一场，司马师命人用大刀背活活打死，接着就“逮捕（夏侯）玄、（张）缉等，皆夷三族。”然后废了张皇后，又废皇帝。在太后的一力主持下，立高贵乡公曹髦为新皇帝。司马师死，其弟司马昭继位。

六年后，曹髦与几个亲信大臣谋废司马昭，又被告密，司马昭的护军将军贾充（具有讽刺意味的是，他是“大魏忠臣”贾逵的儿子）指使太子舍人成济于车上刺杀曹髦，然后为了对付朝中大臣的责问，欺骗舆论，司马昭嫁祸于成济，派人去捉拿成济时，成济逃到房顶，向世人爆料害死曹髦的真情，结果被人射下屋顶，又是“夷三族”。父子三人为了巩固权势，打击对手，削弱曹家的力量，夺取江山，无所不用其极。

东晋明帝时，王导在明帝坐侧，明帝司马绍问及先帝事迹，王导据实讲述，从司马懿发家，到司马昭诛杀曹髦，一一细说分明。晋明帝听得心里发凉，俯身以头抵着桌面，说：“如果真像您说的那样，晋国的国运怎么可能久远啊！”

司马懿凶残狠毒的本性被他的子孙继承了下来。当司马氏父子费尽心机从曹氏手中夺取天下以后，那些无处发泄的暴戾之气只能用在自家身上。于是，一场围绕皇权展开的残酷杀戮在皇室内部上演，这就是西晋中期开始、持续了16年，并导致中国287年大分裂的“八王之乱”。这八王是：

王号	姓名	参与事件
楚王	司马玮	与贾后合谋杀死太傅、大都督杨骏。夺权无果，被贾后诬杀
汝南王	司马亮	杀死杨骏后掌握实权。被楚王杀死
赵王	司马伦	贾后杀太子后，起兵杀死贾后，执掌朝政，废惠帝自立
齐王	司马冏	与赵王合谋杀死贾后后声讨司马伦。迎惠帝复位，赐死司马伦
成都王	司马颖	起兵讨司马伦，入为相
河间王	司马颙	起兵讨司马伦，又起兵讨司马冏，攻占洛阳
长沙王	司马乂	乘乱入宫杀死司马冏，又遭颖、颙讨伐
东海王	司马越	擒杀司马乂，击杀司马颖、颙，最后独掌朝政

八王之乱开始于公元291年。那一年，司马炎死，中国历史上著名的白痴皇帝晋惠帝司马衷“闪亮登场”。必须承认，对于治理中国这样一个大国来说，历史上很多皇帝智商都不够，但像司马衷这样连基本的生活常识都不具备的皇帝，恐怕只有司马氏一家，别无分店。可是，因为司马炎的孙子、司马衷与前妻所生的儿子司马遹聪明能干，有司马氏家风，司马炎为了能够顺利地传位给他，就斗胆让白痴儿子接了班。

司马衷自己白痴，后娶的皇后贾南风（就是那个指使成济杀死曹髦的贾充的女儿，大魏忠臣贾逵的孙女）却很有才干。嫁给一个傻子皇帝，贾南风自然希望能替皇帝掌管政权。她与楚王司马玮合谋，杀死了惠帝的外祖父、太傅、大都督杨骏，政权却落在威望素著的汝南王司马亮和元老卫瓘手中。贾后政治野心未能实现，遂指使司马玮以“谋反”的罪名杀掉汝南王司马亮与卫瓘，然后回过头来又反诬楚王司马玮矫诏擅杀大臣，将司马玮处死，终于把政权掌握在自己手中。元康九年（299），贾后不顾张华等人的劝阻，废掉晋武帝寄予厚望的太子司马遹，并于次年杀了他，让老鬼司马炎彻底绝了念想。统领禁军的赵王司马伦和齐王司马冏号称为太子报仇，联合发兵攻进洛阳，废杀贾后、张华等，夺取了政权。次年，司马伦废惠帝自立，招致诸王的普遍反对。齐王司马冏率先起兵声讨司马伦，成都王司马颖、河间王司马颙、禁军将领王舆也先后起兵，他们杀死司马伦，迎惠帝复辟。司马冏当了宰相，坐在家里办公，掌控国家机器的运转，司马衷被晾在一边。明年，司马颙又起兵讨伐司马冏，长沙王司马乂乘乱入宫杀死司马冏，掌握了政权。303 年，司马颙、司马颖合兵讨伐司马乂，联军屡遭司马乂挫败。次年正月，洛阳城里的东海王司马越与禁军合谋，擒杀司马乂，司马颖入京为丞相，以皇太弟的身份总揽朝政，并在自己的根据地邺城（今河北临漳）遥控指挥国家大政。这引起了司马越的不满，遂率军挟惠帝攻击司马颖。不料被司马颖击败，逃回封国，惠帝司马衷被俘，送到邺城。与此同时，正在长安的司马颙派手下大将张方率军占领洛阳，接着并州刺史司马腾（司马越的弟弟）与幽州刺史王浚联兵攻破邺城，司马颖带惠帝投奔洛阳，转赴长安，投奔司马颙去了。公元 305 年，司马越又从山东起兵进攻关中，击败司马颙。公元 306 年，司马越迎惠帝回洛阳，先后击杀司马颖、司马颙，自己大权独揽，并且毒死了惠帝司马衷。八王之乱终于落下帷幕。

八王之乱以惠帝登位开始，以惠帝死结束，司马炎选择的这位继承人就这样败坏了司马懿父子处心积虑夺来的江山。其实八王之乱的参与者不止八王，以司马懿屠杀曹氏诸臣的阴毒，如果只有八个王自相残杀，那就不是司马氏家族的风格了。而司马衷继承皇位，并没有过几天好日子。从乱局开始，他就一直被反王拉来扯去，东奔西跑，担惊受怕，受尽威胁和屈辱。他的弱智或许会让他对屈辱的感觉迟钝些，但据我观察，傻子可能对死的恐惧更加敏感、剧烈。当然，怕死并不能躲避死亡，他最后还是被司马越给毒死了。

八王之乱不仅是司马氏家族的悲剧，也是国家和民族的悲剧，中国历史的悲剧。中国从此陷入长期的分裂，少数民族政权肆意杀戮，淮河以北长期沦入异族之手，汉民族的生存空间被压缩到南方，中原、黄淮这个曾经是世界上最繁华富庶的地区十室九空，经济衰退，民不聊生，社会生产力遭到长期而严重的破坏，中华传统文化遭到空前的浩劫。而这一切，都要拜那个残忍而又毒辣的司马懿和他的子孙们所赐。这是中华民族十分令人痛心的悲剧。

五胡十六国

八王之乱削弱了晋帝国的国力，少数民族政权开始崛起，并迅速蔚成燎原之势。西晋永嘉五年（311），汉化的匈奴贵族汉帝刘聪，攻陷京师洛阳，俘虏了晋怀帝司马炽，大肆杀戮抢掠，把洛阳变成了人间地狱，黄河南北今河南省的大部分地区沦陷，是为“永嘉之乱”。司马炽的侄子、十四岁的司马邺，被群臣簇拥到长安，称“皇太子”。313 年，司马炽被害的消息传来，司马邺举哀奉尊号，然后宣布登基，强撑了四年，再度被刘汉帝国的军队攻破，司马邺被俘，西晋灭亡。

刘汉王朝崛起之后不久，匈奴、鲜卑、羯、氐、羌五个少数民族，还有受压迫的汉人，先后建立起许多大小不等政权。由于北魏史学家崔鸿以其中十六个国家撰写了《十六国春秋》，所以史学界称这个时期为“五胡十六国”。但实际上远不止十六国，柏杨《中国人史纲》统计有十九国，而清代学者钱大昕《东晋南北朝舆地表序》：“独典午（指司马氏。典者，司也，十二生肖中，午为马）渡江以后，开皇平陈以前，瓜剖豆分，盖三十国。南北侨置，千回百改，史之存者十家，而有《志》者才五。”我们参考《中国人史纲》附表，补充代、翟魏，加上南朝四国（宋、齐、梁、陈）、北朝五国（北魏、东魏、西魏、北齐、北周），恰符三十国之数，列表如下（不列南北朝九国）：

年代	国别	开国君主	民族	首都	今地	亡国年	延续年	亡于
303	成汉	李雄	氐	成都	四川成都	347	45	晋
304	汉赵	刘渊	匈奴	平阳	山西临汾	329	26	后赵
314	前凉	张寔	汉	姑臧	甘肃武威	376	63	前秦
319	后赵	石勒	羯	襄国	河北邢台	351	33	冉魏
337	前燕	慕容皝	鲜卑	邺城	河北临漳	370	34	前秦
338	代	拓跋什翼犍	鲜卑	云中	内蒙古 和林格尔	376	39	前秦
350	冉魏	冉闵	汉	邺城	河北临漳	352	3	前燕
351	前秦	苻健	氐	长安	陕西西安	394	44	西秦
384	后燕	慕容垂	鲜卑	中山	河北定州	407	24	北燕
384	西燕	慕容泓	鲜卑	长子	山西长子	394	11	后燕
384	后秦	姚苌	羌	长安	陕西西安	417	34	晋
385	西秦	乞伏国仁	鲜卑	金城	甘肃兰州	431	39	夏

（续表）

年代	国别	开国君主	民族	首都	今地	亡国年	延续年	亡于
386	后凉	吕光	氐	姑臧	甘肃武威	403	18	后秦
388	翟魏	翟辽	丁零	滑台	河南滑县	392	5	后燕
397	南凉	秃发乌孤	鲜卑	乐都	青海乐都	414	18	西秦
397	北凉	段业	汉	张掖	甘肃张掖	439	43	北魏
		沮渠蒙逊	匈奴					
398	南燕	慕容德	鲜卑	广固	山东青州	410	13	晋
400	西凉	李暠	汉	敦煌	甘肃敦煌	421	22	北凉
405	西蜀	谯纵	汉	成都	四川成都	413	9	晋
407	夏	赫连勃勃	匈奴	统万	陕西靖边	431	25	吐谷浑
407	北燕	高云	朝鲜	和龙	辽宁朝阳	436	30	北魏
		冯跋	汉					

其中成汉、汉赵（先称“汉”，后改为“赵”，亦称“前赵”，混称“汉赵”）、前凉先后在西晋时期建国，东晋时期的冉魏、西燕、西蜀不在十六国之数。北魏（拓跋珪386年建国）后来统一北方，也不在十六国之列。他们互相攻伐，残忍屠杀，整个北方都陷入恐怖之中，百姓大量南迁，由黄河以北逃到黄河以南，又由黄河以南逃到淮河以南，最后很多人都逃到了长江以南，甚至两广地区，才算止住逃难的脚步。“宁做太平犬，不为乱离人”，说的就是那个时代平民百姓的悲哀。

【建置考略】

政治的动荡必然带来行政区划的剧烈变动。《晋书·地理志》：“惠帝分汝阴立新蔡，分梁国立陈郡，分汝南立南顿。”于是秦时的一个郡（淮阳郡）到汉变成两个郡国，汉时的一个汝南郡到曹魏变成两个郡，到晋惠帝时又变成了四个郡。

关于东晋的建置，《晋书》缺载，我们只能根据后世的建置进行推测。《宋书·州郡志》：“东晋成帝咸康二年（336），省（汝阴郡）并入新蔡郡，后复立。”盖因当时汝阴郡已陷后赵，名为省并，实际已无此地。至于何年复立，也没有准确的年代。新蔡郡系西晋惠帝（290—306）时从汝阴郡分出西部地区所置，设置年代不详，当在惠帝末年石勒陷兖州以后。新蔡郡辖鲖阳、固始、新蔡、苞信四县，郡治鲖阳县（临泉县鲖城镇）。

清·徐文范《东晋南北朝舆地表·郡县表》：“（豫州汝阴郡）成帝咸康二年省郡并新蔡。穆帝升平二年（358）复置郡。”复置郡说明已经光复旧地，但复置年代可疑。清道光《阜阳县志·沿革表》于“晋·阜阳县”下注：“《晋书》：泰始二年（266）置（汝阴郡）。永嘉之乱（永嘉五年，公元311年），没于石勒。（东晋穆帝司马聃）永和中复。”若按此说，则属后赵在311年。然而因为人力不足，后赵当时并未占有此地，设官分职。太宁三年（325），石勒尽陷司、豫、兖三州之地，汝阴郡此时入后赵。

关于晋收复汝阴的年代，《晋书》有确切的记载。《穆帝纪》：永和五年（349）“六月，桓温屯安陆，遣诸将讨河北。（后赵）石遵扬州刺史王浃以寿阳来降。”寿阳即今寿县，在淮南，可证后赵的势力已达淮南，此地属后赵。永和七年（351）后赵灭，大将姚弋仲、姚襄父子降晋。次年，姚弋仲死，姚襄率军抵达寿春，与晋将豫州刺史谢尚会合。东晋草包丞相殷浩与姚襄不和，屡次派人刺杀姚襄，均告失败。永和九年（353），殷浩二次北伐，以姚襄为前锋，姚襄遂袭败晋军，并于次年降前燕。十一年，姚襄北归，占据洛阳。永和十二年（356）秋八月己亥，桓温与姚襄战于伊水，大败姚襄。自姚弋仲父子南归，此地即入晋。姚襄北归，占据洛阳的时候，此地仍在晋的掌控之下。不过时局不稳，不大可能设置郡县。徐《表》称“穆帝升平二年复置郡”或有所据，姑且从之。

复置汝阴郡乃是从新蔡郡分立，其实就是恢复惠帝时的建置，故其辖境只有魏汝阴郡的东部地区，今临泉界仍属新蔡郡，郡治仍在鲖阳。

晋孝武帝太元八年（383），前秦苻坚南下攻晋，大败，未能占有此地。终晋之世，本地属晋。故《舆地表》、道光《阜阳县志》《颍上县志》，均只记“永和中复”，未记北方少数民族政权占有此地。而从汝阴郡分立的新蔡郡，在东晋时期则先后属于东晋、后赵、前秦、前燕、后秦，不能一一考证，从略。

谭其骧《中国历史地图集》东晋部分未标东晋有汝阴郡、新蔡郡，又标前燕有汝阴郡，均误。实际上前燕只在姚襄投降时（永和十年至十二年）名义上占有过汝阴郡，并未设官分职。前秦苻坚南下攻晋前未占有此地，攻晋失败后退缩至黄河两岸，然后国内动乱，不得有此地。

穆帝升平二年（358）复置的汝阴郡，与以前的建置相比发生了很大的变化：

一是原来的慎县消失，所以《水经注》称之为“慎县故城”。而颍上境内出现了一个安置流民的楼烦县（颍上县王岗镇郑家湾）。楼烦本在西北，因为流民大量逃难到此，只好就地安置。这种在新地方安置流民，并以流民原籍命名安置地的做法很普遍。《晋书·地理志二》：晋成帝“又以旧当涂县流人渡江，侨立为县”，即安置从当涂县（原在蚌埠市西，怀远县西南）逃难的流民到江南，侨置当涂县（即今当涂县）；又“因新蔡县人于汉九江王黥布旧城置南新蔡郡”，就是把新蔡县流民安置在汉初黥布旧城（今湖北黄梅县西南），侨置南新蔡郡。还有在今合肥侨置汝阴郡，都是安置流民以后新命名的郡县。

二是阜南境内的富波县消失了，颍上境内多出了一个宋城县。《宋书·州郡志》有“宋城”，注：“汉旧县。”但是，“汉旧县”之“宋城县”远在今河南商丘，从来没有也不可能属于汝阴郡。旧说疑为安城，但安城县如果是“汉旧县”，则在今河南汝南县东南北胡村，与汝阴郡中间隔着新蔡郡，从来有“飞地”无“飞县”，东晋以后有“帖治”，但也没有跨郡帖治县的建置，所以也不可能是那个安城。这里仍以“宋城”为正。《魏书·地形志》汝阴、弋阳二郡有宋县：“宋，萧衍置，魏因之。有荆亭城。”荆亭城即今颍上县南照镇。旧宋县由宋公国改为侯国，又改为县，则此宋加城字以示区别。后来南朝梁夺取此地，建颍州，今太和县境另建陈州，汉魏之宋县与此宋城县不在一州，故略去“城”字，称为宋县。

第十章　南北朝：割据和分裂

南北朝时，中国陷入了长达170年的、“稳定”的南北分裂状态，分属于不同民族、不同文化的政权在淮河两岸展开了剧烈的断杀和争夺。国家的分裂和民族的交融在血与火的拼杀中同步进行。在这一时期，今阜阳地分别属南朝宋、北魏、南朝梁、东魏、北齐。由于战乱和安排叛将等需要，本地的建置变动极大，甚至同属一国也在频繁地改来改去。兹简述如下（括号内的年代为各国据有本地的时间，只记占有国的年号）：

宋

初属宋，武帝刘裕永初元年至明帝刘彧泰始六年（420—470）为汝阴郡、新蔡郡，属豫州。分别领：

汝阴郡　魏置郡，后撤，晋武帝复置。辖县四：

汝阴县　今阜南县张寨镇。

慎县　今颍上县江口镇汤圩孜村。

宋城县　今颍上县南照镇。

楼烦县　今颍上县王岗镇郑家湾。侨置。

新蔡郡　晋惠帝始置，治鲖阳县。今帖治汝南。辖县四：

鲖阳县　今临泉县鲖城镇。郡治。

固始县　今临泉县西古城子。

新蔡县　今河南省新蔡县。

苞信县　今河南省息县包信镇。

【疆域】

汝阴郡　东到西淝河西，南到淮河，县到临泉杨桥，北到太和南界（今太和县境属陈郡）。

新蔡郡　东到临泉杨桥，南到淮河，西到河南息县东部，北到河南沈丘县南部。

北　魏

献文帝拓跋弘皇兴四年至孝文帝元宏太和十八年（470—494）为汝阴郡。郡治在阜阳老城西一里陶丘乡。

皇兴十八年（494）起为东郢州。所辖郡县未详。

皇兴二十二年（498）仍为汝阴郡，属颍州（州治项，今河南沈丘县）。

孝昌三年至武泰元年（527—528）为颍州。

北魏设于今阜阳地的汝阴郡、东郢州、颍州辖地已不可考。《魏书·地形志》所记颍州、汝阴郡是东魏建置，其中有梁置州郡县，也有东魏改置的郡县，但北魏如何设置，并无明确记载。

梁

武帝大通元年至大同元年（527—535）置陈州，大通二年至临贺王正平二年（528—549）置颍州。今阜阳市北部及东部属陈州，南部及西部属颍州。另外，今颍上县南部属南兖州下蔡郡。

陈州　治今太和县城关镇陈小寨村（旧县镇东四里）。大通元年（527）置，大同元年（535）入东魏。可考者领郡五，县十二：

◎ 陈留郡领县三：

陈留　今太和县城关镇陈小寨村，郡治、州治。

小黄　今界首市光武镇小黄村，即原新阳县治迁改。

郑县　地失考，当在太和县境内。

◎ 颍川郡　今阜阳市颍东区口孜镇洪阳村古城子自然村，领县三：

许昌　郡治。

圉城　**雍丘**　有蓬丘、校水。当即今太和县原墙镇，汉细阳县。

按：以上仅据《魏书·地形志》东魏颍州北陈留、颍川二郡所辖之县参酌分划，具体如何分县，此外是否还有县未列，不得而知，仅供参考。

◎ 南顿郡　今河南项城市南顿镇。领县三：

南顿　郡治。有颍阴城、南顿城、汉光武庙。

和城　今项城市高寺乡，有高阳邱。

平乡　今项城市西，当即今商水县平店乡。

◎ 清和、南阳二郡　在今河南淮阳县。《隋书·地理志》淮阳郡宛丘县："又后魏置南阳郡，东魏废"，即此。此二郡即梁沿北魏南阳郡建置，而改为二郡。领县三：

清和　今河南淮阳县。

南阳　汝南　今河南商水县（此或以㶏水为汝水，故名）。

按：梁之陈州，过去以为在太和县旧县镇。然经考察，确在太和县城关镇陈小寨村，有出土文物及古城遗址。旧县镇为后来迁建。陈小寨原属旧县镇，后划归城关镇。

【疆域】

陈州　东到西淝河，东南到颍东区口孜镇，西北到河南淮阳，西到河南商水西界。

颍州　州治在老城西陶丘乡，即《水经注·颍水》所载汝阴郡治。领双头郡十六，县二十八。不计双头郡、县，实有九郡、十八县（以下县可考者注县，县不可考者注郡，郡亦不可考者不标）：

◎ 汝阴、弋阳二郡　今阜南县张寨镇。领县四：

汝阴　陈留　今临泉县高塘乡。有高塘陂、蟹谷陂。

宋　今颍上县南照镇。萧衍置。有荆亭城。

期思　今河南淮滨县期思镇，故蒋国。

◎ 财丘、梁兴二郡　今临泉县艾亭镇。领县四：

梁兴　今临泉县艾亭镇。有艾亭丘。

财丘　梁城　今阜南县方集镇财城村。

汝阳　当即今阜南县王堰镇永店村。在梁兴、财丘之间。

◎ 西恒农、陈南二郡　今颍泉区白庙集。领县三：

恒农　胡城　今颍泉区白庙集。有燋丘、雉、鲖二陂、神庙。

南顿　今阜南县三塔镇。有闰水（今润河）、东陵城。

◎ 东郡、汝南二郡　治牛心丘。领县二：

白马　济阳　有石历陂。

◎ 东恒农郡　地当在今凤台县西、颍上东部，东魏增置淮阳县属本郡。领县二：

荥阳　阳氏

◎ 新蔡、南陈留二郡　今临泉县鲖城镇。领县一：

鲖阳县　今临泉县鲖城镇。

◎ 荥阳、北通二郡　当在今河南正阳县境内。领县四：

北通　临淮

临沂　汝阴　今河南正阳县汝南埠镇。

◎ 汝南、太原二郡　今河南平舆县，北魏迁平舆县于此。领县四：

平豫　安城　今河南平舆县。

太原　新息　今河南平舆县射桥镇。

◎ 新兴郡　今寿县板桥乡。领县四：

安城县　郡治。今寿县板桥乡。

都立县

新兴县

义兴县

【疆域】

颍州　东到颍上县东部，南到寿县板桥乡，西南到河南正阳县南界，西到河南平舆，北沿泉河与陈州分界。

东　魏

孝静帝天平二年（535），东魏攻取梁陈州及颍州部分地区，改原信州、梁陈州及颍州汝阴郡等地为北扬州。

北扬州　旧信州，天平二年改，治项城（今河南沈丘县）。领郡五，县十九：

◎ 陈郡　今河南沈丘。领县四：

项　今河南沈丘，州、郡治。有方城。

长平　今河南西华县东北十八里。有长平城、习阳城。

西华　治西华城（今县）。

襄邑　治思都城（地失考）。

◎ 南顿郡　晋惠帝置。领县四：

南顿　今项城市南顿镇。有颍阴城、南顿城、汉光武庙。

和城　今项城市高寺乡，有高阳丘。

平乡　今商水县平店乡，有平乡城。

新蔡　失考。

◎ 汝阴郡　晋武帝置，太和十八年为东郢州，后罢。治社亭城。领县三：

汝阴　今阜阳市颍泉区白庙集。

宋　今颍上县南照镇。

许昌　今阜阳市颍东区口孜镇。

◎ 丹杨郡　在今河南项城市。领县四：

秣陵　今项城市秣陵镇，有次水。

邵陵　今漯河市召陵区。

南阳　失考。

白水　失考。

◎ 陈留郡　武定六年（548）置，及县。领县五：

陈留　今太和县城关镇陈小寨村。

小黄　今界首市光武镇小黄村。

宋　今太和县倪邱镇。西汉新郪县，东汉为宋公国，后罢，太和元年（477）复置。

雍丘　今太和县原墙镇。

新蔡　失考。

【疆域】

北扬州州治及多数郡都不在阜阳境内，不考。

武定七年（549）重置颍州。除梁置颍州所辖十六郡外，增四郡、十二县（实仅二郡、八县），总领二十郡、四十县。

颍州　武定七年置，领郡二十，县四十。

◎ 汝阴、弋阳二郡　今阜南县张寨镇。领县四：

汝阴　陈留　今临泉县高塘乡。有高塘陂、蟹谷陂。

宋　今颍上县南照镇。萧衍置。有荆亭城。

期思　今河南淮滨县期思镇，故蒋国。

弋阳　新息　今河南息县。北魏太和十九年（495）置弋阳，在今河南信阳市。后属梁（不隶颍州），置新息（在河南息县），弋阳并入而不废其名。武定七年（549）入于东魏，沿梁制而改隶汝阴、弋阳二郡。

楼烦　今颍上县王岗镇郑家湾。本属北魏南兖州下蔡郡，建义中（528）属梁，为下蔡郡。武定七年入东魏，改属颍州汝阴、弋阳二郡。

◎ 财丘、梁兴二郡　今临泉县艾亭镇。领县四：

梁兴　今临泉县艾亭镇。有艾亭丘。

财丘　梁城　今阜南县方集镇财城村。

汝阳　当即今阜南县王堰镇永店村。在梁兴、财丘之间。

◎ 西恒农、陈南二郡　今颍泉区白庙集。领县三：

恒农　胡城　今颍泉区白庙集。有燋丘、雉、鲖二陂、神庙。

南顿　今阜南县三塔镇。有闰水（今润河）、东陵城。

◎ 东郡、汝南二郡　治牛心丘。领县二：

白马　济阳　有石历陂。

◎ 东恒农郡　地当在今凤台县西、颍上东部，东魏增置淮阳县属本郡。领县二：

荥阳　阳氏

淮阳县　在凤台县西、颍上县东部，有平陆。武定七年增置。

◎ 新蔡、南陈留二郡　今临泉县鲖城镇。领县一：

鲖阳县　今临泉县鲖城镇。

◎ 荥阳、北通二郡　当在今河南正阳县境内。领县四：

北通　临淮

临沂　汝阴　今河南正阳县汝南埠镇。

◎ 汝南、太原二郡　今河南平舆县，北魏迁平舆县于此。领县四：

平豫　安城　今河南平舆县。

太原　新息　今河南平舆县射桥镇。

◎ 新兴郡　今寿县板桥乡。领县四：

安城县　郡治。今寿县板桥乡。

都立县

新兴县

义兴县

◎ 北陈留、颍川二郡　今阜阳市颍东区口孜镇洪阳村古城子自然村。领县五：

许昌　今阜阳市颍东区口孜镇洪阳村古城子自然村。

圉城　雍丘　有蓬丘、校水。今太和县原墙镇。

陈留　小黄　治安阳城，即今太和县城关镇陈小寨村，隋改为颍阳县。

◎ 清和、南阳二郡　在今河南淮阳。领县三：

清和　今河南淮阳县。

南阳　汝南　今河南商水县。

【疆域】

东魏颍州：东到颍上东部，南到河南淮滨县期思镇，西南到河南息县，西到河南平舆，西北到河南商水，北到河南淮阳。

武定八年（550）置财州，治豫州鲖阳县固始城（今临泉县西古城）。

【疆域】

《魏书·地形志》未记其下辖郡县，或即孤城一座。（《地形志》有义州，注："武定七年内属。户二百一十五，口三百二十二。"显然与此相同，属于"孤城州"。）

北齐（550—577）

州废，为汝阴郡。因无志，不知辖县。今太和县陈小寨村为陈留郡陈留县。本地区西部的鲖阳县、财州（在临泉）废，置褒信县（在鲖阳）。

北周（578—581）

又置颍州。领地同上。

【国史掌故】

东晋偏安江南，北方（主要是黄河以北）大部分地区成了少数民族的天下。409 年春，东晋侍中、车骑将军、都督中外诸军事，使持节、徐青二州刺史刘裕统军北伐，灭掉南燕。接着刘裕回兵，消灭了南方的割据反叛势力，继续北伐。417 灭后秦，东晋势力达到山东、河南、陕南，这是东晋最辉煌的时代。此时阜阳地区属晋。

东晋的辉煌转瞬即逝。刘裕完全模仿司马懿铲除曹魏内部异己的手法，在短短几年时间内，将东晋政权内部所有的异己，包括皇室宗亲和一切亲皇室势力清洗罄尽，然后命人撰写好禅位诏书，派人拿到空壳皇帝晋恭帝司马德文那里，让他签字。司马德文似乎早就在等待这一天，欣然命笔签字，还坦然地对左右说："桓玄（篡晋自立）的时候就该改朝换代了，幸亏有了刘公，得以苟延残喘二十年。"然后宣布退位，躲到自己的琅琊王府第，断绝外部一切来往。前朝禅让，不管真假，都得实行"三让"之礼，哪怕是自己的亲信甚至自己亲笔起草的"禅位诏书"，也要连续三次推让表示不敢或不愿接受。这是自古以来形成的程序，刘裕也不敢表示自己没文化、没规矩，已经准备好了一系列的说辞，说自己能力不够什么的，找字写得好的人誊好，准备跟司马德文照规矩来一场文字游戏。不料司马德文压根就不理这一套，大门一关，油盐不进，根本不接他的天下第一妙手华彩文章，连第一篇辞让表章都没能递进去。据我所知，这大概是历代禅让大典第一次省略掉了“三让”的重要程序，这很不好，会让双方的有才之士失去展示才华和渊博知识的机会，而且弄得刘裕大叔非常尴尬，好像“真的”要篡位似的。幸好有手下陈留王等二百多人上表“劝进”，那当然还不能答应，于是太史令骆达又上报数十条天文符瑞，证明“天命有归”，群臣又联名写信请求，不，简直就是逼迫刘裕当皇帝了。刘裕是个实干家，既然人家不让咱谦虚，朕（据我的老师白兆麟教授说：“朕”就是“咱”的古字）也别跟人家客气，干脆直接称皇帝吧。刘裕此前已经晋封为宋公、宋王，此时自然就是宋帝，史称南朝宋或南宋，为了简便，不跟后来的赵宋南渡以后建立的宋混淆，历史上多称这个宋帝国为刘宋。刘宋政权的建立（420 年），拉开了南北朝时期的大幕，凡以朝代划分历史时期的史书，均以刘裕代晋为南北朝的开始。至于那个司马德文，虽然一再表示甘心情愿地把皇位让给刘裕，并且非常利索地躲到自己的府邸，不跟外界接触，所有的饮食都由皇后（此时已经降为王妃）褚灵媛把关，严防外人进入，但刘裕派褚皇后的哥哥请褚皇后，只是暂时离开，刘裕派的刺客就进入王府，成功地刺杀了司马德文，晋室皇统彻底灭绝。

在北方，同期存在的夏、西秦、北凉、北燕、魏等政权经过一番激烈的吞并、厮杀、争夺之后，最终于 439 年，以鲜卑族建立的魏国灭掉北凉为标志，统一了北方，史称北魏。因为后来皇族改为汉姓元，所以又叫它元魏。北魏的统一，标志着南北两大政权对立的时代正式到来，中国虽然仍陷于南北分裂、争夺的状态，至少是暂时稳定下来了。

南方的政权并没有接受历代帝国灭亡的教训，荒淫、残暴、昏庸、内讧，种种末世怪胎，一代接一代地“前腐后继”，一个接一个地灭亡，改朝换代。南朝 170 年间（420—589）经历了四个朝代、29 个皇帝。北方政权前期还算稳定，但到了 528 年以后，杀伐相继，权臣擅政，北方叛乱，到 534 年，短短 7 年间换了 5 任皇帝（王），最终分裂成东魏和西魏。分裂后的两个“魏国”都自称正统，互相攻伐，北方再次陷入战乱。斗争的结果，东魏被北齐取代，西魏被北周取代。这两个北方帝国仍然互不相让，最终是北周兼并了北齐，并且将进攻的矛头指向了南方（陈）。但是，统一了北方的北周还是没有出现可以统一中国的皇帝，而是迅速败落，出了一个极其荒淫暴虐、沉湎酒色而又无能又喜欢弄权的宣帝宇文赟，在“出色”表演一年，败坏了帝国的江山以后，传位给儿子宇文衍，自称“天元皇帝”，仍然掌握朝政，但很快年轻的身体就彻底虚脱，传位三个月后就死了。第二年，他的岳父杨坚代周自立，建立隋朝。八年之后，消灭南陈，中国统一。

下表可以看出南北朝时期主要政权的变化、分裂与统合：

南 朝（420—589）					北 朝（420—581）				
国号	帝王	立国起讫	享国	入于	国号	帝王	立国起讫	享国	入于
宋	9	420—479	60	南齐	北魏	17	386—534	149	东西魏
齐	7	479—502	24	南梁	东魏	1	534—550	17	北齐
梁	8	502—557	56	南陈	西魏	3	535—557	23	北周
陈	5	557—589	33	隋	北齐	6	550—577	28	北周
					北周	5	557—581	25	隋

说明：1. “帝王”是指传国帝王人数，“入于”统指禅让、分裂或被灭等情；2. 史称宋、齐、梁、陈均在其前加“南”或“南朝”，北魏、东魏、西魏均自称“魏”，北齐、北周均自称“齐”“周”，南（朝）、北（朝）、东、西等字是后人为了便于区分而加的。南朝宋、齐、梁亦加国姓称刘宋、萧齐、萧梁，魏亦称元魏；3. 享国年代按首尾全算的中国式算法，即无论即位、退位在几月，都按一年算。故南朝实仅169年，而各朝享国时间累加达173年；4. 北魏的立国年代自东晋孝武帝太元十一年（386）一世君主拓跋珪在盛乐（内蒙古和林格尔西南土城乡古城，后为云中郡治）立国建号算起；5. 东魏和西魏都是元氏（拓跋氏）的子孙，是从北魏分裂出来的政权，并非篡夺或攻取得来，都是北魏合法、正统的继承人。

【建置简考】

南北朝时期，中国进入一个“稳定”的分裂时代——南北对抗的时代。特殊的时代造就了特殊的建置。王鸣盛在《东晋南北朝舆地表·序》中总结道：“晋一统裁（才）二十三年，当惠帝太安二年（303），而僭伪并起，自是以后，群雄云扰，阅一百三十七年，直至刘宋文帝元嘉十六年（439）而北方诸国始尽并于元魏，自是为南北朝矣。魏衰，高氏（北齐）、宇文氏（北周）相继与南朝鼎峙，天下再三分，直至隋文帝开皇九年（589）始合为一。自太安二年至此，凡二百八十七年，区宇分裂，未有甚于此时者也。故地理为最难明。”

中国历史上行政建置之乱，其实从两汉就开始了。刘邦大封功臣，后世分封宗室，把秦时的郡县肆意割裂，行政建置的随意性已经非常明显。三国再割裂荆州、扬州，为了“匹配”自己“广大”的国土，又在自己领土范围内胡乱划分州郡，区划的变更上升到了州一级。东晋为了安置流亡、设置官吏，开始侨置郡县，上章引《晋书·地理志》因安置移民所设汝阴郡、新蔡郡、当涂县是其例，甚至随意设州，如豫州、南豫州。这种混乱的局面到南北朝达到顶峰。一方面，州，这个在三代最大的地理区域、秦废而不用、汉代由监察区变为行政区的建制，到了这时，虽然仍是最高行政区划，其管辖的区域却大大缩水：就在原汉帝国统治的十三州刺史部范围内，最多时竟然出现了210多个州，比汉代的二级政区——郡还多数倍。其中最小的一个州——义州，不设郡县，仅有215户，322口人，男女老少加起来，只相当于"文革"期间一个小生产队的人口，连两汉鼎盛时期一个郡的官吏都不止这些人。另一方面，东晋开始实行的双头郡县制（即一个郡、县有两个郡、县名），到南北朝时发展到了极致。钱大昕《廿二史考异》专门解释颍州的"汝阴、弋阳二郡"："双头郡者，两郡同治，一人带两郡守也。此本汝阴郡地，又侨立弋阳郡，《宋志》所谓'帖治'。"一个极端的例子就是在今安徽临泉县鲖城镇，竟然设置了新蔡、南陈留二郡，却只领有一个鲖阳县，也就是说，其时两个郡管辖的范围实际只相当于现在的一个县（其时设在临泉的固始县撤销）。县也有双头县，即一个县有两个名。更让人摸不着头脑的是，明明是在甲地，偏偏要称为乙县，甚至丙丁县。对于这种现象，北齐文宣帝批评说："百室之邑，便立州名；三户之民，空张郡目。"（《北齐书·文宣帝纪》）有人以为是为了夸耀国土的广大。但国土广狭得靠打拼，不是自己说了算的，你占领的地方有多大，不仅你自己知道，敌人心里也清楚得很，你就是设一万个州也吓不倒敌人。齐文宣帝的诏书中说得明白："（北魏孝昌年间）豪家大族，鸠率乡部，托迹勤王，规自署置；或外家公主，女谒内成，昧利纳财，启立州郡。离大合小，本逐时宜，剖竹分符，盖不获已，牧守令长，虚增其数。"这里指出了州郡虚增的原因：一方面是豪强大户，纠集一些人，托名"勤王"，占领了一块地盘后，自己就随意划分、设置州郡，才不管你朝廷承认不承认呢；另一方面是外戚、公主、亲信人等，得了别人的贿赂，就请求皇帝、太后另立州郡。州郡的大小，只是按照安置人员的需要来划分，多数时候是迫不得已，于是州牧、郡守、县令、县长，虚增了许多倍。

而阜阳市政协委员、原地方志办公室主任刘奕云先生认为：多设郡县也是为了虚报战功的需要。因为攻取一个乡村和取得郡县的封赏是不同的，所以战将们为了取得更多的赏赐，纷纷虚报战绩，给攻占的地方"升格"；而当时战局纷乱，朝廷和上官根本不可能去核实。况且失陷的地方逃回的官员有那么多，还有投降的叛将，都需要安置，于是将错就错，胡乱安置了事。这也是州、郡、县数目一增再增的原因。这个说法也有一定的道理。《水经注·淮水》："魏太和中，蛮田益宗效诚，立东豫州（治广陵城，即今江苏扬州市江都区），以益宗为刺史。"这就是为了安置叛将而虚增州郡的例子。

齐文宣帝说的是北魏的情况，其实南方也好不到哪里去。自西晋永嘉之乱后，北方的豪门大族纷纷逃往南方，为了安置流亡，便于统治，南朝的统治者按照北方移民的原籍，在南方大量侨置郡县，于是原来在北方的地名，大量地出现于南方。如上一章所举侨置的当涂县、汝阴郡和南新蔡郡。这在东晋、刘宋时期，还可以说是无奈之举，到了基本安定下来以后，就有点儿戏的味道了。北方政权当然也不甘落后，把大量的南方地名、建置也"安置"在了北方。如本在南方的扬州、广州、交州等，也多次出现在北方政权的版图内。

再有就是：南北双方每夺下一地，就划州分县，重新命名；割裂缝合，面目全非；旧有地名，变乱无章；新增郡县，莫知其源。这种种奇怪的设置有时看起来都不费脑子。如《魏书·地形志》洛州中川郡有颍阳县，阳城郡也有颍阳县；北扬州汝阴郡有宋县，陈留郡也有宋县；南顿郡有新蔡，陈留郡也有。至于新取敌方一州、郡，或只改州名，或原封不动，致使一国二州同名（如《魏书·地形志》就有两个谯州，一个是"景明中置涡阳郡，孝昌中陷，武定七年复，置州"，一个是"萧衍置，魏因之。治新昌城"），更有一郡领县与自己原辖境的郡县名完全相同，也懒得改它，而这两个名字完全相同的郡及县往往还相距很近，不知道哪个在南，哪个在北，由于时代变迁，地名变化，现在的读者根本就摸不着头脑。我原以为：如果起秦汉间古人于地下，管保他找不着自己的家。深入研究下去，才发现就是当时的人出外三年再回来，他也可能回不了自己的家门。

混乱的区划，动荡的政局，给后人研究这一时期的建置沿革增添了无尽的烦恼。而现在的阜阳市在东晋南北朝时期，正处于南北争夺的风暴中心，其行政区划变动特别复杂混乱，令人很难恢复历史原貌。为了让读者有一个大致的认识，笔者结合史籍、旧志、工具书，对这一时期的区划变动、建置隶属关系作了仔细认真的考证，其中多处与前人、旧志所考颇有参差，请参考附录十：《南北朝汝阴郡沿革》。

汝阴郡的坚守

东晋太傅刘裕代晋称帝以后，淮北地区大部分都还掌握在南方政权手中，南北政权基本上以黄河为界。北魏统一北方后，开始进犯河南。刘裕死后，他的继承人刘义隆希望收复故土，恢复汉晋帝国的本土，遂于元嘉七年（430）大举北伐。战争开局非常顺利，占有北中国的鲜卑政权北魏一触即退，宋帝国军队进展神速，很快就打到黄河以北，中国本土几乎全部收复。但是到了冬天，天寒地冻，黄河结冰，北魏发起反击，宋帝国军队不堪一击，在遭受重大伤亡以后，丢弃了辛苦收复的大片国土，狼狈南逃，淮河以北的大部分地区再度沦陷于北魏。

20 年后，刘义隆再次组织北伐。这次北伐与一个封为汝阴太守的人有关。这个人叫王玄谟，是刘宋的镇军中兵参军，兼汝阴太守。他曾经多次上书，陈述北伐方略，深受刘义隆的重视。有一年汝阴郡的一棵麦苗上长了九个穗子，王玄谟立刻把这个“祥瑞”呈报给刘义隆，好像有这棵九头麦的保佑，伐魏就不会失败了。

元嘉二十七年（450），北伐大军浩浩荡荡地开始北上。刘义隆任命弟弟刘义恭为总司令，萧斌为总指挥，王玄谟当先锋。王玄谟打下一块地方，老百姓纷纷归附、犒军，王玄谟却把归附的青壮年打散编入部队，又勒索老百姓贡献土特产，自己便于到江南贩卖——原来他主张北伐只是为了把北方的东西弄到南方发财，接纳北方的人力也是为了扩充自己的实力。于是瞬间便失去了民心，老百姓不再贡献物品，青壮年也不再投军，已经参军的也大都偷着逃跑了。当北魏皇帝拓跋焘亲率大军前来迎战时，王玄谟吓得失魂落魄，丢下好不容易搜集来的土特产，仓皇逃命，整个北伐部队全线溃败。拓跋焘的军队一直追击到长江边上，并且砍伐树木，集结工匠，准备造船，声言要打过长江去，消灭刘宋政权。刘义隆站在建康（南京）的石头城上远望长江对岸的北魏大军，吓得浑身发抖，面无人色，话都说不出来了。幸亏宋军在彭城（徐州）还有一部分军队，拓跋焘害怕腹背受敌，只是吓唬刘义隆一下，不久就撤军了。刘宋的第二次北伐以惨败告终。南宋词人辛弃疾《京口北固亭怀古》“元嘉草草，封狼居胥，赢得仓皇北顾”，说的就是这次窝囊的北伐。想当年汉朝大将霍去病远征匈奴，深入漠北，匈奴望风而逃。霍去病登上狼居胥山，刻石立碑，告天而还，何等威风！王玄谟向刘义隆陈说北伐方略的时候，刘义隆非常高兴地说：“闻王玄谟陈说，使人有封狼居胥意”，用的正是霍去病的典故。刘义隆在国力许可，军力充足的情况下，想统一中国，出发点是好的，可惜出演霍去病一角的，却是个唯利是图的奸商，最后只能大败亏输，提心吊胆地隔江遥望（北顾）着敌军的强大阵容，“封狼居胥”成了一个大笑话。

元嘉之后，淮北地区大部分沦陷。452 年，北魏发生内乱，刘义隆再度指挥北伐，结果仍然是无功而返。刘宋帝国内部空虚，再也无力发动战争。而北魏也不再南侵，只是守在黄河南岸。今安徽阜阳、河南汝南一线还是刘宋帝国的领土。汝南当时称为悬瓠城，北魏几次进攻都没能打下。对于远在淮河岸边的汝阴，只是远远地看着。

宋明帝泰始二年（466），司州刺史常珍奇参与拥戴晋安王刘子勋为帝失败，刘子勋被杀死，常珍奇准备叛投北魏。他本人兼任汝南、新蔡二郡太守，驻汝南，派人到长社镇（今河南长葛）和北魏联系。魏太武帝拓跋焘派殿中尚书元石为都将接应他，并附带招安这一带的淮北地区，而派郑羲为他参谋军事。魏军到达上蔡，常珍奇带文武部下300人来迎接，见面以后，元石打算驻扎在汝水北岸，暂不进城。郑羲告诉元石："这种机密事一定要迅速。现在常珍奇虽出城见了面，但是他的心思到底是怎么样，还看不明白。不如直接进入上蔡城里，先夺下城门，占据粮仓和军械库再说，这样才可以全面制胜。"元石觉得很对，就带着部队直接进城，常珍奇猝不及防，自己宅子里几百亲兵都没敢动弹。

元石进城以后，天天吃喝玩乐，并不打算进攻刘宋，为常珍奇报仇。这让常珍奇大失所望，心里就想反正归宋。郑羲看常珍奇的神色不对，劝元石加强戒备。当天夜里常珍奇果然使人纵火烧府，想趁乱发难，因为元石有准备而作罢。

第二年，泰始三年（467），常珍奇引导魏军四万人前来进攻汝阴（在今阜南县张寨镇）。宋辅国将军、汝阴太守张超和军主杨文苌坚守城池，魏军久攻不下，死伤数百人（《宋书·刘勔传》）。天气渐热，鲜卑兵不能适应。在多次围攻失败后，元石召集部下商议准备撤回长社，待秋后再来。将士们正不想打仗，都要求撤兵。郑羲说："现在张超的军队都是临时拼凑的，互不熟悉，就像驱赶着一群赶集的人去打仗，不出一个月，非败不可。我们应该安心守着，等张超粮食吃完，他不投降就得撤走，那时候汝阴城就是我们的了。假如我们现在放弃这里回到长社，张超肯定会加固城墙，深挖城河，多积累粮草，再来的时候恐怕就更难打了。"元石不听，遂撤回长社。

当年张超病死（此据《宋书·刘勔传》，《魏书·郑羲传》则说"历年，超死，杨文苌代戍"，没有确切的时间。《刘勔传》是准确的），朝廷追赠张超为冠军将军、豫州刺史，追封含洭县男，食邑三百户；任命军主杨文苌代为汝阴太守。杨文苌按照张超的战略部署，深沟高垒，备足粮草兵器，准备迎击敌人。到了冬天，正是魏军发挥他们特长的时候，元石再来进攻汝阴城，结果是无功而还。此后多次进攻，都以失败而告终，汝阴城坚不可摧。

泰始五年（469），魏军又来进攻汝阴，宋派骁骑将军、淮陵太守、假辅师将军兼太子左卫率吴喜支援汝阴。吴喜指挥诸路大军共同合围，在荆亭（今颍上县南照镇）大破魏军，元石狼狈逃走，戍主帛乞奴投降。直到这时，元石才知道他当初没有接受郑羲的意见是多么的愚蠢。

明年，470年，魏军再次前来进攻。这次他们做好了充分的准备，死死地围困住汝阴，切断了一切外援和物资通道。而那位“又率军向豫州拒索虏”的吴喜不知道为什么没有来支援汝阴（汝阴属豫州）。杨文苌在孤立无援的情况下，苦战到最后，终因粮尽援绝，城破军溃，汝阴沦陷。

从元嘉之变时起，刘宋帝国淮北之地几乎全失。自常珍奇投靠北魏，汝南郡又沦入敌手，汝阴郡失去了掎角之势，孤悬淮北，犹如大海中的一叶孤舟，随时有倾覆的危险。但是，在两任太守张超、杨文苌的坚守下，汝阴郡苦撑了四年，先后坚持了20年，始告沦陷，实在是中国战争史上的奇迹。当年如果有坚强的后援，汝阴郡永远不会沦陷。

和平使者董绍

董绍，字兴远，北魏新蔡郡鲖阳县（今临泉县鲖城镇）人。从小热爱学习，很有文采。起身就是四门博士，历任殿中侍御史、国子助教、积射将军、兼中书舍人。善于言辞，深受宣武帝赏识。

永平四年（511），豫州城（河南汝南县）人白早生杀死豫州刺史司马悦，占据州城，即将投降南梁，割下司马悦的头送到建康（梁都，今南京）。宣武帝派董绍抚慰豫州，到上蔡，就被叛军抓住，押解到建康。南梁的领军将军吕僧珍与董绍说不几句话，就非常器重他。梁武帝萧衍听说后，派人慰问他说：“忠臣孝子，不能没有。现在马上就放你回去。”董绍说：“老母亲在洛阳，实在放心不下。如果能让我回去，就是再生父母。”梁武帝又派主书霍灵超告诉董绍：“现在放你回去，希望你能够传达我的意思，让南北和好，彼此都与民休息，岂不是好?”董绍说：“达成和平，休息民力，是两国的大好事，既然承受指令，回去后一定奏闻。”梁武帝赐给董绍衣物，亲自接见了他，令人慰劳他，并反复表达自己希望南北休战，和平共处的意思，只是不知道为什么以前多次送信表达此意，没有反应？并希望以宿豫（江苏宿迁市宿豫区）换取魏的汉中之地。然后就派人送董绍回到北方。

董绍没有回来之前，宣武帝下诏准备用此前抓获的梁将齐苟儿等十人换回董绍和司马悦的首级。董绍回来以后，任命他为给事中，仍兼舍人。

董绍多次陈述和平的好处，以及梁武帝希望南北和好的意愿。但是宣武帝自以为北魏足够强大，既不肯和解，也不肯拿汉中和梁交换宿豫。

魏孝明帝时，升为龙骧将军、中散大夫，舍人如故。加冠军将军，出京为右将军、洛州刺史。因为身体原因，董绍请求不再在地方任职，得不到许可。后来萧宝夤（南齐皇族，梁武帝篡齐时诛杀前代皇族，为活命投奔北魏）想要恢复“大齐帝国”，扯旗造反，胡太后加封董绍为平西将军，因为抵御萧宝夤的功劳，赏封新蔡县开国男，食邑二百户。

到了孝庄帝永安年间（528—530），解除了洛州刺史的职务，改封为安西将军、梁州刺史、假抚军将军、兼尚书，为山南行台，为政期间人们对他的评价都非常好。前废帝元恭派元孚取代他。董绍回到长安，关右大行台尔朱天光请让董绍为大行台从事、兼吏部尚书，又为征南将军、金紫光禄大夫。尔朱天光与高洋争权失败，曾经帮助高欢的贺拔岳又请董绍为其开府谘议参军。永熙年间（532—534），加车骑将军。贺拔岳后来带着董绍到高平（山西高平）牧马，董绍悲而赋诗曰：“走马山之阿，马渴饮黄河。宁谓胡关下，复闻楚客歌。”后两句的意思是没想到遥远的北方竟然能听到我这南方楚地人的歌声。董绍多年来致力于南北和平，这支歌充分表达了他希望南北和好、停止战争，但因鲜卑贵族和叛投北魏的南朝野心家（如萧宝夤等人）的阻挠而没能实现的悲愤心情。

第四编

振兴第三曲：国势升降

第十一章　隋：短促的统一时代

开皇三年（583）至大业二年（606）为颍州。

颍州　今阜阳老城，领县五：

汝阴县　今阜阳。

许昌县（清丘县）　今阜阳市颍东区口孜镇洪阳村古城子自然村。开皇十八年（598）改名清丘县。

陈留县（颍阳县）　今太和县城关镇陈小寨村。开皇十八年改为颍阳县。

颍川县　今凤台县。梁置汴郡，又置淮阳郡，后齐废汴郡，改淮阳郡为颍川郡，开皇三年郡废为县（颍川县），改属颍州。

楼烦县　今颍上县王岗镇郑家湾（古郑城）。刘宋侨置，梁置下蔡郡，后齐废郡（也可能废县入下蔡）。《隋志》失载。

【疆域】

东到利辛县刘集镇东界，东南到今淮南市潘集区高皇镇闸口村，南到淮河，西南到今阜南县洪河桥镇，西到临泉县城，北到界首、太和北界。

四邻：东，亳州（谯郡）城父、山桑；东南，徐州（彭城郡）谷阳、濠州（钟离郡）涂山；南，寿州（淮南郡）寿春、霍丘，光州（弋阳郡）固始；西南，蔡州（汝南郡）褒信、新蔡；西，郊州包信县；西北、北，陈州（淮阳郡）项城、郸县。

【正误】

《中国历史地图集》以涡阳建县（1864）以后的地界划颍州（汝阴郡）的东界（利辛县以东部分地区划入谯郡），误。参第十八章。又划颍州西界到固始故城（今临泉古城子），误。说见下。

大业三年（607）起为汝阴郡，辖五县，户六万五千九百二十六。比起开皇三年的建置，除汝阴外，县名均有变化：

汝阴郡今阜阳老城。领县五：

汝阴县　今阜阳老城。

清丘县 今阜阳市颍东区口孜镇洪阳村古城子自然村。开皇十八年（598）县改今名。

颍阳县 今太和县城关镇陈小寨村。开皇十八年改今名。

颍上县 今颍上县王岗镇郑家湾（古郑城）。旧侨置楼烦县，梁置下蔡郡，后齐废郡。大业二年改今名。

下蔡县 今凤台县。大业三年由颍川县改为今名。

【疆域四至八到】

同上，无变化。

又，今阜阳市境内还有一州：

郊州 在今临泉县古城子，承袭东魏财州。辖二县：

包信县 今临泉县西古城子。北齐改置包信县。开皇初废入汝阴县。开皇十一年复置。

鲖阳县 今临泉县鲖城镇。后齐废县，开皇十一年复置。

【疆域】

东到临泉杨桥西，南到淮河，西到临泉西界，北到河南沈丘县东北。

【国史掌故】

公元581年，北周静帝宇文阐禅位给外戚杨坚。杨坚的父亲杨忠是北周的开国功臣，官至柱国、大司空，封随国公（就是这个“随”。作为国号、地名的“隋”是隋文帝杨坚所改），死后追赠太保。杨坚承袭父爵，为柱国、南兖州总管。因为面相异于常人，常被怀疑有反相。周武帝宇文邕时，丞相宇文护多次想杀害杨坚，由于大将军侯伏、侯寿等人的庇护，侥幸免于一死。宇文邕死后，太子宇文赟即位。杨坚的长女杨丽华被封为皇后（宇文赟的五皇后之首），杨坚又晋升为柱国大将军、大司马。宇文赟性情凶暴，行为昏乱，对所有的大臣都不放心，经常派亲信监视他们的言行，对杨坚更为猜忌，直接对杨皇后说要杀她全家，并在皇宫内埋伏杀手，再三叮嘱说：“只要杨坚有一点失礼的地方，你们就给我杀了他！”然后把杨坚召进皇宫，议论政事。杨坚神色自若，宇文赟无机可乘，杨坚又躲过一劫。此时有人劝杨坚起兵夺位，但他认为时机还不成熟，没有行动。

宇文赟荒淫无度，仅皇后就有五个，其他嫔妃宫女不计其数，很快就败坏了自己的身子，在位三年（实仅二十三个月），才二十二岁就驾崩了。临死之前，召杨坚入宫照看病情。宇文赟昏迷的时候，御正下大夫刘昉、内史上大夫郑译等人商量伪造诏书，让杨坚以皇后父亲的身份为辅政大臣。这事杨丽华本来没有参与，但她怕权力落到外人手里，对自己不利，所以知道以后非常高兴，出面证明这诏书是真的。其实朝中多数人都赞成杨坚主政甚至改朝换代，没有人追究诏书的真伪。

宇文赟死前一年，就“禅位”给他唯一的儿子、年仅七岁的宇文阐（宇文赟和朱满月皇后所生），是为周静帝。宇文赟死后，杨坚顺理成章担任丞相，掌控北周的朝政。为了不让周王室宗亲、分封外地的诸王捣乱，他以“赵王宇文招将嫁女儿到匈奴”为由，把赵王宇文招、陈王宇文纯、越王宇文盛、代王宇文达、滕王宇文逌等人召到京城，以便控制。相州总管尉迟迥不满汉人当政，而自以为应该由自己当丞相，遂举兵反叛。十来天的工夫，聚众达十多万人。另外，荥州、建州、沛郡、兖州等地总管、郡守，都起兵响应尉迟炯。尉迟炯还让儿子为人质，向南陈求援。杨坚派上柱国、郧国公韦孝宽一举讨平叛乱，稳定了地方。雍州牧、毕王宇文贤与五王商议除掉杨坚，杨坚逮捕了宇文贤，杀掉了他，然后下诏让五王“剑履上殿，入朝不趋”，先安定他们的心。

北周赵王宇文招宴请杨坚，席间几度要谋害他，都被他带去的随从元胄制止。元胄让杨坚回府，宇文招带兵追杀，被元胄堵在府内，不得出来，只好作罢，后悔得手都摔淌血了。早先，周文帝宇文泰就夸赞杨坚“不像人世间的人”，并让相面大师赵昭给他看相。赵昭假说“不过作柱国而已”，背地里却告诉杨坚：“您一定能成为天下的主宰。但是要经过大肆杀戮才能坐稳帝位。请一定记住我的话。”现在赵王谋刺给了杨坚大开杀戒的借口，他先除掉赵王宇文招、越王宇文盛，两个月后，以谋反罪杀掉了陈王宇文纯。再两个月后，大象二年（580）十一月，又杀掉代王宇文达、滕王宇文逌。被召进京的五王全部除掉，为取代北周扫清了障碍。于是，当年十二月，随国公晋位为相国，总百揆（军政全权总管），晋爵为随王。明年正月，改元大定。二月壬子，随王下令：“以前赐姓，皆复其旧”（《隋书·高祖纪》），所有被周武帝“赐”的鲜卑姓全部改回汉姓，“晋六茹坚”这才变成了“杨坚”。同日，周静帝下诏：百官都到随王府报到，所有的奏章都由随王办理，不需要向皇帝请示。第三天，加九锡；第五天（丙辰），“诏王冕十有二旒，建天子旌旗，出警入跸，乘金根车，驾六马，备五时副车，置旄头云罕，乐舞八佾，设钟虡宫悬。王妃为王后，长子为太子。”意思就是除了称号为王以外，一切都和皇帝没有区别了。

是不是有点眼熟？回头看看魏代汉、晋代魏，都有这一套程序。《隋书·文帝纪》载周静帝禅位诏书说得明白："一依唐虞、汉魏故事。"

只是这一次太过仓促。就在"诏王冕十有二旒……"之后没几天（史书上没有记具体日期），周静帝终于连皇帝的名号也"发包"出去了。

就在丙辰日后的第八天（甲子），随王举行登基大典，改国号为隋（不是"随"），这就是隋文帝。改元开皇，并且追改大定元年为开皇元年。

开皇八年（589）十月，隋文帝任命晋王杨广、秦王杨俊、清河公杨素共为行军元帅，出动将士51.8万人，在六合（江苏南京六合区）、襄阳（湖北襄阳）、信州（江西上饶）等八处集结，准备出击南陈，下诏抓住陈后主陈叔宝者封上柱国、万户公。十一月，杨坚亲自为大军饯行、誓师，发布灭陈动员令。开皇九年正月，隋军攻陷建邺（南京），擒获陈叔宝，南陈灭亡。自晋惠帝太安二年（303）李特建立成国以来，持续了287年的分裂局面到此结束，中国进入了一个短暂而快速的和平发展阶段。

隋文帝杨坚把隋帝国带到了一个发展的顶峰。经过二百多年战乱的中国人，第一次尝到了和平的滋味，发展生产的热情空前高涨，社会生产力得到了惊人的提升。据今人统计，隋朝的人口和粮食积蓄最多的时候，超过了后来唐朝贞观盛世的水平。

但是，隋朝的黄金时代在隋文帝去世后不久就迅速下滑。隋文帝的法定接班人本来是太子杨勇。但是杨勇不知珍惜自己的地位，奢侈过度，违反了杨坚提倡的勤俭治国的方针；又不注意自己的形象，娶了好多妾，这一点最遭生母独孤皇后忌恨。偏偏杨坚惧内，一切唯老婆马首是瞻。杨勇不喜欢老娘指定的正妃元氏（鲜卑族），他最宠幸的小妾昭仪云氏，公然与太子妃为敌，独孤皇后十分反感。元氏患有心脏病，一次发作，两天就呜呼了。独孤氏固执地认为是杨勇、云氏害死的，对杨勇更不待见，就有意废太子。她的二儿子晋王杨广听说后，刻意约束自己，假装只爱其母选的萧妃，其他嫔妃一概疏远。车马服饰，一切从俭，乐器断了弦也不去换，甚至落了一层灰尘。对待朝中大小臣工，杨广却是卑辞厚礼，没有丝毫懈怠。于是晋王声誉鹊起。

开皇八年隋灭陈后，杨广被封为并州总管。不久，江南人高智慧等发动叛乱，隋文帝命杨广为扬州总管，驻守江都（今江苏扬州），镇压当地的叛乱，每年进京朝见一次。杨广趁回京朝见的机会拜见母后，表示见不到亲人尤其是老母亲的孤独失落感，勾起了独孤氏的同感，母子俩相对垂泪。杨广趁机说不知道怎么得罪了哥哥杨勇，见了面非常生气的样子。独孤皇后就发火道："睍地伐（杨勇的鲜卑语名字）越来越不招人待见了！

我给他讨了元氏女，希望能够光大杨家的基业，他竟然不理元氏，专宠阿云。前不久元氏忽然暴亡，都是这两个人下的毒手。事情到了这个地步，我也不能往深里追究，他怎么又对你发狠起来了？我活着他就这样，我死了，他还不害了你？我天天就想：至尊（皇帝）千秋万岁之后，你们弟兄几个要向阿云那个小贱人面前磕头请安，心里该有多么痛苦啊！”杨广知道母亲反感杨勇，就开始盘算夺嫡之事。

但是，要想夺嫡成功，还需要朝臣相助。因为古时候太子废立牵涉到国家大计，并不是皇上自己的家事，大家都这样认为。所以，废长立幼一直都是阻力很大、备受非议的国家大事，历史上大臣以死相争者不乏先例。杨广要想当上储君，必须争取朝中大臣、权臣的支持。越国公杨素和杨广都是灭陈时的元帅，以前关系就非常好，杨广就派人向杨素表达夺位的意思。杨素当然乐意帮忙，但是他得看皇后的意思。他告诉杨广的使者说：“但不知皇后意下如何？果然像你说的那样，我又何乐而不为？”于是他趁进宫侍宴的功夫，说杨广怎么怎么好，非常像至尊。独孤皇后就说杨广真好，又懂事，又节俭，又孝顺，只亲近他媳妇儿一个人。不像杨勇，整天价就和那个阿云厮守在一起，正妃连一眼都不看，还把她害死了，又奢靡无度，一点都不像他爹。杨素知道皇后的心思后，就经常在隋文帝跟前说杨勇的坏话。独孤氏听说后，赏赐给杨素大量的金银，鼓励他参与废太子。

就这样，太子杨勇在皇后、陈夫人、杨素以及朝中许多大臣等人的算计、陷害和攻击下，最终被废；杨勇身边的亲信，诛戮殆尽；杨勇子女为王为公主者，一律废为庶民。外臣上书陈述太子蒙冤被屈者，轻则杖责，重者免官、杀头。二弟晋王杨广如愿以偿被立为太子。杨勇要求面见皇帝诉说冤情，被杨广阻挠。杨勇爬上大树，大喊大叫，希望文帝能够听到。文帝倒真听到了，问杨素怎么回事，杨素说：“这是杨勇被魔鬼附身，所以才有此邪怪的行径。”隋文帝深以为然，置之不问。

杨广当上太子后，起先还能把持住自己，装出一副温良敦厚、恭敬孝顺的模样。直到隋文帝病重的时候，杨广的狐狸尾巴终于露了出来。

曾经帮助杨广诬陷太子杨勇的陈夫人，是隋文帝身边唯一被独孤皇后容忍的女人（还有一个蔡夫人，虽然名义上是隋文帝的夫人，实际上根本没有机会接近）。她是陈宣帝的女儿，隋灭陈后，她被选入宫。独孤皇后是历史上有名的嫉妒成性的女人，文帝曾经亲幸的女人都被她赶走或杀掉了。只有这个陈夫人偏偏跟她投缘，成了唯一一个得到文帝宠幸而没有被害的嫔妃。但是，陈夫人并不是因为长得丑，恰恰相反，史书上说她“性聪慧，姿貌无双”，天底下难找第二个像她这么漂亮的人儿。为什么没有被独孤皇后排挤呢？主要是因为她“性聪慧”，知道怎样在艰险剧烈的宫廷环境中生存下去。由于她太聪明了，得知独孤皇后想要废杨勇立杨广的时候，她全力相助，深得独孤皇后的欢心。又由于她“姿貌无双”，杨广对她垂涎已久。于是当隋文帝病重，让杨广在身边伺候的时候，杨广终于忍不住对这个小自己十岁、只有二十七岁的漂亮后妈动起手来。一天早晨，杨广欲非礼陈夫人。陈夫人这才发现她曾经帮助过的这个人，竟然是一个人面兽心的畜生。她惊慌失措地拼命反抗，杨广才没有得手。回到隋文帝身边时，皇帝看出了她的慌乱，就问是怎么回事。陈夫人含泪说：“太子无礼！”隋文帝这才明白已经铸成大错，懊悔地捶着床帮大喊：“独孤误我！”。这时独孤皇后已经死了两年，没有人能帮他改正这个错误，他还要为这个错误付出“利息”。他临终前想改立杨勇为太子，命令兵部尚书柳述、黄门侍郎元岩说：“召我儿来！”柳述说：“是杨广吗？”文帝说：“是勇儿。”于是柳述、元岩起草了敕书，准备召杨勇进宫。出宫时正好碰到杨素，就把皇帝让起草的诏书拿给杨素看。杨素阻止他们传达诏书，并急忙告诉杨广，杨广赶紧派人包围文帝寝宫，把所有的内外人等全部赶出去，然后让右庶子张衡进入仁寿宫，活活捶死了病中的杨坚，杨坚的哀嚎声传出宫外，他曾经宠幸过的陈夫人、蔡夫人吓得花容失色，杨坚终于为他的仓促决定付出了血的代价。然后，杨广先不急着办丧事，而是先逮捕了柳述、元岩，交给大理寺治他们“伪造诏书”之罪，然后自己伪造诏书，“赐死”了杨勇。做完这一切以后，就到陈夫人后宫过夜去了。当然，他老爹宠幸过的蔡夫人他也没有放过，不过，《隋书·后妃传》上说蔡夫人是借口“言事”自己送上门的。

这里的太子杨广，就是后来的隋炀帝。他当上皇帝后，还真做了一点好事。其中最为人称道的就是开创了科举制度，使得无数寒门士子能够通过自己的辛勤努力踏上仕途，直至进入权力中心。而在此之前，自魏晋以来实行的“九品中正制”，仕途尤其是高官肥差都“锁定”在那几个豪门世族手里，寒门士子，除了担任跑腿出力的小官小吏以外，根本不可能进入由世家豪族把持的中央部门，这一点连皇帝也当不了家。豪门世族哪怕是个傻子，照样高官显贵，而寒门士子无论你多么聪明博学，一律不能担任高官。“上品无寒门，下品无世族”正是那个时代的真实写照，传承了三百多年。隋炀帝大业三年（607）四月下诏：“文武有职事者，五品以上，宜依令十科举人。”这就是中国科举制度的开始，延续了1300年，并且为现代文官制度、公务员考试制度奠定了基础。

但是，隋炀帝更多为后人所不齿的是他的奢侈、糜烂、挥霍、暴虐和荒淫。他不仅“临幸”了陈夫人，而且还将另一个夫人蔡氏也占有了。他多次下江南，收容的嫔妃无数，人们非常有理由认为他下江南的目的就是为了江南的美人。他利用隋文帝积累下来的家业国基，穷兵黩武，亲征吐谷浑、突厥，三次远征高句丽，又都由于他的错误指挥（亲临或遥控指挥）而失败。他在位期间，为了便于到全国各地游玩，动用大量民力修大运河，营建东都，迁都洛阳。又在各地大建宫殿、别都离宫，以供其游赏驻跸。他多次下江南，沿途五百里州县供应食物珍宝，供其挥霍浪费，致使广大农民抛家舍业，流离失所。流散的农民无奈之下啸聚山林，成了天下大乱、民变蜂起的根源，直接导致了隋朝的覆亡。

【建置简考】

隋文帝即位之初，就着手进行行政建置的改革。开皇三年十一月甲午，下诏“罢天下诸郡”，即地方上实行州县两级行政区划，取消郡的建制。上一章已经讲过，当时行政建置混乱达到极点，秦汉时代一个郡的地方，设了好几个、十几个甚至几十个州，而且随时都可能还要增设。很多郡的管辖区域还没有过去的一个县大。这在战时应付那些功臣、叛将还可以，对于治理国家却是个很大的麻烦。一个帝国要想和平发展，必须彻底裁掉这么多虚设的行政层级、行政机构，才能走上发展的快车道。至于应该撤州还是撤郡，隋文帝有自己的想法。当时州的辖境已经很小，而县作为基层建制是不能撤的，那就只有撤掉郡一级建制，即实行以州统县的地方行政管理方式，由朝廷管州，由州管县。附带进行的还有州、县的合并和裁撤。因为当时的州、县也大小不等，小的州人口只相当于过去农村人民公社时期的一个生产队，而县的人口更少，很多县完全没有设置的必要，必须进行撤并。

其实北齐文宣帝高洋就已经进行过改革，天保七年下诏对郡县进行省并，“于是并省三州、一百五十三郡、五百八十九县、二镇、二十六戍。又制刺史令尽行兼，不给干物。”最后一句说的是各州刺史由郡守或其他官员兼任，不另发薪水。这等于取消了州级建制，恢复了汉武帝创制的州刺史（监察州）制度，实行郡县制。由于北齐时省并的州郡县没有更详细的记载，我们无法了解阜阳当时的行政建置情况，只好空缺。

开皇三年的改革，似乎并不完善。北魏、刘宋以来的南方、北方的许多新地名、侨置地名，仍然很混乱。另外，灭南陈所收的“州三十，郡一百，县四百”（《隋书·文帝纪》）也需要合并、调整。还有，灭陈以后，陈国故地又发生过大规模的叛乱，行政命令无法在那些地方贯彻实施。所以，根据《隋书·地理志》推断，开皇十六年、十八年又进行了两次大规模的行政区划建置调整。十六年的改革是因为人口的增加，重新增设了许多新郡县，即《隋志》所谓“寻以户口滋多，析置州县”。如“淮阳郡，开皇十六年置陈州”；“溵水（县），开皇十六年置”；“抚乐，开皇十六年置”等等。而开皇十八年改革的主要内容是把那些相重的地名改掉，或恢复秦汉旧名，或另取新名。如颍州颍阳县，“梁曰陈留，并置陈留郡及陈州。东魏废州。开皇初废郡，十八年县改名焉。”就是说南朝梁打下淮北之地以后，在新的颍阳县建陈留县，而且设置了陈留郡和陈州。这个说法有点奇怪，应该说是梁在颍阳这个地方建陈州，下设陈留郡和陈留县，都在颍阳。这样一颠倒着说，让有些研究者看不懂，一些自视甚高的初学者甚至矢口否认在太和建有陈州。“东魏废州。开皇初废郡”说的是陈州在东魏就废掉了，陈留郡则在开皇初撤销，“十八年县改名焉”就是说开皇十八年原陈留县改名为颍阳县。其他如“清丘，梁曰许昌，及置颍川郡。开皇初废郡，十八年县改名焉”，淮阳郡之“鹿邑，旧曰武平，开皇十八年改名焉”等等，可以证明这是一次集中改名。

隋文帝死后，隋炀帝于大业三年（607）改州县制为郡县制，其实就是改州为郡，换个说法而已，基本的区划、区域范围没有大的变化。但是，具体的、细微的变化还是有的。以阜阳为例，境内县的改名就值得注意，并不是所有的县都只有一个名字。

一、颍州（汝阴郡）与陈州（淮阳郡）的分界

这个问题其实就是鲖阳县及固始故城的归属问题。阜阳在隋代分为东西两部分。东部是主体，属颍州（汝阴郡），东起凤台，西到临泉杨桥，南到淮河，北到太和、界首北界，设五县：汝阴、陈留、清丘、楼烦、下蔡。五个县中，只有汝阴、下蔡是旧有的地名，陈留（原在河南开封境内）、楼烦属于侨置，清丘是南北朝时期新出现的县级建制。凤台第二次归属阜阳，不过这次是以县级建制来属的。西部有郊州及所辖包信、鲖阳二县。临泉古城子东汉以来本建有固始县，梁撤县，东魏建财州，“治豫州鲖（阳）县固始城”（《魏书·地形志》），就是在临泉古城子。《隋书·地理志》淮阳郡鲖阳县：“鲖阳，后齐废，开皇十一年复。又东魏置财州，后齐废，以置包信县。开皇初废。”对照《魏书·地形志》，《隋志》“又东魏置财州”以下，说的都是固始城（临泉），这与《元和郡县图志》沈丘县：“高齐文宣帝废州，改置褒信县”相合，但《元和志》的“褒信县”当为“包信县”。因为此时河南息县包信镇仍置褒信县，所以这里设置的应该是包信县，属郯州。关于郯州的置撤，下文有述。

二、颍阳的变迁

颍阳县在今太和县城关镇陈小寨村，隋初为陈留，开皇十八年（598）因汝阴郡之陈留与梁郡之陈留重名，故改今名（见华林甫《中国地名学史考论》，北京：社会科学出版社，2002 年版，第 142 页）。今太和县境内北魏时还有郑县，后齐时已废。

三、清丘县的改名

在今颍东区口孜镇洪阳村古城子自然村，旧为许昌县，隋始改今名。道光《阜阳县志·古迹》："清丘城　县东五十六里，梁置许昌及置颍川郡，隋开皇十八年改名清丘县。唐贞观元年省入汝阴县。今清丘村北照寺基也。""梁置许昌"是置许昌县，"及置颍川郡"是说许昌县所属的颍川郡郡治也在这里。隋开皇十八年才改称清丘，在此之前叫作许昌，应该也是因为与旧许昌（在河南省）重名而改。

四、颍上县是由楼烦县改的

虽然《隋书·地理志》漏载楼烦县，但是，我们可以从《魏书·地形志》中发现它的踪迹。《隋书·地理志》："颍上，梁置下蔡郡，后齐废郡。大业初县改名焉。"这里并没有颍上原来的县名（楼烦），当是后齐废郡时连县一并废掉，开皇十六年增置郡县时复置楼烦（属颍州汝阴郡）。否则"大业初县改名"就无从谈起。

五、关于郯州

郯州建置，从一开始就是一个谜。《隋志》淮阳郡项城县："（开皇）十六年分置沈州，大业初州废。"而《旧唐书》云："（唐）武德四年，于此置沈州，……贞观元年，废沈州，以县属陈州。"均指其地在项城（今河南沈丘县），而时代不同。两次均于同一地方置沈州，后来又都废掉，经历如此相似，不免让人起疑。而且，开皇十六年已在淮阳置陈州，同时又在项城（今沈丘）置沈州，相邻的两个县同时置州，似乎更不可能。由于《隋书》尤其是《地理志》成书于唐贞观以后，所以很有理由怀疑《隋志》的编者是用了唐代的资料。

考《新唐书·地理志》："沈丘（今临泉）。中。本郯州，领沈丘、宛丘（今河南淮阳）。唐初州废，以宛丘隶陈州，沈丘来属。后省沈丘入汝阴，神龙二年复置。""本郯州"说的就是唐以前，即隋朝的建置。若按此说，则此郯州在今临泉。但是，这个郯州所领二县跨地甚广（二百多里），且中隔项城等地，又隋本已在宛丘置有陈州，沈州领县不可能有宛丘。而《太平寰宇记》谓："隋开皇三年，于此（临泉古城子）置沈州。唐初州废，以地并入汝阴县。”都指在今临泉建有沈州（郯州），也可能是把唐代的资料误入隋朝。

《元和郡县图志》颍州沈丘县：“东魏于此置才州。高齐文宣帝废州，改置褒信县。隋不置县邑，至神龙二年，十道使唐俭奏请分汝阴置沈丘县。”说沈丘县是“分汝阴置”，也与《隋志》不合。下一章讨论。陈州“隋开皇二年改为沈州，大业二年废沈州入陈州，三年改为淮阳郡。”若据此说，沈州是由陈州改置。但已知开皇初就置有陈州，自古未见州下设州，有沈州就没有陈州，怎么会又废入陈州？互相矛盾，不知其可。

但是，根据以上各种资料分析，仍然可以理出端倪：东魏置才州（财州），北齐废州改县（包信县），说的都是临泉古城子。《隋志》记开皇十六年置郯州，此即沿袭东魏财州的建置，地点在故财州即临泉古城子，而不在项城（河南沈丘）。至于此州名“沈州”还是“郯州”，个人更倾向于是“沈州”，一是这里是古沈国、楚沈县的旧址，二是唐神龙年间改县名为“沈丘”，都是用的“沈”字。不过，出于历史习惯，我们在出图的时候，仍然标记为“郯州”。

郯州的辖县，当是包信、鲖阳二县，而不辖宛丘。宛丘当为“鲖阳”之误。

郯州应该延续到隋末或唐初。即《新唐书·地理志》所说的“唐初州废”。关于废郯州的归属和边界的划分，下一章论述。

第十二章 唐代建置和边界的变化

唐高祖武德四年至六年（621—623），为信州，在阜阳老城西北十里，即颍泉区白庙集。

信州　今阜阳市颍泉区白庙集。领县七：

汝阴县　今阜阳老城。

清丘县　今阜阳市口孜镇洪阳村古城子自然村。

永安县　今阜南县王堰镇永店。

高唐县　今临泉县高塘乡。

永乐县　今阜阳市颍泉区闻集镇西南永集。

颍上县　初治今颍上县王岗镇郑家湾。武德四年，移治于今颍上县城颍河东岸十二里店孜（俗称高河涯，涯字土音 yē）东。

颍阳县　今太和县城关镇陈小寨村。

【疆域】

东到利辛县刘集镇东界，南到淮河，西到临泉县城（今临泉县西古城子北齐改置包信县。隋开皇初废县，其地两分，以今流鞍河为界，东属高唐县，西属陈州鲖阳县），北到太和、界首北界。

四邻：东，亳州城父、山桑；东南，涡州下蔡；南，寿州寿春、霍丘，光州固始；西，豫州褒信、新蔡；西北，豫州平舆；北，陈州项城、亳州鹿邑。

武德六年（623）仍称颍州，属河南道。唐玄宗天宝元年（742）改称汝阴郡，肃宗乾元元年（758）复为颍州。

颍州（汝阴郡）　武德六年移治于阜阳老城。领县四，开元年间户二万八千一百七十九，乡五十六。天宝年间户三万零七百零七，口二十万二千八百九十。元和户一万一千五百二十九，乡六十。

汝阴县　今阜阳老城。武德六年，省永安、高唐、永乐三县，贞观元年省清丘、颍阳，全部并入汝阴。

颍上县　今县治颍河东岸十二里店孜（高河涯）东。

下蔡县　今凤台。武德四年置涡州，八年（625）州废，下蔡县改属颍州。

沈丘县 今临泉县西古城子。神龙二年（706）置（据《元和郡县图志》）。

【疆域】

东到利辛县刘集镇东界，东南到淮南市淮北地区东界，南到淮河及淮南市田家庵区，西到临泉西界，西北到河南沈丘县东部，北到太和、界首北界。

四邻：东北，亳州城父；东，亳州山桑；东南，徐州蕲县；南，淮南道寿州寿春、安丰、霍丘；西南，光州固始；西，豫州褒信、新蔡；西北，豫州平舆；北，陈州项城、亳州鹿邑。

【正误】

《中国历史地图集》以涡阳建县（1864）以后的地界划颍州汝阴县的东界，将鲖阳划归豫州新蔡，今河南沈丘县东部、南部划归陈州（沿今临泉、沈丘界），均误。本书第十七章（明代部分）有辨析。以下各章同。

【国史掌故】

隋末的动荡首先从民变开始，农民领袖王薄在今山东章丘举起义旗，反抗隋炀帝的暴政，一下子点燃了农民抗暴的导火索。各地农民纷纷起义，很快就形成了“盗匪遍地”的局势。隋炀帝镇压了一些小股农民军，逃散的农民向大股部队聚拢，形成更大的起义队伍，对隋朝的打击更大。

与此同时，隋王朝内部也出现了叛乱势力。那个处心积虑帮助杨广登上皇帝宝座，不惜栽赃诬陷前太子的杨素，虽然帮助杨广当了皇帝，但因地位太高，备受隋炀帝的猜忌。幸亏杨素死得早，不然很有可能会与杨广决裂。杨素的儿子杨玄感，因为杨素的功劳官为上柱国、鸿胪卿，袭爵楚国公。杨玄感无功受禄，隋炀帝对他更不放心。而杨玄感见隋炀帝日渐昏乱，而且对自己不信任，深感不安。于是他就与几个弟弟谋划废掉隋炀帝，另立秦王杨浩（隋文帝杨坚的第三个儿子杨俊的儿子）为帝。在征讨吐谷浑返回的途中，他就想袭击隋炀帝，被他的叔叔杨慎劝阻。杨玄感希望当个将军，隋炀帝对他很是欣赏，因为杨玄感勇武过人，有“项羽”的美誉。于是在征辽东的时候，隋炀帝让他负责后勤。杨玄感在督运粮草时发动叛乱，置官署，拉壮丁，扩充军队，准备攻打洛阳。老百姓听说后都参加他的队伍，每天达到数千人。杨玄感带着队伍进军洛阳，与守军和援军展开战斗，多次取得胜利。后来，隋军多支部队前来支援，杨玄感战败，自己和贴身将士都被杀。杨玄感的其他兄弟，也就是杨素的儿子，不管有没有参加反叛，都被抓住杀掉，杨素一门就此灭绝。

此时，起义的农民军聚集在瓦岗寨旗下，已经形成了一股巨大的军事力量。瓦岗军的首领李密打败前来讨伐的隋将王世充，挥兵进攻东都洛阳。就在这个当口，隋将宇文化及在江都（扬州，隋炀帝当时在扬州）发动兵变，勒死了杨广，立已因罪被废的秦王杨浩为皇帝。杨玄感没有实现的愿望，宇文化及帮助他实现了。宇文化及裹挟杨浩北上徐州，准备向西返回洛阳。

在洛阳留守的越王杨侗（杨广的孙子），被王世充等众大臣拥立为皇帝。杨侗派人与李密联系，封李密为太尉、尚书令、东南道大行台行军元帅、魏国公，让他带领军队迎击宇文化及。在李密与宇文化及苦战时，王世充在洛阳除掉跟他一起拥立皇帝的其他权臣，独掌朝政。他想让李密回洛阳，李密不知道他的心思，害怕遭遇毒手，就拒绝了。王世充就率军袭击李密。偏偏此时李密的一些举措丧失军心，被王世充率军打败，手下大将如裴仁基、祖君彦、程知节（即程咬金）等先后被擒，邴元真、单雄信等人纷纷投降，瓦岗军迅速瓦解，李密带领残部到长安投奔了李渊。

此前，大业十三年（617）十一月，关陇贵族军阀李渊率军进入长安，立代王杨侑（炀帝的儿子元德太子杨昭的长子）为帝，尊隋炀帝为太上皇。此时的中国，不计遍地叛乱势力自立的帝王，光是隋家一脉就有三个皇帝：杨侑、杨浩、杨侗。杨浩最终被宇文化及杀死；杨侗也被王世充杀掉。杨侑驻长安，《隋书》称之为“隋恭帝”，算是正统。隋炀帝已经迁都洛阳，怎么在长安的杨侑反倒是正统呢？一是因为杨侑是隋炀帝太子的儿子，二是因为是杨侑把帝位“禅让”给了唐朝开国皇帝李渊。

李渊，祖籍陇西狄道（今甘肃临洮），是当地的世家大族。他的七世祖就是公元400年在敦煌建立西凉政权的李暠（参见第九章表2），是地道的汉人。传到儿子李歆，为北凉的第二个王沮渠蒙逊所灭。李歆家后来就世代在北魏做官，到李渊的爷爷李虎，任西魏的太尉；他的父亲李昺任北周安州总管、柱国大将军，袭封唐国公。李渊于北周武帝天和元年（566）生于长安，七岁时袭封唐国公。入隋，历任州刺史、郡太守，后被召为殿内少监，升卫尉少卿。大业十一年（615）拜山西河东慰抚大使，十三年任太原留守。此时天下大乱，遍地都是农民起义军、军阀和土匪。据《新唐书》记载，当时称皇帝、帝、王、公、总管、大丞相等各色名号，独立打出旗号的割据叛乱势力有近50个，还不包括那些啸聚山林的小股盗匪，以及李渊攻进长安之后起兵、叛乱的军阀、盗匪，如宇文化及、王世充，罗山令萧铣等等。此时全国动乱的状态，比起五胡乱华时期，有过之而无不及。兹将李渊起兵之前各地叛乱势力列表如下：

姓名	地点	今 地	称号	姓名	地点	今 地	称号
刘武周	马邑	山西朔州	皇帝	林士弘	豫章	江西南昌	皇帝
刘元进	晋安	福建福州	皇帝	朱　粲	南阳	河南南阳	楚帝
李子通	海陵	江苏泰州	楚王	邵江海	岐州	陕西凤翔	新平王
薛　举	金城	甘肃兰州	西秦霸王	郭子和	榆林	陕西榆林	永乐王
窦建德	河间	河北河间	长乐王	王须拔	恒、定	河北中部	漫天王
汪　华	新安	河南洛阳	吴王	杜伏威	淮南	安徽寿县	吴王
李　密	巩	河南巩县	魏公	王德仁	邺	河北临漳	太公
左才相	齐郡	山东济南	博山公	罗　艺	幽州	北京	总管
左难当	泾	甘肃泾川	总管	冯　盎	高、罗	广东西南	总管
梁师都	朔方	陕西靖边	大丞相	孟海公	曹州	山东曹县	录事
周文举	淮阳	河南淮阳	柳叶军	高开道	北平	河北顺平	
张长逊	五原	陕西定边		周　洮	上洛	陕西商洛	
杨士林	山南	太行山南		徐圆朗	兖州	山东兖州	
杨仲达	豫州	河南汝南		张善相	伊、汝	河南西部	
王要汉	汴州	河南开封		时德睿	尉氏	河南尉氏	
李义满	平陵	湖北丹江口		綦公顺	青、莱	山东北部	
淳于难	文登	山东文登		徐师顺	任城	山东济宁	
蒋弘度	东海	山东郯城		王　薄	齐郡	山东济南	
蒋善合	郓州	山东东平		田留安	章丘	山东章丘	
张青特	济北	山东泰安		臧君相	海州	江苏连云港	
殷恭邃	舒州	安徽安庆		周法明	永安	山西霍州	
苗海潮	永嘉	江苏永嘉		梅知岩	宣城	安徽宣城	
邓文进	广州	广东广州		杨世略	循、潮	广东东北	
冉安昌	巴东	湖北巴东		甯长真	郁林	广西桂平	

李渊在太原的时候，正赶上乱局骤起。马邑校尉刘武周杀死马邑太守王仁恭，自号太守，攻陷西北大片土地，勾结突厥，占据汾阳宫（在今山

西宁武县西南管涔山），以汾阳宫的宫女进献突厥，换取匈奴的支持，随即自称皇帝。李渊趁此机会，以讨刘武周为名，招兵买马，攻占长安，立代王杨侑为傀儡皇帝（隋恭帝），改元义宁，一说遥尊隋炀帝为太上皇①。第三天②，隋恭帝就下诏令李渊“假黄钺、使持节、大都督内外诸军事、大丞相，进封唐王，总录万机”（《旧唐书·高祖本纪》）。

大业十四年、义宁二年三月，宇文化及在江都弑杀隋炀帝。隋恭帝诏命李渊“相国，总百揆，备九锡之礼”；“五月乙巳，天子诏高祖冕十有二旒，建天子旌旗，出警入跸”，又一个“汉魏故事”正式开场。十四天后，隋恭帝下诏禅位于唐王李渊，一个新的朝代诞生，李渊成了唐朝的开国君主③。

义宁二年五月甲子，李渊即皇帝位于太极殿，改元武德，大赦天下，罢郡置州，改太守为刺史。但其实新建的唐朝并没有拥有“天下”，仍然处在各路反叛、割据势力的包围之中：东有王世充，近在洛阳，并且手中有新扶植的傀儡皇帝越王杨侗这张王牌；此外还有李密、宇文化及，这几股大的敌对势力，都在东都洛阳附近。北有窦建德在河北称王，也是势力最大的一股。西边由于唐朝已经与突厥媾和，暂时没有大的压力。但是，突厥是当时世界上最强大的帝国，随时有可能侵略中原。事实上他们就是这样做的。突厥不仅扶植中原各个独立政权，把大唐也当成它的奴仆，而且不可思议的是：他们还帮助大唐的敌对势力，不断地骚扰大唐边界。李渊在国内没有平定的情况下，只有暂时隐忍，不停地向突厥进贡，尽量满足它的要求，以换取它的支持。

统一战争一直持续了七年。武德元年（619）九月李密投降，瓦岗军

---

① 关于代王杨侑是否尊隋炀帝为太上皇，两《唐书》与《隋书》记载不同。《隋书·恭帝本纪》：“义宁元年十一月壬戌，上即皇帝位于大兴殿”，自始至终没有遥尊隋炀帝为太上皇之事。而《旧唐书》：“癸亥，率百僚，备法驾，立代王侑为天子，遥尊炀帝为太上皇”；《新唐书》：“癸亥，遥尊隋帝为太上皇，立代王为皇帝”，都有尊炀帝事，应该是后人为了掩盖李渊擅立皇帝、及早暴露篡位野心的饰词。

② 《隋书》记代王称帝在义宁元年十一月壬戌，而两《唐书》均在癸亥，日期相差一天（《隋书》早）。

③ 李渊举兵直至夺取皇位的过程，这里依照的是《旧唐书》。《新唐书》则把大多数功劳都算在李世民身上，这是不符合历史事实的。《新唐书》是宋人所修，由于宋太宗赵光义和唐太宗李世民一样，都是通过家族内部篡权当上皇帝的，所以宋人对李世民不敢有丝毫的不敬（怕犯了“影射”之忌）。因此，宋人的笔下不仅贬低被李世民除掉的李建成、李元吉，而且认为李渊也是草包一个（柏杨《中国人史纲》也持此观点）。其实这是不公平的，李渊不仅野心很大，而且能力也很强。他只是没有及时察觉到李建成、元吉与李世民的矛盾，而且李世民下手太快、太狠，等到他发现时已经晚了。《旧唐书》是后晋时人编写的，没有这方面的顾忌，所以较为可信。

瓦解；武德四年三月俘获窦建德，河北平定；七月平王世充，洛阳归唐。其他大大小小的叛乱、割据武装势力无数，或在此前被大股势力吞并，或被大唐的军队消灭。但是，正所谓“按下葫芦浮起瓢”，新的叛乱势力此起彼伏，一直到武德七年（624）赵郡王李孝恭、岭南道大使李靖大破辅公祏，平定丹阳，中国内部才算基本安定。

武德九年六月，李渊的第二个儿子李世民发动“玄武门之变”，杀掉了哥哥李建成和弟弟李元吉，逼迫老爹李渊立自己为皇太子。八月，李渊禅位给皇太子李世民，自己当个享清福的太上皇去了。

武德九年八月，李世民即位于东宫显德殿，史称唐太宗。明年，改元贞观，历史上的贞观之治自此开始。

但是，突厥并没有放弃对中原的侵略。突厥在隋朝就分裂为东西两部。在隋文帝的控制下，两部忙于内讧，对中原的侵扰不算严重。隋炀帝时，中原动乱，东突厥迅速发展壮大。由于东突厥紧邻中原，对中原的侵略尤其厉害。它不仅勒索贡品，而且还放肆地进攻内地，甚至兵临京师。武德七年秋，东突厥的颉利、突利二可汗入寇关中，有人就建议唐高祖李渊迁都洛阳以避敌锋，李渊就表示赞同。多亏李世民等全力劝阻，才没有实施。武德九年八月，李世民即皇帝位后的第十二天，突厥就大举入寇，京师戒严。第二十一天，颉利可汗到达渭水，与京师长安只有一水之隔。李世民亲自出城与颉利可汗对话，责问他为什么不遵守两国之前的和约。李世民与颉利重新盟誓，满足了他的无理要求，突厥人这才退兵。李世民感到受了奇耻大辱，亲自训练士兵，教他们骑马射箭，全国上下都以武功为荣。到了贞观三年十一月，派并州都督李世勣为通汉道行军总管，兵部尚书李靖为定襄道行军总管，对突厥发起全面进攻，一战击溃东突厥，颉利可汗全军覆没，只身逃走，突利可汗投降中国。至此，中国北部边患基本肃清。

【建置概况】

李渊登基的当天，就下令“罢郡置州，改太守为刺史”，就是把隋炀帝实行的郡县制改为州县制。自北齐文宣帝高洋实行行政建置改革以后，究竟是实行州县制还是实行郡县制，历史上出现过多次反复：北齐只设郡县，郡有太守，县有令长，也有州刺史，但都由郡太守兼任，“不给干物”，实际上废除了州这一行政层级。同时存在的北周没有这样的改革，仍实行州郡县三级制。隋文帝禅代后，全面推行州县制。到了隋炀帝时代，改回郡县制，不设州。唐高祖即位当天，就宣布改行州县制，说明他对行政建置的重视，也表明他决心要实行两级行政建置的态度。因为按照当时的知识，州以上再也没有可以增加的行政层级。州直管县，就限定了只能实行两级地方管理体制，可以确保行政命令快速传达，畅通无阻。但是，当时天下未定，叛乱割据势力虚设的州县，只能暂时承认；而招降的叛将需要安置，又虚设了一些州郡，所以当时的州、郡，倍于隋朝社会稳定期。临泉历史上说不清的“沈州”，很可能就是那个时候留下来的。由于王世充挟隋帝皇泰主杨侗统治此地许多年，为了安置功臣、部将而虚设的州县很可能混入后世编修的唐代地理志中。

州县制在唐代也出现过反复。玄宗天宝元年（742）改州为郡，肃宗乾元元年（758）复改郡为州。改州为郡是基于当时的所谓“州”，其实只相当于秦汉时代的郡，甚至没有郡大，改为郡更加名正言顺。但是人们似乎更喜欢“州”这个称呼，感觉好像大气些，另外写起来也省事许多。唐玄宗改郡，是历史上最后一次州郡纠结。从此以后，再也没人想到州县制不合古制，要改回郡县制了。

颍州改为郡的时候，就称为汝阴郡；汝阴郡改称州的时候，就叫颍州。这是一个规律：州是新名，郡是古名，所以改州用新名颍州，改郡用秦汉古名汝阴。

州县两级制很快就被三级制所取代。唐太宗贞观元年，彻底整顿行政建置，省并了约一半的州县，极大地提高了行政效率。但是，李世民同时又根据山川河流地形地貌把全国划分为十道：关内道、河南道、河东道、河北道、山南道、陇右道、淮南道、江南道、剑南道、岭南道。对照汉武帝设的十三州刺史部就会发现，所谓的道，实际上等于在州县两级建置上又增加了一个“道”级，只不过比汉刺史部少了三个而已。到了唐玄宗开元二十一年，道增加到十五个，“每道置采访使，检察非法，如汉刺史之职”（《旧唐书·地理志》），完全就是汉刺史部的翻版了。只不过是把州改称为道，刺史改称采访使而已。

这里就牵涉到一个问题：到底是二级管理体制好，还是三级体制好？让我们根据历史来看一看：夏商周三代不能作为借鉴，秦实行的是郡县制（二级制），行政效率高，但皇朝寿命短，弊端还没有显现出来。汉初实行的是郡县制，汉武帝增设监察州、刺史部，没有行政管辖权，是不健全的三级制。但是这样可以有效地防止地方最高层级的长官割据分裂，所以其实是最完善的三级制。但是，后世的野心家总想把这种“不健全的三级制”弄成“健全的三级制”，把监察州变为行政州。汉末出现的军阀割据，正是在州刺史改为州牧的土壤里滋生的，这直接导致了汉朝的灭亡。以后的历代统治者适当地接受教训，遏制州刺史的权力，州也越划越小，刺史想割据甚至篡国就不大可能了。这样，三级制就显现出了它的优越性，比二级制实际上要快捷得多：朝廷发布命令，如果是郡县制，需要先分发到许多郡，再由郡发到县，层级是少了，但是第一层级要废很多时间，朝廷要安排很多传达员；而三级制只要传达到有限的几个州，再往下传，快捷方便。体育运动项目接力赛是四棒，三级制同样也是四棒（朝廷是第一棒），这里面是不是含有什么科学合理的因素呢？

我们以汉十三州刺史部为例，模拟一下二级制和三级制传达的方式和时间，就可以看出其中的巨大差别：

二级制：朝廷—郡—县

三级制：朝廷—州—郡—县

再以《汉书·地理志》记载的西汉郡（国）、县邑（道、侯国）数目，推算一下二级制和三级制传达速度的差别。西汉共有 103 个郡国，1587 个县级建制，分为 13 个州。为了计算的方便，我们假定由京师到州，和直接到郡的平均距离都是 1000 公里（事实上有半数以上的郡到京师的距离要比州远），州到郡的平均距离 200 公里。由于二级制和三级制郡到县的距离都是一样，所以这段里程可以忽略不计：

三级制：

京师—州（1000×13＝13000）—郡（200×103＝20600）—县（不计）

那么，朝廷传达到郡一级所走过的里程是：13000＋20600＝33600（公里）

二级制：

京师—郡（1000×103＝103000）—县（不计）

二级制比三级制多走了：

103000－33600＝69400（公里）

也就是说，二级制在传达速度上要比三级制慢两倍还多。三级制虽然增加了行政层级，速度却提高了两倍以上！这还是汉代的建置，唐代到贞观十四年灭高昌国以后，有州府 360 个。唐代的州、府相当于汉代的郡，只不过大都比汉代的郡更小。如果唐朝廷实行二级制，传递里程会更增加两倍以上。

唐代的三级制最上一级是道，无论是十道还是十五道，颍州都属河南道。唐代河南道的大致范围：北到古黄河，东到山东半岛，南到淮河北岸，西到河南伏牛山脉东麓—许昌—开封—延津一线，是除了京畿道、都畿道以外最重要的地区。

唐初，为了巩固边防，防御外敌入侵，安抚缘边四夷，在战略要地设总管府，武德七年改为都督府；又在边境设节度使、经略使，作为中央政府的派出机构，权宜处置地方及沿边突发事件。由于地处边境，危险性大，汉族官员多不愿意出任此职，所以边关节度使往往由少数民族官员或投降大唐的部落首领担任。边关节度使一镇领数州，位高权重，独立程度高，而且没有时间限制，更有节度使身兼数镇，已经成为边关之王。天长日久，难免野心滋长，成为分裂叛乱的罪魁祸首。唐朝中期，持续八年的“安史之乱”就是由身兼平卢、范阳、河东三镇节度使的安禄山发起的。安禄山拥有的军队，甚至超过大唐的国防军，如果不借助吐蕃的军队，大唐的灭亡是板上钉钉的事。

“安史之乱”以后，大唐帝国走向衰落。唐肃宗至德（756—758）以后，中原动荡，刺史都掌握兵权，于是除了刺史以外，还有防御使、团练使、制置使的区别。战略要地或大州，都设节度使。地方稳定以后，改称观察使。当然，这只是最初设计时的想法，到了后来就由不得朝廷了。节度使改在内地设置，成为“方镇”，变成了主要割据势力。方镇大使（主要是节度使）可以世袭，有固定的辖境，并且互相攻夺以扩大地盘；自己委任官吏，可以随意招兵买马，上缴朝廷赋税完全按自己的意思。总之，政权、军权、人事权、财权全部掌握在自己手里，朝廷拿他们基本没有办法，想解决只有诉诸武力。中学课本里的《李愬雪夜袭蔡州》就是一个典型的例子。后来灭唐自立的后梁太祖朱温，就是先封为宣武军节度使，然后才一步步篡位的。

《旧唐书·地理志》称：“宣武军节度使。治汴州（河南开封），管汴、宋、亳、颍四州。”好像颍州固定属于宣武军节度使，其实并非如此。据清·道光《阜阳县志》，唐朝颍州先后属于许多节度使，列表如下：

颍州所属方镇表

唐年	公元	隶属	使节驻地	今地	说明
至德元载	756	河南节度使	汴州	河南开封	
乾元初	758	汴州都防御使	汴州	河南开封	
乾元初	758	淮南西道节度使	郑州	河南郑州	
乾元二年	759	河南节度使	徐州	江苏徐州	
同上		陈郑节度使	陈州	河南淮阳	
同上		河南节度使	徐州	江苏徐州	

（续表）

唐 年	公元	隶 属	使节驻地	今 地	说 明
同上		陈郑节度使	陈州	河南淮阳	
同上		河南西道节度使	未详		
宝应元年	762	河南节度使	徐州	江苏徐州	
大历四年	769	泽潞节度使	潞州	山西长治	
大历五年	770	泾原节度使	泾州	甘肃泾川	遥领
大历十一年	776	永平军节度使	滑州	河南滑县	
建中二年	781	宣武军节度使	宋州	河南商丘县	
元和十四年	819	（上交朝廷）			节度使自撤
长庆二年	822	郑滑节度使	郑州	河南郑州	地方自请
中和二年	882	宣武军节度使	汴州	河南开封	

说明：1. 大历五年（770），泾原节度使马璘自诉地方贫瘠，部队给养不够用，遂让马璘遥领郑、颍二州，此为“遥领”制度之始。2. 宣武军节度使原驻宋州，后改汴州。3. 宪宗元和十二年（817）冬，李愬雪夜袭蔡州后，各方镇受到极大震撼，许多方镇请求自撤，将管理权上交朝廷。是以元和十四年宣武军节度使韩宏以汴、宋、颍、亳四州归于有司，自动撤销方镇。4. “代宗大历四年，改隶泽潞”可疑，泽潞节度使驻节潞州，距此太远，似也为遥领。若如此，节度使遥领不自马璘始。

本地建置之谜

《元和郡县图志·河南道·颍州》：“武德四年讨平王世充，于汝阴县西北十里置信州。六年改为颍州，移于今理（唐人避高宗李治的名讳，以‘理’代‘治’）。”关于唐初设置信州的原因，《旧唐书》《新唐书》《元和郡县图志》都没有记载。宋乐史《太平寰宇记》于颍州汝阴县下记：“废信州城，在县西北十五里。隋大业十四年（618），郡城为贼房献伯所陷，其年，郡民姜子建（王世充的部将）率众于险处作栅。唐武德二年，授子建信州刺史，以栅近汝南褒信县，故名信州，四年复为颍州。贞观二年，移入汝阴旧城。”这里首次提出是授予姜子建（《读史方舆纪要》、道光《阜阳县志》通作“江子建”）为信州刺史。但是，这里只说“郡民姜子建率众于险处作栅”，“作栅”的用途语焉不详。而且，这里说“武德二年授子建信州刺史”，“四年复为颍州”，与《元和郡县图志》、两《唐书·地理志》都不符，也与唐高祖李渊消灭王世充的时间不合（必须消灭王世充后才能规划本地），应该是武德四年置，六年改颍州。

这里说“隋大业十四年（618），郡城为贼房献伯所陷”，与《资治通鉴·隋纪》：义宁元年（617）二月“丁酉，房献伯陷汝阴”不合，而与《读史方舆纪要》符。《方舆纪要·凤阳府·颍州》：“大业末，郡城为贼房献伯所陷，郡人江子建设栅为险以御之。唐武德四年，平王世充，子建举州来属，诏授子建为刺史，即其栅处筑城，谓之信州城，东南距故州城十里，以近汝南褒信城而名也。”房献伯是瓦岗军的战将，李密失败后仍占据此地。江子建是王世充的部将，此时在城北十里（今颍泉区白庙集，即胡子国故地）筑城，与房献伯对峙。王世充被灭，江子建“识时务者为俊杰”，投降了李渊，受封于此，为信州刺史。两年后国家大体稳定，于是改为颍州，迁入汝阴城内。这里《寰宇记》和《方舆纪要》称“以栅近汝南褒信县，故名信州”，恐怕没有道理。汝南褒信县在今河南息县包信镇，距汝阴直线距离超过二百里，而且早已脱离了颍州（汝阴郡）的管辖，不应该是因为褒信命名。一说因为表扬江子建的诚信，应该是正确的。

又，《太平寰宇记》：“（信州）贞观二年（628），移入汝阴旧城”。移治年代与他书不同，当以《元和郡县图志》为准（武德六年改名、移入汝阴城）。因为一是州治迁移应该是因为改名；二是《元和郡县图志》是唐代的著作，时代接近。

附带说明：《方舆纪要》说“汝阴废县今州治。……魏为汝阴郡治，自是州郡皆治此”，这是错误的。魏晋直至北魏汝阴郡治都在城西的陶丘乡，即《水经注·颍水》所说的“城西有一城，故陶丘乡也，汝阴郡治”；又《方舆纪要》说“胡城在州西北二里，春秋时胡国城也”，《太平寰宇记》说“胡城在县西北二里，春秋时胡子之国也”都是错误的。“在县（州）西北二里”是汉代的陶丘乡、故汝阴郡治，而非胡子国城。对照《水经注·颍水》，胡子国城正是江子建筑栅对抗房献伯的信州古城，在颍泉区白庙集西。统参附录一《千古悠悠女郎台》。

另外，通过以上两处错误的记载，我们可以断定：汝阴郡治隋朝已经迁入汝阴城内，经过隋末的战乱，后人已经不知道旧汝阴郡治是在今阜阳老城以西了。

唐信州所辖的几个县已经消失，这里简单介绍一下：

永安县 在今阜南县王堰镇永店。道光《阜阳县志·古迹》：“永安废城 县西南百四十里汝水（今洪河）北岸。唐武德四年置县，六年省。今市井俱存。北行三十里有县治子城。”即今阜南县王堰镇古城村永店，遗址至今犹存。

高唐县　今临泉县高塘乡。高唐今作"高塘"，同音致误。

永乐县　今阜阳市颍泉区闻集镇西南永集。

按：永安、高唐、永乐三县倏兴倏废，仅存在两年，似乎不可思议。当是房献伯占据此地时所置，武德四年延用，六年省。

颍阳县　今太和县城关镇陈小寨村，贞观元年（627）省入汝阴县。

按：《旧唐书·地理志》信州"领汝阴、清丘、永安、高唐、永乐等六县"，对照其下属县，未记颍上；《新唐书·地理志》颍州汝阴县下有"贞观元年省清丘、颍阳，皆入汝阴。"是隋置有颍阳，贞观初废，《旧唐书》漏记。

另有一县迁建：

颍上县　初治今颍上县王岗镇郑家湾。武德四年，移治于今颍上县城颍河东岸十二里店孜（俗称高河涯，涯字土音 yé，由古音 yái 演变而来）东。本书有考（参附录十二）。

唐代沈丘县的辖境

唐所置沈丘县虽然是承袭旧沈县、寝丘而来，但撤而复置，中隔近百年，其实是从汝阴县析置，又改县名，可算是一个新县。关于沈丘县的界址，仍须作一些考证。

一、唐代沈丘县西界，《中国历史地图集》唐至明地图，均标注古沈丘、颍州西界大致沿今临泉迎仙—姚集一线为界，西部即属陈州。此说大误！据《元和郡县图志》，颍州汝阴县的西境达一百二十里寝丘故城（今临泉县城，不是古城子。这可能是一种误说。据《水经注》，寝丘在古城子南），而沈丘县在州西一百二十六里（古城子），若仅辖今临泉县西而无鲖阳，从东（今临泉县城）至西（姚集）仅三十里，地方太小，不成县。况且迎仙—姚集一线没有高山、大河等自然地理分界线，故推测鲖阳县应在沈州（�州）设置的时候划入沈州，唐初撤沈州及所辖二县。神龙二年设沈丘县的时候没有恢复鲖阳县。

又：今河南沈丘县泉河北、沙河南、赵德营以东及泉河、泥河以南地区均属沈丘县或颍州，皆见于明正德《颍州志》。明弘治十年（1497）割陈州、项城、颍州三州县地，于颍州乳香台巡检司北重置沈丘县，改属河南省陈州。关于这次区划变动，请参见本书第十七章明代部分。唐至明这一地区行政区划稳定，中间没有大的变动，所以唐颍州沈丘县的西部边界应按正德《颍州志》所载颍州西界进行界划。

二、唐沈丘县的北界，到今界首市沙河以南。《唐会要》卷八十七《漕运》记载："元和十一年（816）十二月。始置淮颍水运，杨子等诸院米，自淮阴溯流至寿州西四十里入颍口，又溯流至颍州沈丘界，五百里至于陈州项城（今沈丘），又沂流五百里入于溵河，又三百里输于郾城。”（此处“沈丘界”以下里程均误，不考）这里的“颍州沈丘界”的颍河，就是现在界首的颍河，是唐至元朝沈丘县的北界河。

三、唐沈丘县的东界，当在今颍州区九龙镇以西，临泉县谭棚镇栗头店（此一集跨两县区，东为九龙，西为栗头店）。新建的颍州沈丘县最大的界址变化就在这里。《太平寰宇记》卷十一《颍州·沈丘县》：“武丘，在县东六十里，一名丘头。”“武阴城，在县东六十里。按《城冢记》云：‘周武王祭南岳，回至汝水西，野宿于武丘。夜梦云：筑城在此，兼祭天地，可王七百年。遂城于武丘。’因名武阴。”历史典故在此不作深究，但武丘、武阴均在沈丘县东六十里，可知沈丘县东界延伸至今谭棚镇栗头店，也就是今临泉县和阜阳市颍州区的分界线。那么，民国时期从阜阳县析置临泉县，具体界划也是有历史依据的。

第十三章 五代：小分裂时代

（907—960）

五代沿唐制，颍州属河南道，统辖未变。《旧五代史·郡县志》只于“河南道”下列颍州之名，似乎是节录唐《开元十道图》本，五代隶属关系的变化、辖境的扩缩、名称的变更，均无记载。《新五代史》无地理志，有《职方考》，极简。大致说来，五代时期，颍州隶属于各中原王朝，建置沿袭唐制，前四朝（梁、唐、晋、汉），颍州的地域、辖境、隶属关系均无变化，后周显德四年（957），将下蔡县（今凤台）从颍州分出，改为寿州州治，而以旧寿州为寿春县。

【疆域】

957 年以前：同唐颍州。

四邻：东北为亳州，东为宿州，南为吴国（梁、唐）或南唐（晋、汉），西为蔡州，北为陈州。

957 年以后（此时淮南地区属后周）：东到利辛县刘家集东界，南到淮河，西到临泉西界，西北到河南沈丘县东部，北到界首、太和北界。

四邻：东北为亳州，东为寿州，南为寿州、光州，西为蔡州，北为陈州。

【国史掌故】

大唐盛世在鼎盛时代，由于“安史之乱”而迅速跌落。安史之乱过后，民生凋敝，军阀割据，节度使这个设于边关的临时统帅置于内地，变成了瓜分大唐帝国的蠹虫。他们每人掌握数州的军政大权，根本不听朝廷的调遣，成了事实上的独立王国。为了打击分裂势力，重振朝廷的威风，李愬率军平叛，消灭了吴元济等割据势力，一时朝野震动，许多节度使纷纷上交兵权。然而好景不长，随着唐代宗和主张统一的将领郭子仪、裴度、李愬的逝世，割据势力猖狂反扑，唐朝再度陷于分裂。

公元 881 年开始的王仙芝、黄巢起义，再次给这个虚弱的帝国以致命的一击。起义军攻陷长安，皇帝唐僖宗在神策军中尉田令孜的保护下逃到四川，在起义军叛徒朱温（投降唐朝后被赐名朱全忠）、沙陀贵族李克用以及各地军阀的帮助下，扑灭了农民起义。朱全忠被封为汴州刺史、宣武军节度使，累封检校司徒、同中书门下平章事，沛郡侯。光启二年（886）三月，又晋爵为王。最后是守太尉、兼中书令、宣武等军节度使、诸道兵马副元帅，晋爵为梁王。907 年，在基本讨平河北、黄淮之间的各路军阀和忠于唐王朝的势力后，朱温终于灭唐称帝，定都汴梁（河南开封），建国号梁，史称后梁。在此后的五十余年间，中国又陷入了一个小分裂时代。中原王朝先后更换了朱、李、石、刘、郭五姓皇帝，分别建国号梁、唐、晋、汉、周，史称后梁、后唐、后晋、后汉、后周。除此之外，南方和北方还分别建立了十个大大小小的割据政权，分别是：吴、楚、吴越、前蜀、南汉、南平（荆南）、闽、后蜀、南唐、北汉。列表如下：

五代十国表

	国号	开国帝王	国都	今地	续年
五代	梁	朱温	汴梁	河南开封	907—923
	唐	李存勖	洛阳	河南洛阳	923—936
	晋	石敬瑭	汴梁	开封	936—946
	汉	刘暠（知远）	汴梁	开封	947—951
	周	郭威	汴梁	开封	951—960
十国	吴	杨行密	广陵	江苏扬州	902—937
	楚	马殷	长沙府	湖南长沙	907—951
	吴越	钱镠	钱塘	浙江杭州	907—978
	前蜀	王建	成都	四川成都	907—925
	南汉	刘岩	兴王府	广东广州	917—971
	南平	高季兴	江陵府	湖北江陵	924—963
	闽	王延钧	长乐府	福建福州	933—945
	后蜀	孟知祥	成都府	四川成都	934—965
	南唐	李昪	江宁府	江苏南京	937—975
	北汉	刘崇	太原府	山西太原	951—979

注：柏杨《中国人史纲》无北汉，有岐王国、桀燕帝国，合称“十一国”。

按：北汉可以算是后汉的延续。刘崇即刘赟的父亲、刘知远的弟弟。刘赟继位不成，被困宋州，其父起兵后被杀。其父河东节度使刘崇据守太原称帝，向契丹借兵讨伐郭威，多次失败后盘踞今山西省中北部，与中原王朝为敌。后被宋太宗赵光义讨平。北汉虽地域狭小，但独立于中原王朝和契丹，而且传“国”数代，算作割据势力更为准确。岐王国（907—924），凤翔节度使李茂贞建，都凤翔府（今陕西凤翔）。岐国最多时有 20 州，最后只剩下 7 州，很像割据势力。但其岐王是唐皇帝所封，没有自己的年号（用唐年号），并且向中原王朝称臣，服从后唐的改封（李存勖改封其为秦王）。最主要的是，岐国没有世袭，他死后没有传位给自己的儿子。这三点（未建年号、服从改封、没有世袭）决定了岐国（秦国）不能算作割据势力。桀燕帝国（911—913），卢龙节度使刘守光建，都幽州（今北京）。桀燕立国时间太短，虽自称帝国，但疆域狭小而荒凉，实在不能和其他割据势力相提并论。

下面把中原王朝的五个帝国简单介绍一下：

朱温篡位之前，其妻张氏病死后，朱温荒淫无耻的本性暴露无遗。他不仅强奸大臣的妻女，还让他的几个儿媳侍寝。而他的儿子和养子也都乐于利用妻子争宠夺嫡。最后，朱温因为他的养子朱友文的老婆更漂亮些，病重时竟想把养子召回身边，传位给他。不料他的第二个亲儿子朱友珪的夫人打听到这个消息，告诉了朱友珪，朱友珪就联合左龙虎军统军韩勍带500牙兵入宫杀死了朱温，自己当了皇帝。但是朱友珪头一年（912年）六月当上皇帝，第二年的二月就被弟弟朱友贞联合魏博节度使杨师厚（太和县倪邱镇斤沟集人，见下），指使左龙虎统军（禁军首领）袁象先率领禁军杀入宫中，朱友珪自杀，朱友贞当上皇帝，是为梁末帝。

三年后，杨师厚病死在魏博节度使任上。朱友贞一方面辍朝三日以示哀悼，一方面在内宅大肆庆祝——手握重兵的杨师厚是他的倚靠，也是他最忌惮的人。杨师厚现在终于死了，他以为没人威胁他的皇权了。于是他想把魏州分为两个州，结果引起杨师厚所置银枪效节军的叛乱，整个河北地区全部归于后唐。923年，后唐大军逼近京城，朱友贞众叛亲离，连传国宝玺都被人偷走献给后唐，走投无路的他被迫自杀，后梁灭亡，立国17年。

当年四月，朱友贞自杀之前，后唐国主李存勖已经在魏州称帝。李存勖就是沙陀贵族李克用的儿子。早在朱温与李克用共同镇压黄巢起义期间，朱温就想除掉李克用。这是他、也是历史上很多人的一贯做法，先除掉有实力和有功勋的战友，以保证成功后独吞胜利果实。古人说：“狡兔死，走狗烹”，他是别管狡兔死不死，先把人家的走狗给杀了，省得将来跟他争嘴。可是，天不绝李克用，在一次“鸿门宴”过后准备放火烧死李克用时，天降暴雨，火被浇灭，李克用成功突围，部下几乎都被朱温的伏兵杀死，从此两家结下了不共戴天之仇，反复在黄河两岸厮杀。朱温杀掉唐哀帝后不久，李克用就死了。传说他留给儿子李存勖三支箭，命其一平河北，一伐契丹，一灭朱温。李存勖不负重托，先灭河北李仁恭，随讨契丹，把耶律阿保机逐出塞外，最后兵临大梁城，朱温的儿子梁末帝朱友贞自杀。李存勖虽没能亲自手刃寇仇，毕竟灭了朱温的子嗣，替他老爹，也替李唐王室雪了恨。

灭掉后梁以后，李存勖定都洛阳，这是五代中唯一一个在开封以外建都的朝代。李存勖自以为功成名就，立即就沉湎于声色犬马，宠幸宦官优伶，很快就堕落得不可收拾。他听信宦官的谗言，冤杀大将郭崇韬，又要杀害另一位战功卓著的大将、李克用的养子李嗣源，结果被他最宠幸的伶人杀死，李嗣源当了皇帝。李嗣源算是五代时期最为廉明的皇帝，他杀酷吏，褒廉吏，罢宫人伶官，注意民间疾苦。但他后期用人不明，残忍嗜杀，朝政昏暗。他骄纵次子李从荣，结果在他病重期间，李从荣举兵造反被杀，李嗣源听说后，又惊又悔，很快就死了。他的儿子李从厚继位不到一年，又被他的哥哥、李嗣源的养子、潞王李从珂篡位后杀死。李从珂当皇帝不到三年，河东节度使石敬瑭勾结契丹，联合进攻洛阳，李从珂兵败自焚，洛阳陷落，后唐灭亡，立国十四年。

石敬瑭本是沙陀人，其父臬捩鸡跟随晋王李克用和后唐庄宗李存勖，屡建战功。后唐明宗李嗣源为代州刺史的时候，就很看重石敬瑭，把自己的女儿许配给他。庄宗、明宗时，因战功、拥立明宗等功劳累封为兼侍中、太原尹、北京留守、河东节度使，兼大同、振武、彰国、威塞等军蕃汉马步军总管。闵帝李从厚即位，加中书令。

闵帝命令潞王李从珂任河东节度使（这是除掉李从珂的信号），李从珂不愿意离开自己的根据地，遂发动兵变，进攻洛阳。闵帝弃城逃跑，向石敬瑭求救，石敬瑭杀死闵帝的从者百余人，并且把他囚禁起来，向李从珂请功。闵帝随即被李从珂杀死。据说石敬瑭为此非常愧疚，而欧阳修《新五代史》则直接指出石敬瑭就是有意向李从珂邀功。

但是，当了皇帝的李从珂并不信任自己的姐夫石敬瑭，想将他调任天平军节度使，石敬瑭不敢离开自己的老窝，于是他一方面向契丹求援，一方面上表说李从珂不该当皇帝，明确表达他叛变的决心。李从珂派大军前去讨伐，石敬瑭困守孤城，契丹大军从雁门入关，击败唐军，解救了石敬瑭之围。石敬瑭连夜拜见契丹主耶律德光，倍感亲切，当场就认这个比自己小十岁（一说十一岁）的异族皇帝为爹。随后，契丹就册封石敬瑭为皇帝，国号晋。中国历史上最丢人的儿皇帝就这样诞生了。

石敬瑭并没有多活几年。七年之后，石敬瑭就在屈辱、猜忌和惶恐中死去，他的过继儿子（侄子）石重贵，试图洗雪乃父石敬瑭的耻辱，不仅坚决不肯向契丹称臣，并且下令杀尽境内的契丹人，还不自量力，亲自率领大军北征契丹，悬赏购买耶律德光的人头。这理所当然遭到契丹的报复。在契丹的凌厉攻击下，石重贵仅做了四年皇帝，就被叛将勾结契丹俘虏北去，流放到两千公里外偏僻而寒冷的东北黄龙府（吉林农安），不知所终。946年，后晋灭亡，立国十一年。

契丹主耶律德光灭掉后晋，宣布接管晋国的领地，改晋国为“大辽国”（注意：这是改晋国为大辽国，不是改契丹），自己兼任大辽国皇帝。但他很快就感到了麻烦，各地军民自发地奋起反抗契丹人的统治，到处都是愤怒的中国人在杀契丹人，耶律德光无奈只好退出中国本土，死在回契丹的途中。

翌年二月十五日，太原节度使刘知远在太原称帝。刘知远是石敬瑭的亲密战友，也是沙陀人。当年石敬瑭割让燕云十六州、称耶律德光叫爹的时候，刘知远明确表示反对说："称臣就可以了，叫他个爹也太过分了；想搬救兵，多给点金银珠宝、绫罗缎匹，也就可以了，不必许给他土地。你这样做，恐怕将来会成为中国的大患，悔之无及。"

刘知远称帝以后，仍使用石敬瑭的年号，称当年为天福十二年。六月定都开封，改国号为"大汉"，史称后汉。明年正月初一，刘知远宣布改元为乾祐元年，二十七日病死，众大臣拥戴其子刘承祐继位。刘承祐在位三年，因为讨厌那些动辄掣肘的大臣，不能为所欲为，决心大开杀戒，就与几个亲信商议，诬陷那些大臣谋反，突然发难，残酷屠杀，而且"夷三族"。对那些列入屠杀名单而不在京城的大臣，刘承祐派人带密诏分别到澶州、邺都，让澶州节度使李洪义杀掉侍卫步军都指挥使王殷，命令邺都屯驻护圣左厢都指挥使郭崇、奉国左厢都指挥使曹英杀害枢密使郭威及宣徽使王峻。不料先接到密诏的李洪义抓住密使交给了王殷，王殷囚禁了密使，派人送信给郭威，郭威遂举兵向京，澶州等地纷纷响应，很快攻破开封，刘承祐被杀身亡。郭威假意立刘知远的侄子刘赟为帝，并请太后（刘知远的夫人李氏）暂时监国。李太后派人去接刘赟进京，郭威开始清算参与谋杀大臣的那帮仇人。这边才清算完毕，第二天河北诸州就报有契丹入寇，李太后命令郭威率军抵御契丹。十二月初一，郭威率军出京，十八日，李太后派宰相苏禹珪及朝臣十员，往宋州（河南商丘）迎接新皇帝刘赟，十九日，郭威大军才进发到澶州（河南濮阳），大军哗变，"胁迫"郭威当皇帝。郭威一边报告李太后，一边率军回到开封。当天回军，二十七日就到了开封北郊。而在前一天，李太后已经下诰降刘赟为开府仪同三司、检校太师、上柱国，封湘阴公。而事实上刘赟已经被枢密使王峻派700骑兵"保护"在宋州的宾馆里了。二十九日，李太后下令让郭威监国，一切中外事务都由监国处理。第二年（951）正月初四，郭威即位为皇帝，改国号大周，改元广顺。后汉灭，立国仅5年。

郭威称帝后，刘赟的父亲、河东节度使刘崇自立为帝，建都太原，史称北汉，可以看作是后汉的延续。刘崇为了复国报仇，割据今山西中北部，称契丹主为"叔皇帝"，向契丹借兵讨伐后周，郭威遂在刘崇起兵时杀死了刘赟。北汉面对的是一个强劲的敌手，虽有叔皇帝的大力支持，却还是屡战屡败，"国境"日蹙。最后它只能苟延残喘，仰仗契丹，与中原王朝为敌。直到公元979年，才被宋太宗赵光义所灭。这是因为宋初的统一战略是先南后北，所以才把它放在最后，并不是因为它的国主英明、将士用命，生存能力特别强，而是因为大宋皇帝不想理它。附带说一下：众所周知的“杨家将”之杨令公杨业（《辽史》作“杨继业”），最初就是北汉的大将，官至建雄军节度使。

郭威是一位很有作为的皇帝，废除了以前的许多弊政，进行了很多方面的改革，大大减轻了百姓的负担。但他仅在位四年就去世了。在他起兵进攻开封的时候，他被扣在京师的子孙妻女都被刘承祐杀死，所以他在临死前传位给他的养子、柴皇后的侄子柴荣，是为周世宗。柴荣继承郭威的治国理念，整顿军队、招抚流亡、减少赋税，使后周政治清明，百姓富庶，中原开始复苏。然后着手进行统一之战。先后灭南唐，败后蜀，取得了大片土地，为后来的统一奠定了坚实的基础，被后世评价为“五代第一明君”。可惜柴荣在位仅六年，三十九岁那年就去世了。柴荣有七个儿子，前三个都被刘承祐杀死，所以帝位传给了四子、年仅七岁的柴宗训。第二年（960）正月，边境报北汉与契丹联合来犯，帝命殿前都检点赵匡胤率军御敌。大军走到陈桥驿（今河南封丘东南陈桥镇），周太祖郭威在澶州的遭遇再一次重演：来犯的契丹突然消失，赵匡胤被从征的将士黄袍加身，非让他当皇帝不可。赵匡胤推脱不掉，只好带着军队返回开封，逼柴宗训禅位。到地方才发现，有人通过“遥感技术”，把禅位诏书都起草好了。于是赵匡胤毫无悬念地当上皇帝，后周灭亡，立国十年。

【五代建置】

五代各个王朝所据之地并不相同，今据《新五代史·职方考》列表如下：

国别	开国皇帝	所据州数	同时存在的割据政权
后梁	朱　温	79	吴、楚、吴越、闽、南汉、岐、前蜀、燕、晋
后唐	李存勖	123	吴、楚、吴越、南汉、南平、闽、后蜀
后晋	石敬瑭	109	楚、吴越、南汉、南平、闽、后蜀、南唐
后汉	刘知远	106	楚、吴越、南汉、南平、后蜀、南唐
后周	郭　威	118	楚、吴越、南汉、南平、后蜀、南唐、北汉（东汉）

这一时期的行政建置，由于掌权者的注意力都集中在道和军一级，中

原王朝统治范围内的州县以下行政区划没有大的变化。《旧五代史·郡县志》除了记录十道所辖军州外，并记录了各道辖州、州辖县的变化沿革。其中，颍州仍沿唐制，属河南道。但于淮南道下注："寿州周显德四年(957)，移于颍州下蔡县，仍以下蔡县为倚郭（州城），以旧寿州为寿春县。"查《旧五代史·周书·世宗纪》：显德四年三月"庚戌，诏移寿州于下蔡，以故寿州为寿春县。"按：当年二月周世宗攻南唐，第一站就驻扎下蔡；南唐寿州节度使刘仁赡投降的前夕，周世宗仍然驻扎在下蔡。所以接收寿州后仅两天，就下令把寿州州治迁于下蔡，是褒奖的意思；而以故寿州为寿春县，则是对此前多次攻不下寿州的处罚。这就是下蔡从颍州划出的原因：升格。

《新五代史·职方考》着重研究中原王朝占据的州县，仅记置撤的年代、由谁设置或改置、改置因由等等，以此显示五代与前朝（唐）建置的区别、变化。而于固定属于中原王朝的各州县，只简单列表，注明有无。颍州在五代中都是"有"，好像点名答"到"一样，没有沿革、辖县、疆域、重镇等的介绍，十分简略。

【人物】

王敬荛(？—907)　颍州汝阴人，祖父辈都是颍州的武官。唐乾符初(874)，为颍州都知兵马使。中和初（881），王仙芝、黄巢起义，郡守不能守卫，敬荛遂代为刺史，不久任命为刺史，加检校右散骑常侍。黄巢等数十万众攻城，不能下，颍州得以保全。乾宁二年（895），署（代理）沿淮上下都指挥使。四年冬，朱温攻吴，败归，王敬荛送柴煮粥接济败兵，救活甚众。拜武宁军节度使，历官右龙武统军、左卫上将军。后梁开平元年（907）病逝。

杨师厚(？—915)　颍州斤沟（今太和县阮桥镇斤沟村）人，勇猛善骑射。初为河阳节度使李罕之的部将，因不受重用，遂投奔朱温，累迁检校右仆射、曹州刺史。唐天复三年（903），受朱全忠（朱温）委派讨伐平卢节度使王师范，王师范投降。翌年，加诸军行营马步都指挥使。天祐二年（905），因为讨伐忠义节度使赵匡凝有功，授山南东道节度使。后梁开平元年（907），朱全忠称帝后，加检校太保、同平章事。二年，兼潞州行营都招讨使。四年，授保义军节度使。乾化二年（912），任天雄军节度使。选诸军精锐，组成特种部队"银枪效节军"。朱友珪杀死朱温篡位，感到杨师厚是个威胁，企图杀死他，派人召他进京。手下人劝他不要去。杨师厚说："我没有做过对不起大梁的事，有什么好怕的？"率领银枪效节军驻扎在京城外，自己带百余亲军面见朱友珪。朱友珪到底没敢杀害他。随后，他帮助末帝朱瑱（朱友贞）杀死朱友珪，因功封邺王，加检校太师、中书令。杨师厚死后备受尊崇，唐、晋、汉直到宋初，累封为西齐王。后人建庙于斤沟，以崇祀之。北宋仁宗皇祐元年（1049），倪邱人刘昭贵请唐文馆进士陈稷为之撰文：

夫神而不测，没而弥光；俨庙貌之作程，冠古今之致享，其惟西齐王乎？粤王策名于有唐之世，参调于滏阳令。而正直有英气，豁达志度，驭物有术，不劳而治，滏阳民咸受其赐。然其忠烈之操，简易之风，垂不朽而播无穷者也。去世逾远，遗灵且存。作福作威，以示于黎庶，乃上裨霄化。足显聪明，千龄膺圣之尊；赏功褒德，五运承祧之主。春禴秋尝，率土惟灵，靡不钦奉。时有邑居人士，向慕尤众，于是斤沟镇西南之隅，官道之右，高阙峻基，克隆堂构，绘塑尊像，俨"如在"之威容①。乡闾请祷者云臻，远近崇仰者辐辏。四时之祀是无阙焉。惟西齐王流风余烈，辉映前后，功之被物深矣。一圻之俗，允赖孚祐。水旱之祷，疾厉之祈，幽显报应，靡不协民之愿也。信所谓树教于当年，显灵于旷代。助无为之盛化，恢不孚之休功。驭祀之典，率由兹矣。当镇刘昭贵，以金石未勒，来者何知？辙以文记见托。既不获谢，固得直书。敢扬徽懿，播于永久。时皇祐元年。（明·万历《太和县志》）

常彦能 汝阴人。朱温攻淮南，过颍州，民不敢迎。朱温怒曰："我的大军回来一定屠城！"后来朱温攻淮南失败，军队缺粮。常彦能拿出全部家产犒军，朱温欣喜，问他有什么要求，常彦能请求朱温不要屠城。朱温答应只饶他一家。常彦能说："大家都死而我独存，不如跟着都死。"朱温被他的义气所感动，终于答应不屠城，颍州遂免于难。

李　榖（903—960）　字惟珍，颍州汝阴人。身长八尺，容貌魁伟。从小就勇猛擅长射箭。后唐天成四年（929）中进士，先后担任华州、泰州从事。

后晋天福年间，提拔为监察御史。石重贵即位，拜李榖为职方郎中，很快提拔为代理度支判官，转吏部郎中。天福九年（944）春，石重贵亲征契丹，命令让他扈从，代理枢密直学士，加给事中。改任三司副使，权判留司三司事。

契丹攻陷汴梁，石重贵被俘北去，途中只有李榖拜见石重贵，并敬献

① 俨"如在"之威容：孔子云，"祭如在，祭神如神在。"（《论语·八佾》）是说祭祀神灵的时候，就感到有如神灵在身旁。这里是说寺庙塑的神像非常生动，好像杨师厚真人一样。

礼物。耶律德光派使者到磁州，李穀杀掉使者，暗中投靠刘知远。刘知远即位后，拜左散骑常侍。不久又“权判开封府”（代理开封府尹）。治理有方，盗贼绝迹，升为工部侍郎，后出任陈州刺史。郭威当皇帝之前多次征战，都是李穀负责后勤保障。郭威当上皇帝后，任命李穀为“户部侍郎，判三司”，地位仅次于宰相。李穀改革中唐以来的许多弊政，深受军民欢迎。

周世宗柴荣征北汉的时候，命令李穀负责后勤。大军回京师后，进位司空、门下侍郎，监修国史。周军攻打寿春两年，师老无功，当时舆论都以为撤兵最好。周世宗征求李穀的意见，李穀建议御驾亲征，陈述三点必胜的道理。世宗按照建议亲征淮南，大获全胜。

恭帝即位，加开府仪同三司，进封赵国公。李穀请求退休回到洛阳，获准。

宋太祖即位，派使臣到洛阳赏赐钱物。建隆元年（960），李穀逝世，享年五十八岁。赠侍中。其实他不能算是宋朝的人，陈桥兵变时他早已退休，赵匡胤还赏赐他钱物；他逝世时赵匡胤还追赠他官爵，是收买人心的举措。

李穀与南唐韩熙载关系很好。韩熙载因父亲的事受到牵连，被迫南逃，李穀帮助他从正阳（今颍上县赛涧回族乡东南）偷渡淮河。二人分别时，韩熙载告诉李穀：“如果江东用我为相，我当长驱直入，平定中原。”李穀笑着说：“如果中原用我为相，下江南如探囊取物耳。”后来李穀实践了他的诺言，帮助后周平定了南唐；而韩熙载由吴入南唐，官至中书侍郎（副宰相），却没有一点进取中原的迹象，只留下一幅备受争议的《韩熙载夜宴图》供后人揣摩。

第十四章　宋代：改府因由

（北宋至南宋绍兴三十二年，960—1162）

宋代为颍州，属京西北路。

颍州　今阜阳老城。领县四：

汝阴县　本在阜阳老城，开宝六年（973）移于州城东南十里（今颍州区京九办事处十里井村）。

沈丘县　今临泉县西古城。有界沟驿（今界首市沙河南岸）。

颍上县　今县城北十二里店孜东。

万寿县（泰和县）　开宝六年十一月，析汝阴县万寿等五乡置万寿县，县治百尺镇（今太和县原墙镇）。宣和元年（1119），更名为泰和县，移治于今旧县镇。

万寿县有高贵乡郭。宋乐史《太平寰宇记》卷十一颍州万寿县："高贵乡郭，在县南七里（今原墙镇霸庄）。古老云，魏高贵乡公所筑。"又有斤沟（太和县倪邱镇斤沟集），杨守敬《水经注疏》谓即《水经注》之新沟，新、斤音近。后梁邺王、加检校太师、中书令杨师厚就是颍州斤沟人。

【疆域】

东到利辛县刘家集东界，南到淮河，西到临泉西界，西北到河南沈丘县东部，北到界首、太和北界。

四邻：东，淮南东路亳州城父、蒙城；东南，寿州下蔡；南，寿州霍丘、光州固始；西，蔡州褒信、新蔡、平舆；北，陈州项城、亳州鹿邑。

【正误】

《中国历史地图集》以涡阳建县（1864 年）以后的地界划颍州汝阴、万寿的东界，将鲖阳划归新蔡，今河南沈丘县东部、南部划归陈州，均误。

神宗元丰二年（1079）八月己未（二十四日），升顺昌军节度（这意味着在这里驻节的武官是节度使。当然这只是名誉称号，并没有军权。本地行政官员仍然是知州，节度使不能过问行政事务）。

徽宗政和六年（1116）闰正月壬寅，因神宗皇帝曾封颍王，颍州为神宗“龙飞之地”，升颍州为顺昌府，为次府，同上等州。领县、疆域同上。

【国史掌故】

赵匡胤于后周显德四年（960）即位于开封，改国号为宋，年号为建隆。赵匡胤陈桥兵变、黄袍加身，虽然是五代以来最和平、最受支持的政变（甚至都算不上军事政变），但很多手握重兵的节度使并不认可。于是当年就有后周昭义节度使李筠、归德军节度兼侍卫马步军都指挥使李重进先后起兵反对赵匡胤。虽然叛乱最终被平定，但是赵匡胤心里还是很不踏实。五代反复的动荡给他留下了深刻的印象。这些动荡的根源是什么？怎样遏制类似的恶性循环？在宰相赵普的点拨下，他认为裁撤诸将兵权是问题的关键。其实从唐末很多皇帝就在做这个美梦，但是，他们采取的削藩措施都是老一套：让一个节度使调到另一个地方，中间乘机把他杀掉，换上新的节度使。这两个环节都容易出现动乱：旧节度使不愿调动，就举兵造反，很多情况下推翻了王朝；新的节度使仍然会形成割据势力，再调动、杀戮，引起造反，仍然是王朝的最大威胁。所以，关键问题不是设不设节度使、由谁任节度使，而是节度使手中有没有兵权。有了兵权，任何人都可能是虎豹豺狼；没有兵权，节度使就是中枢的一个地方办事机构，朝廷的飞鹰猎狗。所以削藩不如削兵。

于是他宴请一些手握重兵的元帅将军石守信、王审琦等人，在酒席上，他先把话题引到“做皇帝也不自在，不如节度使”上，大家都很奇怪，忙问怎么回事。赵匡胤说：“道理很简单呀，皇帝这个位子，谁不想着呢?”这话可把大家吓一跳，慌忙跪在地上，说：“陛下怎么说这话？现在天下大定，谁还敢再起二心?”赵匡胤说：“你们几位我还信不过吗？就怕你们手下的将士贪图富贵，把黄袍披在你们身上。你们想不干能行吗?”“黄袍加身”的把戏已经演过两遍了，谁不明白这意味着什么？这些大臣一听，如五雷轰顶，连连磕头，含着眼泪说：“我们都是粗人，没想到这一点，请陛下指引一条生路。”赵匡胤就劝他们交出军权，“到地方上做个闲官，置点田产房屋，买些娇妻美妾，给子孙留点家业，快快活活度个晚年。我和你们结为亲家，彼此毫无猜疑，不是更好吗?”石守信他们听了，如同虎口逃生，连声赞好。第二天就纷纷递上表章，上交军权。赵匡胤赏给他们大笔财物，打发他们到地方任职去了。这就是历史上有名的“杯酒释兵权”，它成为结束五代兵变政变恶性循环的一个转折点。从此以后，地方上的各级武官便都是空架子，任何人都没有擅自调兵的权力。

宋初的天下并不太平，五代时的割据政权残存的还有南唐、吴越、后蜀等，都占据着大量的地盘。列表如下：

国号	国主①	国都	今地	州府	领县	存至宋年	公元
南　平	高保勖	江陵府	湖北江陵	3	17	建隆四年	963
武安军②	周保权	长沙府	湖南长沙	16	66	（同上）	963
后　蜀	孟　昶	成都府	四川成都	46	198	乾德三年	965
南　汉	刘　鋹	兴王府	广东广州	60	214	开宝四年	971
南　唐	李　煜	江宁府	江苏南京	22	108	开宝八年	975
清源军③	陈洪进	泉　州	福建泉州	2	14	太平兴国三年	978
吴　越	钱　俶	钱　塘	浙江杭州	14	40	（同上）	978
北　汉	刘继元	太原府	山西太原	11	40	太平兴国四年	979
合　计				174	697		

从上表可以看出：南北割据势力占据的地盘达174州、697县之多，而宋初仅有111州，638县。实际从地图上看，割据势力的国土面积则比中原王朝大将近一倍。全国人民都希望尽早结束割据，使社会免于战争和动乱。赵匡胤深得民心，他继承的又是国力强大的后周，所以统一的重任历史性地落在了宋王朝身上。宋太祖、太宗两任皇帝进行了长达20年的统一战争，才消灭了这些割据政权，基本统一了中国本部（除了割给契丹的燕云十六州），奠定了宋朝的疆域。

燕云十六州没有收回。宋太宗赵光义曾经几度北伐，企图收回燕云十六州，但都以失败告终。赵光义死后，契丹转守为攻，燕云十六州更难以收回，一直持续到北宋灭亡。此后金灭辽、元灭金，这块土地一直沦陷在异族统治者手里。直到明朝灭元，才算收回燕云十六州。

太平兴国七年（982），党项族首领、定难军节度使李继捧朝见宋太宗赵光义，交出所领夏、银、绥、宥四州。但是很快，雍熙元年（984），由于其弟李继迁率领叛军不断侵扰西北边界，宋朝又以四州授予李继捧，李

① 此表所列均为最后一位国主。

② 武安节度使由五代楚国而来，未建国、建号，但不由中原王朝任命，被认为是割据势力。

③ 清源军是五代闽国被灭后分裂出来的割据势力，与武安军的性质一样。

继捧也不能管辖，实际落入李继迁之手。李继迁死后，其子李德明采取东和西进的策略，对东边的宋、辽和解、称臣，而进攻西部的吐蕃、回鹘，取得了西域和中亚地区的大片土地，为其子李元昊建国称帝奠定了基础。1038年，李元昊正式称帝，建西夏帝国后，不断东侵，给宋王朝添了很多麻烦。

赵匡胤、赵光义兄弟二人先后削平国内的割据势力后，宋帝国进入了一个长期和平发展阶段。基于一以贯之的偃武修文的国策，宋朝的经济繁荣，社会稳定，文化发达，社会生产力得到了极大的提高，国内生产总值高居世界榜首。但是，又由于始终如一的压抑、歧视武将的方针，和愚蠢的“遥控指挥”策略，在对辽、西夏的边境保卫战中，几乎是屡战屡败，处处落在下风。当时忧国忧民的志士仁人，无不以为奇耻大辱，千方百计想改变这种状况。宋仁宗庆历三年（1043），范仲淹、富弼、韩琦同时执政，欧阳修、蔡襄、王素、余靖同为御史台谏官，范仲淹等人提出了一系列的改革方案，得到仁宗的认可，史称“庆历新政”。初步推行，效果甚佳。但是，改革触动了大地主、大官僚、权贵阶层等的既得利益，遭到了激烈的反对，仅实行了一年多就失败了。范仲淹、富弼都被罢相，贬到外地任职，“庆历新政”最终宣告失败。

时隔二十多年，熙宁二年（1069），宋神宗启用王安石为参知政事，开始进行宋朝历史上第二次变法。这次变法比庆历新政的力度大、范围广，时间长。但是，只要改革，就会触动统治集团的既得利益，而这是连皇帝都不敢触碰的底线，最后在被破坏得一塌糊涂之后，改革宣告失败。王安石自请罢相，隐居江宁，新法令逐渐被废止。到神宗去世后，保守派代表人物司马光出任宰相，全面废止新法，一切又都回到过去。

真正给宋朝沉重打击的，除了内忧，还有外患。宋帝国统一中国后，北方的契丹（辽）成了主要敌人。宋太宗企图收复燕云十六州，总是大败而归。宋太宗去世以后，辽对宋转守为攻，一度打到汴梁城下。在宰相寇准的坚持下，宋真宗御驾亲征，取得了对契丹战争的胜利，和辽国签订了澶渊之盟，保障了宋、辽两国间一百多年的和平。此时宋的边患，只有西北逐渐崛起的西夏，屡次征伐，不能取胜。

关于契丹改国号，史书的记载需要辨析。“契丹”在初期，既是民族的称号，也是政权的称号（国名）。契丹族建立的政权，先称“契丹”，后称“辽”，这是一般的历史学家都知道的。但是，契丹何时改国号为辽，却没人进行过辨析，以至于现在的一些教科书、工具书把契丹和辽混称，许多人认为“契丹”是族称，而“辽”是国号，这是不符合历史事实的。

《中国历史年代简表》（文物出版社，1973 年版）从耶律亿（耶律阿保机）立国开始就记为“辽耶律亿神册元年”，似乎没有契丹这个国号，或者认为契丹只是一个民族的名称。这肯定是错误的。《辽史·太宗本纪》：大同元年（即后汉天福十二年，947）“二月丁巳朔，建国号大辽，大赦，改元大同。”乍一看似乎契丹是在 947 年改国号为辽。但是，我们看看同时期其他记载就会明白完全不是这么回事。《辽史·世宗耶律阮本纪》：“（天禄）五年（951）春正月癸亥朔，……汉郭威弑其主自立，国号周，遣朱宪来告。”而《旧五代史·周书·高祖本纪》：“遣千牛卫将军朱宪充入契丹使。”说明后周仍称契丹，并不称其为“辽”。

那么，契丹到底什么时候称辽呢？查《宋史》，太祖、太宗、真宗、仁宗《本纪》均称“契丹”，英宗初年同样称“契丹”，直到治平三年（1066）春正月“癸酉（十八日），契丹改国号为辽”（《英宗本纪》），以下始记“辽”“辽主”，再没有契丹的称号。可见契丹改国号为辽是在 1066 年。但是，《辽史》里却没有相关记载，是不是《宋史》的记录有误呢？

其实不然。我们研究一下相关史料，会发现契丹在宋英宗治平三年（1066）以前并未使用“辽”为国号。《辽史·道宗本纪》：“（咸雍元年，1065）十二月甲午，以辽王（耶律）仁先为南京留守，徙封晋王。”再看《辽史·耶律仁先传》：“咸雍元年，加‘于越’（有大功德之人的尊号，位在百官之上），改封辽王，……出为南京留守，改王晋。”可见契丹皇族耶律仁先在咸雍元年还是辽王。辽既可封王，显然不是国号。这和汉帝国没有汉王，魏帝国没有魏王，晋帝国没有晋王都是一样的：任何帝国都不会再封一个跟国号相同的王国。耶律仁先在咸雍元年十二月由辽王改封晋王，而次年正月契丹就向宋通报改国号为辽，可知改封耶律仁先就是为了明年改国号做准备的。

那么，《辽史》所谓耶律德光“大同元年建国号大辽”是怎么回事？其实《旧五代史·汉书·高祖本纪》是这样记载的：天福十二年（947）“二月丁巳朔，契丹主具汉法服，御崇元殿受朝，制改晋国为大辽国。”所谓“制改晋国为大辽国”，就是下令把晋国（后晋）改称“大辽国”，而不是把契丹改为大辽，契丹的国号并没有改。所以柏杨《中国人史纲》（人民文学出版社，2011）说：“耶律德光消灭后晋，进入开封后，宣布他兼任中国本土的皇帝。”这说明最初的“大辽国”是后晋占据的“中国本土”的国号，而不是契丹的国号。仅仅两个月，耶律德光撤出中国本土，“大辽”国号随即作废。

回头再看看耶律仁先的封地“辽”在什么地方。既然耶律德光把后晋改称大辽，那么“大辽”就是契丹对中原王朝旧有领土的称谓，当然这是耶律德光强加的称谓。耶律德光撤出后晋的国土，但没有归还燕云十六州，在这十六州里，“大辽”的称号仍然在使用。再看《耶律仁先传》，他封为辽王以后，“与耶律乙辛共知北院枢密事。乙辛恃宠不法，仁先抑之，由是见忌，出为南京留守。”他被乙辛排挤，出京为“南京留守”。契丹的南京正是今天的北京，也是石敬瑭割让的燕云十六州之首。南京析津府所辖，就是燕云十六州的东部。而所谓的南京留守，正是“大辽”的一部分，也就是辽王耶律仁先的封地——辽王国。

可见在宋英宗治平三年（1066）契丹改国号以前，所谓的“大辽”只是指燕云十六州，并不是指契丹国。

宋徽宗政和五年（1115），完颜阿骨打在黑龙江流域统一了女真诸部，打败辽军后在上京会宁府（今黑龙江省阿城县南之白城）称帝，国号金。金帝国就像一部高效的战争机器，从它一开始发动，就迅速击败辽国的军队，很快攻下了辽国的上京、中京、西京。到1122年，攻陷辽国的南京析津府（今北京）。1123年阿骨打死，其弟吴乞买立，继续灭辽计划。仅用了两年，金灭辽，随即将矛头指向大宋。而此时宋王朝的皇帝是那个历史上有名的荒唐主子宋徽宗。他的艺术天分使他的字画千金难求，但他的治国方略实在是糟糕透顶。1125年冬，金兵长驱直入打到开封城下，徽宗传位给儿子赵桓（宋钦宗）后就开始南逃。此时各地义军纷起勤王，金兵陷入了人民战争的汪洋大海之中，不得不暂时撤退。第二年冬，金兵再度南下，攻破汴梁城，俘虏了徽钦二帝和大批的皇室宗亲北去，北宋灭亡。

【国家建置】

宋初，实行州县制，节度使解除了兵权，成了空架子、闲差。一旦打仗又临时差遣，“兵不知将、将不知兵”成了宋朝历代皇帝防止割据分裂和武将篡权的根本方略。这样的军队根本没有战斗力，但最高统治者放心。

“杯酒释兵权”以后，朝廷在节度使管辖的地方，派出州县官员代为治理。地方官不由节度使任免，但朝廷又不直接任命，只说是派人了解地方事务。于是州刺史变成了“知州”，县长、县令变成了“知县”（个别下等县仍称“县令”）。在官职上，“知”的本义是代理，唐代称副职代理县令为“知县事”，宋代则常派遣朝官任州县的长官，管理地方行政，称“知州事”“知县事”，简称“知州”“知县”。但是这种说法是明朝的称呼，宋朝的任命书上都是写“知某某州（县）事”，意思是了解州县情况的官员，地方官自称也是“知某州（县）事”，有时候连后面的“事”字也省略了。但在实际上，州县的政务都由他们直接打理，节度使、防御使、团练使之类的基本没有行政权力。如果你发现某州县官员有严重犯罪行为，当然可以举报，其他的事嘛，哪儿凉快上哪待着去吧。

“知某某事”的官称影响深远。直到民国时期，县里的长官还是称“县知事”。不过，民间的称谓还是容易懂的“县长”。

知州掌握的权力还比较大，让朝廷放心不下。于是，知州之外还有“通判”。通判制度规定知州决定了的事，形成文件时必须要经过通判审阅、签名才能发文，或上报，或下发。如果通判不同意，知州强行发出去了，责任自负——首先就是不合程序，其次说明其中有值得怀疑的地方。一般上行文到首长那里根本看也不看，直接打回去。通判也可以自己起草一份跟知州不一样的文件说明情况。这样，知州和通判互相制约，地方上的事务一般不会出大纰漏。当然，如果知州和通判关系不和，就必须调走其中的一个。

除了州县官员改称以外，宋代还有一套非常复杂的官制，要想弄明白可不是一件容易事。大致说来，就是有实授、有阶官、有薪级、有寄禄、有勋、有爵。实授就是实际管理的行政事务，阶官是表明官员级别称号，薪级是拿工资的标准，寄禄是荣誉待遇。现代人可能很难理解这一套，很多人带“尚书”（正部级）、“侍郎”（副部级）衔的，到外地任的却是知州（正厅级）、推官（副厅级或正处级），他的权力就只是知州、推官。拿现在的话说就是“高职低配”，称为“行”，即临时差遣；同样，也有低职高配的，低一级为“守某某官”，低二级为“试”，试用的意思。此外还有“勋”，记功的意思，勋劳决定升迁的快慢；荣衔决定官员上朝时站的位置顺序，当然是离皇帝越近越好。此外还有封爵，如欧阳修最高的封爵就是“乐安郡开国公”。不过，与“兵不知将、将不知兵”一样，封爵也是一种荣誉，并不是真把那一块地方交给你全权处理。相反，封爵的主人不允许到自己的封地，许多官员甚至到死都不知道自己的封地在哪个方向。宋神宗赵顼即位前爵封颍王，他却一次也没有到过他的封地颍州。还有加官、提举宫观、赠官、叙封等等，数不胜数。现代人很难通过宋代官员的一大串职务知道这个人到底是干什么的。《三国演义》中刘备拜见诸葛亮时，向门童通报他的官衔，门童幽他一默：“我记不住这一大堆名字。”刘备只好说：“你就说刘备来访就好了。”如果换作宋朝官员报自己的官衔，可能还没报完，那门童就睡着了。

宋代还有考核升迁转任制度，考核制度基本上是哪个朝代都有的。最奇怪的是官员升迁转任制度，为了防止官员在一个地方发展势力，培植亲信，就地坐大，宋代的官员尤其是州以上的官员一任只干三年。这里的三年是虚年，即两头算，二十五个月以上都算三年，但是，就这样也很少有干到任期届满的。如苏轼一生正直，得罪了朝中所有的权贵，于是在所有的地方任职都不超过两年，大多数情况下是两三个月就得迁转，最短的仅到任 7 天就调走了。好一些的州官也是最多两任就要调走，不花钱也得走人，谁也留不住。一个州官想在一地干个十年八年，那是不可能的。当权大臣要想摆置他的政敌，就利用这种迁转制度，让对方反复迁徙，一年内能改任几个地方，一半以上的时间耗费在搬家、跑路上。

宋太祖实行的二级制管理模式，虽然可以有效地防止割据，但不利于高效管理。于是从宋太宗赵光义开始，又改回三级制。不过宋朝没有照抄唐朝的“道—州—县”，而是改成“路—州—县”，即把唐代的“道”改称为“路”。宋太宗至道三年（997），分天下为十五路，仁宗天圣七年（1029）六月增为十八路（增置益州路、梓州路、广南路），神宗元丰年间（1078—1085）又分为二十三路，成了宋代的定制：京东东路、京东西路、京西南路、京西北路、河北东路、河北西路、永兴路、秦凤路、河东路、淮南东路、淮南西路、两浙路（元丰元年四月）、江南东路、江南西路、荆湖南路、荆湖北路、成都府路、梓州路、利州路、夔州路、福建路、广南东路、广南西路。

宋代的许多路名，其简称在后世就成了省名。如江南西路就是后来的江西，荆湖南路即湖南，荆湖北路即湖北，福建路即福建，广南东路即广东，西路即广西。当然，这些“路”改“省”（行省）以后，辖境或多或少都会有一些变化。

【建置简考】

阜阳在宋代属京西北路。《宋史·地理志》：“顺昌府，上，汝阴郡，旧防御，后为团练。开宝六年（973），复为防御。元丰二年升顺昌军节度。旧颍州，政和六年（1116），改为府。”这里的“旧防御，后为团练”是指后汉初年为防御州（防御使驻节的州），后周广顺二年（952）改为团练州（团练使驻节的州）。《太平寰宇记》卷十一《颍州》：“（唐穆宗）长庆二年（822），以颍州隶郑滑节度使。汉初（947）升为防御州。广顺二年复为团练州。”其实在宋代，防御使和团练使都是虚职，没有区别。

颍州“（神宗）元丰二年升顺昌军节度”，即升格为节度军镇，驻节武臣为节度使，表明这个地方比较重要。升格的原因是因为这里是神宗皇帝的封地，为了显示它的重要，所以要派驻节度使以加强防卫。其实节度使、防御使、团练使除了职级、俸禄不同外，都是武官的虚职，不能调动一兵一卒。按：《宋史·神宗本纪》：元丰二年八月“甲寅，诏：‘……’以颍州为顺昌军节度。”好像颍州升为顺昌军是在八月甲寅（本月丙申朔，甲寅是十九日）。但是，据《续资治通鉴长编》（通称《长编》），颍州升顺昌军是在八月己未（二十四日），《长编》的资料较为翔实，此依《长编》。

颍州于宋徽宗政和六年（1116）闰正月壬寅升为顺昌府。升府同样是因为这里曾经是神宗皇帝即位以前曾经分封的地方。这是宋代通行的做法：新皇帝登基，要把其父皇“龙飞”之前封王的地方升格为府，以示崇敬。但是这个府不同于“四京”所在的府（东京开封府，西京河南府，南京应天府，北京大名府），属于次府，等同于上等州。而颍州本来就是上等州，这么看来，颍州升格为府，其实就是一个荣誉。

迁县之谜

非常奇怪的是：颍州的首县汝阴县不在州城，而是于开宝六年（973）迁到州城东南十里处（今颍州区京九办事处十里井村）。这是为什么？

开宝六年，曹翰是颍州团练使。曹翰在颍州任上时间很长（969—983），他拼命搜刮，横征暴敛，老百姓苦不堪言。最后由于汝阴县令孙崇望进京告御状才受到严厉惩处。孙崇望控告曹翰的罪名有：私买弓弩（弩在宋朝属于管制武器）、枪箭、长矛、铠甲、马匹、军装；又征发老百姓修筑烽火台，辖境内各县有盗警，都要点燃烽火互相接应；又擅自部署将士，属于官卖的盐所得的铜钱银两、老百姓每年缴纳的公粮以及丝绵、绢，曹翰都要扣留下多余的；又擅自增加百姓缴纳的赋税数目归于自己，侵占官地作为自家的菜地果园；判官山元羽掌管公用造酒，曹翰又收取卖官酒收入用于发展再生产的资金五百万、绢百匹，等等。宋太宗震怒，派知杂御史滕中正到颍州进行查处。经核查所告罪名属实，曹翰罪当弃市（当街斩首），宋太宗念其有功，网开一面，特旨只削夺在身官爵，命御史台派遣吏员押送登州监视居住，其所盗用官物及侵占、擅自挪用、征收的财物全部上缴国库。

由此可见，曹翰贪污搜刮是导致汝阴县城迁往城外的主要原因。县令是地方官，要保护老百姓的利益，跟曹翰会产生矛盾和冲突。我们看到县令可以直接进京告御状，对曹翰之类的贪官是个极大的牵制。为了不让县令了解真情，处处掣肘，把县衙迁出城外是一个很好的办法。但是，令他想不到的是：只要他敢做坏事，他身边的人个个都是监督员。在孙崇望指控的罪名中，有判官山元羽掌管公用造酒，曹翰收取卖官酒的收入据为己有的犯罪事实。这说明判官山元羽也参与了控告，并在关键时刻站出来作证。看来仅靠把汝阴县城迁往城外还不能解决问题，最好的办法是：不要干坏事。

万寿县：万寿长公主的食邑

宋太祖开宝六年（973）十一月，析汝阴县万寿等五乡，于今太和县原墙镇置万寿县。宋真宗咸平元年（998）封给万寿长公主。汉代以皇帝的女儿为公主，姊妹为长公主，姑称为大长公主。此称谓唐、宋延用，到宋徽宗时，改称公主为“帝姬”，郡主为“宗姬”，县主为“族姬”。万寿长公主是宋太宗七个女儿中最小的公主，宋真宗的小妹妹。真宗即位后封为万寿长公主。后来改为随国长公主，下嫁李勖。按当时的规矩，李勖封为驸马都尉，升行。

所谓“升行”，是专指公主下嫁时，为了保证金枝玉叶的公主不向作为臣下的公婆敬礼，而采取的一种荒唐措施，即让驸马爷上升一辈，不是他父亲的儿子，而改为他爷爷的儿子，这样公主就可以与她的公婆抗礼，避免公主向臣下行礼的尴尬。《宋史·李遵勖传》记载：“（真宗）大中祥符间，召对便殿，尚万寿长公主。初名勖，帝益‘遵’字，升其行为崇矩子。”李勖因为娶了万寿长公主，不但改名为李遵勖，而且还升行为爷爷李崇矩的儿子，与父亲称兄道弟了。这不仅悖逆了人伦，而且违反了孝道，因为升行以后，父母就没有享受让儿子请安、尽孝的权力，更不敢要求公主儿媳尽孝了。儿女设法规避责任，不向父母尽孝，在“以孝治天下”的古代，本是大逆不道、应该入刑的犯罪，在宋初竟然以制度的形式规定下来，这真是一个让人不可思议的怪事。

“升行”之制不知始于何时。宋承唐制，史学界称“唐宋不分家”，《宋史》《长编》屡见宋朝官员引唐朝制度进谏、议论国是甚至断狱的记载。“升行”是否也是沿袭唐制呢？但唐、五代的史料中没有“升行”的记载。我们看根据司马光《资治通鉴》有关记载改编的戏剧《打金枝》，唐朝功臣郭子仪第七子郭暖娶代宗的女儿升平公主为妻。郭子仪做寿这天，升平公主不来拜寿，郭暖气愤之下打了公主，并说：“你依仗你父亲是天子吗？我父亲只是不愿做皇帝而已！”公主恼羞成怒，驾车进宫，向代宗告状。代宗说：“他说的是真的。郭子仪如要当皇帝，天下岂是我家所有呢？”劝慰公主，令其回家。如果唐代有升行制度，就不会发生这样的事——因为如果郭暖升行和父亲一辈，公主就可以理直气壮地不给郭子仪拜寿了。所以，升行制度有可能是宋人的“独创”。

其实，这个制度在执行过程中也受到过质疑和或明或暗的反对，就连有些皇帝和公主们也觉得毫无道理。譬如李遵勖娶的这位万寿长公主，虽然丈夫已经“升行”，但在她的公公李继昌过寿时（《宋史》对此事说法矛盾，《公主列传》中说是李继昌过寿，而《李继昌传》则说是公主的生日，应以《公主列传》为准），她还是“以舅礼谒之”，即以拜见公公的礼节为他祝寿。非常意外的是，真宗皇帝听说后，不但没有责怪她“违制”，反而悄悄地派人送去了衣物、宝带、金银、器物等，表示对她的赞成和支持。这说明即使是皇帝和公主，对“升行”制度也并不那么认真执行，反倒是在暗中进行“破坏”。

既然不赞成，干脆废除这个制度不就行了吗？不行，因为这是规矩，是老祖宗传下来的旧制，轻易破不得的。所以，虽然真宗皇帝支持万寿长公主以见长辈的礼节谒见公公，却没有擅行改制。仁宗朝仍旧，英宗享国仅四年，据说曾经议论过此事，但因病未能改正。《宋史·英宗本纪》载：“一日，（英宗）语神宗曰：‘国家旧制，士大夫之子有尚帝女，皆升行以避舅姑（公婆）之尊，义甚无谓。朕尝思此，寤寐不平，岂可以富贵之故，屈人伦长幼之序也？可诏有司革之。’会疾不果，神宗述其事焉。”

神宗皇帝是一位敢于革新的君主，正是他首先明令废除了“升行”制度。《宋史·礼志·嘉礼》：“神宗即位，诏以‘昔侍先帝（神宗皇帝的父亲英宗），恭闻德音，以旧制士大夫之子有尚帝女者，辄皆升行，以避舅姑之尊。岂可以富贵之故，屈人伦长幼之序？宜诏有司革之，以厉风俗。’于是著为令。……公主见舅姑行礼自此始。”《续资治通鉴长编》于治平四年二月壬辰也记载了此事，但没有记载英宗在什么时候说过这话。

我们可以看到，这段话与上一段英宗告诉神宗的话内容大致相同。但我怀疑这很可能是神宗皇帝的杜撰：一是时间不定，“一日（语神宗）”是什么时候？古代帝王的一言一行，都有管“起居注”的官员记录存档，日期是一天也错不得的。漏记即属于重大失误，有关官员是要受处分的。此类谈话并非父子之间的私密，完全不该让有关人员回避，怎么会有“一日”这样不确定的文字？二是这段话述自神宗，无人可证。英宗既已有意改制，必是考虑已久，且事关人伦大节，为什么当时没有实行？《宋史》说“会疾不果（偏巧因病没能实施）”，令人怀疑。因为此事虽然关乎人伦大节，但毕竟只是皇族内部事务，牵涉范围并不大，而且不需要怎么讨论，只需下达一道口谕，自有中书省、礼部草拟圣旨，顷刻可办，不必留给后人。神宗不就是命令“著为令”就办结了吗？所以我们认为神宗皇帝说“先帝”意欲改制，很可能是为了减少反对派的阻挠，使改制顺利进行。因为先帝的遗愿一般大臣是不敢妄加非议的。这其实是古代改革家“托古改制”手段的袭用，只是为了减少改革的阻力而已。事实证明这样的改制最容易成功。神宗时代的变法，恐怕只有这次改革贯穿始终，没有遭到任何方面的反对。

不管怎么说，从宋初沿用到神宗初年的荒唐的“升行”制度，到了神宗即位之初，终于废止，只给后人留下一个笑柄和一段谈资。

从《宋史·公主列传》看，万寿长公主是个很低调、重情义、有孝心的人。她敢于打破旧制给公公庆寿，就说明了这一点。李遵勖门下宾客都是当时很有名的人物，每当李存勖宴请他们，万寿长公主都要亲自到厨房监督饭菜的准备、制作情况。李遵勖在许州突然发病，她听说后立即让人驾车送她去看望，身边的人告诉她：按规定应该奏报皇帝，经许可后方能前往。长公主根本不听，只带了五六个人就匆匆忙忙地上路了。真宗皇帝一听，急忙派内侍太监让沿途各县派巡逻兵护卫公主的车驾。李遵勖死后，公主在居丧期间一直是一身缟素。到服丧期满，也不再穿着华丽的服饰。一次真宗在内殿宴请皇亲，见她穿得如此朴素，就亲手给她簪花，被她谢绝了。其实，真宗为她簪花，大概是想试探她是不是有意再嫁。见她态度如此坚决，只好作罢。

万寿长公主非常仁慈。曾经有盗贼进入公主的府第，真宗命令官府抓捕犯人。公主怕官府严刑逼供办了错案，就自己私下里拿钱悬赏，最后果然抓住真贼。她又请求皇帝不要判盗贼死刑。还有一次洗浴时摔伤了右臂，她只说自己身体虚弱，不怪别人，免去了婢女们的一场无妄之灾。

万寿长公主于仁宗皇祐三年（1051）逝世，享年六十四岁。追封齐国大长公主，谥献穆。徽宗改封荆国大长公主。政和年间改称献穆大长帝姬。

北宋一代，颍州虽为小郡，但其地紧邻京畿，水上交通便捷，是许多初入仕途的官员向往的美地，也是高级京官贬官时的首选之地。宋代乃至整个中国历史上特别著名的人物如蔡齐、晏殊、欧阳修、吕公著、范仲淹（病故于赴任途中）、苏颂、苏轼（东坡）、周邦彦等，都相继出任颍州知州或顺昌府知府。南宋绍兴十年（1140），知府陈规率领顺昌民众，与东京副留守刘锜所部三万八字军协同作战，重创败盟南犯的金兀术十五万精锐劲旅，挫败了金兵的嚣张气焰，遏制了金兵南侵的势头，为南宋小朝廷赢得了数十年偏安江南的时间。这也是颍州（顺昌府）民国以前历史上唯一一次值得骄傲的重大胜利，史称“顺昌大捷”，名列“影响中国的一百次战争”之一。

【人物】

王　臻　字及之，颍州汝阴人。初以文见曾致尧，曾叹曰：“颍、汝固多奇士。”举进士第，为大理评事，历知舒城、会昌县，通判徐、定二州，以殿中丞知兖州，特迁监察御史。迁殿中侍御史，擢淮南转运副使。徙知福州，治理有方，民俗为变。仁宗即位，迁提举在京诸司库务，历三司户部、度支副使，擢龙图阁待制、权知开封府。当时有奸人自称皇城司刺事卒（京城便衣警察），诈民钱财，王臻得其主使者，刺配、流放三十余人，都下肃然。官至右谏议大夫、权御史中丞。刚严善断，所至有风节。

王　回　字深父（一作“深甫”），即王安石《游褒禅山记》中的“长乐王回深父”。父官颍州，死后葬于汝阴，遂定居于此。举进士及第，不肯为官，退居颍州。治平二年（1065），命为忠武军节度推官，知南顿县，诏未至颍州，病逝。弟王向（字子直）、王冏（字容季），均长于诗文，皆早逝。

焦千之　字伯强，先世颍州焦陂（今阜南县焦陂镇）人，以文学受知于欧阳修。时吕公著为颍州通判，聘焦千之教授其子。熙宁中，授集贤校理，知无锡。后吕希纯知颍州，为建第于南城，人称“焦馆”。

王　铚　字性之，汝阴人。高宗南渡时，为浙西幕僚，作《守备策》，献于帅，后皆应验。著有《默记》《七朝国史》等书。

王廉清　王铚之子。以学问著称。家藏书极丰，秦桧子秦熺倚势欲强夺之，且许以高官，王不从。著有《广古今同姓名录》、《新乾曜真形图》等书。

王明清　王铚次子。著有《挥麈录》《投辖录》等。

第十五章　金：沦陷和归属

（1162—1234）

顺昌府自南宋绍兴三十二年（1162）入于金，复改为颍州，属南京路。

颍州　今阜阳老城。辖县四：

汝阴县　今阜阳老城。旧有万善镇，后废。仍有十镇：永宁、漕口、王家市、栎头、永清、椒陂、正阳、江陂、界沟、斤沟。【按：《金史·地理志》以此十镇属颍上。但对照旧地名，此十镇大多在汝阴县（含今颍上、太和、界首、临泉部分地域）境内，颍上县不可能辖有如此广大的区域。道光《阜阳县志》以此十镇为汝阴县所有，或是，说见下。】

颍上县　今县北十二里店。元光二年（1223）十一月改隶寿州。

泰和县　今太和县旧县镇。

沈丘县　今临泉县西古城。有武丘（今河南沈丘县纸店镇）。镇一：永安（今阜南县王堰镇永店）。有界沟驿（今界首市沙河南岸）。

【疆域】

东到利辛县刘集镇东界，南到淮河（淮河以南属宋），西到临泉西界，西北到河南沈丘县东部，北到界首、太和北界。

四邻：东北，亳州城父；东，寿州蒙城、下蔡；南，宋安丰军霍丘、光州固始；西，蔡州褒信、新蔡、平舆；北，陈州项城、亳州鹿邑。

【正误】

《中国历史地图集》以涡阳建县（1864）以后的地界划颍州汝阴、泰和的东界，将今临泉鲖城镇、关庙镇一带划入蔡州，今河南沈丘县南部、东部划入陈州，均误。

【国史掌故】

金人的远祖，很早就居住在东北地区的三江（黑龙江、松花江、乌苏里江）平原。夏商周秦直至西汉，名为肃慎。东汉时期改为挹娄，南北朝时期改名勿吉，隋唐为靺鞨。此时版图稍为扩大，但无人统一全境，不能形成强大的势力。在五代时期崛起，分为黑水靺鞨和女真。到北宋时代，由于不堪辽国的欺辱，族群合并，称为女直，建立金国，骤然强大起来。他们本来只是为了抗击辽国，保持民族独立，不料辽国不堪一击，很快就败下阵来。尝到甜头的金人立刻全力进攻，很快就灭掉了辽国。而他们原先指望的盟友、对辽国怀有深仇大恨、约好合击并瓜分辽国的宋王朝，在腐朽透顶的大辽国军队面前仍然是一触即溃，根本无力履约，却企图瓜分胜利果实，被金国理所当然地拒绝了。金国不仅占领了辽国的全部领土，还向宋发起进攻，突破黄河防线，直逼宋王朝首都汴梁。靖康元年（1126）冬，金兵攻破汴京，俘虏了徽钦二帝，北宋灭亡。

金人虽能打垮两个庞大的帝国，却无力统治这片庞大的国土。为了便于统治，他们在开封另立了一个国号为楚的伪政权，伪皇帝就是前宋朝太宰兼门下侍郎张邦昌。不过张邦昌对这个“维持会长”不感兴趣，金人一走他就脱下皇袍，取消帝号，并迎请元祐皇后还宫主政，根本不承认自己是楚国的皇帝。1127 年宋徽宗的第四个儿子康王赵构在南京（今河南商丘）称帝，是为宋高宗。张邦昌赶紧找到宋高宗，陈述自己不愿当汉奸、坚决拒绝当伪楚皇帝的事实，得到了宽恕。但是，这一举动惹恼了金人，不久金兵继续追击，赵构仓皇南逃，一直逃到温州海边，时刻准备下海远走。

与赵构的消极逃避不同，宋军各地将领韩世忠、岳飞、张浚、张俊、吴玠、杨沂中等大将率军重创金兵，在金人占领区的各路义军也纷纷组织抵抗，袭扰敌人的后方，切断后勤供给，金人无奈只好放弃彻底消灭宋王朝的打算，退回北京。这一次，他们扶持了主动投怀送抱的前济南知府刘豫为大齐皇帝，史称伪齐。伪齐在金人的支持下，占有了黄淮之间的大片土地，主动替金人“堵枪眼”，成为金国在这一地区掠夺和压榨百姓的走狗。刘豫比张邦昌要“称职”得多，他主动进攻南宋，试图“建功立业”，博得金人的好感。但是他不得人心，又愚蠢无能，每次向南进攻都以失败而告终，偶尔得到一点地盘，又很快被宋军夺去。他向金人求助，不想金人养狗本来就是叫它咬人的，现在反过来叫金人自己去咬，金人不需要这样的蠢材，就于 1136 年撤了他的伪齐，改封他为蜀王，又改封曹王，把他安置到临潢府（今内蒙古巴林左旗东南波罗城），任他自生自灭。时为南宋高宗绍兴六年。此前一年，被掠北去的宋徽宗赵佶刚刚死在金国的五国城（黑龙江依兰县，在省会哈尔滨东北）。

伪齐撤销后，金人在主和派宰相完颜挞懒（完颜昌）等人的主持下，打算议和，要把黄河以南的地方都让给宋，以换取两国边界的和平。和谈协议都已经签好，宋人已经做好了接收的准备，主战派完颜宗弼（金兀术）等大臣发动政变，杀死了主和派大臣挞懒等人，并分兵三路，大举南侵。中路军由金兀术亲自率领，一路南下，势如破竹。但是，当金兵的前锋到达顺昌府（阜阳）的时候，却被路过此地、准备前去东京任副留守的刘锜打败。金兀术大怒，亲率大军从陈州（河南淮阳）兼程赶来，包围了顺昌城，信心满满地准备消灭刘锜和他属下的八字军。不料被刘锜打败，南侵以来金兀术所仰仗的“王牌部队”铁浮屠（坦克部队）、拐子马（两翼突击骑兵部队），被刘锜一一破解，毫无反抗能力，简直就是八字军案板上待割的鱼肉。金兀术百计攻城不下，只得狼狈逃回开封。这就是中国历史上有名的“顺昌大捷”，在军事史上具有很高的地位。

此后金兀术又发动多次南侵，都被击败。金兀术死后，暴虐荒淫的海陵王完颜亮杀死皇帝金熙宗完颜亶，自立为帝。1153 年迁都燕京（今北京），后又迁都开封。1161 年，完颜亮分四路大举南侵，他自己亲率大军经寿州（今凤台）直抵和州（和县），大败宋军后开始渡江。此时金国内乱，完颜亮的堂弟完颜雍在东京（辽阳）称帝。跟随完颜亮南征的将士大批从前线逃回，完颜亮仍坚持攻宋。此时南宋的著名将领都已亡故，宋高宗赵构急忙任命刘锜为江淮浙西制置使，节制诸路军马，指挥战斗。刘锜在顺昌大捷之后一夜成名，宋高宗赏赐特厚，引起了一些将领的嫉妒，很快就被张俊（就是秦桧“仨相好”之一，经商的本事远胜于军事才能的将军。有学问的将军称为“儒将”，而张俊则是典型的“商将”，或称“贾将”）、杨沂中等人排挤，解去军权。岳飞上书说刘锜是有功的武将，不能让他久离军队，赵构不听，打发刘锜到湖南、江西境内任知府、知州，很多年都没有带过兵。完颜亮南侵时，刘锜年龄已老，又体弱多病，到战场上一病不起，全部大军由一个前来犒军的军事参谋虞允文临时指挥。幸亏虞允文非常老练，临事不慌，先稳定军心，然后指挥部队烧毁金兵战舰，淹死金兵无数，使完颜亮的渡江计划落了空。完颜亮移兵扬州，虞允文又到镇江堵截。完颜亮急于渡江取胜后再回军跟完颜雍争夺帝位，情急之下命令全军三日内必须全部渡江，否则一律处死。走投无路的金兵将士们遂发动兵变，杀死完颜亮，与宋军议和后撤军。此时宋在淮北的地盘大都已经失去。

与金在辽后方崛起非常类似，金国的后方又崛起了新的势力——蒙古。于是金灭辽的故事又一次上演，不过这次攻守易位，金人成了挨打、被灭的角色。公元 1206 年，孛儿只斤·铁木真统一了蒙古各部，自称大可汗，后人称为成吉思汗（意为“拥有海洋四方”），建立了蒙古汗国，然后就开始向金国发起进攻。1211 年，蒙古军南下，大败金兵，进围中都（今北京）。昔日强悍的金军此时不堪一击，只得求和。蒙古军北撤。1214 年金人迁都开封，蒙古人以为金人想躲避自己，随即出兵攻下中都，并占领了今山东、河北以北直到辽东的广大地域。此时的蒙古，主要兵力都由铁木真率领，集中西征，他们灭西辽（金灭辽后，契丹残余势力在中国西部和中亚建立的辽国）、花拉子模，入谷儿只（今格鲁吉亚），击败斡罗思（俄罗斯）联军。在完成一系列军事行动后，回到蒙古本土。在西征的同时，铁木真派骁将木华黎进攻金国的陕西、河南一带。木华黎和铁木真先后去世，窝阔台继承汗位，继续灭金和西征的战略。公元 1233 年，在元军的凌厉攻势下，金哀宗从汴京逃往蔡州（河南汝南县）。1234 年春，元兵攻陷蔡州，金国灭亡。

【建置简考】

一、顺昌府何时陷入金？

顺昌府在淮河北岸，处于宋金反复争夺的风暴中心，属北属南，很难确定。我在《阜阳考古录》中没有经过仔细认真的考证，就认定颍州顺昌府于南宋绍兴三十年失陷，其实是不准确的。原上海杨浦区业余大学副校长张家琦先生《安徽阜阳地区史略》则认为绍兴十一年宋金就是以淮河为界，阜阳在淮北，自然属于金国。这种说法更缺乏依据，恐怕没有对有关史料进行过详细考证。事实上，宋金在这一带展开了长期的拉锯战，一直没有固定属宋或金，直到绍兴三十二年才入于金。

《金史·完颜亮本纪》：正隆六年（1161）四月“戊申，诏汝州百五十里内州县，量遣商贾赴温汤置市。诏有司移问宋人，蔡、颍、寿诸州对境创置堡戍者。”正隆六年当宋绍兴三十一年，金主完颜亮准备南侵之前，对宋金边境地区进行视察，发现宋国辖区、与金国接壤的蔡、颍、寿诸州竟敢设置堡垒，就命令手下的官吏发文责问宋人。由此可见，此时颍州及其左邻右舍蔡州（河南汝南）、寿州还都属宋。

道光《阜阳县志》卷一《舆地志·沿革表·金·阜阳县》“为颍州，属南京路。”并注（以下为小字双行夹注）：“按：世宗大定元年，夹谷清臣迁镇国上将军，知颍顺军事，此金有颍之始。”是据夹谷清臣封为“知颍顺军事”断定颍州入金在大定元年（1161），即正隆六年、宋绍兴三十一年。若按此说，颍州还是在绍兴三十一年入金。但这其实是个误会，

“颍顺军”不是颍州顺昌军的合称，而是另有其地。《中国历史地名大辞典》第2586页：“颍顺军　金初置，治所在阳翟县（今河南禹州市）。大定二十二年（1182）改为颍顺州。”颍顺军在今河南禹州市，不能作为颍州被金人占领的依据。

那么，顺昌府何时入金的呢？

明嘉靖《颍州志》卷一《郡纪》：“（绍兴）三十一年（1161，金完颜亮正隆六年）五月乙卯，知顺昌军孟昭率部曲来归。”这里记错了时间。《宋史·高宗本纪》绍兴三十二年五月“乙卯，知顺昌军孟昭率部曲来归。”据此，孟昭归宋不在绍兴三十一年而在三十二年。《续资治通鉴》记载得更为详细：绍兴三十二年、金大定二年五月“乙卯，忠州团练使、知顺昌军孟昭率部曲来归，居固始县。以昭为光州兵马钤辖，其徒皆授田居之。”大概此时金人才攻取顺昌军（颍州），知军孟昭抵挡不住，带领部属渡淮奔宋，宋国安置了他和手下的部曲。固始县在淮南，顺昌军在淮北，孟昭被安置在固始县就进入了宋国的领土，标志着宋放弃了顺昌军。可见顺昌军陷于敌手是在绍兴三十二年（1162）。

张家琦先生以为知顺昌军孟昭是金将：完颜亮在扬州被杀死后，“金朝的颍、寿二州巡检高显献寿春府降宋。公元1162年二月，金人又攻顺昌府，孟俊又把他们打退。……五月，金朝知顺昌军孟昭率领他的部下投顺宋朝。”（《安徽阜阳地区史略》第八章）这显然是自相矛盾的。完颜亮南侵的时候，“江州统制李贵、忠义首领孟俊复顺昌府”（《宋史·高宗本纪》），这是顺昌府又回到大宋的最近记载。此后顺昌府没有落入金人之手的记录。又，《高宗本纪》：（绍兴三十二年二月）“辛亥，金人复犯顺昌府，孟新拒却之，寻亦弃去。”请注意：这里“寻亦弃去”的主语是金兵而不是孟新；“三月……癸卯，成闵遣统制杜彦救淮宁，击败金人于项城县。”宋时淮宁即陈州淮宁府，今河南淮阳；项城即今河南沈丘，均在阜阳西北。宋军“救淮宁”，说明顺昌以北还是宋人的地盘。另外，《续资治通鉴》载孟昭为“忠州团练使”，也可以看出他是宋将：忠州在今四川忠县，属于宋国，金人不可能把敌方的地盘授予自己的将军。还有，“顺昌军”也是宋人的称呼，金人则称为“颍州”，上引“金朝的颍、寿二州巡检高显献寿春府降宋”是其证。所以综合考察，孟昭是宋将，他带领部曲归宋，是因为金兵来侵，无力抵抗的缘故。他归宋以后，顺昌府才最后沦陷。

顺昌府入金以后，又降为州，此后的记载就都称颍州。《金史·宣宗本纪》：兴定五年（1221）十一月“壬寅，宋人焚颍州，执防御判官而去。”

二、颍上的归属及十镇之谜

《金史·地理志》颍上："元光二年（1223）十一月改隶寿州。"这是颍上第一次也是唯一一次改属寿州。查《金史·宣宗本纪》，此时宋金边界仍不太平，九月还有宋军攻入寿州，为什么把颍上划归寿州，的确难以理解。这里提出来供读者参考，并请指点迷津。

《金史·地理志》并记颍上有十镇。由于古今地名的变异，此十镇到清道光《颍上县志》已大都不能说清其确切所在了。下面仅就可考者加以注明：

永宁：不详。

永清：不详。按：道光及民国《颍上县志》都有"永兴集"，民国志注："俗名新集"，即今颍上西北四十五里新集镇。又，道光、民国《阜阳县志》也有永兴集，即今利辛县永兴镇，在利辛县王市镇西南，阜阳市插花镇东北。颍上十镇既有王家市镇，永兴镇也应该属颍上，或也是永宁、永清之一。但不知何为永宁，何为永清。《金史》记此十镇非常混乱，东西相随，南北相接，不可能根据其前后顺序推测哪个永兴是永宁，哪个永兴是永清。

漕口：今颍上县南照镇。民国《颍上县志·舆地书下（乙）沿淮市镇·（一）南照集》："本市原名漕口镇。相传赵宋都汴，南粮由淮北运，穿清河入颍河以达于汴。市濒清河口，故名漕口镇。其创设甚古，确切年代亦无自考定。市西首《东岳碑记》有云：'南照集古漕口镇也，临淮水，水之阳有庙祀东岳神，创于唐，沿于明。'"而据明·正德《颍州志》，漕口镇是楚灵王开浚通商渠（即清河）后，为了观赏淮水激荡之势所建的集镇。民国《颍上县志》说"其创设甚古"，并非没有依据。

王家市：今利辛县王市镇。本汝阴县地。

栎头：不详。旧志中没有与栎头相近的地名，阜阳西有栗头店（今颍州区九龙镇），旧志中偶作"栎头店"。但这个栗头店绝不可能越过汝阴县而属于颍上。

椒陂：今阜南县焦陂镇。本汝阴县地。

正阳：亦名西正阳，在今颍上县赛涧回族乡西南。

江陂：今颍上县江口镇。

界沟：今利辛县展沟镇。道光《颍上县志·舆地·道里》："北　至本县界沟五十里。"《名川》：（西肥水）"其正流又东经太和县东北，又东南至阜阳县东北，又东南至界沟入本县北界，折而东北八里至杨村桥（凤台县杨村镇西南杨村集）"，经比对，此"界沟"正是现在利辛县南部的展沟。

斤沟：道光《颍上县志·水利·沟洫》："新沟 县西北。邑人李璐浚，导萧家洋水入颍。"此新沟当在新集附近。或即斤沟。民国《颍上县志·舆地书上·沿革考十九》："至《金史》载颍州十一镇，颍上县下注十镇：……斤沟，太和东南有斤沟镇，今名斤沟站。"所考有误。斤沟今属太和县阮桥镇，在倪邱东南不到十里，距金泰和县（今泰和县旧县镇）直线距离22公里，距王市镇直线50公里，到颍上县城还要加六十多公里，远超本地县境。所以太和的斤沟肯定不属颍上。

清道光《阜阳县志》卷一《舆地志·沿革》则以此十镇为汝阴县辖镇。如果按照这个说法，那么，除个别地名外，均与前代地名相合，完全不须牵强附会：永宁，未详。或即永兴集，道光《阜阳县志》记载在阜阳县北一里（里为区划），民国《阜阳县志续编》属袁集镇；漕口，即今颍上县南照镇。正德《颍州志》著录属颍州（古汝阴县）；王家市，即今利辛县王市镇；栎头，即今颍州区九龙镇，旧名栗头店，亦作"栎头店"；永清，当即颍泉区闻集镇永集村，唐初在此建永乐县，属信州；椒陂，即今阜南县焦陂镇；正阳，即今颍上县赛涧乡南的颍河入淮处。正德《颍州志》记此地属颍州。虽很奇怪，但旧志俱在，可以查考；江陂，今颍上县江口镇。与颍州接界，当时或属汝阴县；界沟，今界首市区沙河以南部分；斤沟，今太和县阮桥镇斤沟村，因为在太和县宋唐河入茨河的河口处，古代是太和的经济要地。

以上这些地方历史上都曾经属于汝阴县，一些地方如栎头、界沟、斤沟等地更远在汝阴县的西、北，不仅里程遥远，而且与颍上还隔着汝阴县，不大可能属于颍上。道光《阜阳县志》于《沿革表》后有《沿革考》十八节，所有历史疑点均详加辨正，唯独于此"十镇"归属未作任何辨析，就直接列入汝阴县下，说明编者所见《金史·地理志》与现在的通行版本不同。编者所据版本中，此十镇属于汝阴县。这应该是正确的。连颍州属县沈丘都有一镇（永安，今阜南县王堰镇永店村），州治汝阴县却没有，而颍上县反倒有十镇，而且分布在汝阴县的周边，这在地理上是不合逻辑的。

三、沈丘西北界考

过去在研究明朝颍州建置时，我对于颍州西北界（旧沈丘县境）在划归河南沈丘县之前到底在何处，一直无法断定，主要是旧沈丘县北界是否到达颍河以北不能确定。现在，根据《金史·地理志》"沈丘有武丘"，可以确认明以前的颍州沈丘北界到达颍河北岸。关于这一点，在介绍明代建置时将详细考述。

《中国历史地名大辞典》："武丘 即丘头。在今河南沈丘县东南四十里颍水北岸。”又“丘头　一名武丘。在今河南沈丘县东南四十里颍水北岸。《三国志·魏书·陈泰传》：甘露二年（257），‘诸葛诞作乱寿春，司马文王（昭）率六军军丘头，泰总署行台’。”根据《河南省通用地图册》和网上资料，对照《大辞典》的里程，武丘应该就在今河南沈丘县纸店镇。《大辞典》漏掉了武丘、丘头一地异名的原因。《晋书·文帝纪》：甘露三年“夏四月，归于京师，魏帝命改丘头曰武丘，以旌武功。”《三国志·魏书·三少帝纪》：甘露三年三月，魏帝曹髦下诏：“克敌之地，宜有令名，其改丘头为武丘，明以武平乱，后世不忘，亦京观二邑之义也。”可见此地本名丘头，曹髦下令改为武丘，以纪念司马昭平定诸葛诞的胜利。根据这些材料，本地是先名丘头，后改武丘，不是一个地方同时有两个名字。

《水经注·颍水》：“又东迳丘头。丘头南枕水。《魏书·郡国志》曰：宣王军次丘头，王凌面缚水次，故号武丘矣。”此则以司马懿破王凌时所改。郦道元所据的《魏书·郡国志》失传，而据《晋书·宣帝纪》：“（魏齐王曹芳嘉平）三年（251）春正月，王凌诈言吴人塞涂水，请发兵以讨之。帝（司马懿）潜知其计，不听。夏四月，帝自帅中军，泛舟沿流，九日而到甘城。凌计无所出，乃迎于武丘，面缚水次”，最后在贾逵庙里服毒自杀。但是，此后并没有丘头改名的记载。而且司马懿自从杀害了王凌以后，到六月就生病，梦见王凌、贾逵索命，不久就死了，还没来得及搞这一套。这里的“武丘”可能是后来追记的。《三国志》和《晋书》都记载是魏帝曹髦为司马懿平定诸葛诞、毌丘俭的叛乱而改的地名，应该是可靠的。至于时间有一月之差，当以《晋书》为准。因为根据《三国志》，三少帝时政治混乱，宫廷里的一些档案都不能很好地保存下来，甚至当时的一些建置都没有记录，或记录后未能保存，所以三国无《地理志》；而司马懿家族因为内部稳定，而且延续到后世，所以自己家族的一些重大事件可以很好地记录、保存下来，故而相对比较可信。

沈丘既“有武丘”，说明今河南沈丘县东部、颍河北岸有地属颍州沈丘。

第五编

合奏第四曲：版图扩张

第十六章　元：行省的设置和繁复的机构

阜阳元初为颍州，属河南江北等处行中书省汝宁府。

颍州　今阜阳老城。辖县三（汝阴县撤，其地由州直管。后增设颍水县，元末毁）：

太和县　元初废，大德八年复置，移治于今址（太和县城关镇），改名太和。

沈丘县　今临泉县古城。元初废，大德八年复置。元末废。有界沟驿（今界首市沙河南岸）。

颍上县　今县北十二里店。元初废，大德八年复置。

颍水县　今阜南县地城镇，元文宗至顺元年（1330）设，至正十一年（1351）废。

【疆域】

东到西淝河，南到淮河，西到临泉西界，西北到河南沈丘县纸店镇，北到界首、太和北界。

四邻：东北，归德府亳州城父；东，安丰路蒙城、下蔡；南，安丰路寿春、霍丘、汝宁府固始；西，汝宁府息州、新蔡、汝阳（府治）；西北，汴梁路陈州项城；北，归德府亳州鹿邑。

【正误】

《中国历史地图集》以涡阳建县（1864）以后的地界划汝宁府颍州、太和东界，将今河南沈丘县南部、东部划入汴梁路陈州，均误。

【国史掌故】

公元1234年灭金的战争，本来是蒙古人与宋人约定联合进行的。但是，宋军在衰败的金人面前仍然是不堪一击，灭金的任务最终由蒙古军独立完成。蒙古人的势力已经伸展到淮河以北，而宋人却在没有经过蒙古人同意的情况下，急于收复三京（东京开封、西京洛阳、南京商丘），遭到蒙古人的反击，惨败而回。蒙古大军主力仍在征服东欧，没有把灭宋摆在议事日程上，只是出动少数骑兵，对南宋开展游击战，骚扰得南宋不得安宁。

蒙古人在征服了中亚地区以后，转向东南，攻下大理国（今云南）和安南（今越南北部），对南宋完成了战略包围。而南宋在宰相贾似道的主持下，对这些懵然无知，依旧在歌舞升平，纸醉金迷。蒙古军分南北两路进攻南宋，朝廷派贾似道指挥抗敌。贾似道根本打不过，自作主张跟蒙古人签订了一系列屈辱的投降条约，蒙古军统帅忽必烈为了回北方争夺汗位，率军撤走。贾似道随即截杀蒙古军落在背后的散兵，用他们（恐怕还要加上一些无辜百姓）的头颅向首都临安报告"击败"蒙古军的"辉煌胜利"，而隐瞒了和敌人签订和约的事实。当蒙古使者要求兑现和约时，贾似道让人把使者逮捕起来，秘密关押在真州（江苏仪征），企图把签订投降条约的情况一直隐瞒下去。

1264 年，忽必烈夺位成功，迁都北京，称大都，开始转向南方用兵。1271 年，忽必烈改国号为"大元"，史称"蒙元""蒙元帝国"，"蒙古"此时只是一个民族的称号。

1269 年，蒙古军进围襄阳。贾似道派出的援军将领范文虎只知道吃喝玩乐，根本不去进攻蒙军。襄阳守将吕文焕坚守五年，最后在敌人的大炮轰破城楼后，开门投降。1274 年，忽必烈开始了对南宋的全面战争。此时宋度宗驾崩，元军攻破鄂州，贾似道出师抵抗，将士不听他的，土崩瓦解，不战自溃。贾似道瞒不过去，只得上表请罪。主持朝政的谢太后方才明白事实真相，但仍不肯难为贾似道。在朝中大臣的多次抨击下，最后只是免去了贾似道的职务，把他贬为高州团练使，发配到循州（广东龙川）安置（监视居住）。押解他的差官郑虎臣的父亲就是被贾似道害死的，他本人也受到连累，贾似道被贬的时候他只是个县尉。前任皇帝度宗的叔叔福王赵与芮痛恨贾似道专权误国，招募敢杀贾似道的人押解贾似道，郑虎臣欣然应募。当他们走到福建漳州，住宿在木棉庵时，郑虎臣把贾似道拉到厕所，杀死了他，然后让当地官员开具一个证明，说贾似道病死在发配途中，回去就交差了。那时候，不知多少本不该死的罪犯甚至无辜被冤的人就这样被仇家害死，《水浒传》中这样的情节绝不是虚构。而杀人者只要交上一张事发地官府出具的凭条（当地官府又不敢不出），回到出发地就可以轻松交差，所以宋朝的押解制度深受世人所诟病。只有这一次，当时和后世的人都拍手称快，很快就被编成故事，在民间流传，进而在勾栏瓦舍里传唱。冯梦龙《喻世明言》中有《木棉庵郑虎臣报冤》，就是这个故事传唱到明朝的话本。

关于贾似道的死，史称“拉杀”，即用手摧折致死，或即电视剧中扭脖子之类，似乎更可信。春秋时代鲁桓公的夫人齐姜跟她的异母哥哥齐襄公通奸，被鲁桓公发现，表示了不满。齐襄公为了杀人灭口，灌醉了鲁桓公后，派大力士公子彭生在鲁桓公上车的时候“拉杀”了他，用的就是这种手法。但是，民间传说却都说贾似道是被郑虎臣用铁锤夯死，连带他的两个儿子也被一齐捶杀。快意之言，未必可信。因为当时谢太后并不想杀他，福王赵与芮想杀他，还要自掏腰包招募勇士，可见杀死钦犯也要担一定的风险。据《宋史》记载，贾似道在流放途中，侍御史孙嵘叟、中书舍人王应麟控告贾似道家藏有皇帝专用的车驾服饰等物，有谋反的迹象，请斩之，有诏追回讯问。但是，这些情节郑虎臣并不知道，他为了自身的安全，在回去交差时必须让贾似道留个全尸，而“拉杀”更像是意外身亡，在当时无法检查出来，所以拉杀是可信的，“捶杀”只是传说。

谢太后惩罚了贾似道以后，派人向元军求和，愿降为藩属国。元宰相伯颜愿意接受投降，派使臣前往临安谈判，不料走到半路被宋将杀害。谢太后吓坏了，忙派人解释误会，请求重新谈判，伯颜又答应了，并且再次派出使者，不料又被“爱国”将领给杀掉了。这下伯颜不再给机会，直接发兵进攻。宋军一触即溃，元军兵不血刃就攻进临安，谢太后和尚在幼年的小皇帝投降。侥幸逃脱的小皇帝的哥哥赵昰在众大臣的推戴下，在福州称帝，在母亲杨太后的主持下，号召继续抗战，但大势已去，在元兵的追击下一路南逃，最后逃到广东湛江东南的矿洲，赵昰病死。陆秀夫、张世杰等又立赵昰的异母弟赵昺为帝，继续抗敌。大宋的君臣军民都驻扎在崖山（广东新会南），还有20多万人，坚持了一年。第二年（1279），元军发起海陆总攻击，宋军溃败。陆秀夫背上小皇帝跳海而死，张世杰率领残部突围，遇上杨太后，当太后听说赵昺也死了，悲痛地说：“我忍死艰关至此者，正为赵氏一块肉尔，今无望矣！”也投海自尽。张世杰辗转前往广州，海上遭遇飓风，也坠海身亡。

崖山海战是世界海战史上最惨烈的一场战役。据史料记载，交战的当天，风雨交加，宋元两军在珠江口西面的崖门银洲湖海面上，进行了殊死决战，海面被鲜血染红，近二十万南宋军民或战死或投海，壮烈殉国。据《宋史》记载，七日之后，海上浮尸十余万具。如此多的人为穷途末路的宋帝国殉难，数百年后读到这段令人揪心的历史，仍然是唏嘘不已！

陆秀夫背着小皇帝跳海的故事在民间流传。人们不甘心赵宋王朝就这样断了根脉，也不愿意忠臣陆秀夫、张世杰就这样葬身汪洋，更不希望异族统治者就这样在中国持续横行下去。于是整个元朝统治时期，大家都说陆秀夫、张世杰保护着小皇帝赵昺逃到了日本，随时准备复国。这个传说，成了元末农民起义的精神支柱。韩山童、刘福通领导的红巾军，一度国号大宋，就是以恢复大宋为号召。

元朝是一个空前广阔的帝国，统治着吐蕃王国，察合台、窝阔台、钦察、伊尔四个汗国和中国本部［包括宋、金、西夏、大理（以上是秦汉时代中国本部）和蒙古本土］。整个蒙元帝国的总领导人——大汗，也称皇帝，驻跸北京，其他王国、汗国实行自治，只在一些原则问题上参与蒙元帝国的国政，接受帝国的领导。

蒙元帝国把人分为四等：蒙古人、色目人（中亚人）、汉人（原金、夏统治区的人民，但不包括黄淮之间南部地区）和南人（南宋统治区以及黄淮之间南部地区的人民）。元朝统治者只依靠蒙古人和色目人，对于汉人和南人，根本不当人看，奴役虐待，等同畜生。所以元朝建立以来，汉人和南人的反抗，一天也没有停止过。就连忽必烈在位的时候也不例外，一点也不像那些"媚元""哈元"的所谓"主流"历史学家所描述的那样政治清明，儒教昌盛，民族团结，社会安定。事实上，元蒙统治阶级对于儒学的尊崇，只不过是某个皇帝的暂时行为，远不如他们对喇嘛教那样始终如一，顶礼膜拜。"蕃僧"的地位甚至超过王子王妃，而汉人始终不过是他们的下等奴隶！

民族歧视和民族压迫最终是要付出代价的。即使在元朝统治最稳定的时代，其实也并不太平。元末农民起义领袖、今河北栾城人韩山童的祖父韩学究因为建白莲会（后来称为白莲教），吸纳了很多教徒，元朝政府嗅出了其中的危险因素，以"烧香惑众"的罪名把他发配到广平路永年县（今河北永年县广府镇，当时是广平路的首府）监管。但是，这并不能阻止白莲教的发展和传播。到了韩山童本人掌教的时候，他吸收了明教的教义，打出了明教的旗号，开始宣传天下大乱，弥勒佛降生，明王出世，老百姓只有敬奉弥勒佛、跟着明王才能得救的教义，受到广大受压迫民众的热烈欢迎，在元朝境内迅速传播，吸收了很多教徒，明教成了一个组织人民群众反抗元朝暴政的革命团体。韩山童后来起义时的得力助手刘福通，就是颍州（今阜阳）的明教教首。

元朝末代皇帝妥欢帖睦尔至正某年，刘福通决定于中秋节在颍州聚众起义。当时，蒙古人把二十家编为一甲，一家有"罪"，二十家连坐。甲有甲主，就是这个甲的奴隶主。他把持着这二十家的生计，所有可能成为武器的铁器、农具、工具，都由他一人收管，连菜刀都是二十家共用一把，用铁链子拴在一间屋里，想用的时候只能在那间屋子里用。刘福通想要弄到兵器，必须找甲主“借”。为了不惊动甲主，刘福通把起义的日期定在中秋节那天。中国人都有在中秋节前互赠月饼的习俗，刘福通为了通知外地的“亲戚”，约定联合起事，在月饼中夹带纸条，上写“八月十五杀鞑子”，通过走亲访友的方式把起义的日期定了下来。

中秋节这天，恰好有一家要娶媳妇，人们都聚集在这个结婚的人家，帮着操办喜事。由于金人对颍州（顺昌府）占领较晚，而且宋人反复前来争夺，属金国的时间很短，所以元军夺取颍州后，把这里的人民视为“南人”（过去史学界以为淮北地区都属金国，所以都被蒙古统治者当成“汉人”，其实是错误的。淮北地区属于宋金激烈争夺的地区，蒙古人并不把这里的人民当成“汉人”），而他们对于“南人”比“汉人”更为歧视。蒙古甲主对“南人”是有初夜权的，他要霸占辖区内所有新娘的初夜。那时候人们结婚还是在晚上，中秋这天晚上甲主来到新郎家，傲慢地坐在首席，吃饱喝足后就要进入洞房，被愤怒的人们活活打死。接着，人们涌到甲主家中，杀死了他一家老小，取出各种适合做兵器的刀枪棍棒，举旗造反。这个情节在正史中没有任何记载，但在民间广泛流传，北到河北、内蒙古，南到广东、台湾地区，都知道这个故事。所以直到现在，制作月饼的时候还要夹上纸条（当然不再写字）以示正宗，就是从那个时候留下的遗制。柏杨先生的《中国人史纲》也把这个故事写进书中，当然情节有一些的不同，我所讲述的是从先父那里听到的。

中秋节起义很快被镇压下去，刘福通在本地无法立足，就逃到广平路永年县韩山童那里躲了起来，决定利用明教的徒众，发动更大规模的起义。至正十一年，元丞相脱脱启用贾鲁为工部尚书、总治河防使，修治黄河。黄河在上古、中古时期，都是向北流入渤海。辽金时期，由于战祸频仍，黄河长期无人修治，经常向南泛滥，于是改道南流，形成了一条从今河南淇县向南，曲折经鲁西南、皖东北、苏北流入淮河的新河道。这条河道逐渐淤塞，抬高了淮河的河床，阻断了淮河下游的入海口，给淮河中下游地区带来了巨大的灾难。脱脱让贾鲁治河，就是要把黄河改回故道，让它重新向北流入渤海。这件事对淮河流域的人民来说是好事，但时机不对，因为他选择在元政府大量征发徭役，人民疲惫不堪，人心思变的当口。当年的四月初，元朝廷征调汴梁、大名等十三路民夫十五万，庐州等地戍军两万，开河二百八十余里，企图把黄河改归故道。韩山童、刘福通得知这个消息，暗中凿了一个只有一只眼的石人，背上刻了两行大字：“莫道石人一只眼，此物一出天下反”，偷偷埋在治黄工程必须经过的地方，然后通过信徒四处散布童谣说“石人一只眼，挑动黄河天下反！”当民夫们挖到石人时，立即挥动手中的治河工具，砸向监工的官兵。这就是著名的元末“黄泥岗起义”，虽然因遭到元军的镇压而失败，韩山童也被捕牺牲，但由于规模巨大，官府报告到了朝廷，在官府的档案中留下了记录，引起了高层统治者的震动。所以这次的影响力和号召力远超之前的中秋节起义，并迅速在全国掀起了反元浪潮。各地的起义军都打出明教的旗号，杀死元朝的官吏，建立组织或政权，汇聚成强大的反抗暴政的革命力量。同时，一些地主武装、反动军阀也都乘势而起，或保卫元朝，或割据一方，互相之间纷争不已。经过十多年艰难的征战，刘福通、韩林儿都相继被害。但是，革命的烈火并没有被扑灭，而是越烧越旺。属于红巾军的一支——朱元璋所领导的起义队伍逐渐发展壮大，在先后消灭了红巾军中的异己势力、背叛势力和江南、江淮的反动军阀后，大举向蒙元帝国进攻，终于在1368年推翻元朝的残暴统治。

在元末的社会变化中，颍州人发挥了很大作用。颍州人刘福通和沈丘（临泉）人察罕帖木儿父子站在截然相反的立场，进行了殊死的斗争。他们的事迹，笔者在文化部、财政部支持的“文化共享工程”讲演时进行过仔细研究，将与其他颍淮风云人物研究一起结集出版，这里从略。

【国家建置】

元朝疆域辽阔，统治极不方便。为了便于对地方上的管理，元朝实行的是一套复杂的管理制度，牵涉到多层建置，必须展开详细讲述。

首先，京畿地区属“中书省”，也叫“腹里”；地方上最高行政区划是“行中书省”，另外还有“行御史台”。所谓“行中书省”，就是中书省的地方分支机构。中书省本来是朝廷的最高办事机构，从晋代创设，为三省（中书省、门下省、尚书省）之首，直接向皇帝负责，处理机要事务和行政管理；“行”则是“代理”的意思。合起来，“行中书省”就是代理中书省在地方上进行管理。所以，它的官制都照搬中书省的一套，有右丞相（右丞）、左丞相（左丞。元朝先右后左）、平章政事、枢密使、御史中丞等等，政治、军事、监察，一应俱全，全部照抄中央官名，很容易让人和中枢机构混淆。从名称上看，行中书省具有相对独立的权力，而事实上它也确实是属于半自治状态，每一个行中书省都是一个独立王国，只不过官位不世袭，一般大小事务都由地方处理，只有大的变故（如黄泥岗暴动、刘福通攻占颍州等，还有跨区域征发徭役等），地方无力解决，才向朝廷报告。

行中书省简称“行省”，再简称“省”，这就是今天全国省级行政区划名称的由来。

“行中书省”还好理解，“行御史台”可能读者会比较陌生。《元史·地理志》中就有“陕西诸道行御史台”，辖境包括现在的陕西全部、甘肃、宁夏、内蒙古的部分地区。“御史行台”之外，还设有“陕西行中书省”。御史台是监察机构，应该各行省都有，怎么特意在陕西设了个行御史台?莫名其妙。行御史台在明朝称为“御史行台”，明朝成化年间，颍州同知刘节（《颍州志》的编者）因为原住的官舍靠近大街，又狭小破旧，“上雨旁风”（上面漏雨，四下里透风），遂移居旧御史行台。这里的御史行台应该是南京所委派的监察御史的临时驻地，和元朝的行御史台有很大的区别。不过这个行省有一个特点，就是省直辖州特别多。

“行中书省”属于半自治政区，节省了朝廷的不少精力，是一个高效的行政设置。但是到了后期，农民起义烽火四起，元朝廷无力控制局面时，行中书省就成了赏赐军阀和降将（起义军中的叛徒）的奖品，元朝廷随意割出一块地盘，封那些军阀和叛将为“某某行中书省”右丞、左丞等等，蒙元帝国的固有体制被打破，原来的十一个行中书省变成了大大小小不知道多少个省。如张士诚投降元朝廷，就被任命为江浙行省（辖区包括今浙江、福建二省，安徽和江苏的江南地区，以及江西的一部分。省会在杭州）左丞相，又在宁波设立省会，实际就是把江浙行省分割为两省，一半交张士诚管理。后来为了赏赐军阀陈友定的功劳，又把福建道宣慰司所辖八府（路、州）分给陈友定建立分省，这就是后来福建省的雏形。福建号称“八闽”，由此八府（路、州）而来。现在有人把安徽省称为“八皖”，不知出于何典。

行省之下设有道。这是从唐朝以来的建置，到宋朝改为路，现在又改了回来。但是，元朝的道比唐代的道不仅辖境大大缩小，而且不常设。道置有宣慰司或廉访司（肃政廉访司），如中书省有“山东东西道肃政廉访司”“河东山西道宣慰使司”，而同属中书省的今北京附近和内蒙古东部就没有宣慰司和廉访司；河南江北行省，今湖北境内置有“荆湖北路宣慰司”，苏北地区置有“淮东道宣慰司”，其他地方既没有宣慰司，也没有廉访司。所以可以看出宣慰司和廉访司都是非常设机构。

行省下面的常设机构是路、府、州，元朝这一级是历代行政建置中最为混乱的一级。路属行省，府也直属行省，甚至州也直属行省（如河南江北行省境内的随州，就直属省管），但宣慰司、廉访司似乎又都能管住它们。论地盘，路和府都差不多，地盘有大有小，辖县有多有少。同为府，安陆府只有两个县，庆阳府只有一个县；而汝宁府则有四州十五县（包括州辖县和府直管县，下同）；同样，路小的如辽阳行省广宁府路，仅辖二县；最大的晋宁路，领一司（录事司，见下）、一府、九州、四十六县（不过县都很小，整个路的面积并不比汝宁府大）。更让人想不通的是：大多数路和府一样大，但是，路可以领府，府没有管路的。都是一样的规格，一样的级别，一样的地盘，却是一层管一层，一层套一层，不像俄罗斯套娃，倒像是阳羡书生的鹅笼幻术。

路、府下面是州、县、录事司。元代的州也分几级："高贵"的州，直属省管，下面带县，似乎跟路府平级；而低级州，属于路府，有的带县，有的干脆不带，就是个改了名的县。只有县是不变的，属于行政机构最底层，谁都能管住它。录事司是设在路下管理城市民政和社会治安的机构，正八品，低于知县。《元史·百官七》："录事司，秩正八品。凡路府所治，置一司，以掌城中户民之事。……以判官兼捕盗之事，典史一员。若城市民少，则不置司，归之倚郭县。在两京，则为警巡院。独杭州置四司，后省为左、右两司。"事实上，录事司大多置于路，在府很少设置。通观《元史·地理志》，只有陕西行省巩昌府置有一个录事司。但这是因为巩昌府是帅府所在地，特别重要，其他府没有见到设录事司的。很多"路"设置了录事司，但也有很多不设。录事司在"两京"变成了警巡院，一看就知道是偏重于治安防范的机构。警巡院在大都（北京）有两个，在上都（今内蒙古锡林郭勒盟多伦县西北，忽必烈迁往北京之前蒙古人的首都）仅一个。但是在杭州路一开始竟然设了四个录事司。即使后来合并成为两个，还和大都一样的待遇。我们把元朝的行政区划列表如下：

<table>
<tr><td rowspan="7">腹里/行中书省</td><td rowspan="7">道（宣慰司/廉访司）</td><td rowspan="3">路</td><td>（府）</td><td>县</td></tr>
<tr><td>州</td><td>县</td></tr>
<tr><td>县、录事司</td><td></td></tr>
<tr><td rowspan="3">府</td><td>州</td><td>县</td></tr>
<tr><td>县</td><td></td></tr>
<tr><td>（录事司）</td><td></td></tr>
<tr><td>州</td><td>（州）</td><td>县</td></tr>
</table>

说明：1. 腹里的正式称谓是中书省，即历史上的"京畿地区"。蒙古人不懂，就用人和动物的肚皮作比方，称为"腹里"。腹里的行政机构级别似乎比行省要高，一个大的路可以管府、州、县，相当于一个行省；2. 道是非常设机构，道设宣慰司或廉访司或宣抚司，都不一定。3. 带"（　）"的宣慰司、录事司、府、州，表示不常设。

总而言之，蒙元帝国就像一个没有发育完全的怪胎，有的保存旧制：行省（类似于唐宋的道、路）下面管州，州管县，就相当于唐宋的三级制，层级分明，一目了然；而有的则叠床架屋，繁复多样：省管道，道管路，路管府（偶见）州县，府管州县，州也管县，更奇怪的是州也管州（开成州辖有广安州）；有的路还没有府大，有的路却可以管府。总之，一个地方有一个地方的规矩，一个地方有一个地方的建置，仿佛根本就不在一个国家。真不知道为什么不能统一称呼，统一建置？这只能说明“有司”实在太懒惰，压根儿就没打算认真治理这个国家。

【建置简考】

一、颍州的归属

颍州属元在1234年，早于元灭南宋、统一中国（1279）时。颍州全境属河南江北等处行中书省汝宁府。河南江北行省简称河南行省。颍州旧属南京路，至元二十五年（1288）改南京路为汴梁路，颍州仍属。至元二十八年（1291），置行省于汴梁（开封），称为河南江北等处行中书省，治开封、祥符二县，辖境相当于今河南省黄河以南、湖北、安徽、江苏长江以北的广大地区。至元三十年（1293），升蔡州为汝宁府，府治汝阳县（今河南汝南县）。辖四州（颍州、息州、光州、信阳州）十五县，其中府辖五县，四州领十县。这是大德八年（1304）以后的数字，至元三十年遂平（属汝宁府）、太和、沈丘、颍上（属颍州）、新蔡（属息州）都被撤销或省并入他县。

元世祖忽必烈至元二年（1265），撤颍州下辖五县，由州统管全境。为什么会有这个决定？《元史·世祖本纪》：至元二年闰五月丁卯，“诏：‘诸路州府，若自古名郡，户数繁庶，且当冲要者，不须改并。其户不满千者，可并则并之，各投下者，并入所隶州城。其散府州郡户少者，不须更设录事司及司候司，附郭县止令州府官兼领。’”这是一个影响深远的决定，奠定了后来州下不设直辖县的基础。这一年颍州属县裁撤，合并入州。可见颍州当时遭蒙古军屠戮，人口锐减，致使整个州不足千户，只能裁撤州下属县。

二、汝阴县的撤销

至元二年，撤颍州下辖四县及录事司。后又重设三县：元成宗大德八年（1304）正月“乙丑，复置遂平、新蔡、真阳、太和、沈丘、颍上、柘城、城父、郏、舞阳十县。”（《元史·成宗本纪》）其中太和、沈丘、颍上属颍州。州治所在地的县（称为“倚郭”或“附郭”）汝阴县被撤销，废入州治，州成为治理地方的半基层实体建制。从秦灭楚到元世祖至元二年，沿用了1489年、作为行政建制的汝阴之名再也没有恢复。这就是基于忽必烈至元二年诏书中“附郭县止令州府官兼领”而作的决定。实际情况是：府下基本都有附郭县，州下则不再设附郭县。到了明朝，这种建置方式成为普遍的制度。

三、太和县名的由来

太和县旧称泰和，载于宋、金《地理志》。至于元朝，先废后复，改称“太和”，徙治于今址。复置后的县名，《元史·成宗本纪》《地理志》均作“太和”。然而，明万历《太和县志卷三·建置志·肇邑》引《中都志》云：“元初省其县入于颍州。成宗大德八年复置县，为泰和，属颍州”，仍作“泰和”。又：“大明开国，以颍州分属凤阳，以泰和分属汝宁。洪武三年，建都凤阳，谓王畿不足千里，乃以泰和仍属颍州，并隶凤阳，改泰和为太和，取‘太和元气，流行宇宙’之义也。”则以为是明初才改称太和。编者并注：“元大德八年，始建今地。知县李瑛创，有碑记。见《艺文》。”查卷七《艺文志·泰和重建县治记》，确实第一句就是“朝廷复置泰和县，时大德八年九月一日也”，似乎大德八年重建的县就是叫“泰和”。二者互相矛盾，有必要辨析一番。

《元史》修于明洪武二年（1369），参与编修的李善长、宋濂、王祎等，都是明初的功臣。据中华书局编辑部的《编辑说明》，开局编写后“仅用一百八十八天的时间，便修成了除元顺帝一朝以外的本纪、志、表、列传共一百五十九卷”（全书共210卷）。速度如此之快，“主要是照抄元代各朝实录、经世大典、功臣列传等官修典籍，除了删节以外，没有下多少功夫”，反而“无意中更多地保存了元代史料的原貌”。《元史·地理志》属前159卷之列，全部抄自各朝实录，所以是没有错的。再对照《元史·五行志》：延祐“三年（1316）四月，颍州太和县河溢。”这里写的再明确不过：太和是“颍州太和县”，不是江西的那个太和州。通过这一条就可以确认元代已改“泰和”为“太和”。

《中都志》虽撰于明朝，但由于编者水平、史料匮乏等因，很难作为依据。所以《四库全书总目》对该书下的断语仅八个字：“体例庞杂，最为冗滥”，所以根本不可靠。

（一）《中都志》说：“大明开国，以颍州分属凤阳，以泰和分属汝宁”，这一句话有几处错误：

1.《明史·地理志》明确记载：“颍州元属汝宁府。洪武四年二月来属（属中都，后来的凤阳府）。”颍州属凤阳府在洪武四年，不在“大明开国（即洪武元年）”；

2. 凤阳在洪武元年为临濠府，洪武二年改为中都，洪武“七年八月曰凤阳府”（《明史·地理志》），洪武元年没有凤阳府，颍州怎么“分属凤阳”？

3. “以泰和分属汝宁”更是不对。太和在元朝属汝宁府颍州，颍州划归凤阳，单把泰和留在汝宁府，是不可能的。而且，太和到汝宁府中间隔着颍州沈丘（临泉古城子），就算明初已经撤销，但沈丘县地并入颍州，没有割给汝宁府，还横亘在汝宁府和“泰和县”之间。至于太和西北，则是陈州项城（今河南沈丘），太和也不能从那里与汝宁府相通。《中都志》成书于成化二十三年丁未（1487），距沈丘撤销已120年，编者不知道有沈丘，误以为太和与汝宁府接壤，就把太和划成了汝宁府的“飞县”，显然没经过认真的考证。

（二）“洪武三年，建都凤阳，谓王畿不足千里，乃以泰和仍属颍州，并隶凤阳，改泰和为太和，取‘太和元气，流行宇宙’之义也。”这里也有几处错误：

1.《明史·太祖本纪》：洪武二年九月“癸卯，以临濠为中都”，是建中都在洪武二年，不在三年；又，“以临濠为中都”并不是建都，而是把临濠府提升到“都”的地位，表示皇帝的家乡跟其他地方不同。如果可以勉强类比的话，“中都”可以看作现在的直辖市，但并不是首都。明朝至今，一直有“朱元璋要定都凤阳，刘伯温劝其改南京”的传说，其实并不靠谱。凤阳一马平川，绝无战略价值，朱元璋是一个天才的战略家，不可能选择在那里建都。据《明史·太祖本纪》，朱元璋于洪武元年“祀天地于南郊，即皇帝位”，这里的“南郊”是南京的南郊，不是凤阳的南郊。在南京郊祀天地，就等于宣布宝都南京。

2.《明史·地理志》：颍州“洪武四年二月来属（中都）”，颍州划归凤阳府是在洪武四年，并不在洪武三年。

3. “取‘太和元气，流行宇宙’之义也”更不对。“太和元气，流行宇宙”乃道藏语汇，而朱元璋出身禅门，明初的文臣都是儒士，没有功夫研习道藏，更不会应用到公文当中。再说，“流行宇宙”这么大的语气，用在一个县，显然是不合适的。旧志说元改太和“取《易经·乾卦·象辞》‘保合太和，利乃贞’之义”，恐怕也不可靠。一个县改个名字，还要费那么多劲给你引经据典？太和改名其实与颍州卫改称颍川卫（见下一章）一样，只是“有关部门”笔误却又不肯改正而已。

那么，《泰和重建县治记》就用的是“泰”字，这是怎么回事？古人向来都有随意篡改别人文字的毛病，在传抄、刻版、印刷等过程中，只要发现他们认为是“错误”的文字或说法，总是径行改正，一般不加考较。《泰和重建县治记》中的“泰”字，很可能就是这样“改正”的。

关于太和县改名，明朝还有几个说法，一并辨析如下：

明嘉靖《颍州志》卷五《舆地志（上）》引《皇明一统志》：“太和本古胡国地。汉为汝阴县地，盖本百尺镇也。宋升为万寿县，宣和中改泰和县，属颍州。元省入州，后复置，隶河南汝宁府。本朝洪武元年除知县高进（据万历《太和县志》，应为‘高士进’）招抚溃民六百户，分为六乡。开设县治，改‘泰’为‘太’，仍隶汝宁府。洪武三年，改隶本府，仍属于颍州。编户二十一里。”这里把改称太和县“归功于”初任知县高士进，未免太不负责。一个县的名字，岂是知县想改就改的？再者，这里说高知县“招抚溃民六百户，分为六乡”，好像本地全无一人，实在荒谬；据万历《太和县志》：明初太和只有五里，“高士进招抚人民附籍，得新民十三里”，这和正德《颍州志》描述的开国之初在原有居民的基础上招抚流亡、安置移民的时间、数据是一样的，这才是事实真相。

又，明朝天顺四年吏部尚书兼翰林院学士李贤编纂的《大明一统志》：“太和县　在州城西北八十里。本汉汝南郡细阳县地。宋置万寿县，宣和中改太和县，元省入颍州，后复置。本朝因之。编户二十一里。”这里说“（宋）宣和中改太和县”，不仅与《宋史》不符，而且同时江西也有太和县（属江南西路吉州），这样的改名是不可能的。而元朝时江西的太和已经升州（江西行省吉安路），就不存在重名的问题。

总之，《元史》是明初编纂的，要比《中都志》和其他地方文献可靠得多，泰和县改为太和，应该以《元史》为准。《中国历史地名大辞典》说：太和县“元大德八年（1304）改泰和县置，属颍州。治所即今安徽太和县。”

四、漏记的颍水县

元至顺元年（1330），在今阜南县地城镇增设颍水县，至正十一年（1351）废。据清康熙《颍州志·古迹卷三》：“地理城　在州南一百一十里，汝水北。即元之颍水县……至正间，刘福通焚县治，遂废。”道光《阜阳县志·县地历代分属沿革表》：元代“颍水（县）：在州南百十里……今俗称地理城。”《元史·地理志》漏载。

五、递铺的设置

元朝建立了发达的驿站系统。从颍州到汝宁府（今河南汝南县）每隔三十里设置一个驿站，记录在正德《颍州志》中，谓之“废邮亭”，均称

铺。(图见第六章《遍地侯国》之“阜阳侯国”部分)

西门总铺：在阜阳老城南城西关之南偏东。

三十里河铺：在西三十里河（今颍州西湖）西。

栗头铺：今颍州区九龙镇，旧称栗头店。

杨桥铺：今临泉县杨桥镇，泉河南岸，延河西岸。

沈丘铺：今临泉县城。注意：沈丘铺和沈丘县不在一处。元以前沈丘县在今临泉县城西六里古城子，今已纳入县城，而沈丘铺在今县城，距沈丘县还有六里的路程。

阜阳铺：临泉县白庙镇姚集村

鲖阳铺：今临泉县鲖城镇。

【刘福通籍贯考】

史学界以复旦大学教授魏嵩山（界首人）为代表，力主刘福通为界首人。界首市史学界并说界首市文管所曾经藏有一个刻着“莫道石人一只眼，此物一出天下反”的石人，“文化大革命”中不知去向。网上也有“刘福通是界首人”的说法。但是，元末明初所有的资料、文献都说刘福通是“颍州人”。根据史书记述传主籍贯的惯例，刘福通不可能是今界首人。当时的州虽然级别高于县，但当提到人的籍贯时，州就是州，县就是县。如果他是某州下辖的某县，只会说他是“某县人”，而不会笼统地说他是“某州人”。如《元史》记察罕帖木儿、扩廓帖木儿（王保保）就是沈丘（今临泉县西古城子）人，虽然沈丘也是颍州下辖的县，但并没有任何资料说察罕帖木儿父子是“颍州人”。现在的界首在元朝分为两块：沙河以北属太和，沙河以南属沈丘（临泉）。如果他在沙北，应该说他是“太和人”，如果他在沙南，应该和察罕、王保保一样，称为“沈丘人”，不可能单称他为“颍州人”。所以，史书上说刘福通是“颍州人”，只能是现在的阜阳人，而不会是界首人。

至于独眼石人，显然是出于伪造：黄泥岗起义当时就失败了，镇压起义的元军岂能会让石人完整地保留下来？谁又怎么能把那个石人藏起来（更不要说运到几百里外的界首了）？韩宋政权虽然存在了十余年，但它建都在开封，即使收藏石人，也只能保留在开封。那么，当察罕攻破开封的时候，还不砸个稀烂？

【人物】

刘福通　颍州（今阜阳）人，元末农民起义领袖、白莲教首。至正十一年（1351）五月初三，与韩山童一起组织修黄河的民夫起事。失败后回乡，民间传其中秋节前以月饼夹纸传信："八月十五杀鞑子"，组织白莲教徒与民众杀死元兵起义，攻占颍州城。因以红巾为号，称红巾军。随后，攻克河南许多州县。十五年（1355），立韩山童之子韩林儿为帝，称小明王，以亳州为都，建国号大宋，年号龙凤。历任平章、丞相等职。元军攻陷亳州后，迁都安丰（今安徽寿县）。后分兵三路攻略陕西、山东、河南、山西、河北等地，兵锋曾达大都附近的柳林（今北京通县南）。十八年（1358），攻占汴梁（今河南开封），作为都城。次年，元军破汴梁，退守安丰。二十三年（1363），张士诚军围攻安丰，刘福通兵败阵亡，韩林儿往滁州投靠朱元璋，后被朱元璋命部将沉溺于江中。

李　黼　字子威，颍州人。元泰定四年（1327）状元，是颍州历史上唯一的状元。授翰林院修撰，拜御史。迁博士兼经筵官，授江州路（今江西九江市）总管。因镇压红巾军有功，拜江州、南康诸路军民都督。守卫九江，战死。追封陇西公，谥"忠义"。阜阳城有状元巷，即李黼故居。

扩廓帖木儿　原名王保保，沈丘（今临泉）人，元将察罕帖木儿的外甥、养子。跟随察罕组织地主武装，镇压红巾军、护卫太子有功，官拜太傅、左丞相，元顺帝赐今名。明军攻占大都，他保护元帝北逃至新疆阿尔泰山，死在半路上。他的妻子毛氏不接受"收继婚"，也随即自杀。

第十七章　明：犬牙相制的区划战略

元至正二十六年（1366），明军攻克颍州。太祖吴元年（元至正二十七年，1367）升濠州为临濠府（治今安徽凤阳县）。洪武二年（1369）九月建中都，六年（1373）九月称中立府，七年八月改称凤阳府。

阜阳明初为颍州，初属汝宁府，洪武四年二月改属南京中都（中立府、凤阳府）。

颍州　今阜阳老城。有沈丘巡检司（今临泉县城）、乳香台巡检司（河南沈丘县老城镇）。辖县三：

太和县　今太和县城。有洪山（今太和县洪山镇）、北原和①（太和县倪邱镇）二巡检司。

颍上县　初在今县北十二里店，天顺四年（1460）迁今址。

亳县　今亳州市谯城区。元为亳州，洪武元年（1368）撤州辖谯县，并入州。随即降为县，属归德州（今河南商丘）。洪武六年（1373）改属颍州，有义门巡检司（在今涡阳县义门镇）。

【疆域】

洪武六年（1373）以后，弘治九年（1496）十月以前：

东到涡阳县城关镇东界，南到淮河，西到临泉西界，西北到河南沈丘县纸店镇，北到亳州市谯城区北界。

四邻：东，凤阳府宿州、蒙城；南，寿州、霍丘；西，河南汝宁府息县、新蔡、汝南；北，河南开封府陈州、归德府鹿邑、柘城、商丘、夏邑、永城。

弘治九年（1496）十月，亳县复升为州（亳州），隶凤阳府。颍州仅辖二县。

颍州　今阜阳老城。辖县二：

太和县　今太和县城。有洪山、北原和①二巡检司。嘉靖二十三年（1544）裁革（据万历《太和县志》）。

---

① 北原和：正德《颍州志·州图》作“北原河”，误。万历《太和县志》《明史·地理志》均作“北原和”。

颍上县　今颍上县城关镇。有千户所。

弘治九年十月亳县升州，隶凤阳府。弘治十一年（1498），割颍州五里，属河南陈州沈丘，县治乳香台（今河南沈丘县老城镇）。

【疆域】

东到利辛县刘集镇东界，南到淮河，西到临泉西界，北到界首、太和北界。

四邻：东，凤阳府亳州、蒙城；南，凤阳府寿州、霍丘；西，河南汝宁府息县、新蔡、汝南；北，河南开封府陈州沈丘、归德府鹿邑。

【正误】

《中国历史地图集》将今临泉西部地区（黄岭、瓦店一线以西）划入河南省，误。

另外，在颍州还设有军卫。初称颍州卫，永乐年间改称颍川卫。下辖颍上千户所。

颍州卫（颍川卫）洪武元年（1368）设，驻北城，隶属于河南都指挥使司（简称河南都司）。负责今安徽淮北地区的军事保障。颍川卫一直延续到清顺治十五年（1658），历时290年。著名文学家、画家、诗人刘体仁即为明末清初颍川卫人（军籍）。

颍上千户所　洪武元年设，驻颍上县城。颍上千户所是守御千户所，直属河南都司。

【国史掌故】

公元1368年，朱元璋在应天府（元集庆路改）登基，国号大明①，年号洪武，定都南京应天府（洪武十一年改称京师）。在陆续铲平国内的红巾军各部，击退蒙元残余势力如扩廓帖木儿等人对边境的骚扰后，朱元璋用杀戮的手段来维持自己的政权。

他的大儿子、法定接班人、皇太子朱标早亡，他立朱标的儿子朱允炆

① 关于明朝的国号，清人编的《明史》记载：“定有天下之号曰明”，值得怀疑。我们看明朝的官印，都是“大明……印”，因此可以断定明朝的国号是“大明”而不是简单地称为“明”。朱元璋贬韩林儿为“小明王”，为示区别，自己新建的帝国自然是“大明”。明朝初年收复了被后晋石敬瑭出卖、沦于异族之手400余年的燕云十六州，总的疆域超过汉唐，当得起一个“大”字。

为皇太孙，而把其他儿子分封到外地，让他们监视地方官的行动，以确保那些关键部位的实权人物不会举兵造反。他死了以后，皇太孙朱允炆继位，改元建文，是为建文帝。朱允炆受身边大臣的蛊惑，登基之初就开始削藩，接连铲除了几个亲王。一直在觊觎皇位的四皇叔、封在顺天府、奉命节制沿边士马的燕王朱棣，利用朱允炆在政治上的失误和行动中的软弱，兴兵南下，夺取了江山，改元永乐，是为明成祖。永乐十九年(1421)，朱棣迁都顺天，改称北京，原京师应天府为南京，奠定了明朝南北两京的机制。

朱元璋开始实行“单一年号制”，即一个皇帝只用一个年号。明朝只有朱祁镇使用了正统和天顺两个年号，那是因为他坐了两次朝。这个制度避免了从汉武帝以来的年号混乱状况，是朱元璋对中国传统文化的一大贡献。这一制度也被清朝继承了下来。从此以后，人们可以用年号指代帝王，符合中国人不称帝王名讳，又不肯认别人家祖宗的习惯。有了单一年号制，人们就可以用“洪武帝”（朱洪武）指代朱元璋，用“康熙”指代清“圣祖”玄烨。

朱家的天下还算稳固，传位十二辈十七朝十六帝（其中英宗退位后再复辟)，277 年（不含南明政权 18 年)。列表如下：

皇帝	年号	在位年数	主要政绩、事迹	备注
朱元璋	洪武	31	驱逐蒙元政权，削平群雄，建立明朝，特务政治，诛杀功臣	
朱允炆	建文	4	削藩，修改朱元璋严苛的法令	下落不明
朱　棣	永乐	22	发动“靖难之役”夺位成功，迁都北京，驱赶蒙元残部，派郑和下西洋，宣示中华国威	
朱高炽	洪熙	1	用人行政，善不胜书。(《明史》评价)	早逝
朱瞻基	宣德	10	为政宽仁，选拔廉吏，平定边境叛乱，科技商业得到高度发展	
朱祁镇	正统	14	宠信太监王振，亲征瓦剌，导致土木堡之变被俘，瓦剌人挟其攻京师，被击退	被俘失位
朱祁钰	景泰	7	重用于谦，积极抵抗瓦剌，迎回朱祁镇	

（续表）

皇帝	年号	在位年数	主要政绩、事迹	备注
朱祁镇	天顺	7	复辟成功，黜朱祁钰帝号。仍雕王振木像，招魂安葬。后亦悔改，助其复位者渐次被诛杀、免官	二次登基
朱见深	成化	24	恢复朱祁钰帝号，平反于谦等人冤狱。中期增设特务机构西厂，宠信太监汪直，设“皇庄”兼并土地，聚敛钱财。宠幸大他17岁的贵妃万贞儿，败坏朝政、毒杀皇子	天顺八年正月继位，当年未改元
朱佑樘	弘治	18	早期尚能勤政，提倡节俭。但迷信道教，重用太监李广，即位八年后即懒于朝政	
朱厚照	正德	16	宠信宦官刘瑾、江彬，擅杀大臣，无恶不作，宦官全面掌控国家政治	
朱厚熜	嘉靖	45	抑制太监，但迷信道教，追求长生不老，残忍好杀。闭门炼丹，大贪官严嵩父子把持朝政	朱厚照的堂弟
朱载垕	隆庆	6	宽仁大度，勤俭爱民，任用贤臣，善于处理边疆事务。但因沉迷媚药，终受其害	
朱翊钧	万历	48	初期任用张居正，励精图治，政治清明，商业经济大发展，资本主义开始萌芽。平定蒙古和苗疆的叛乱，击退了日本对朝鲜的侵略。后期荒怠政事，沉湎酒色，贪敛财货，党争纷起，直接导致了明王朝的灭亡	
朱常洛	泰昌	一月	罢天下矿税，启用贤臣，发国库银充军饷	
朱由校	天启	7	任用大宦官魏忠贤，尊崇乳母客氏，制造冤狱，导致社会矛盾激化；杀害守边大将熊廷弼，排挤忠臣良将，导致东北形势危急，最终被后金攻占东北	

（续表）

皇帝	年号	在位年数	主要政绩、事迹	备注
朱由检	崇祯	17	铲除阉党，勤于政事，生活节俭，励精图治。但内有张献忠、李自成农民起义，外有后金政权不断进犯，内外交困，国势危殆。1644年，李自成军攻破北京时，自缢于煤山	

自正统皇帝朱祁镇起，有六个在位时间较长的皇帝宠信太监，两个皇帝（弘治、嘉靖）迷信道教，祈求长生不老。他们大都紧闭宫门，不理朝政，国家大事全权交给太监或贪官（严嵩父子）处理。更要命的是既不放权，也不处理，内忧外患任凭它随意滋长，国家的生死存亡一概不问。《明史》于短命皇帝朱高炽、朱常洛，都盛赞他们“用人行政，善不胜书”，“潜德久彰，海内属望”，感叹他们“天不假年”，善政未施。其不知明朝的很多皇帝如成化帝朱见深、弘治帝朱佑樘、嘉靖帝朱厚熜、万历帝朱翊钧，甚至亡国之君崇祯帝朱由检，在上任初期都是力改前辙，普施善政，廉洁爱民，聪明勤奋。但随着时间的推移，这些人很快就随心所欲，堕落得不可收拾，好像完全换了一个人，最终“前腐后继”把大明河山彻底葬送。甚至在清兵入关以后，半壁江山沦陷敌手的时候，南明的两个小朝廷仍然不改先辈的恶习，继续宠信太监，作威作福，不过问朝政，结果是自己跟着灭亡。

【国家建置】

柏杨说：“明政府像一个断了头的巨人，在悬崖绝壁上，蠕蠕而行。”（《中国人史纲》第28章）的确，明王朝存续了277年，皇帝不视朝、拒绝跟文武百官见面甚至拒绝过问一切政务、国家机器完全失灵的时间竟然长达一百多年，宦官当政、完全胡作非为的时间更长达126年！我们看《明史》帝纪部分有时非常简略，一年占不了两行，那就是皇帝不上朝，“国家无事”造成的。这样的“帝纪”在明代占了很多篇幅。更加令人吃惊的是：南明政权的几个皇帝，在山河破碎，皇室飘零，御驾颠沛流离的过程中，在本应该励精图治、恢复故土的生死存亡的危急时刻，也同样任由宦官摆弄，根本就不把复国大业当回事！这样的政权，似乎只要内部或外部力量轻轻一击，就会顷刻间土崩瓦解。它能苟延残喘那么多年，主要是明朝开国之初制定的建置方略。没有这些稳固的措施，明王朝即使不极速灭亡，也会陷于分裂。

首先，皇帝拥有绝对权力。

朱元璋废除了宰相制度，虽然史学界一直认为是一大弊政，但却保障了皇帝的绝对权力。我们看一下明朝的历史，无论是贪官滥权，还是宦官当政，虽然一时气焰熏天，但只要皇帝发话，说叫谁倒台，谁就得倒台。比如成化帝朱见深之于太监门达，嘉靖帝朱厚熜之于大贪官严嵩，崇祯帝朱由检之于魏忠贤，都是一声令下就让他们家破人亡，死无葬身之地。显然不像同样宠用宦官的汉唐时代，要么动用外力，要么任由他们败坏到不可收拾。这只能归功于皇帝始终在牢牢地掌握着最高权力，那些太监、贪官只能假皇帝之手、冒皇帝之名才能达到擅权、敛财的目的。一旦皇帝不高兴，或需要拿某人顶缸的时候，随时都可以让他消失。不需要阴谋，不需要军队，没有一个太监和贪官敢于反抗。专制皇权到了如此地步，可谓是专制制度的顶峰。所以我们分析，明朝实行的内阁制具有其合理性。

可惜的是，拥有绝对权力的皇帝没有绝顶的智慧，根本不珍惜老祖宗流血牺牲打下来的锦绣江山，倒像是一个个争着要把它亲手葬送！

其次，文武兼顾。

明王朝的文治是卓有成效的。军人子弟必须上学，学校开办到县一级，穷乡僻壤、边远地区、少数民族地区都不例外；由政府组织编纂的地方志，保证了地方历史文化的传承，这个优良传统一直延续到今天；《洪武正韵》奠定了今日普通话的基础；《永乐大典》是世界上第一部百科全书，也是古代最大的百科全书，等等。很多文治勋劳，都是明王朝的创制，开拓之功值得永志不忘。

明朝建国之初，接受“弱宋”重文轻武导致国家挨打受气最终灭亡的教训，在重视文化建设的同时，十分重视武备建设。明初，朱元璋就创立“五军都督府”统管全国武装力量的制度，到成祖朱棣时又加以完善，成为历代军事史上最合理的武备管理机制——既能内外兼顾，有效地发挥“国之爪牙”的功能，又不至于成为野心家手中割据甚至篡权的工具。五军都督府分为左军、右军、中军、前军、后军，各都督府又按在京、在外，分别设立都指挥使司（简称“都司”），在京者拱卫京师，同时又可以及时地按照朝廷的意旨指挥调动外地的军队；在外者保卫地方，镇压叛乱，抵御外敌。都司以下，又分卫（驻州府）、所（有千户所、百户所，驻县及关隘要地，不常设）。都督府以外，另有近卫亲军，专门负责皇室的安全。洪武初年分封诸王到各地，另各派给15000名亲军以备护卫。星罗棋布，盘根错节，能够有效地保障国家安全，又不至于武装割据或叛乱。

但是，正德以后，军职多而且滥，文官（包括军队的文官）轻视武将，再加上实行了监军制度，使得监军太监成了“太上皇”，不懂装懂，颐指气使，武将基本没有说话的权力，五军都督府犹如赘疣，将帅如同那些监军和文官的走卒。总兵官到兵部领令，见了兵部的那些文官都必须下跪叩拜，偶尔有作揖者，都会被视为失礼，受到训斥和责罚。到了明朝末年，军人的身价更是一落千丈，连一个秀才都可以役使卫所的军士。再加上贪污受贿、冒名顶替、吃空饷、谎报军情等等弊端，能够指挥打仗的将军都被罢免甚至杀头，军队的战斗力完全丧失，根本无法作战，在强悍的后金军队面前一触即溃，望风而逃。国家既缺乏全盘的战略规划，也没有指挥反击的将军，更没有愿意为国牺牲的将士，于是明朝就这样灭亡了。

再次，杰出的区划战略保障国家不至于分裂。

犬牙相制的区划战略，在朱元璋这里得到了最好的发挥。历史上最早提出“犬牙相制”区划战略的，是汉高祖刘邦。但是，刘邦的所谓“犬牙之制”，是指郡县与王国、侯国互相分隔，互相牵制，以王国监督郡县，又以郡县牵制诸侯王。在区划上表现为王国尽量不连片，郡和王国交错设置；王国内不置侯国，郡置侯国面积不超过一个县，另外在人口上加以限制。在汉初陆续铲除异姓王以后，制定下规矩：“非刘姓不封王，外姓非立功不封侯”，自以为可以江山万代，无人觊觎。不料吕后当政之后首先破了非刘姓不王的规矩，立三吕为王。汉文帝即位后，诛诸吕，异姓王全部终结。直到西汉末年，王莽篡汉，群雄诛王莽，更始帝登基乱封诸侯王的时候，朱鲔还以“汉家制度，非刘姓不王”为由拒绝接受更始帝的封王，可见影响之深。但是，同姓封王并不能保障国家的安定。“七国之乱”完全都是同姓王国发动的叛乱，“文景之治”因而被抹上了黑影，也证明了非刘姓不封王的既定国策并不能保障江山永固，反倒成了祸乱的根苗。

明朝的犬牙之制则不然。军政分离是基本原则，另外辅以政区和军区的交错划分，以达到互相制约、互相监督的目的。政区比较整齐划一：两京之外，由“承宣布政使司”（简称布政使司、布政司）管理旧行省，全国划分为十三个布政使司。布政司以下取消元朝的“路”，统一称“府”，府管州县；有州，分为直隶州（直属两京或布政使司）和属州（隶属于府），基本都带县。也有个别州不带县，如京师保安直隶州。府下有倚郭（府治所在县），州不分直隶州和属州，一律取消倚郭县。于边远地区设羁縻府、州、县。这样形成了一种简单的三级混合行政管理体制。

与政区管理体制的整齐形成鲜明对比的，是政区划分。朱元璋完全打破了秦汉以来按长江大河、崇山峻岭划分政区的老套，在省级区划上别出心裁地制定了“跨自然地形行政区划”办法，即打破山河的阻隔，把互不相干的地区拼凑到一起，组成一个新的政区。如河南省，这个名字叫“黄河（‘河’字古代专指黄河）以南”的政区，却偏偏“搭”上黄河以北的三个府（彰德、卫辉、怀庆），还把河北的几个县“饶给”了省城开封府。南部的汝宁府则一半在淮南，一般在淮北。南京更奇怪，西北到今安徽北界，东南到上海，明显地分为淮北、江淮之间和江南三大块。在这个地界，南方和北方的民众语言不通，风俗不同，吃的喝的都不一样，即使有野心家掌管了这样一块地方，他想割据也是不可能的。这种奇特的政区设计有效地防止了军阀割据，是朱元璋的首创。

军区的设置也是别具匠心。除了五军都督府在京师以外，其他地方安排都指挥使司（简称“都司”）负责省级军务。都司一般不安排在布政司驻地，有单独管区，相当于一个府或直隶州的地盘。都司的防区与布政司的辖区互相交叉，并且在数目上有差别。全国有两京、十三省，算是十五个省级政区，而洪武二十六年（1393）定天下都司卫所，共计都司十七个，留守司（中都留守司，保卫皇帝老家的军区）一个，已经超过了省级政区数；而到了朱棣迁都北京，留守司增至两个，都司增至二十一个，比省级政区多出了八个，真正达到了犬牙交错的控制目的。都司以下是卫所，在内地并不是所有布政司下辖的府州都设卫所，而是择地安排，按险要处分别设立。在一些边境地区，则只设都司，不设布政司，如辽东都司、奴儿干都司等。也有一些地区只设军卫，不设布政司、府州、都司。如今青海西部、甘肃南部和西部、新疆东部等地区，就只设了哈密、安定、赤斤蒙古等卫，没有行政区划，也没有上一级的都指挥使司，属于羁縻性质。

除了这些重要措施以外，明朝还有分道（约当于省）监察、定期巡查制度、提刑督查制度、总督专掌（跨省但专掌一部分职能）制度、两京分片管理南北事务制度等等，都对前朝的制度有所创新。可以肯定地说，是明朝开国之初制定的完善的区划结构、战略架构和设官分职制度，保障了大明朝能够在风雨飘摇中延续 270 多年的国运。

【建置简考】

一、颍州的归属

颍州于元至正十一年（1351）刘福通起义后属红巾军政权。至正十五年（1355）二月，刘福通等在亳州拥戴韩山童的儿子韩林儿为帝，国号宋，建元龙凤。龙凤三年（1357，元至正十七年）定都汴梁（开封），史称韩宋帝国。此时颍州属宋。龙凤五年（1359，元至正十九年）八月，元将察罕帖木儿统数十万大军攻陷汴梁，刘福通保护韩林儿退守安丰（今安徽寿县。当时是安丰路的首府。另有安丰县，在今寿县安丰塘镇），颍州随即失陷。龙凤九年（1363，元至正二十三年），张士诚派大将吕珍围攻安丰，刘福通战死。韩林儿派人向朱元璋告急，朱元璋打败吕珍，安置韩林儿于滁州。明年，龙凤十年，朱元璋在集庆（今江苏南京）自称吴王（未建元），改集庆为应天府。龙凤十二年（1366，元至正二十六年）四月，朱元璋部红巾军攻占颍州等地。十二月，朱元璋派大将廖永忠自滁州迎接韩林儿到应天府（南京），在即将转入长江的时候，把韩林儿推入瓜步（今江苏南京市六合区瓜埠镇）旁边的滁河里淹死。明年，称吴元年，对元朝发起总攻。再明年，朱元璋称帝，改国号为“大明”，建元洪武，定都应天，称南京。

吴元年（元至正二十七年，1367），朱元璋把自己的老家濠州升为临濠府（治今凤阳县），洪武二年（1369）九月建为中都，六年九月称中立府，七年八月改称凤阳府。

颍州辖区经过两次大的变化。第一次是明朝开国之初，把颍州划归凤阳府（中都、中立府），总属京师南京。秦汉以来，颍州（汝阴）距离京城最近的时候是在五代至宋，距首都开封府六百多里（实际里程，不是直线距离，下同），而且中间不隔高山巨川，仅划入“京西北路”；而明朝，颍州距南京接近八百里，且中隔淮河、长江，竟然会划入京师。这充分体现了朱元璋制定“犬牙相制”国家行政区划战略的苦心。这是历史上颍州第一次属于南方的省份（道、路），它的影响一直延续到今天。阜阳在淮河以北，淮河处于我国冬季0℃等温线上，是北方和南方的天然地理分界线。颍州划归南京，成了南方省份的北方地区。安徽省居于东部和西部之间，本省人自嘲说安徽“不东不西——不是东西”；阜阳人则更进一步，可以调侃说阜阳不南不北，“不知南北”（找不着北）：属于南方省份，却认定自己是北方人——地处北方，风俗和习惯的认同、语言和文化的归属，都在中原。

洪武六年（1373），亳县改属颍州。亳县，秦汉为谯县，三国魏升为郡，晋为谯国，南北朝时或为郡，或为州，变化无常。隋为谯郡，唐始改称亳州，属河南道。五代沿袭，自宋迄元皆称亳州。洪武元年（1368）贯彻“州不设附郭”的建置原则，撤州辖谯县，并入亳州。随即降亳州为亳县，属归德州（今河南商丘）。洪武六年（1373）改属颍州，这是亳县第一次属颍州，历时124年。这次的改属，使颍州辖境扩大到涡河流域。

弘治九年（1496）十月，亳州复升为州，隶凤阳府。至此，颍州东部的辖境又回复到原来的疆域。

二、被拐的沈丘

（一）沈丘县的撤销

龙凤五年（1359）八月，元将察罕帖木儿攻陷汴梁，刘福通退守安丰（今寿县），颍州也落入元军之手。龙凤十二年（1366）四月，朱元璋部下大将常遇春克复颍州，随即对驻守在沈丘（今临泉县西古城子）一带的元将、察罕的养子扩廓帖木儿（初名王保保）发起攻击。扩廓帖木儿见势不妙，在退走前悉数裹挟沈丘的军民百姓北去，沈丘遂成为一座空城。明朝建立后，废沈丘县入颍州，而在沈丘故城东今临泉县城设沈丘巡检司，另在乳香台（今河南沈丘县老城镇）设乳香台巡检司。

关于颍州沈丘县的撤销，旧志是这样记载的。但是，事情并不是那么简单。因为即使沈丘是一座空城，那东边六里还有沈丘巡检司（今县城），既然可以设巡检司，当然也可以设县。解决的办法是既可以迁址（把县城挪到东边），也可以迁人（让老百姓迁到老城），总之没有必要撤县。所以我觉得撤销沈丘县一定是另有原因。因为给“文化共享工程”关于作朱元璋的讲座，我大致了解了朱元璋的一些经历，发现朱元璋在讨饭过程中，提到过汝宁府（河南汝南），提到过颍州，唯独没有提到他从汝宁府到颍州必须经过的沈丘，说明沈丘人对待他这个要饭花子态度很不友善，一定是羞辱备至，不堪回首。那么他当了皇帝以后，为了报复所有的沈丘人，把这个县撤掉，以朱元璋睚眦必报的性格，是完全可能的。他当然不能杀死所有的沈丘人，因为羞辱过他的那些人已经被王保保裹挟到北方去了，而且这样做说不定会暴露他在这里被羞辱的历史。嘉靖《颍州志》卷六《舆地志下》：“驻跸亭　在颍上水岸。旧志：洪武翠华经此少憩，建亭以昭胜迹。”按：此实为当年朱元璋乞讨时所经，讳言之，谓为“翠华经此少（稍）憩”，名为“驻跸”。查洪武事迹，朱元璋在位期间何尝有时间“驻跸”颍上？而且朱元璋驻跸过的县以下的地方实在太多，为什么别的地方都没建此类纪念亭？这里的“翠华”其实就是影射要饭花子的打扮。而古沈丘境内没有这类建筑，说明当年沈丘居民根本就没把朱元璋当成个人物。

沈丘县被撤的另一个原因，可能是因为元末镇压红巾军的刽子手、大军阀、色目人察罕帖木儿父子是沈丘人，而且察罕死后被追封为颍川王，食邑沈丘县。察罕是红巾军的死对头，在他风头正劲、全面击败韩宋红巾军的时候，朱元璋也曾经与他联络投降元朝廷的事。巧的是，当元朝廷同意接受朱元璋的投降，并且派出了使者给朱元璋封官行赏的时候，察罕突然被投降红巾军后又反水的元将田丰莫名其妙地杀死，朱元璋马上翻脸不认人，杀掉元朝使者，拒绝了元朝的封赏。到了察罕的外甥、养子扩廓帖木儿继承察罕统军，总领天下兵马，向红巾军开战的时候，朱元璋又派使者向扩廓示好。扩廓看出朱元璋不可能真心投降，所以朱元璋七次给他写信，他都不肯回复，从此朱元璋和扩廓帖木儿成了不共戴天之仇。仅仅是为了察罕帖木儿父子，取消沈丘县也是可能的。

明初的颍州，辖境大致相当于现在四个县的面积。但地域广阔，治理尤难。颍州的西部地区历来与河南因边界、水利纠纷官司不断。距州城遥远，也成为匪患的多发地。虽然明洪武四年（1371）就把颍州划归南京凤阳府，但边民并没有因为划入首都而得到什么好处，反而屡受河南陈州、项城（今河南沈丘）地方官吏、土豪劣绅的欺辱，投诉无门，只能忍气吞声。如何解决这一地区的矛盾，就成了关心民生的颍州地方官的心事。

沈丘取消后，颍州的官员也曾经试图恢复建县。明·正德《颍州志》卷之一《台馆》：“成化中，同知刘节言于巡抚，将分置一县于（乳香）台水之阳（北），以拯边疆之民被渔猎于邻封者。遣官相地，卜治所于谷家庄，未就，而巡抚物故，刘亦去（逝世），事遂阁（搁置起来）。后之仁人，悯远民之涂炭，其究心焉。”

（二）重建沈丘县

道光《阜阳县志·舆地志一·沿革考五》：“弘治十一年（1498），抚按以陈（河南淮阳）颍（今阜阳）相距三百余里，奏割陈、项、颍三处边隅地，复设沈邱县，治二十三里。拨陈州一十三里，曰归善（明·嘉靖《沈丘县志》作‘归义’）、曰务本、曰遵教、曰新泰（《沈丘县志》作‘新太’）、曰大善、曰达顺、曰孝成、曰亲贤、曰乐善、曰永安、曰智仁、曰遵化、曰迁善；拨颍州五里，曰沈三、曰沈四、曰沈五、曰河北二、曰河北三；拨项城二里，曰感化、曰富有；收集流寓，辏为三里，曰慕义、曰归仁、曰尚德，共为二十三里。”关于这个沈丘建县的时间，这里依据的是明嘉靖《沈丘县志》和清道光《阜阳县志》。《明史·地理志》《读史方舆记要》及《中国历史地名大辞典》均作弘治十年。斟酌对参，应该是弘治十年朝廷下文，十一年实施建县。但是，这个新设的县不属南京凤阳府颍州，而是属于河南省陈州。自此，沈丘县遂从颍州漂移出去，不复归属了。

从上述记载看，新建的沈丘县从陈州划拨十三里，项城（河南沈丘）

两里，从颍州仅划拨五里。如果算上凑起来的三个里，似乎陈州拨地最多，颍州还不到四分之一。但是我们对照历史地图，就会发现：割地最多的其实不是陈州，而是颍州！下面就根据历史上的边界来揭穿这个把戏。沈丘县城至今迁址两次，共有三地：一在今临泉古城子，为便叙述，称为前沈丘或古沈丘；明朝迁往乳香台（河南沈丘县老城镇），简称为后沈丘；1952 年又迁今址槐店镇（古项国、项县、项城），是为今沈丘。由于地名的变迁和妄改，古地名已经很难找到，我们只能根据现有地名寻找旧有的边界，不过这已经够了。

（三）揭穿骗局

明朝颍州最早的州志是正德《颍州志》，是由颍州同知刘节于成化年间着手编纂的。书中保留了后沈丘建县之前许多原属颍州沈丘的地名，虽然已经不能一一找到现在对应的地方，但是好在几个关键点的古名现在竟然奇迹般地留存了下来，这就为我们还原颍州割出的五里提供了足够的证据。试析如下：

先说北部（颍河以北）：据《金史·地理志》："沈丘有武丘。"《中国历史地名大辞典》："武丘　即丘头。在今河南沈丘县东南四十里颍水北岸。"三国魏诸葛诞在寿春起兵，司马昭率六军镇压，驻军丘头，指挥平叛，即此。后为纪念平叛的功劳，改名武丘。此武丘（丘头）金代属古沈丘，今则属后沈丘和今沈丘。此一地不会隔着颍河（颍水）孤悬于此，现在沈丘县的纸店镇和东边的刘湾镇全境应该都属于古沈丘。具体说来，从纸店镇西界向北，直到界首市光武镇西南界，都是古沈丘的领地，对应于颍州的河北两个里。另外，正德《颍州志》卷二《乡井》有"南市店　在沈丘西，二百四十里（指距颍州城的距离，下同。这些里程都是当时路面距离），主客户，杂田家交易"，指的大概就是纸店镇。

再说中部（泉河、颍河之间）：今沈丘县老城镇即乳香台，置有巡检司（见下），属于颍州（古沈丘）自不待言。今沈丘中部有赵德营镇，著录于正德《颍州志》卷二《乡井》："赵德营　在沈丘〔乡〕，一百九十里，乳香台北。地下（地势低洼），项城户杂处。"赵德营至今地名未改，是从明朝以前保留下来的为数不多的颍州古地名。其属古沈丘也不必多说。有乳香台和赵德营定位，颍、泉河之间划给陈州的地界大致可以确定。

最后说说泉河以南。泉河的上游叫汾河，是河南人的叫法，下游叫泉河，一直流到阜阳三里湾入颍河，古沈丘和颍州人一直都叫它泉河。直到今天，泉河和汾河的分界线，不在安徽与河南的边界，而在今沈丘老城镇西。这说明这里的居民一直沿袭从明朝传下来的称谓，并不因为改属河南就按照河南人的叫法称泉河为汾河。泉河和汾河分界的地方（老城镇以西）南侧有一条支流，叫泥河，从今沈丘、项城的区界流过，成为沈、项两地的界河。此河以东、以南，在后沈丘置县之前就是古沈丘的地盘。另外，嘉靖《沈丘县志》卷一《古迹》："鲖阳城　在（县）治西南三十五里。半属颍州。考《颍州志》云：鲖阳废郡。按《舆地志》：沈子国西有古鲖阳郡，汉光武封戚里阴庆为鲖阳侯。故邮亭，庆府第也。"毫无疑问，鲖阳以北"半属颍州"的地方，正是从颍州割去的原属古沈丘的地盘。

那么，我们就可以大致还原古沈丘和项城的分界：沿泥河到老城镇西界、赵德营镇西界画一条线，连接纸店，再到界首光武镇西南，这条线的东侧，就是颍州划归后沈丘的地盘。把河南沈丘县的地图拿来对比一下，就会发现这一部分土地占了今沈丘县将近一半的面积，根本就不是五里和二十三里之比！

这是怎么回事？说穿了其实很简单：颍州的里大，陈州的里小。明朝的"里"是以人户多寡为单位的，一般是一百一十户为一里。万历《太和县志》卷三记："国初只有旧民五里：南原、北原、大义、万寿、天保各一里。及高士进招抚人民附籍，得新民十三里。南原、北原、天保各增三里，万寿、大义各增二里，并旧民为十八里。今则增为八乡，分为三十五（实为三十三）图矣。"（说明：此处"图"即"里"，在册为图，在籍为里）人口稠密，里的地盘就小，否则就大。由于政绩的需要，地方官喜欢虚报人口，对里甲虚增户数往往睁一只眼闭一只眼，甚至放纵鼓励，并且通过政策限制每户人口（如规定儿子成家后必须和父母分居）也可以直接增加户数。而当需要"增加"户数、里数的时候，改动里数是最简单最直接的办法。当颍州傻傻地如实交出自己的"五里"去配陈州和项城的"十八里"的时候，却不知竟然给陈州凑出了将近一半的土地！

（四）原因和背景

按说，重建沈丘县最简单的办法就是恢复旧制，辖境、隶属关系都不改变，是最省心的办法。再说，要重建沈丘县也是南直隶凤阳府颍州的事，为什么河南省却要越俎代庖、操心劳力、不按常理地变更建置？

首先，是泉河上下游之间因水利水患导致的矛盾。泉河是古汝水故道，自西汉末年从今河南漯河市召陵区开始出现断流现象，到东汉初年完全断流，上游改称汾水，下游称泉河，合称汾泉河。此后每当汛情到来，由于上游地势过高，当地官员不考虑下游同样受灾，总是一股脑地把水排到下游，导致下游灾情加倍；而当旱情出现时，上游又总是尽快地截断水源，致使下游无水可灌，旱情更重。由于黄淮之间属于最早开发的农业区，对水的依赖尤其严重。又紧邻地区更容易同时遭受旱涝灾情，长此以往，上下游之间自然会产生矛盾。过去在一个大的政区（道、路、省）时，矛盾还比较容易解决，往往是省级长官派出一个比较公平精干的官员就能够顺利地进行调停，将矛盾消弭于无形。现在突然变成了两个省，出现这类重大事件就要两省分别派员协商处理，甚至要两省最高长官出面调停。调停不成，还需要朝廷派遣钦差大臣专门处理此事。而由于客观原因（如长官进京或外出处理其他事务，因通信、交通不便得到消息晚等等）和主观原因（长官认识不足，情况不熟等等），长官不一定能及时处理，日积月累，矛盾更加升级，甚至出现群殴、械斗。处理这类事件，过去有一个原则，叫“下游服从上游”，于是本来受灾最重的下游却总是处于受斥责的一方，心里更加窝火，更加压抑，更加不服，早晚有一天还会爆发。而正德《颍州志》所记刘节想在乳香台分置一县，“以拯边疆之民被渔猎于邻封者”，正是这种矛盾的真实反映。把县治设在乳香台，便于就近处理各种矛盾，及时解决纠纷于萌芽状态，稳定地方局势。

那么，为什么会把沈丘划归河南呢？首先，河南也想解决这个矛盾，当然还是按照刘节的思路找到解决问题的办法，那就是在这一带设置一个新县。最好当然是把矛盾地区都囊括进来，把两地变成一地，这样便于协调和处理上下游之间的矛盾。但河南是站在河南的角度来考虑设县的，于是就有了这样一个新县，把上下游地区都划进来，但要属于河南陈州。为了便于操作，新县的名字不能用新名，只有用沈丘旧名，听上去好像是整建制划拨，甚至只是用了一个名，几乎没有从颍州拨地。这就是新县仍叫“沈丘”，而颍州“仅”划出五个里的原因。实际上我们已经论述过，这五里占了新建沈丘几乎一半的地方。

至于是怎样获批的，据《明史·列传第六十九·徐溥传》，“帝自（弘治）八年后，视朝渐晏，溥等屡以为言。中官李广以烧炼斋醮宠。”〔“朱佑樘自弘治八年以后，渐渐懒得上朝，徐溥等大臣多次上书劝谏（都不管用）。但是，宦官李广却因为会炼丹、举行道教仪式而得宠”。〕这显然是朱佑樘沉迷于道教“仙术”的结果。而此时内阁首辅徐溥多次请求退休，不准，便托病不问政务。到了弘治十年三月“甲子，召大学士刘健、李东阳、谢迁于文华殿议庶政（日常政务），后以为常。”（《明史·孝宗本纪》）“十一年春，（刘健）进少傅兼太子太傅，代徐溥为首辅。”后沈丘就是这个时候“重建”的。

那么，这里边有什么猫腻吗？还真有。因为刘健是河南洛阳人！皇帝懒得问事，首辅要求引退，实际主持朝政的第一大臣刘健当然最有实权。而刘健是河南人，家乡的事自然要办。第二辅政大臣李东阳是京师（北京）人，第三辅政谢迁是浙江余姚人，对这类无关利害的小事，知道就是了，谁有闲心过问？那么，只要陈州知州、开封知府或河南的督抚向刘健言明利害，陈述“重建”沈丘县的必要，此事就水到渠成了。毕竟在皇帝和内阁首辅看来，南京地盘那么大，割出一个沈丘县给河南，还可以缓解地方矛盾，这不是两全其美的好事吗？有什么理由不批呢？就这样，沈丘县就逆流而上，漂移到了河南陈州。

（五）一直在瞒着

更让人不可思议的是：沈丘划归陈州，割去了颍州的半个县，似乎颍州这边的官民都不知道！正德《颍州志》初稿由颍州同知刘节（见下文“人物”）完成于成化年间，早于后沈丘“重建”之年，刘节当然不会知道后来的事。但是，《颍州志》是由颍州人储珊（见下文）于正德六年（1511）刊刻付印的，并补充了很多内容，这从书中有大量正德年间的人物、事件可知。另外我们前面援引的《台馆》部分的文字，也可以看出是刘节身后所增补。但是，正德六年比弘治十年（1497）晚了14年，而书中一点没有提到“重建”沈丘县的事，可见储珊在增补《颍州志》时并不知道这件事。如果说储珊当时已经退休，不一定能看到有关割地给后沈丘的档案（其实储珊是正五品官，退休后完全有权查阅颍州的档案），那么，嘉靖《颍州志》成书于嘉靖十五年（1536），更晚于割地建县近40年，书中也没有提到沈丘之“重建”，足以证明割地一事颍州一无所知。嘉靖《颍州志·舆地上》在记录颍州州界的时候，对于其他方位，如果是与某县（如南到固始，东北到蒙城）边界相连，绝不会撇过县而直接说州，唯独于颍州与沈丘的边界，一说“其西北为开封之陈州”，再说“西北至开封府之陈州三百里，以州之界沟为界”，一句也没提到沈丘，好像当时沈丘根本就不存在。实际上沈丘割地重建之后，颍州的西北边界已经不和陈州州界相连了。但嘉靖《颍州志》只说陈州而不说沈丘，显然是不知道沈丘的存在。

这种情况一直持续到清朝。乾隆《颍州府志》卷一《舆地志·山》记有“破邱”，在“郡城西一百六十里，乳香台之下流。旧名货邱，后为黄河决破，故名。”我们已经知道乳香台是后沈丘的县城，那么它的“下流”（下游）还属于颍州府阜阳县吗？道光《阜阳县志》给我们指破了谜团：“按：旧志此下尚有破邱。考其地今属沈丘县，缘沈丘县未立以前为颍州地，历次修志未以刊去，故相延列入耳。今删。”（卷二《舆地志·山》）

原来破邱并不属于颍州府，虽然清初已经划清了两地的界线，但仍有个别遗漏在志书中体现出来。实际上，割给陈州的五个里，直到清朝道光九年（1829）才由《阜阳县志》的编者李复庆在河南沈丘的志书中找到笼统的记录，此时距后沈丘的设立已经过了332年。

（六）影响和结果

顾祖禹《读史方舆纪要·河南·开封府·陈州》记：“沈丘县，州东南百十里。东至南直颍州百二十里，北至南直太和县八十里。古沈子国。《春秋》定四年，蔡人灭沈。汉为寝县地。隋末，置沈州及沈丘县于此。唐初州废，以县属颍州，寻省。神龙初，复置沈丘县，仍属颍州。宋因之。元末，察罕（帖木儿）败汝阴贼于此。明初，县废。弘治十年复置。……养城在县东北。春秋时楚邑。昭三十年，吴二公子掩余、烛庸奔楚，楚使居养，取城父胡田以与之。盖其地近今亳、颍二州界。”这里说沈丘到“明初，县废”说的都是在今临泉的古沈丘，而“弘治十年复置”以后，则是迁到乳香台以后的后沈丘，顾祖禹把二者混为一谈，遂导致后人不知道养国故地在何处，顾栋高、熊会贞、杨伯峻等学者均指“在今界首境内”。然而一地不能没有具体界址，如果明白顾祖禹把后沈丘当成了古沈丘，就会明白养国故址应该是在今临泉以东，也就是今杨桥镇。这样才能符合《左传·昭公三十年》养国的几个位置参数。说参附录三，兹不赘述。

如果仅仅是一个古地名考证的失误毕竟不算什么大事。我们想说的是：沈丘的迁建并没有消除泉河上下游地区因为水患产生的矛盾，只不过是把矛盾向下游转移了而已。明清两朝水利纷争一直不断，但是现在的纷争是后沈丘和古沈丘人民之间的纷争——弘治十年之前的一家人，现在因为水患刀兵相见。清道光《阜阳县志·舆地志二·水》“小汝水”（即今泉河）条下，用了近5000字的双行夹注，记载了道光五年皖豫两省关于颍州西部与河南沈丘、项城、上蔡各县水利纠纷的诉讼。新中国成立之初，也曾发生沈丘、临泉与项城上万人的水患武斗，致死人命，以至于中央派工作团连续数年常驻沈、项、临边界，调处水利纠纷，最后规定以周（口）黄（川）公路路面作为固定水位线，减轻了临泉的水患。同时国家成立治淮机构，水利部淮河水利委员会设在蚌埠，为阜阳地区主张自己的合法权益、消弭边境的纷争，提供了坚强保障。

事实证明，区域争端应该找出其引发矛盾的关键点，单靠欺骗手段把地片弄到手，解决不了根本问题，只是拖延矛盾，把“定时炸弹”引爆的日期一点一点地往后推。拖延的时间越久，积累的矛盾、仇恨越深，当总爆发的时候，伤人也越多。

这是历史的辩证法，也是我们研究历史的终极目的。

三、太和县的归属

《清史稿·地理志》安徽卷说太和“明属凤阳，（清）雍正间改隶颍”，意思是明朝的时候太和不属于颍州而直属凤阳府，真不知道从何说起，又有什么依据。我们看明朝的两部地方志书——正德、嘉靖《颍州志》都记颍州属县有太和，万历《太和县志》考证元朝太和县改名、隶属关系有误，本书上一章已经辨析，但太和在明朝属于颍州则记载甚明。当地官员记载本地的隶属是不会有错的。而且，《明史·地理志》明确记载颍州“领县二”，其一即为太和。难道编修《清史稿》安徽部分的人，连《明史》都不看吗？

四、颍州卫和颍川卫

（一）卫所的设置

洪武元年（1368）在颍上设有千户所，第一任千户孙继达，注“籍没”，即俗称的“抄家”，不知道犯了什么罪，洪武二十八年始有周中继任。估计孙继达的犯罪，一定和胡惟庸、蓝玉冤案有很大的关系。

洪武九年（1376）始在颍州设置卫所（军卫），负责人是指挥佥事李胜，隶属于中军都督府河南都指挥使司。没错，在南京地盘内的军卫，当然也包括颍上千户所，属于河南都指挥使司管辖，这就是典型的“犬牙相制”。据《明史·兵志二》：“（洪武）九年，选公、侯、都督、各卫指挥嫡长次子为散骑、参侍舍人，隶都督府，充宿卫，或署各卫所事。”实际上颍州军卫早在洪武元年就设置了。据清乾隆《颍州府志》、道光《阜阳县志》记载，朱元璋到开封去的时候经过颍州，见战乱后颍州一片破败景象，遂命令李胜“以指挥佥事守颍”，李胜筑城立卫，召集百姓回乡，于是颍州百姓才恢复祖业。查朱元璋曾于洪武元年两次到开封，然后到洪武九年就没有到开封的记载，说明让李胜守颍州是在洪武元年。

军卫的职位是世袭，正德《颍州志》：“洪武九年，颍川卫指挥佥事李胜督修东西隍池，与南城隍池通”，这说明李胜从洪武元年到九年一直在颍州任指挥使佥事。

另据《明史·兵志二》：“天下既定，度要害地，系一郡者设所，连郡者设卫。大率五千六百人为卫，千一百二十人为千户所，百十有二人为百户所。”“连郡者设卫”是说一个军卫掌管多个州。查《兵志》，洪武时期颍州北有陈州卫、西有汝宁卫，东南有中都留守司（在凤阳），属中军都督府，与都司是一个级别。下辖有怀远卫、长淮卫等，与颍州卫平级。从卫所布局来看，中都留守司的管区北部，应该到达今安徽淮北地区的东部（不包括萧县、砀山），而颍州卫的管区可能包括今阜阳、亳州和河南的新蔡、息县一带。

另外，明洪武元年在颍上还设了千户所。属于守御千户所，直属河南都司。

颍州设卫，颍上设千户所，说明朝廷对这一带非常看重。为什么会这么重视？除了颍州是中都凤阳府的西北保障外，恐怕还与朱元璋早年的经历有关。朱元璋在颍上南照镇加入了白莲教，在颍州北照寺剃度出家，升级为一个小和尚（他最先在凤阳龙兴寺只不过是一个行童，没有剃发），并且接受了杜遵道、刘福通传达的教义，这对他的人生都具有指导意义。他当了皇帝后，为了报恩，第一是把颍州划入京畿地区，第二就是加强这里的防御。否则的话，设置了军卫，就不会再在颍上设置千户所。

军卫正职为指挥使，副职有同知、佥事、经历、镇抚司。而千户所分为守御千户所和备御千户所，前者直属都司，而后者属于军卫。颍上千户所是守御千户所，直属河南都司，与颍州卫平级。

千户以下有百户，还有“试百户”，属于试用性质，试用期满考核合格，才能转为百户。百户以下还有两个总旗和十个小旗。这和现代军队的“三三制”有很大的区别。

（二）军卫名称之谜

颍州军卫的名称，是一个长期困扰本地学者的问题。据我的老乡、大学及硕士研究生期间专门研究明代卫所制度的年轻学者，江西省社会科学院历史研究所助理研究员王涛告诉我：“《明实录》里是用‘颍州卫’，明清史籍颍州卫和颍川卫两种称呼并存。”仔细查一下《明史·兵志二》，果然发现了问题：在洪武年间所设卫所里，中军都督府河南都司下有“颍州卫、安吉卫（后为通州卫亲军）、颍上千户所”；而“后定天下都司卫所，共计都司二十一，留守司二，内外卫四百九十三……”以后，河南都司下没了“颍州卫”，却多出了个“颍川卫”。正德《颍州志》中记载的是“颍川卫”而不是“颍州卫”，说明颍川卫是设在颍州而不是“颍川”（河南禹州的秦汉旧称）。这是怎么回事？过去我先入为主，以为“颍州卫”都是写错了，但是结合《兵志》看，《明实录》和《兵志》不可能都写错，一些旧志也不会没有依据瞎写。一个合理的解释是：洪武年间设置的军卫本来是叫“颍州卫”，朱元璋在这里讨过饭，对这里非常熟悉，一定不会弄错；军卫的设置都是按照驻在地本来的地名命名，也不可能为军卫改名。而“颍川卫”的出现，并不是颍州卫撤销、迁址，而是明成祖朱棣迁都北京以后，经过一番增改、调动（把外地包括南京的一些卫所调入北京）以后，卫所的设置比较混乱，最后在整理、确定卫所的时候，将“颍州”误写成了“颍川”，于是颍州大地上凭空多出了一个“颍川卫”。所以看过正德《志》的人会毫不犹豫地认为颍州的军卫就是颍川卫，想当然地认为“颍州卫”是错误的写法。其实颍州卫和颍川卫都没有错，只不过时间有先后而已。至于一些旧志，不清楚这个顺序，统一写成“颍州卫”或“颍川卫”，实在不能苛求。追根求源，要怪只能怪永乐朝兵部那些抄写公文的。

颍州卫改名颍川卫，造成了很大的混乱。很多颍州军籍的人士，都要说自己是“颍川卫人”，然后补充说：“驻颍州”。这还不算，最大的影响是对一些名人的籍贯考证增加了麻烦。例如明末清初的刘体仁，军籍，自称“河南颍川人”。于是许多材料上就说他是河南人、河南禹县人。其实明朝河南根本就没有颍川，只有南京的颍州有一个颍川卫。

（三）军籍、学籍与寄籍

明朝卫所驻军实行的是世袭制。《明史·兵志二》：“其取兵，有从征，有归附，有谪发。从征者，诸将所部兵，既定其地，因以留戍。归附，则胜国及僭伪诸降卒。谪发，以罪迁隶为兵者。其军皆世籍。”〔国家兵源，有从征，有归附，有谪发。“从征”就是将领原来率领的士卒，打下一块地方，就留在那里驻守；“归附”就是战败国（元朝）以及那些割据政权（包括红巾军政权）投降的兵士；“谪发”就是因为犯罪被判充军的。这些军人都是世袭并且有名册。〕洪武二十年，“命兵部置军籍勘合，载从军履历、调补卫所年月、在营丁口之数，给内外卫所军士，而藏其副于内府。”〔命令兵部办理军籍登记，记载军人从军的简历、调入或补充进入卫所的年月、在军营人口（包括随军家属）数，发给在京和外地的将士，其副本收藏在内务府。〕这就是“军籍制”。军籍制保障了部队兵源的稳定，也比较完整地保留了历代武官的档案。所以清乾隆《颍州府志》、道光《颍上县志》和《阜阳县志》记载明代卫所武官（指挥使、同知、千户、百户等）时，都记录他们的传承顺序，从第一任官到“二世、三世”直到“十世”。中间有考中武举、提拔、犯罪、无子等情况，自然免去武职，或终止世袭。但是这种世袭时间长了也会影响部队的战斗力。

由于世袭，军队中家属子女必然增多。军籍子弟除了嫡长子世袭以外，其他的兄弟都要自谋出路。明朝文武并重，并不禁止军籍子弟考文举。许多本该袭职的嫡子，喜欢舞文弄墨的，都情愿放弃武职，另考功名。但是，由于颍州划归南京，本地的子弟都要到南京应考，这样就吃了大亏。因为这里一到战乱就逃亡一空，人口不能稳定，教育也就不能延续。据正德《颍州志》记载，洪武十四年颍州人户是一千七百户，到永乐元年反而降到一千五百五十户，直到宣德七年才达到一千六百八十户。正统七年人户为二千一十八户，比宣德七年多出来的这三百三十八户全部是流移客户。就这样，即使按每户 10 口人算，本地在籍居民也不过两万多。成化十八年（1482）刘节任颍州同知时，还在“收附流移，添编十六里”，可见当地人口流动极大。户口多年不见增加，只能是因为贫困。贫困是教育的大敌，所以颍州教育的普及程度和质量都赶不上南方，参加南京的考试录取率极低。

对于这种状况，颍州的官员，尤其是教育官员非常着急，但是毫无办法。直到正统六年（1441），浙江永嘉人李悦来任颍州学正，这种情况才得以改善。李悦研究发现：颍州的军卫隶属河南都指挥使司，就想到利用这一点来打个“擦边球”，奏请军籍子弟到河南应考。幸运的是，这个请求竟然被批准了。明朝是两京制，考试也分南北，河南属于北方省份，生员在河南省考取举人资格后，到北京参加礼部主持的进士考试。科举考试是逐级进位制，只有考取秀才方能参加省里的“乡试”。考中后称为“举人”，才有资格做官，但只是地方上的小官小吏。只有参加礼部举行的“会试”，考中后经过皇帝主持的“殿试”，才能取得进士资格，然后留在皇帝身边或分配到各地任职。河南属北方省份，教育水平也不甚高，录取比率却比南京高很多。颍州的生员到河南参加乡试，中举人的生员就多起来。从清乾隆《颍州府志·选举表》看，洪武到正统年间，颍州属县倒有几名进士，州本身没有一人考中；天顺以后才逐渐多了起来，可见颍州改从河南参加乡试有很大的好处。

颍州士子参加河南乡试，固然有很多好处，但也带来了一定的混乱和麻烦。首先，参加河南乡试的生员按规定只能是军籍子弟，于是我们看到，天顺以后，同为颍州人，在“科贡”榜上既有“中河南布政司乡试”的，也有“中应天府（南京）乡试”的，如储珊就是“中弘治己酉应天府乡试”。可是，到了后来，本地平民子弟也开始冒名军籍参加北方的乡试。为了能让本地生员多考中几个，当地政府官员和卫所的武官互相勾结，把非军籍的生员改隶军籍生员，也是很容易的事。

古代科举考试直接牵涉到能否进入仕途，以及官职的好坏，提拔的快慢，是人生的关键转折点。所以，古代尤其是明清的“高考移民”比现在厉害得多，很多考生和家长千方百计想把自己的籍贯（户籍）弄到一些教育水平低、录取率高的地方，以便顺利地迈开人生第一步。非军籍生员改隶军籍是最简单、最安全的办法，其他如寄籍（亦称挂籍。通过做生意、购买田产、房产等方式，获得异地的户籍，而本人及家眷仍在原籍居住）、占籍（流民逃往外地，就地安置。这是明初为了安置不愿意回归故土的流民不得不采取的措施）、冒籍（本不在某地，投靠亲友，冒充某地人）等各种形式的高考移民，足以让民政部门的官员头痛不已，防不胜防。更头疼的还是历史文化学者，芸芸众生倒也无所谓，牵涉到历史文化名人的籍贯麻烦就来了：首先要苦心研究、还原历史名人的真实籍贯，还要多费好多口舌解释历史上为什么某某人是这里人而不是那里人。碰上一些糊涂人，历史地理如同天书，跟你搅和不清，实乃学术界一大麻烦。即如太和人徐广缙，民国《太和县志》卷八《人物志上》：徐广缙"世为太和人，父瀚寄河南鹿邑籍，仍居故里。"这就是寄籍。由于寄籍者在申报履历的时候必须申报寄籍地，所以《清史稿》本传说他是"河南鹿邑人"，全按官方档案记录其籍贯。但此人其实是太和县大新镇徐寨人。阜阳历史上很多说不清的人物籍贯，如李精白（明朝兵部尚书）、李岩（李自成的军师，李精白之子）等等，都是寄籍惹的祸。

五、巡检司的设置和撤销

明朝颍州境内共设置五个巡检司：颍州：沈丘巡检司（今临泉县城），乳香台巡检司（今河南沈丘县老城镇，即后沈丘）；太和：洪山巡检司（在太和县洪山镇），北原和巡检司（太和县倪邱镇）；亳县：义门巡检司（在今涡阳县义门镇）。后来，随着亳县升州，义门巡检司也不属颍州管辖了。

巡检司属于行政机构。《明史·职官志四》："巡检司。巡检、副巡检，俱从九品。主缉捕盗贼，盘诘奸伪。凡在外各府州县关津要害处俱设，俾率徭役弓兵警备不虞。初，洪武二年，以广西地接瑶、僮（壮族），始于关隘冲要之处设巡检司，以警奸盗，后遂增置各处。"由此可见，巡检司属于公安、警察性质，不隶军籍。《水浒传》中有个捕盗巡检，带领官兵跟随观察何涛抓捕晁盖一行时，被阮氏三雄打得落花流水，自己也不知所踪，可见巡检尤其是捕盗巡检还是有一定的风险的。

颍州境内的巡检司驻地，大都有明确的基址。分别详述如下：

颍州

沈丘镇巡检司：在沈丘镇。正德《颍州志》卷二《乡井》："沈丘镇在州西一百二十里，废沈丘县东。镇离州远，故置巡检司以察奸细。"请注意：明朝的沈丘镇即今临泉县城，不是古代的沈丘县城。故沈丘县城在沈丘镇西六里古城子。

乳香台巡检司：在乳香台。嘉靖《颍州志》卷之六《舆地志下》：

“乳香台　在州西一百八十里。旧产乳香，因以名台。”按：乳香台距州实仅一百五十里，即今河南沈丘县老城镇。这里的“在州西一百八十里”是错误的。不知何故，正德《颍州志》自沈丘西三十里（今临泉白庙镇姚集村）再往西，里程都莫名其妙地多出了三十里。旧志陈陈相因，抄袭不改，这里乳香台到颍州的里程也是沿袭旧志的结果。这可以说明一个问题，那就是自明朝以来，沈丘镇尤其是镇西没有人在州衙任职，更没人参与过《州志》的编纂。

太和县

洪山巡检司：在洪山镇。《明史·地理志》记载的有，而正德《颍州志》及万历《太和县志》均未载。据手头的资料，民国《太和县志》有洪山庙堡，在县北七十五里。今为洪山镇。

北原和巡检司：在倪邱。北原和本为太和的一个乡，相当于现代的一个县辖区（管乡镇的大区，今废）。正德《颍州志·州图》作“北原河”，误。万历《太和县志》、《明史·地理志》均作“北原和”。万历《太和县志》卷三《建置志·乡图》：“北原和凡四图。倪坵集、茨河之滨皆其所分之堡。”万历时太和分为八个乡（包括城郊），每乡辖四至五个“图”（即“里”，相当于现代的区辖小乡），都没记载政府驻地，也不按驻在地命名。北原和乡首列“倪坵集”（今倪邱镇），当即北原和乡政权所在地，故知北原和巡检司在倪邱。

亳县

义门巡检司：在今涡阳县义门镇。清乾隆《颍州府志》卷二《建置志·村集》：“义门集　州东七十里。”又《铺舍》：“义门铺　州东七十里。”

【人物】

明清两朝，修志制度趋于完善，在历代志书中记载本州官吏、本州人任外地官吏，以及孝行、忠义、贞节、方术、隐逸等方面的人物数不胜数，限于本书体例，难以俱载，仅择其要者辑录如下：

张　泌　字淑清，今临泉杨桥人。洪武年间由岁贡生（每年由地方学校选拔入国子监学习的资深廪生）进入国子监学习。肄业后授兵科给事中（在皇帝身边执掌抄发关于军事的奏疏，稽察违误，权力很重）。由于张泌为人平和厚道，勤劳能干，很快被提拔为都给事中（兵科总负责人），再升为光禄寺卿（负责皇室膳食安排的大臣，为九卿之首）。在任二十余年，非常谨慎，对于御膳一定要亲自检查是否洁净精美，祭祀、宴会一定要做到丰盛整洁。由于他的细心、勤谨，没有出现过一次失误。张泌身材魁梧，虑事识大体。他对待下人宽厚，处事出于公心，威望很高，光禄寺的大小官吏都佩服他。到了永乐初年，明成祖朱棣对他更加信任、眷顾。到了张泌死后，朱棣特赐祭葬（派官员到灵堂宣读祭文、赏赐银两助葬）。后来，每当吏部推荐光禄寺卿，朱棣都会问："这个人可比得上张泌吗？"

张泌墓在临泉杨桥西。嘉靖《颍州志》卷六《舆地志下》："张光禄泌墓　（在州）西一百里杨桥，永乐初谕葬。"按：今临泉杨桥在颍州西九十里，此处说在州西一百里，所以应该是在杨桥西。

王　质(1392—1444)　字梦瑾，号闻过。永乐十六年（1418）进士，任南阳府学训导。九年后升任云南道监察御史。诛易门匪徒罪魁，安定地方，受到朝廷嘉奖。父亲病故，回乡守孝期间，同年进士某巡抚来太和，见王质太过清苦，命令县官以吊孝的名义给他送了许多绢帛米肉，王质坚决不受。服孝期满，改任湖广道监察御史。宣德十年（1435），升任四川布政司右参政。松潘地区少数民族之间的多年积怨、仇杀，被他化解。王质不吃肉，只吃蔬菜，而且还让家人自己种，被誉为"青菜王"。

正统三年（1438）升为山东右布政使。此前济南近郊有老虎为患，官府不能驱除。王质沐浴斋戒后组织猎户捕猎，三天就消除了虎患。山东监狱中有三个重刑犯不停地喊冤、申诉。王质仔细查勘，辩明冤屈，三人无罪开释，人称神明。正统六年（1441），升为户部右侍郎。两年后，升为刑部尚书。刑部尚书相当于古代的大司寇，所以史料中称他为"大司寇"。后因得罪了大太监王振，王质又被免去刑部尚书，仍任户部侍郎。正统九年（1444），浙江庆元人叶宗留与丽水人陈鉴胡聚众到福建宝峰银矿公开盗采，和官方矿工发生冲突，酿成大乱。朝廷派王质去处理。王质火速前往，到苏州时发病，不顾手下人劝阻，仍昼夜兼程前行。到杭州武陵驿，病情加重，不幸去世。

王质死后，皇帝指示礼部派人宣读悼文，派工部营葬，让他的第二个儿子王环入国子监读书。太师、武英殿大学士、内阁首辅杨溥为撰碑文，翰林侍读、太和人苗衷写了墓志铭，华盖殿大学士李贤为作《青菜王传》。《大明一统志》《名臣言行录》都收录了王质的事迹。明万历《太和县志》、清乾隆《颍州府志》、民国《太和县志》等都有专章传记。

刘　节　庐陵（今江西吉安市）人，成化九年（1473）起任颍州同知。当时成化帝自幽深宫，不问国政，全权交给太监代理。受此影响，各地各级官吏迁转调任等都陷于停顿。颍州自成化十年张梦辅任知州以后，长期无知州，他是"副知州主持工作"，从成化九年（1473）直到成化二十一年（1485）病故于颍州同知任上。他关心民瘼，兴修水利，百姓爱戴。独立撰修《颍州志》，是现存最早、体例较完备的颍州志书。因宦囊清贫，所修志书未能刻印。后由其弟子、颍州进士储珊出资刻印。

储　珊　字朝珍，颍州人。弘治己未（1499）进士，初授清江县（治今江西樟树市西南临江镇）知县，迁御史，巡按山东。抗疏奏劾大太监刘瑾不法罪状，贬岢岚州（治今山西岢岚县）判。刘瑾伏诛，起官南京兵部主事，河南道监察御史，擢升奉议大夫、浙江按察司佥事，剿灭剧贼王浩八等，武宗（正德帝朱厚照）嘉之，赐彩币银牌。因与上官意见不合，辞官归隐。正德六年（1511）任浙江按察司佥事时，刊行原颍州同知刘节编修的《颍州志》，流传至今。此书修成于明成化年间，应称“成化《颍州志》”。由于储珊在正德年间予以修订刊刻，今称“正德《颍州志》”。

卢　翰　字子羽，号中庵，颍州人，明代著名学者。嘉靖甲午（1534）中举，父死，守孝期满，任兖州府推官、藤县、曹县令，惩恶霸、辩冤狱、缉捕巨盗、赈灾救民，政声卓著。升济宁知州，闻有调迁之命，即辞官归隐，致力于学术研究。博览群书，自成一家。学识渊博，名震山东，拜师求学者不绝于途，时人称为“卢圣人”。他对典籍、名物、象数（卜筮）、历史、儒道、诸子均有研究，尤精于《易经》。一生著述面广量多，有《易经中说》《春秋解》《中庸图说》《定性书图衍》《四书中说》《道经注》《坛经撮要》《掌中宇宙稿》等，共计19种、128卷，具有很高的学术价值。

卢　晋　字伯进，卢翰之子，嘉靖庚子（1540）举人。初任江西兴国县令，迁四川重庆府通判，告归，专心研读，著述颇多。

张鹤鸣（1551—1635）　字元平，号凤皋，颍州人。万历丙戌（1586）礼部贡士，以父病告归。壬辰年（1592）赐进士出身（二甲进士），授山东历城令，迁南京兵部主事，调吏部郎中。父死守丧，服满，补礼部郎中，出为山东副使，分守济南。改陕西参政，在任五年，所部无警。加布政史，旋拜佥都御史，巡抚贵州。平定红苗，绥靖境内，擢兵部右侍郎，旋升左侍郎。天启初年，满洲人进攻中原，张鹤鸣晋兵部尚书，时辽东经略熊廷弼与巡抚王化贞不和，他主撤廷弼，专任化贞。议上，化贞已弃广宁逃遁。鹤鸣惧罪，自请行边，加太子太保，督师辽东。至则无所筹划，被弹劾，谢病归。时魏忠贤势大，起用他为南京工部尚书、兵部尚书，总督贵州、四川、云南、湖广、广西军务。崇祯皇帝嗣位，被弹劾，退归颍州。崇祯八年（1635），李闯王部攻破颍州，被杀。

张鹤腾　字元汉，鹤鸣弟。万历乙未（1595）进士。任潞城、榆次令，赈灾施药、收养遗孤，擒巨盗，雪沉冤，大有政声。历官刑部主事、户部主事、郎中、度支，云南副使。行谊醇笃，誉过其兄。崇祯八年，城陷被执，骂不绝口而死。

李　岩　天启朝兵部尚书李精白（颍州人）之子。初名信，李自成为他改名李岩，是李自成的重要谋士。李自成兵败北京，李岩请率军二万经略河南，牛金星诬陷李岩欲拥兵自重，篡位自立。李自成遂借口饯行，杀死李岩。此据刘奕云、李同恩《李岩辨正》。

颍州这个小地方能出大明朝的刑部尚书、兵部尚书、光禄寺卿，又出“卢圣人”，足见当时人文之盛。

第十八章 清：管州带县颍州府

（1644—1911）

清顺治二年（1645），改明朝的南京（南直隶）为江南省。顺治十八年（1661），江南省设左、右布政使司，其中左布政司辖九府：安庆、徽州、宁国、池州、太平、庐州、凤阳（含颍州）、淮安、扬州，及四个直隶州：徐州、滁州、和州、广德州。布政使司驻江宁（今江苏南京）。康熙元年（1662）建安徽省，取安庆、徽州二府首字为名，设巡抚，驻安庆。巡抚是全省最高军政长官。此时安徽有省名、有省会、有巡抚，所以本年为安徽建省之年。康熙五年（1666），扬州、淮安、徐州划归江苏省。康熙六年，改左布政使司为安徽布政使司。乾隆二十五年（1760），安徽布政使司从江宁迁往安庆。此为安徽建省始末。

安徽、江苏的省会均在长江边上。人们根据两省所居长江的不同位置，称安徽为“上江”，江苏为“下江”。乾隆《颍州府志》卷之一《舆地志·沿革·颍州改府缘由》：“又疏称：‘新设府名，似可仿下江徐州改府之例，即改为颍州府。’”这里的“下江徐州”即江苏徐州。

明朝设置的都司、卫所，至顺治十五年（1658）全部裁撤。

顺治二年（1645），颍州属江南省凤阳府，领颍上、太和二县。

顺治十五年（1658），颍川卫裁撤，归并于颍州。

康熙元年安徽建省，颍州属安徽省凤阳府。

雍正二年（1724），颍州升为直隶州。

颍州　今阜阳。领二县：

颍上县　今址。

霍丘县　今霍邱县，淮河以南唯一的一个县。原属寿州（今安徽寿县）。

【疆域】

东到利辛县刘家集东界，东南到颍上县淮河，最南到霍邱县南界，西到今临泉县西界，西北到界首市颍河（沙河）南岸，北到太和县南界，北偏东（最北）到太和县苗集镇北界，东北到利辛县刘家集东界。

四邻：东，凤阳府蒙城、凤台、寿州；南，六安直隶州；西，河南光州商城、固始、息县、汝宁府新蔡、汝阳；北，河南开封府陈州（此时陈州未升府）沈丘、亳州太和。

雍正十三年（1735），升颍州为颍州府，降亳州为散州，并原亳州所辖太和、蒙城二县，统隶颍州府。同治三年（1864）增设涡阳县。

颍州府　今阜阳。领六县一州：

阜阳县　阜阳老城，府治，由原颍州改。

亳州　今亳州市谯城区。

太和县　今址。

蒙城县　今址。

颍上县　今址。

霍丘县　今霍邱县。

涡阳县　同治三年（1864），割阜阳、亳州、蒙城及凤阳府之宿州地增设，治雉河集（今涡阳县城）。

【疆域】

东到蒙城县东界，南到霍邱县南界，西到临泉县西界，西北到界首、太和北界，北到亳州北界。

同治三年涡阳建县以前，颍州府东北界大致沿今涡阳县新兴镇东界、张老家乡东界、闸北镇东界、高炉镇北界（以上全属亳州地）与宿州为邻；涡阳建县以后，东北边界即今涡阳县东界（新兴镇、张老家、闸北以东，高炉镇以北地区原属宿州）。

四邻（涡阳建县以前和以后四邻没有变化，故不单列）：

东，安徽凤阳府宿州、怀远；东南，凤阳府寿州、凤台（二治一城）；南，六安直隶州；西南，河南光州直隶州商城、固始；西，河南光州息县、汝宁府新蔡、汝阳；西北，河南陈州府沈丘、归德府鹿邑；北，河南归德府商丘；东北；河南归德府永城。

【正误】

《中国历史地图集》安徽、河南部分首次绘出泉河，标注为“滆河”，误。乾隆《颍州府志》称之为“颍河”，道光《阜阳县志》注为“小汝水”，未知“滆河”从何而来。

【国史掌故】

清朝的祖先是女真人。蒙古人灭金后，留在中原的金人大都被蒙古人和汉人消灭，留在本土的女真人恢复了女真的称号（建州女真）。到了明朝万历年间，重新统一并很快发展壮大，建立后金，成为大明朝的东北边患。崇祯初年，陕西大饥，多地农民造反。李自成、张献忠在这些农民队伍中脱颖而出，成为两支最大的势力，给明王朝以沉重的打击。同时，随着一些守边将领如熊廷弼、袁崇焕的冤死，后金迅速掠取了整个东北，降服了蒙古各部，并于1635年改国号为大清，随时准备向关内进攻。1644年，李自成部攻陷北京，崇祯皇帝吊死煤山，标志着明王朝在全国统治的终结。

李自成部占据北京后，迅速腐败。他们拷打、逼迫那些达官贵人交出财富，并抢夺民间美女，引起京城百姓的普遍不满。此时镇守山海关的总兵吴三桂的父亲吴襄在京被扣，李自成企图以此逼降吴三桂，外间蜚传吴襄被杀，吴三桂正在犹豫，忽然听说其爱妾陈圆圆被李自成部将刘宗敏掠走，遂决意降清。当时江南文人吴梅村有长诗嘲讽吴三桂，留下千古名句“恸哭六军皆缟素，冲天一怒为红颜”。据传吴三桂曾派人送给梅村八千两黄金要求改动这两句，被吴梅村拒绝。

吴三桂降清后即带清兵攻打李自成，李自成不敌，退出北京。在清军的持续打击下，李自成、张献忠和残余的南明政权相继被消灭，满洲人成了中国的新主子。

满人虽以外夷入主中原，并强迫汉人剃发梳辫，但很快就被汉文化所同化。在统治中国的267年中，满人完全按照汉族政权的统治方式来管理中国，只不过比明朝皇帝要勤快得多。即使是最懦弱的皇帝，也少有辍朝、不视朝的情况。在世界工业革命高速发展、帝国主义拼命侵略扩张掠夺的时候，清王朝能延续200余年，是很不容易的。这与清朝各代皇帝的勤政是分不开的。请看下表：

皇帝	年号	在位年数	主要事迹	备注
福临	顺治	18	多尔衮摄政，强制推行剃发易服令，残酷屠杀汉民不肯剃发易服者。“扬州十日”“嘉定三屠”皆出其手，“江阴屠城”更是血流成河。顺治二年，福临迁都北京，招抚汉族地主，恢复农业	

（续表）

皇帝	年号	在位年数	主要事迹	备注
玄烨	康熙	61	平定三藩之乱，统一台湾，驱逐沙俄对我国东北的侵略，平定准噶尔叛乱，稳定新疆局势，恢复汉家优良制度。是中国历史上最伟大的君主之一	立储之事不明
胤禛	雍正	13	残忍屠杀皇子及其党羽中的异己势力，推行养廉银制度，增加中央财政收入，大兴文字狱，残酷镇压汉族人民的反抗。首设军机处，加强皇帝集权，使努尔哈赤创建的大臣议政制度形同虚设	继位遭质疑，死因有争议
弘历	乾隆	60	五次普免天下钱粮，三免八省漕粮。重视水利建设，保护农业生产。平定边疆叛乱，正式将新疆纳入帝国版图。在位后期奢靡腐败，六次南巡靡费国帑，闭关锁国政策把西方世界拒于国门之外，清朝统治的危机由此埋下祸根。文字狱比康熙、雍正时期更为严酷	传本为汉人，南巡为探亲
颙琰	嘉庆	25	诛杀大贪官和珅，企图肃清吏治，但收效不大。成功镇压了白莲教起义，剿灭海寇。继续闭关锁国，进一步拉大了与西方国家的差距，清王朝开始没落	
旻宁	道光	30	整顿吏治、盐政，通海运，平定张格尔叛乱，严禁鸦片，勤于政务，力行节俭。但社会弊端积重难返，清王朝进一步衰落。道光二十年（1840）鸦片战争爆发，中国战败，被迫签订丧权辱国的《中英江宁条约》。此后十年得过且过，不图恢复，清王朝转为衰世	
奕詝	咸丰	11	勤于政务，大力改革朝政。但内有太平天国、捻军暴乱，外有英法美俄列强入侵，一系列不平等条约即于此时签订。清朝陷于极衰	
载淳	同治	13	镇压了太平天国，剿灭了捻军。兴办洋务新政，史称“同治中兴”	
载湉	光绪	34	甲午战败，力图变法强国，但受制于慈禧太后等保守势力，终遭挫败，被囚禁终身。光绪三十四年十一月十四日暴崩，次日慈禧死	死因备受质疑

（续表）

皇帝	年号	在位年数	主要事迹	备注
溥仪	宣统	3	四岁登基，六岁退位，清朝灭亡。袁世凯成为民国大总统，仍加以优待。民国十四年（1925）被冯玉祥赶出紫禁城。后被日本扶持为伪满洲国皇帝。抗战胜利后被俘，经过人民政权感化教育，成为政协委员	

我们看，乾隆皇帝只是在晚年有一点怠政，清朝就开始走下坡路。而继位者才智平庸，遂使大清国由盛转衰，内不能镇压农民革命，外不能抵御列强入侵，最后是内忧外患交织，在国民革命兴起之时，被袁世凯所取代。

【国家建置】

清朝的建置结构基本承袭明朝，当然也作了一些调整。最基本的变动是取消了两京制，只保留一个北京，称为“京师”，驻顺天府。南京（南直隶）先是改称江南省，后又嫌其太大，逐步拆分为两个省：先设左右布政使司，分辖东西两部；然后设安徽巡抚和江苏巡抚，完成分割。改江南省省会（后为江苏省省会）为江宁府，辖上元、江宁二县。拆分江南省实行的是“纵切法”，即按南北轴线切分，而不是按东西横向切开，仍然是沿袭朱元璋的“犬牙相制”的战略划分。这样，安徽、江苏两个省都是淮北、江淮之间、江南三部分。但由于江苏境内的淮河遭黄河“借道”（夺淮入海），淮河故道变成了“黄河”，所以清朝的江苏省实际是分为江南、江河之间和“河北”三部分。

除了江南省以外，另一些大的省份也进行了拆分。如明朝的湖广，拆分为湖北和湖南；陕西，分为陕西和甘肃等。另外，对明朝的边疆军卫等地区，也改为行政建置，不再实行军卫制度，这是对明朝建置制度的一个重大改革，也是加强对新版图控制的有力措施。但是总体来看，清朝仍然沿袭着明朝传下来的“省—府（州）—（州）县”三级管理体制。史学界所谓“明清不分家”，在建置上体现得最为完整。

清朝的州，明确分为直隶州和散州（属州），两者在行政级别和管辖权限上都有很明显的区别：直隶州直属省管，散州（属州）归府管；直隶州带县，散州不带县；直隶州知州为正五品，散州知州为从五品。

清朝的府，一定是管州带县，这和唐宋两朝只是“名誉州”的府、和元朝大小不一的府都有所不同。

【建置简考】

一、改府及阜阳县的由来

清初颍州属江南省凤阳府，沿袭明朝的管理制度，虽为散州（属州），仍然带县。所以此时颍州下辖太和、颍上二县。从雍正二年开始，州一级开始严格区分直隶州和散州，许多府以下的属州因为带县，改成了直隶州。例如安徽的颍、亳、泗、六安州，河南的陈、许、禹、郑、陕、光州，山东的泰安、武定、滨、济宁、曹、沂州，山西的平定、忻、代、保、解、绛、吉、隰州等等，它们都是在雍正二年升为直隶州，属于“批量调整”，可见这一年是严格划定直隶州和散州的界限、贯彻“散州不带县”制度的年份。这样的改革，使基层行政体制更为明晰准确，便于管理。

然而，太多的直隶州增加了中级管理的成本和复杂性，于是到雍正后期又开始“微调”，根据各地情况，部分直隶州或升府，或仍改属州。如山东省，雍正十二年升武定州、沂州为武定府、沂州府，滨州降为散州，改属武定府；十三年又升泰安州、曹州为府。其中武定州升府、滨州降为散州、属武定府，与安徽的颍州升府、亳州仍改散州、属颍州府，用的是完全相同的模式。

颍州升府，府治（府直辖县）就不能再用颍州之名，以免重复、混淆。于是用境内的一个旧地名——阜阳侯国的名作为新县地名。阜阳侯国在今临泉县白庙镇姚集村，是东汉时期的封国（参见本书东汉一节），大概是乡侯或亭侯。汉代封侯，都是用原有的地名作为侯国名，所以“阜阳”地名应该在东汉之前就已存在。《水经注·汝水》：“澺水又东南，左迆为葛陂。……陂水东出为鲖水，……水迳鲖阳县故城南。应劭曰：县在鲖水之阳。……鲖陂东注为富水”。这里描写的河道，至今无大变化。澺水即今洪河。从平舆县故城（今河南平舆县射桥镇）南向南流，到今临泉与河南交界处的庙岔镇西，分出一支向东南流，叫作鲖水。鲖水流经鲖阳县故城（今临泉县鲖城镇）南，应劭说：鲖阳县在鲖水的北面，水北为阳，所以这个县叫鲖阳。鲖水再向东流，就是富水。按：姚集与鲖城都在临泉通往河南驻马店的公路边，鲖城在西，姚集在东，这里的“富水”在鲖水东，恰好在姚集的南边，鲖水之北为鲖阳，那么，富水之北就应该叫富阳，但是现在却写作“阜阳”，可见富水本来应该写作“阜水”。《水经注》中有很多用同音字或近音字代替正字的地方，如“澧水”写作“醴水”，“溵水”写作“濦水”等等，那么，这里的“富水”也应该是“阜水”之误。阜阳侯国在“阜水”之阳，所以称为“阜阳”。

二、霍丘的来因

清初颍州升为直隶州的同时，亳州也要升为直隶州。由于明初把亳州降为县时，把下辖的鹿邑县划归河南归德府，又撤销了州治谯县和城父县，蒙城县归寿州，所以到正统九年复为亳州时，只能是一个不带县的属州。现在要升直隶州，至少要带两个县，除了旧属县蒙城，就只有从南边考虑，于是割出颍州旧辖县太和属亳州。然而，如此一来，颍州也只辖有一个县（颍上），于是只好再往南推，就把霍丘给割过来了。

霍丘，今作“霍邱”，秦以前建置不明，汉置安风县，在今县南邵岗乡许集村。曹魏升为安丰郡，治安风县，大致辖今安徽霍邱、金寨，河南商城、固始县地。西晋增置松滋县（在今县东），东晋时郡县均废。此后南北朝战乱，置废不常，归属混乱。隋开皇十九年（599）始设霍丘县（今县城），属淮南郡。唐以后，一直属寿州，直到雍正二年改属颍州。雍正十三年颍州升府，霍丘属颍州府。至民国元年（1912）实行省直管县，霍丘遂直属省管。霍丘属颍州（府）的时间为188年。如果加上抗战期间的一年半（1938.10—1940.4）和第十四绥靖区的六个月（1948.3—1948.8），那么，霍丘属于旧颍州正好是190年。

三、蒙城县的归属

随着颍州升府，亳州降为散州，太和、蒙城也都分别归属颍州府。太和属于亳州仅有11年。蒙城到颍州的距离，虽比亳州要近，却是第一次属于颍州府管辖。蒙城，西汉置山桑县（在今坛城镇），属沛郡。三国魏改属谯郡，西晋同。永嘉之乱以后，沦于后赵。此后后赵、前秦、东晋、前燕、北魏、刘宋等在这里反复争夺，多次易主。由于居民大都逃往南方，东晋遂于今巢湖市银屏镇芙蓉村侨置山桑县。宋泰始二年（466）失淮北，山桑县入北魏，置涡州，在今蒙城县坛城镇；另置涡阳县，在今县城北漆园。隋开皇十六年（595），于今县城改置淝水县，境内其他县级建置均废，奠定了以今蒙城为县域政治中心的基础；大业七年（611），改为山桑县。唐天宝元年（742年），改称蒙城县，沿用至今。此前的蒙城，或属谯郡，或属亳州，或自为州郡，甚至跨淮河南隶寿州，却从来没有隶属过西部地界相连的颍州。此次改属颍州府，是第一次，甚至晚于淮河以南的霍丘（今霍邱县）。不过后来长期属于阜阳专区、地区，又比霍邱时间久多了。

四、涡阳县的设置

涡阳县最早建于北魏，在今蒙城的漆园（蒙城县城北），因为在涡水（今涡河）之北，故名。后来县城迁到涡水以南（今蒙城县城），县名不变。隋初改为淝水县，后又改为山桑县，唐朝改为蒙城县，一直沿用至今，涡阳县名遂废。而现在的涡阳县，在秦汉名为“下城父聚”，陈胜义军遭秦将章邯击溃，陈胜欲返回汝阴（今阜阳），被车夫庄贾杀害于下城父，就在今涡阳县城南。此后一直未建县。到了清朝，人们只知道它叫“雉河集”，是亳州、蒙城交界的一个集镇（属亳州）。

清朝之所以在这里增设涡阳县，是因为捻军领袖张乐行在这里结捻抗清。康乾盛世刚刚结束，清朝就迅速衰落。天灾人祸导致烧香拜佛和逃荒乞讨的百姓日渐增多。白莲教作为一种民间宗教，吸引了大量的信徒，他们以拜佛、敬菩萨为名，分别组织起来与官府对抗，这就是“捻子”。清政府很清楚这种民间宗教的危害，嘉庆十八年（1813），官府听说有王妞子烧香聚众（结捻），下令搜捕，结果一无所获。但老百姓由此知道单靠小股捻子不能对抗官府，遂聚集在捻子旗下，合并为大股的反抗力量。咸丰二年（1852）冬十八铺捻股在雉河集聚义，推张乐行为首领，打出“反清复明”“反满复汉”的旗号反抗清王朝的统治。太平天国定都天京（今南京）后，张乐行接受太平天国的封爵（沃王）。同治二年（1863），捻军被僧格林沁等清军将领击败，张乐行在颍上县的沃王府也被反复无常的叛徒苗沛霖攻破。张乐行在逃往宿州的途中，在蒙城西阳（今涡阳县西阳镇）被苗沛霖捕获，献给僧格林沁，被僧格林沁残忍杀害。僧格林沁不想让苗贼立功，谎称张乐行是被宿州知州英翰所获。英翰因此晋升为颍州知府，苗沛霖却一无所获。苗沛霖争不过僧格林沁，心怀怨恨，再度叛清自立，终被剿杀。

张乐行牺牲后的第二年，清廷为了镇压当地人民群众的反抗，由安徽巡抚唐训方上奏朝廷，建议在张乐行老家雉河集添设新县，取旧涡阳县为名。这就是建在雉河集的涡阳县，与蒙城古名相同。

涡河古称涡水。作为河名的涡字本作“過”，读作“guō”，在流传的过程中简化掉了“辶”字旁，成为“渦”字（现在又简化为“涡”字），读音不变。这和漩涡的“涡”（读 wō）字形相同，但是读音、含义都不一样，因为它们的来源不同。据《水经注》记载，中古以前的涡水从扶沟县（今河南扶沟东北）东南的浪荡渠发源，东流经阳夏（河南太康）北，东南流经苦县（河南鹿邑）西南，东北流经谯县（安徽亳州）北，折而南流，以下大致与今河道相同。在蒙城的“涡阳”县城，确实是在涡河以北；而在雉河集的新涡阳，则在涡河西南，未免名不副实。但这是启用涡阳的旧名，已经顾不上名实的考究了。

涡阳县是由阜阳、亳州、蒙城、宿州四州县割地凑成的。幸运的是，我们可以根据现存的地方志资料大致勾勒出各州县划出的地盘：

据民国《阜阳县志续编》，阜阳县当时划出的地方，全部在西淝河以东（西淝河以西仍属阜阳县），北起高公庙（属亳州）阜亳分界处，南到阜阳凤台分界处。共割出四个集：刘家集（利辛县刘家集乡）、福镇集（今利辛县城关镇佛镇村。道光《阜阳县志》作“佛镇集”，是正确的）、闫家集（利辛县城关镇阎集村）、张集（利辛县张村镇）。阜阳县割给涡阳县的地方，现在都在利辛县境内，西起西淝河，东到刘家集东界，北起利辛县北界，南到利辛县城关镇南界，约占今利辛县总面积的五分之一。这样，阜阳县和蒙城县就从原来接壤的邻县，变成了隔涡阳和凤台，不接壤的远邻了。

亳州划出的地方，都在今涡阳县境内。乾隆《颍州府志》卷之二《建置志·村集》亳州有义门、楚店、雉河集、草庙（在城关镇）等地名，除雉河集改为县城外，其他至今都还在使用。根据这些地名，可以确定亳州划出的区域，都在涡阳县的西部、北部、东北部。

蒙城划出的地方，分别在今涡阳县和利辛县境内。《颍州府志·村集》蒙城有高炉、西阳，均在今涡阳县南部，东与原属宿州的曹市镇接壤，在今涡阳县城关镇与亳州接壤。《颍州府志卷二·桥渡》蒙城县有“蒋公桥县西北九十里雉河集。蒙亳界。”西部拨给涡阳的有在今利辛县的江集镇、旧城镇。此地西与原属阜阳县的今纪王场乡、孙集镇，南与刘家集为界，今属利辛县的丹凤乡、望疃镇、中疃镇等地此时尚属蒙城。

宿州划出的地方，在今涡阳县东部。明嘉靖《宿州志》卷之一《坊乡》记有龙山集、青疃集、石弓山集、曹市集，都在今涡阳县的东部、东南部，与亳州地界接壤。亳州与宿州的分界，大致以今涡阳县北部的新兴镇东界、南界，牌坊镇的南界，张老家乡的东界，城关镇的东界，与原属宿州的今丹城镇、马店集镇、龙山镇接壤。

由于时代变迁，地名变化，现在的著名乡镇当时可能是不知名的村落；而当时的通衢大镇，现在也可能因为种种缘故萎缩成小小的自然村。所以旧志中的很多地方现在难以对应，我们的探索也只能尽可能地找到古今对应的地方。其间错误、疏漏和缺失的地方，尚祈读者不吝赐教。

【人物】

刘体仁(1617—1676)　字公勇，号蒲庵，明末颍川卫（今阜阳）人，清初十才子之一。明崇祯十二年（1639）中河南乡试举人。清顺治十二年（1655）殿试二甲进士。初任刑部江西司主事，有家难，归。十五年，补刑部，历官山东、河南司员外郎，康熙六年（1667），任吏部稽勋清吏司郎中，调考功郎中，九年，请假归颍。历官数任，不以为意。工诗善画，喜收藏，好交友。在京期间，与王士祯、汪琬、冒辟疆等名士酬唱往还。多次辞官或请假，畅游南北，寄情山水。一诗出，四方传诵。归颍后着意诗画，沉湎山水，冬月粮尽，晏如也。诗文集有《蒲庵集》《七颂堂集》《识小录》《颍纪》等，书法、绘画犹有存世者。

鹿　祐(1652—1731)　字有上，号兰皋，阜阳县（今城内南关）人。康熙二十一年（1682）进士，初任浙江西安县（衢州府治，即今衢州市）令。不久升为江南道监察御史，因父母年迈，辞官归养。父母去世，守丧终，补官山东道监察御史，擢为御史中丞。历任大理寺少卿，太仆太常正卿，兵部侍郎。康熙四十七年（1708），主持山西乡试。次年任河南巡抚。当时河南大水，十余县受灾。鹿祐赴任前先向康熙帝陈述救灾方略。到任后，深入灾区，安抚灾民，备粮数万石赈灾。对于灾区附近受水不成灾的州县，也请求缓征租税，以便就近赈济。翌年，又遇旱灾，呈请朝廷减免赋税，蠲除去年缓征的粮租，均获俞允。鹿祐年七旬时告老还乡，康熙帝钦赐题有“境内称治”匾额一方和“忠诚风味朴，节操颍源清”楹联一副。河南人民在书院中设其牌位，以作纪念；颍州家乡人民也为其建祠以祀，今阜阳城“鹿祠街”已被定为国家标准地名。

徐广缙(1797—1869)　字仲升，一字靖侯，太和县大新乡徐寨人。清嘉庆年间进士，选庶吉士，历任山东、陕西道御史，广西乡试正考官、陕西榆林知府、安徽徽宁池太道道员（避藉辞官）、江西督粮道、福建按察使、顺天府尹、四川布政使、江宁布政使、云南巡抚、广东巡抚等职。道光二十八年（1848），升任两广总督兼通商大臣。当时英国人根据第一次鸦片战争中签订的不平等条约《中英江宁条约》，要求进入广州城进行贸易通商，但百姓反对，人情汹汹。他巧妙周旋，挫败了英人的入城要求。咸丰元年（1851）太平军起，境内凌十八、陈二、吴三、何茗科等率众响应，被他迅速镇压下去，因功晋太子太保。咸丰二年八月，任钦差大臣、湖广总督，奉命驰赴湖南，阻止太平军北上。因坐失军机，被撤职拿问，交刑部治罪，判抄家、论斩。咸丰三年夏，太平军进入河南，清廷赦免徐广缙，交河南巡抚陆应穀差遣。徐率兵驻归德（今河南商丘），防剿捻军有功。八年，奉命赴胜保军营，随即加授四品卿衔，留安徽凤阳随袁甲三进剿捻军。十月因病返乡，同治八年（1869）卒于家。著有《徐仲升奏议选》《思补斋诗集》《自订年谱》等。

程文炳(1834—1910)　字从周，清末阜阳县人。十八岁投军。为先锋，升守备，补潜山营游击。参与剿灭皖北捻军，升总兵，补副将，擢提督。累官至九江镇总兵、湖北提督。母病故，回乡守孝终，值中日甲午战争爆发，奉诏统皖军驻守张家湾，旋授福建提督。光绪二十六年（1900），义和团起，诏命福建、江南（江苏）、浙江、安徽、江西勤王军受程文炳节度。次年，任长江水师提督。因见船械破旧，武器过时，于是发公函与两江总督刘坤一、湖广总督张之洞协商，改用快枪；并修整军舰，更新火炮，增饷益师，军威始壮。宣统二年（1910）卒于当涂县长江水师提督任所，年七十七。优诏褒恤，准于本籍阜阳县及立功省分建祠，谥“壮勤”。程文炳治军严明，从不滥杀无辜，曾国藩誉之有“古仁将之风”。程文炳出生于今颍东区枣庄镇海子村，后来在今颍东区袁寨镇购宅，举家迁居于此。现袁寨镇有程家大院，是省级文物保护单位，也是安徽境内最北端的徽派建筑。

第六编

觉醒第五曲：走向共和

第十九章 民国：频繁的政区调整

1912 年 1 月，中华民国建立。到 1949 年新中国成立，中国历史大致分为 4 个阶段：北京政府时期（1912—1927），南京政府前期（1927—1937），抗日战争时期（1937—1945），南京政府后期（1945—1949）。阜阳于 1948 年 8 月解放，进入一个新时期，中华民国的建置研究也到本年为止。

北京政府时期（1912. 1—1927. 4）

实行省直管县制度，今阜阳境内有（疆域随县介绍。其中县境犬牙交错处以今乡镇为单位介绍旧归属，“飞地”等与今稍有不同之处，恕难一一详述）：

阜阳县 今阜阳老城。辖境包括市属三区、阜南县大部、临泉县全境、界首市沙河以南、利辛县淝河以西及太和县东部（见下）。

太和县 今太和县城。辖境包括今太和县大部（东部二郎乡、宫集镇、三堂镇、苗老集镇属阜阳县）及界首市沙河以北。

颍上县 今颍上县城。辖境包括今颍上县大部（西部的新集、六十里铺、红星三镇属阜阳县）。

南京政府前期（1927. 4—1937. 7）

1932 年以前，仍实行省直管县制度，阜阳境内辖县同上。

1932 年 8 月起，安徽省设十个行政督察区，区管理机构为专员公署。阜阳属第七区，专员公署就设在阜阳城。区辖五县（后增至六县）：

阜阳 阜阳老城。辖境同上。1935 年起不辖西部临泉地区（见下）：

临泉 今临泉县城。1934 年 9 月析阜阳县西部地区置，1935 年正式建县。辖境包括今临泉全境、界首市沙河以南、阜南县方集镇、王堰镇、段郢乡。

太和 太和县城。辖境同上。

颍上 颍上县城。辖境同上。

涡阳 涡阳县城。辖境包括今涡阳县全部及利辛县西淝河以东地区（其中今利辛县阚疃镇、程家集镇属凤台，望疃镇、中疃镇、丹凤乡属蒙城，不属旧涡阳县）。

亳县 亳州市区。辖境即今亳州市谯城区。

抗日战争时期（1937.7—1945.9）

抗战期间阜阳辖区变化最大，也最频繁。为了系统完整地反映整个民国时期阜阳辖境的变化，下面将1932年以后阜阳辖县的变化列表如下：

区名	驻地	日期	辖县名称	县数
第七区	阜阳	1932.8	阜阳、太和、颍上、涡阳、亳县	5县
		1934.9	阜阳、太和、临泉（析置）、颍上、涡阳、亳县	6县
		1938.7	阜阳、太和、临泉、颍上、涡阳、亳县、蒙城	7县
		1938.10	阜阳、太和、临泉、颍上、涡阳、亳县、蒙城、宿县、凤台、怀远、霍丘、寿县	12县
		1940.4	阜阳、太和、临泉、颍上、涡阳、亳县、蒙城、宿县、凤台、怀远	10县
第三区	阜阳	1940.7	阜阳、太和、临泉、颍上、凤台、怀远、蒙城、亳县、涡阳	9县
		1945.9	阜阳、临泉、太和、颍上、亳县、涡阳	6县
第十四绥靖区	阜阳	1948.3—1948.8	阜阳、临泉、太和、涡阳、蒙城、凤台、颍上、霍丘	8县
阜阳行政长官公署	阜阳	1948.4—1948.8	同上	8县

【疆域】

督察区：仅就1938年10月至1940年4月阜阳第七区最大辖境介绍如下，西、西北、北与河南交界，东北与江苏交界（萧县南界），东到宿州市埇桥区东界，东南到淮南市田家庵区，南到寿县、霍邱南界。

第十四绥靖区及阜阳行政长官公署：东到蒙城、凤台县东界，南到霍邱县南界，西到临泉县西界，北到太和、界首北界。

【国史掌故】

1911年10月10日，辛亥革命在湖北武汉爆发，得到了全国各地的响应。短短两个多月的时间，全国22个省有17个宣布独立。这17个省派出代表，推举刚刚返回国内的孙中山先生为临时大总统，建立中华民国。

1912 年 1 月 1 日，孙中山在南京宣誓就职，中华民国正式成立。

武昌起义爆发时，清廷无力扑灭，只得启用因“足疾”被强令退休的北洋军阀袁世凯为内阁总理大臣。袁世凯上任后，一方面重兵压迫革命军，逼其议和，一方面逼清廷改组内阁，实行共和。南京民国政府成立后，袁世凯极为不满，在逼迫清廷退位后，又对南京政府施加压力。在双方互相妥协后，袁世凯被选为中华民国大总统。1912 年 3 月 10 日，袁世凯在北京宣誓就任中华民国临时大总统。

1913 年 2 月宋教仁当选为民国总理，3 月 20 日在上海火车站遇刺，舆论指向大总统袁世凯，袁立即予以否认。7 月，孙中山组织中华革命党，发动二次革命，企图以武力推翻袁世凯。二次革命失败，袁世凯正式成为中华民国大总统，下令解散国民党，取消国民党员的议员资格。

袁世凯当了总统并没有心满意足，开始着手实现他的皇帝梦。1915 年 12 月，袁世凯做好了“登基”的一切准备：袁世凯称“皇帝”，国号为“中华帝国”，实行君主立宪制，明年改元洪宪，定都北京。12 月 25 日，蔡锷将军在云南宣布独立，组织“讨袁护国军”，举兵北伐。贵州、广西相继响应，1916 年 3 月，袁世凯被迫宣布取消帝制，恢复共和政体，洪宪帝国仅存在了 83 天。袁世凯起用段祺瑞为国务卿兼陆军总长，镇压起义。但护国力量迅速壮大，南方各省相继宣布独立，参加护国战争。5 月下旬，袁世凯忧惧成疾，6 月 6 日，袁世凯死，一场称帝闹剧无果而终。

袁世凯死后，前湖北革命军都督、中华民国副总统黎元洪继任民国大总统，皖系军阀段祺瑞为国务总理。时值欧战（第一次世界大战）期间，段祺瑞主张对德宣战，黎元洪则坚决反对。欧战本身是一场狗咬狗的战争，参战双方说不上谁是谁非，都是为了自身的利益。但是，后来的结果是德国为首的同盟国战败，割地赔款，对德宣战符合中国的长远利益，段祺瑞的主张具有战略眼光。黎元洪没有“前后眼”，固执己见。二人因政见不合，酿成“府（总统府）院（国务院）之争”。安徽督军张勋因德国支持他的复辟主张，也反对对德宣战。黎元洪因张勋支持他，遂邀张勋入京“调停”府院之争。不料张勋本身也看不起这个窝窝囊囊的黎元洪，进京后随即变脸，赶走了黎元洪，抬出溥仪为帝，宣布恢复大清帝国，演出了一场复辟丑剧。仅仅 12 天，就被段祺瑞的“讨逆军”击败，段祺瑞重新执政。此后以段祺瑞为首的“皖系”（安徽河南帮）、以曹锟为首的“直系”（直隶河北帮）、以张作霖为首的“奉系”（东北帮）围绕着大总统的宝座展开了反复激烈的争夺，形成了长期的军阀混战，完全没有理会国民党人在南方的崛起。

1925年孙中山去世后，掌握军权的黄埔军校校长、国民党中央执行委员、中央常务委员兼国民革命军总司令蒋介石成了国民党的实际领导者。1926年7月9日，国民革命军从广东起兵，连克长沙、武汉、南京、上海等地。1926年12月，汪精卫把国民党中央党部和国民政府自广州迁往武汉，但蒋介石坚持要迁都南京，汪、蒋决裂，北伐停顿。

汪、蒋虽然决裂，他们的反共立场却是完全一致的。1927年4月12日，以蒋介石为首的国民党新右派在上海发动武装政变，大肆屠杀共产党员、国民党左派及革命群众，是为“4·12反革命政变”。5月21日晚，驻守长沙的国民党军官许克祥叛变，捣毁革命机关、团体，解除工人纠察队和农民自卫军的武装，大肆屠杀共产党员、国民党左派及工农群众（“马日事变”）。6月6日，汪精卫解除苏联最高顾问鲍罗廷在国民政府中的职务。同日，江西军阀朱培德开始清理机关中的共产党员和进步分子。7月14日夜，汪精卫在武汉召开秘密会议，确定分共计划，正式与共产党决裂，封闭武汉的工会、农会，疯狂屠杀共产党员和革命分子，提出“宁可枉杀一千，不可使一人漏网”的口号，在反共方面与蒋介石达成一致。经过一系列酝酿和接触，冯玉祥从中调和，于7月20日提出解决宁、汉合作的具体办法。汪精卫等表示愿意“和平统一”，同意迁都南京，前提是蒋介石必须下野。蒋介石以退为进，宣布下野，回老家后东渡日本暂避。8月25日，武汉国民政府正式迁往南京，与南京国民政府合并，史称“宁（南京）汉（武汉）合流”。经过多方斡旋，蒋介石复出，于1928年1月4日任国民革命军北伐总司令，继续领导北伐。1928年6月8日，国民革命军进入北京。奉系军阀张作霖在撤往东北时于皇姑屯被日本人炸死（“皇姑屯事件”），其子张学良接任后宣布东北易帜，拥护国民政府。至此北伐完成，中国实现了形式上的统一。

统一后的国民政府定都南京，以“青天白日满地红”为国旗，胡汉民任国民政府主席，蒋介石任中央军委主席，兼国民革命军总司令。军政大权在握的蒋介石为了确立个人独裁统治的局面，以“裁军建设”为号召，力图吞并冯玉祥、阎锡山、李宗仁的军队，导致各方兵戎相见，内战烽火再起。蒋介石凭借帝国主义和江浙大资产阶级的支持，一一战胜了各派武力，转而向共产党发起“围剿”。

中国共产党成立于1921年，是以马克思主义为指导思想建立起来的无产阶级政党。孙中山先生在世的时候，提出过“三大政策”，其中就有“联共”。在这一政策的指导下，黄埔军校、国民革命军中都有共产党人在。孙中山去世后，国民党内的反共势力，包括蒋介石、汪兆铭（汪精卫）就开始排挤、打击共产党人，“三大政策”完全推翻，国民党成了大地主、大资产阶级的政党，最后与共产党完全决裂。1926年起，蒋介石先后制造“中山舰事件”“整理党务案”，1927年又发动“4.12”反革命政变，大肆屠杀共产党人。1927年汪精卫任武汉国民政府主席期间，先于4月与陈独秀一起发表《国共两党领袖汪兆铭、陈独秀联合宣言》，7月15日就开始实行“分共”，暴露其反共的本来面目。

早在1904年到1905年间，日本和沙俄为了争夺中国辽东半岛和朝鲜半岛的控制权，在中国东北进行了一场战争，史称“日俄战争”。这场战争以沙俄失败而告结束，日本获得了在中国东北驻军的权力。此后日本就开始向东北移民、屯垦、派驻重兵，并时刻准备吞并东北。1928年6月炸死张作霖的“皇姑屯事件”，是日本企图杀死“东北王”，趁乱夺取东北而制造的事变，不料张学良接掌东北后迅速稳住了局势，并投向南京国民政府，令日本人大失所望，于是策划更大的阴谋。1931年9月18日夜，日本关东军安排日本铁道守备队炸毁沈阳柳条湖附近日本修筑的南满铁路，并栽赃嫁祸于中国军队。日军以此为借口，炮轰沈阳北大营，制造了震惊中外的“九一八事变”。面对日军的猖狂进攻，东北军未作任何抵抗，即全面撤到关内。1932年2月，东北全境沦陷。3月1日，日本扶持傀儡皇帝溥仪（清废帝），在长春建立伪满洲国，开始了对中国东北长达14年的殖民统治。

宁汉合流后，蒋介石全面掌握党政军大权。在消灭了各路军阀以后，从1930年12月到1933年9月，指挥军队对共产党领导的红色根据地发动多次“围剿”。红军取得了四次“反围剿”的胜利，在第五次反“围剿”时，因敌我力量过于悬殊、不接受毛泽东的正确意见而失败，开始了举世闻名的二万五千里长征。

1935年日寇策动“华北自治”，扩大对华侵略。1937年7月7日，日军制造了“卢沟桥事件”，向中国发起全面进攻。国民党军队拼命抵抗，损失惨重，国民政府西迁重庆，以避锋芒。日军兵分两路，沿长江和平汉铁路向西追击国民政府，企图消灭或迫降国民政府。日本军部狂妄叫嚣“三个月灭亡中国”，所以集中全部精锐兵力西犯。

日寇灭亡中国的毒谋没有得逞，在国共两党和全国人民的共同抗击下，日本既没有拿下重庆，也没有消灭中国的抗日力量。艰苦卓绝的抗日战争进行到1945年，欧洲战场反法西斯战争取得了胜利。苏联出兵中国东北，美国在日本的广岛、长崎扔下两颗原子弹，日本天皇宣布无条件投降。抗日战争取得了全面胜利。

抗战胜利后，国民党一方面抢占战略要地，接收日伪财产和战略物资，大发“接受财”，一方面假意邀请共产党举行和平谈判。1945 年 8 月 29 日，毛泽东、周恩来果断赴重庆谈判。蒋介石没料到共产党的两位领袖敢到重庆，根本没做准备，谈判进行得非常被动。经过 43 天的艰苦谈判，终于在 10 月 10 日签署了《政府与中共代表会谈纪要》，史称“双十协定”。

1946 年 6 月，蒋介石撕毁双十协定，对共产党领导的解放区发动全面进攻，内战又一次爆发。在敌强我弱的形势下，中国共产党领导人民军队，避实击虚，逐步消灭敌人的有生力量，击败了国民党军对我苏北、山东解放区的进攻，给国民党以沉重打击。1947 年 5 月，陈粟大军在山东沂蒙山区进行的孟良崮战役，全歼国民党的精锐、王牌中的王牌、全副美式装备的整编 74 师，击毙师长张灵甫，成了国民党军必败的一个象征和转折点。随后，解放军发起辽沈、平津、淮海三大战役，击溃了国民党在长江以北的大部有生力量，奠定了解放全中国的胜局。

1949 年 10 月 1 日，毛泽东在北京天安门广场向全世界庄严宣告：“中华人民共和国成立了！中国人民从此站起来了！”这一天值得中国人民永远铭记。

【建置简考】

民国时期，全国的行政区划调整非常频繁。首先是地方的管理层级上，二级制（省直管县）和三级制（省—道、区—县）交替进行，最终还是实行了三级制。抗战期间，日寇大举侵略，中华国土大片沦陷，安徽省南部当日寇西侵的南线（沿江），饱受蹂躏，区划变动尤为频繁。阜阳由于远离日寇西侵的两条主要战线，侥幸免遭日寇铁蹄践踏，加上国民政府重兵驻守，彭雪枫部新四军在涡北建立了抗日根据地，成犄角之势，保障了本区不致沦陷，成为最前沿的大后方。志士仁人、热血青年经由本地前往国统区和红区者不计其数。阜阳负担着供给前线和保障后方的双重重任，辖区一再扩大，直至管辖了全省三分之一的国土面积，成为全省最大的政区。抗战结束，阜阳的辖境随即缩小，但仍辖有今阜阳、亳州二市（蒙城除外）的地域。

北京政府时期（1912—1927）

民国初年（1912），北京政府（北洋政府）废除府、州，实行省直管县制度，原颍州府解体，所辖六县（阜阳、太和、颍上、涡阳、蒙城、霍邱）一州（亳州）均直属省管。

但是，省直管并没有持续多久。1913 年 7 月，置皖北观察使，虽未划定管辖区域，但从名称看，实际分管皖北事务（因省会在安庆，偏南，故置），阜阳属之。1914 年 6 月又开始在省下设“道”，安徽省设三道：安庆道（管皖中至江北）、芜湖道（皖南）、淮泗道。淮泗道实即清朝的凤颍六泗道，道台驻凤阳县，辖淮河南北 21 县（含后来划归湖北的英山县）。阜阳及原颍州府所辖州县均属淮泗道。

南京政府前期（1927—1937）

1927 年 4 月，随着北伐战争的胜利，北京政府垮台，南京国民政府成立。南京政府初期废除道一级建制，对地方实行省、县两级管理体制。但是，到了 1932 年，鉴于省级行政事务过于繁忙，又不得不在省下设“行政督察专员公署”，分片管理辖区行政事务。行政督察专员公署虽不是一级政府（未列入政府组织法），只是省府派出机构，但它主管全区的行政事务。1936 年 10 月以后督察专员又兼任保安司令，政权、军权一起抓，成了实际上的一级政府（实际上比政府还多掌握了军权）。安徽省于 1932 年 8 月颁布《行政督察专员公署暂行条例》，正式把行政督察专员公署制度纳入地方法规体系，分全省为 10 个区，阜阳属第七区，辖阜阳、太和、颍上、涡阳、亳县 5 县。1934 年 9 月，析阜阳县西区置临泉县，属第七区，区辖 6 个县。

抗战时期（1937. 7—1945. 10）

1937 年 7 月抗战爆发，此后的一年间，日寇疯狂西进，安徽包括省府安庆在内的许多地区沦陷。安徽省府先后迁至六安（1938. 1. 13—6. 26）、立煌（金寨。1938. 6. 27—1945. 10，其中 1943. 1. 5—1. 19 迁至霍丘县半个月）。抗战胜利后（1945 年 10 月）迁至合肥。此次迁省奠定了安徽省会落户合肥的基础，对于合肥和安徽省来说，具有划时代的意义。

1938 年 7 月，省政府对原 10 个督察区进行内部调整，第二区裁撤，仍保留序号；蒙城县从原第六区（驻泗县）划归第七区。区辖阜阳、太和、临泉、颍上、涡阳、亳县、蒙城 7 县，督察专员公署驻阜阳。

时隔不久，1938 年 10 月，再次调整各区的管辖范围。阜阳仍为第七区，辖境再次扩大。1938 年 7 月划定的第四区（驻霍丘，即今霍邱县）也被裁撤（保留序号），第四区所辖的 6 县除凤阳、定远外，其余 4 县（霍丘、寿县、凤台、怀远），外加原属第六区的宿县，都划归本区管辖。此时，第七行政督察专员公署辖县增至 12 个：阜阳、太和、临泉、颍上、涡阳、亳县、蒙城、宿县、霍丘、寿县、凤台、怀远。以前我和很多研究者一样，都没有注意到第四区的裁撤和分流，少记录了霍丘、寿县，实属疏忽。

这一时期是阜阳辖境最广的时期。由于民国时期安徽省不辖萧县、砀山，现在的淮北市（地属宿县）、淮南市（地属凤台、寿县、怀远、凤阳）都没有建市或县，界首（地属临泉、太和）、阜南（地属阜阳县）、利辛（地属阜阳、颍上、蒙城、凤台四县）、濉溪（地属宿县）、固镇（地属宿县、灵璧、凤阳、怀远）等地都没有建县（这里是指国民政府的建制，不含红色政权），所以阜阳督察专员公署管辖的区域包括了除固镇、五河、泗县以外的整个淮北地区，以及淮河以南的霍丘、寿县，管辖范围约占全省面积的三分之一。

1940 年 4 月，霍丘、寿县划归第三区，第七区辖 10 县。1940 年 7 月，全省调整为 9 个区，阜阳改为第三区，辖阜阳、临泉、太和、颍上、凤台、怀远、蒙城、亳县、涡阳 9 县。宿县从本区划出，改为第四区的专署驻在县，另辖五河、灵璧、泗县，共 4 县。

1944 年 6 月裁撤第 9 区（保留名义），并入第 5 区，其他区不变，阜阳未受影响。

抗战期间阜阳肩负着全省近三分之一国土面积的管辖责任。其中国军重兵驻扎，山东、江苏两省政府流亡在此，沦陷区的官民商贾逃难本地，都需要地方政府供给、运输、管理、安全保障，所有的一切都压在当时阜阳区县政府的肩上，责任非常重大。对于人口稀少的日本侵略者来说，这里没有重要的交通线，不是个重要的地方；但对国军保障后方安全和组织、支援前线抗敌，都具有无与伦比的重要性，是一个不可替代的军事枢纽。而对于沦陷区的人民来说，这里简直就是人间天堂了。

需要说明的是：抗战期间安徽沦陷区另有伪政权存在。1938 年 7 月，安徽省伪政权“安徽省维新政府”成立，倪道烺任伪“省长”，“省会”定于蚌埠。1938 年 12 月，汪精卫公开叛国投敌，1940 年 3 月底，以汪精卫为首的伪“中华民国国民政府”在南京宣布成立，安徽的“维新政府”随即改组为“安徽省政府”，倪道烺任“主席”（1941 年底调任汪伪“国民政府”委员）。伪“安徽省（维新）政府”“极盛”时（1944 年 9 月）辖安徽大部，辖区内成立了许多伪政权。名义上属于阜阳监察区的寿县、凤台、怀远三县，自 1938 年 11 月就建立了伪政权，一直到抗战胜利。亳县虽也曾经沦入敌手（日军曾从亳县进攻阜阳），却一直没有成立伪政权。

抗战胜利后（1945. 10—1948. 8）

1945 年 10 月，再次调整全省行政区划（1947 年 6 月省政府正式核准）。本区的凤台、怀远划归第十区（驻寿县，暂住凤台县田家庵），蒙城划归第四区（驻宿县），第三区仅辖阜阳、临泉、太和、颍上、涡阳、亳县6县。

随着解放战争的胜利进展，淮北地区大多已经解放，只有一些中心城市还在国民党手中。1948年3月，为了加强对这一地区的控制，支援山东、江苏战场上的内战，应徐州“剿总”的请求，国民政府在阜阳设立了第十四绥靖区。此时绥靖区的职责与内战前期主要争夺（“接收”）沦陷区不同，转为地方“清剿”和防区守备，属于军区性质。指挥机关是司令部，设于阜阳；首长称为司令官，是国民党中将李觉。绥靖区辖阜阳、临泉、太和、涡阳、蒙城、凤台、颍上、霍丘等8个县。绥靖区成立后不久，解放军刘邓大军围攻阜阳，从3月29日晚至4月3日夜，激战6日，未能攻下。这就是现代军事史上著名的“阜阳战役”。阜阳战役后，又成立了阜阳行政长官公署，与绥靖区合署办公，李觉兼任行政公署主任，辖县未变。1948年8月绥靖区撤销，阜阳随即解放。

临泉建县始末

据民国《阜阳县志续编·县境沿革》：1934年，国民政府驻豫（河南）特派绥靖主任公署，因阜阳西部地区距县城遥远，不易治理，因此发函请安徽省政府在阜阳西部增设新县；同时阜阳地方士绅彭心明等赴省府安庆，也提请将县西乡龙王堂以西地方，划分一县，以便治理。当年9月，省府成立阜西设治筹备处，委派张国华为阜西设治筹备员，主持划分边界等事宜。1935年正式建县，以沈丘集为县城，定名临泉，因县城濒临临泉河为名。县长即阜西设治筹备员张国华。新县土地全部由阜阳县西部地区划出，包括原属阜阳的第七、第八、第十等三区，及第四区的一部分。具体划分：北自滑集（今颍泉区闻集镇滑集村）起，向南经茶棚大路到龙王堂（今颍州区九龙镇龙王堂村）泉河以南，从龙王堂西门外古沟向南，经栗头店（今九龙镇）、五岔沟至欧庙（颍州区马寨乡欧庙村），再向南入草河（西三十里河上游），经土陂（今临泉土陂乡）、会龙（今阜南会龙乡）、小李寨（阜南县公桥乡李寨村，西界在陈寨）至方集（今阜南县方集镇）止，此线以西归临泉。从今天的行政区划看，新建的临泉县辖境包括今临泉全境、界首市沙河以南、阜南县方集镇、王堰镇、段郢乡。

第二十章　中华人民共和国

（纪：1949—2000）

1948 年 8 月阜阳全境解放，设阜阳专员公署。1949 年 4 月 21 日，皖北全境解放，在合肥设皖北人民行政公署（皖北行署），管辖范围为安徽省长江以北的地区。阜阳专员公署隶属皖北行署，辖阜阳、太和、亳县、涡阳、蒙城、颍上、阜南（阜南县的置撤，见简考）、临泉、凤台 9 县及阜阳、界首、亳州 3 市。

1952 年安徽省人民政府成立，阜阳专员公署直属省政府，辖阜阳、太和、亳县、界首、临泉、阜南、涡阳、蒙城、颍上、凤台 10 县。其间界首县、界首市与临泉、太和分划改属，及界首、太和合并为首太县（1958. 11—1959. 4）等区划变动，不再详述。

1964 年 10 月，由阜阳专员公署筹备，割阜阳县王人、王市、马店、胡集 4 区，涡阳县阎集、江集、张村 3 区，凤台县阚疃、展沟 2 区，蒙城县望疃区共 10 个区建利辛县。1965 年 5 月 1 日，利辛县人民委员会开始办公。办公地点临时设在阎集区公所（今利辛县城关镇阎集村）院内，同年 10 月移于今址。

1965 年 6 月，阜阳城区建阜城镇（县级）。阜阳专员公署辖 12 个县级政区。

【疆域】

“文化大革命”前阜阳专员公署辖境：

东到涡阳、蒙城、凤台东界，南到淮河，西到临泉西界，北到亳州北界。

1971 年，成立阜阳地区革命委员会。

1975 年 12 月 19 日，经国务院批准，成立阜阳市（县级）。1976 年 5 月，在阜城镇的基础上组建成阜阳市。

1977 年，凤台县划归淮南市。（凤台划归淮南后的阜阳地区行政区划图见书前彩页）

1979 年，阜阳地区革命委员会改为阜阳地区行政公署。

1986 年，亳县改为亳州市（县级）。

1989 年，界首县复为界首市（县级）。

1992 年，阜阳县、阜阳市合并为阜阳市（县级）。

1996 年撤销阜阳地区，成立地级阜阳市，原县级阜阳市撤销，设颍州、颍泉、颍东三区。

1998 年，亳州划为副地级市，由省直管。

2000 年，亳州升格为地级市，涡阳、蒙城、利辛县划归亳州。阜阳市今辖颍州、颍泉、颍东三区，太和、临泉、阜南、颍上四县，代管界首市。

【疆域】

阜阳市辖境即今辖区。（见彩页）

【国家建置】

一、原边归界

中国共产党成立以来，历经土地革命、抗日战争、解放战争等各个历史时期，在全国各地建立了大大小小的红色政权和边区政府。如 1948 年前临泉县境内（包括今界首市沙河以南的部分和阜南方集镇、王堰镇和段郢乡）建有一市三县（临泉、泉南、泉阳三县和临泉市，其中泉阳县城就在今天界首市的泉阳镇，过去叫胡集），界首市也有三个县市［界首县、界首市和沈（丘）太（和）鹿（邑）县］，太和境内有阜北县和鹿亳太县，阜阳、颍上边界有阜颍县等等。随着解放战争的节节胜利，解放区“插花式”的地片已经融为一体，再按照“红色割据”时期的行政管理体制显然不能适应政治形势变化的需要。于是 1949 年 1 月，中共中央下发了《关于在全国解放区行政管辖省县原边归界》的指示，解放区建立的这些地方政权和边区政府一律撤销，恢复历史上原来的行政区划，重新组建地方政府。这就是“原边归界”。现在的临泉、界首、太和基本上就是那时的区划（界首叫界首县）。阜南置而复撤，阜颍县撤销后却没有原边归界，而是把阜阳县南部的几块地方“拐”了去，在阜南县撤而复置的时候，给了阜南（详见下文【建置简考】阜南县部分）。

二、中间层级

省以下、县以上有专署（行署）。理论上讲，新中国实行的是省管县制度，但是每个省实际上都不直管县，省与县之间都设有“派出机构”——专员公署（简称专署）；后改称“（地区）行政公署”（简称行署），作为一个地方管理层级，现在基本上都改为市了，为了区别于“县级市”，显示这个市是介于省和县之间的市，是高于县级市的“市”，只好称改市后的市为“地级市”——跟过去地区（行署）平级的市。

三、区乡的纠结

新中国成立初期，县以下实行的是区—乡—行政村—自然村（庄）的建制，与现在的农村建制基本相同。所不同的是：当时区、乡政府办公的地方叫“区公所”“乡公所”，行政村的负责人叫“村长”，属于乡管干部；而现在区、乡政府办公的地方叫“区（乡）政府所在地”，行政村负责人叫“主任”，是村民自治选举产生的，不是由上级委派或指定的，理论上讲只对全体村民负责。

20世纪50年代中后期，一场席卷全国的“人民公社化运动”彻底改变了农村的行政区划。1958年8月29日，中共中央政治局在北戴河会议上，作出了关于在农村建立人民公社问题的决议，要求全国各地尽快地将小公社并大公社（转为人民公社）。到了当年的10月份，全国农村基本上实现公社化，农村一律改为人民公社—生产大队—生产队的建制，完全仿照中央—省—地—县的行政领导体制，农民被固定在农村生产队的土地上。此后到“文革”结束，还曾经有过大公社、小公社的改动，大公社后来又改成区，小公社改成区辖公社；后来再撤区并社等等。由于严格的户口政策、农业税政策（交公粮）和重工轻农、重城轻乡政策，农村的机械化、现代化进程严重滞后，农业产出和劳动力投入不成比例，导致了城乡差别越来越突出。

1976年“文化大革命”结束，各级政府开始探索实行新的农村管理体制，到1982年12月，全国有9个省、直辖市的213个公社开展撤社建乡试点工作，有5个县全部建立了乡政府。1982年12月至1983年秋，各地继续扩大试点，新《宪法》从国家根本大法层面，规定农村人民公社要改变政社合一的体制，设立乡政府，保留人民公社作为单纯的经济组织。1983年10月至1984年底，中共中央、国务院联合发出《关于实行政社分开，建立乡政府的通知》，要求各地在1984年底以前完成建立乡政府的工作。到1984年底，已有99%以上的农村人民公社完成了政社分开工作，建立了9.1万个乡（镇）政府，并建立了92.6万个村民委员会。这时实际恢复的是“文化大革命”前的区（镇）—乡（镇）—村—自然村（村民小组）的管理体制。区作为县、乡之间的联系纽带，承担着管理地方的重任。

1992年开始撤区并乡。取消了区一级的建制，完成了“县—乡镇—村”的机构变化。精简了基层机构，减少了行政层级，便于行政命令的上传下达。

【建置简考】

一、阜南建县始末

1947年11月23日，中共豫皖苏四地委、中国人民解放军豫皖苏军区四分区（驻临泉滑集）决定：在阜阳南乡建阜南县，任命刘果为县委书记，林野平为县长，县委机关暂设在吕大寨（临泉县吕寨镇）。1948年1月，划定柴集、公桥、于集、苗集、中岗5个区，成立机构，任命干部，开展工作。4月，中岗区划归阜颍县（在阜阳、颍上两县之间建立的边区政权），增设赵集、许堂2区。

1949年2月，根据中央“原边归界”的指示，阜南县撤销，并入阜阳县。但是，由于阜阳南部沿淮一带反动会道门、土匪活动猖獗，我党政工作人员屡遭土匪、会门袭击，地方工作极难开展。为扫平匪患，安定地方，1949年6月3日，中共阜阳地委决定成立阜南工作委员会（阜南工委），机关设在薛集（今阜南县城）。6月30日，析阜阳县润河以南的赵集、苗集、于集、公桥4区及临泉县的方集区、颍上县的黄岗区共6个区，成立阜南行政办事处，办公地点在薛集。

临泉县方集区的辖境，即今阜南县方集镇、王堰镇、段郢乡。

颍上县黄岗区的辖境，即今阜南县黄岗镇、张寨镇、焦陂镇。按：据民国《阜阳县志续编》（1945年编），阜阳县王化集区（阜阳县五大区之一）有黄岗镇、刘店乡、焦陂镇等，约当今黄岗镇的辖区；而民国《颍上县志》除了张寨镇以外，却没有黄岗及其附近的乡镇。如此看来，黄岗区本不属于颍上县，而应该属于1948—1949年在颍上、阜阳交界地带建立的红色政权阜颍县。1949年2月“原边归界”后整建制划归颍上，就这样变成了颍上的辖地。此时说是划给阜南一个区，实际属于颍上的只有张寨一个乡（区辖乡）。此外还有六十铺镇，民国十五年《阜阳县全图》和《县志续编》都画在阜阳县境内，新中国成立后则一直属颍上县。通过这个研究，可以了解红区阜颍县的大致地盘。

1950年5月，增设中岗、薛集2区（仍在原6区范围）。6月29日，阜南行政办事处改为阜南县民主政府。8月改称阜南县人民政府。

1952年5月，阜阳专员公署决定，将阜阳县的柴集、许堂、朱寨3区57乡划归阜南。12月，析置地城、王化、焦陂、张寨、新寨5区。

阜阳县的柴集、许堂、朱寨3区即今阜南县北部地区，沿大润河以北地区全部划归阜南，即今新村镇、王店孜乡、柴集镇、许堂乡、朱寨镇、袁集镇，以及大润河以南的焦陂镇（界划不明，应以地方志书为准）。

1955年8月13日，安徽省人民委员会批复，将颍上县南照集区老庄乡所辖的刘台、曹台、马台、郜台四个选区，划归阜南县黄岗区刘店乡管辖。9月，经国务院内务部批准，因为淮河、洪河裁弯取直，调整安徽阜南县、河南淮滨县界，淮滨县三河、栏杆、赵集3区的桂庙、郚岗、王小圩、胡庄、栏杆、台庄、范庄7乡的100个自然村划归阜南县；阜南县地城区王湾、两河集的7个自然村划归淮滨县。至此，阜南县辖境、界划基本固定。

二、利辛县的来历

1964年10月，经安徽省人民政府报国务院批准，由阜阳专员公署筹备，成立利辛县。1965年5月1日，利辛县人民委员会开始办公。办公地点临时设在阎集区公所（今利辛县城关镇阎集村），同年10月移于今址。

利辛县的辖境，是由阜阳县的王人、王市、马店、胡集4区，涡阳县的阎集、江集、张村3区，凤台县的阚疃、展沟2区，蒙城县的望疃区共同组成的。由于1992年撤区并乡，原先的建制被打乱，过去这些区的辖境相当于现在的哪些地方，恐怕没有多少人能够说得清。我们就根据手头的资料，还原当时各县的辖境：

阜阳县的4个区，基本上就是现在西淝河以西，与颍东区、太和县交界的地区（展沟除外）。北起汝集镇、巩店镇，南到胡集镇，是原阜阳县的地域。

涡阳县的3个区，其实就是同治三年涡阳建县时阜阳县拨去的4个集：刘家集（刘家集乡）、佛镇集（城关镇佛镇村）、闫家集（城关镇阎集村）、张集（西潘楼镇老张集村）。北起张村、纪王场，东到利辛县东界，南到城关镇南界，西到西淝河，都是原阜阳县划归涡阳县的地盘。

由此可知：新建利辛县的10个区中，其实有7个区是涡阳建县前阜阳县的地方。所有从涡阳拨出的地界，原来都属于阜阳县。

凤台县拨出的2个区，在利辛县的南部。阚疃区在西淝河以东，展沟区主体在淝河以西。阚疃区包括现在的阚疃镇和程家集镇，都在西淝河以东。清嘉庆《凤台县志》卷一《建置志》："西北至阜阳县治二百四十里"下双行夹注："县西北百八十里程家集与阜阳县红砖寺（为）界"，可见程家集属凤台。展沟区包括现在的展沟镇和新张集乡，主体在西淝河以西，淝河以东还有谢圩、苏湾、黄大庄、汤店子4个村。清嘉庆《凤台县志》有胡家集，即今利辛县胡集镇，距县城（当时凤台县治在寿县）160里。早在民国时已划归阜阳县，民国十五年《阜阳县全图》及《阜阳县志续编》均载有胡家集，在阜阳、凤台二县交界处，阜阳县界内。

蒙城仅拨出1个区，即现在的望疃、中疃、丹凤3个乡镇，都在利辛县东南。

三、阜阳县的拆分与消失

1975年12月19日，经国务院批准，在阜城镇的基础上成立县级阜阳市。1976年5月建成。原阜阳县辖境内出现了两个县级建置。新建的阜阳市辖区，除原阜城镇所辖北关、大隅首、三里、向阳4个人民公社外，又拨出阜阳县的水上公社归阜阳市管辖。1976年下半年，又将阜阳县新华区的岳老庄、六里、新东3个生产大队划归阜阳市向阳公社。

1979年3月，撤原阜城镇所辖的4个公社，改设西市区（辖18个居委会）、中市区（辖10个居委会）、郊区（辖2个公社）3个区，水上公社属市直辖。9月，增设东市区，并将郊区闸东公社的新东、新西两个生产大队划入。东市区辖两个居委会和两个生产大队。此后1983年8月至1984年12月，区辖公社改为乡政府，生产大队改为行政村委会。

1985年11月，西市区改名鼓楼区，东市区改称河东区。

县级阜阳市东到辛桥西界，南到南二环，西到西二环，北到市农机校、骆家沟。只有东北部分伸展较远，到今颍东区向阳办事处陈桥村，其他部分都在今市区范围。

1992年，阜阳县、市合并为阜阳市（县级）。此时的阜阳市，其实就是阜南、利辛建县以后的阜阳县。又回到了阜阳县，却改名为阜阳市。至此，从清朝颍州府成立以来由颍州改建的阜阳县从阜阳的版图上消失。

1996年撤销阜阳地区，成立地级阜阳市，原县级阜阳市撤销，设颍州、颍泉、颍东三区。到此时为止，在清雍正时期改建的阜阳县，分成了颍州、颍东、颍泉三区，临泉、阜南二县，以及界首南部、利辛西部7个部分，共设有6个县级区划（含利辛，利辛县大部及县城都属阜阳县地），还多出界首市沙河以南地区。

附录一

千古悠悠女郎台

北魏郦道元《水经注·颍水》记载："城西有一城，故陶丘乡也，汝阴郡治。城外东北隅有旧台，翼城若丘，俗谓之女郎台，虽经颓毁，犹自广崇。上有一井。疑故陶丘乡所，未详。"〔汝阴县故城（即今阜阳老城北城）的西边还有一座城（以下简称'西城'），是过去的陶丘乡，现在是汝阴郡的治所。西城外东北角有一座古旧的高台，附着在城边，好像一片丘陵，老百姓叫它'女郎台'。女郎台虽然已经残破得很厉害，却还是很宽大而且很高。台上有一口井，可能是过去陶丘乡的所在，不太清楚。〕这是《水经注》中记载的今阜阳境内唯一的一处人文景观。就是这么几句毫无感情色彩的文字，1500 年来被阜阳的研究者反复传抄，却没人发现这里面饱含的各种信息，许多谜题。笔者十多年来一直对这段话苦思冥想，始终感到难以理解。直到最近在读书时忽然顿悟，终于破解了其中的奥秘，与广大读者分享如下。

女郎台确址和汝阴郡治

由于《水经注》没有记载颍州西湖的位置，所记"城西有一城"从宋初起就不见文献记载；而现存的地方志书都没有女郎台的记载，所以女郎台的确切位置，似乎没人能够说清。一些本地学者指颍泉区生态园东北的花孤堆为女郎台，其实是完全错误的。

女郎台宋时尚在。北宋欧阳修出任颍州太守时，在西湖建有三桥，分别为宜远、飞盖、望佳，并且作诗纪念。其《宜远》诗中有"何处偏宜望，清莲对女郎"句，这说明当时女郎台还在。而在宋初乐史编纂的《太平寰宇记》中，明确记载"女郎台在县（今阜阳老城）西北一里。"按照这个距离来算，女郎台遗址应该就在现在的瑶海大市场东部，而不是在离老城五六里的花孤堆。为了便于读者理解，我们把有关的文献记载和相关的地理坐标描绘出来，供大家参考。（见附图）

阜阳建置沿革史上有一个最大的谜，那就是三国时有没有在这里设郡，以及郡治设在什么地方。郡在秦汉时代是地方最高行政区划，大约相

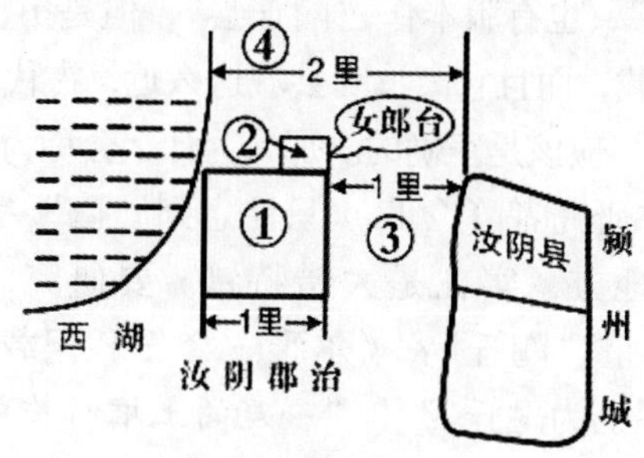

女郎台确址图

说明：图中数字及其对应文字

①《水经注》：城西有一城，故陶丘乡也，汝阴郡治。

②《水经注》：城外东北隅有旧台，翼城若丘，俗谓之女郎台。

③《太平寰宇记》：女郎台，在县西北一里。

④ 正德《颍州志》：西湖在州西北二里外。

当于现在的省，更像美国的州。从秦统一中国，一直到汉朝，阜阳都是一个县（汝阴县），秦朝属淮阳郡，汉朝改属汝南郡，添置了一个都尉治所。到了三国曹魏时代，把汝南郡分割成东西两部分，西部仍为汝南郡，东部为汝阴郡。到曹魏后期汝阴郡又被撤销。但是，由于历代地理志、地方志书和诗词文章都称阜阳老城为“州城”或“郡城”，致使读者都误以为汝阴郡治就在阜阳老城，与汝阴县在同一座城中，完全忽视了《水经注》中的记载：“城西有一城，故陶丘乡也，汝阴郡治。”这个“汝阴郡治”应该是从曹魏时代延续下来的。也就是说，从三国设汝阴郡以来，汝阴郡治和汝阴县城一直都是分开的，至少延续到郦道元时代。因为古代建一座城很不容易，所以当时的建置都具有延续性，不会轻易改变。这座作为郡城的西城，就在现在的瑶海大市场西部，一直延伸到路西的交通局和自来水公司。

女郎台的形状

或许会有人说：既然女郎台在《水经注》时代已经“颓毁”了，你现在讨论女郎台的形状，岂不是凿空吗？否！否！《水经注》是一部非常神奇的书，它能通过很少的文字，神秘地记录下中古时代仍然存在的来自上古甚至远古的信息。我们虽然不知道女郎台有多长多宽，但是，既然郦道元能怀疑女郎台才是过去的陶丘乡（“疑故陶丘乡所”），说明这个高台至少相当于一个村庄的面积，往少里说，100 米见方（1 公顷，15 亩）应该没有问题。

此处的“陶丘乡”，也有版本作“陶丘县”，但是历代《地理志》和史料中都没有陶丘县的记载，而且它离汝阴县城这么近，古代断无再在这里设县的道理，所以“陶丘乡”应该是正确的。那么为什么会称为“陶丘乡”呢?

过去，一些地方研究者（含我）只注意到“陶”字，望文生义地认为可能是制作陶器的地方，实在是大错特错。要研究“陶丘乡”，应该从“陶丘”着手。什么是“陶丘”?《尔雅·释丘》记载：“丘一成为敦丘，再成为陶丘，再成锐上为融丘。”〔“一层的土堆叫作敦丘，两层的土丘叫陶丘，两层有尖顶的叫融丘”。〕西城作为地名，不可能是两层的土丘，这里的“陶丘”只能是指女郎台，就是说，“陶丘乡”是以“陶丘”而命名的。于是我们可以明白，女郎台的本名应该是“陶丘”。

既然女郎台“虽经颓毁，犹自广崇”，那么它当初一定非常高大。到底有多高大?春秋时陈侯想筑一座高台——凌阳台，因为各种原因死了好几个人，还是没能如期完工。陈侯暴怒，抓住三个主管的官吏要杀掉他们。此时恰逢孔子来到陈国，听到这个消息后，就和陈侯一起登上凌阳台，四下观望一番后，对陈侯贺喜道：“多么漂亮的高台呀！多么贤明的君主啊！自古以来，筑成这样的高台而不杀人，恐怕只有圣人才能做到吧!”陈侯听了，赶紧偷偷地让手下人把那三个主管官员给释放了。

的确，古时筑台，全凭人工，为了保证不被雨水冲塌淤垮，必须在堆土的过程中层层夯实，夯到用竹签（竹杖削尖）都不能刺进地面，比路面都要结实，下雨时水都很难渗进土里，并不是用土堆成一个高台的形状就完事了。夯，古作“筑”，今词“建筑”由此而来。上古的建筑、城墙，不用砖石，却能历经数千年而不毁，正是靠这样筑成的。所以，筑成一台，或多或少会死人（病死、累死或被监工打死），一点也不奇怪。

至此，我们可以大致勾勒出女郎台的形状：这是一座非常高大、明显分为两层的、平顶的土堆，在这一马平川的大平原上，它一定非常惹眼，所以才有幸在《水经注》中保留下来。

女郎台的传说和歌咏

这样的一个土丘，既没有民用建筑，也没有军事设施，就那么凭空摆在那里，当然会引起人们无尽的遐想和不着边际的猜测。

最早记录女郎台传说的，还是《太平寰宇记》。在前引“在县西北一里”后，紧接着记：“古老云：昔胡子之女，嫁鲁昭侯为夫人，筑台以宾之，故俗谓之女郎台。”〔当地的老人说：“古代胡国君主的女儿，嫁给鲁

昭侯（即《左传》中的鲁昭公）为夫人，建了这个高台，接待前来迎亲的鲁昭侯，所以当地人叫它女郎台。”〕

这个传说有一定的、似是而非的历史依据。阜阳在春秋为胡国。根据《左传·襄公三十一年》的记载，鲁襄公死后，鲁国贵族立襄公夫人胡国女敬归的儿子子野为君，但是这个孝顺的子野，因为哀伤过度，没有三个月就死了。于是鲁国贵族又立襄公的妾、敬归的妹妹齐归的儿子公子裯为君，这就是鲁昭公。这个公子裯和公子野完全相反，在为父亲服丧期间，竟然没有一点悲哀的样子。当时就有人反对立他为君，但是，鲁国的权臣季武子不听，最终还是让他当了国君。二十五年后，就是这个鲁昭公，因为小事和季氏闹翻，本想把季氏赶尽杀绝，不料反被联合执政的多家贵族赶出鲁国，流浪多年后，死在了乾侯（晋国地名，今河北成安县东南）。这是胡国女嫁给鲁国君主的证据。但是，这里胡女嫁的不是鲁昭侯，而是他的父亲鲁襄公，辈分好像差了。我们不知道是《太平寰宇记》的作者误记，还是当地“古老”（故老）的误传，抑或胡国当真有女儿嫁给了这个倒霉的“鲁昭侯”。

不管怎么说，胡国女嫁给鲁侯，还有文献依据。而梅尧臣的《陪淮南转运魏兵部游颍州女郎台寺》诗，就有点不靠谱了：

旧传妫氏女，将适楚人时。
筑馆自临水，故台空此基。
因为楚宫媵，来与使车期。
楼上望湖上，烟林晓蔽亏。

把女郎台说成是嫁女用的礼宾台，还是沿用“古老”的说法。但是这里胡女嫁的对象变成了楚人，这在文献中找不到一点依据。这且不说，把胡国女说成是“妫氏女”，错得更加离谱。古代女子出嫁，其名字的后面一般要缀娘家的姓，这是古代用以“别婚姻”，避免“同姓通婚”所采取的措施。我们从襄公三十一年《左传》中可知，胡国女一个叫敬归，一个叫齐归，说明她们娘家的姓是“归”而不是“妫”。二字音同形不同（古音也不同），就意味着这二姓出自不同的族源。归姓来源于尧帝的乐正夔，而妫氏源于舜帝，从远古时代人类分姓以来，二者就没有共同的血缘关系。

古“明堂”唯一的样本

女郎台的功用，从郦道元记录时起，就没有弄明白。乐史根据当地

“古老”的传说，把它定性为胡国君主嫁女时举行典礼的建筑，也不免遭人质疑。网上搜到一篇文章，认为女郎台应该是“告成台”，即胡国君主向上天宣告某件大事时举行典礼的高台。这个说法比较接近事实的真相。笔者听到这种说法较早，起初认为非常有理，但有一个关键点无法解释，所以一直是半信半疑。

这个关键点就是女郎台“上有一井”。在所有关于台的记录中，无论是地理实录，抑或是前人后世的诗词文赋，都从来没有在台上打井的记载。想想就会明白：女郎台离古西湖那么近，用水完全可以从湖中汲取，何须劳民伤财在台上打井？打井不仅多费气力，而且很不安全：万一在举行重大仪式时有人被挤掉井里，那是多么扫兴、不祥的事！所以，郦道元“疑故陶丘乡所”的说法似乎更接近事实。

直到最近，读刘宗迪《失落的天书》，方才茅塞顿开。刘氏首次全面揭开了《山海经》中《海经》和《大荒经》的真相：乃是中国上古时代观测岁时节令和天文星象方式方法的记录，而绝不是地球上真的存在那么多诡秘魔幻的方国、人群和物种。根据《失落的天书》考证，上古台上有井的，只能是明堂。明堂是什么？它是古代统治者观察岁时节令变化的观象台。大家知道，不同的季节日出日落的方位（以下简称“日位”）是有区别的：夏天靠北，冬季偏南，春秋适中。但这个变化非常缓慢，需要日复一日地进行观察、记录，才能准确地进行预报，以便安排生产生活。换句话说，谁能准确地告诉大家何时该种、何时该收，谁就是众望所归、理所当然的统治者，因为他似乎可以通天。而观察日位，必须在最高的地方进行，不能让建筑物遮挡了视线。本地一马平川，要观察只能专建高台，女郎台就是这样建成的。而能够建成这样一个巍峨宽敞的高台的，只有当地统治者——胡国的国君。

那么，观测日位为什么要有井？

上古观测天文是一项非常认真而复杂的工作。为了保证观测的准确性，观测日影长度的标杆必须与地面垂直。这样，日影最短的地方就是正北方，然后才可以确定东、南、西方的位置。这就要求标杆要绝对垂直于地面，不能偏向任何方向，于是聪明的古人就在“明堂”上开一个十字形的水槽，做一个十字形木杆放在水槽上，再在这个十字形木杆正中垂直竖立一根直杆（标杆）。由于标杆偏向任何一侧都会影响到十字形木杆，所以标杆必须在任一角度都垂直于水面——这就是我国最古老的水平仪。只有这样才能进行天文观测。由于确定标杆垂直必须要有水，为了保证观测的神秘性和神圣性，不能采地表水以免污染，也不能让普通人汲水以免亵渎，只能由观测者自己取地下水，那就只有在台上打井。女郎台上有井，正是基于这样的原因。

上古的胡国，是一个中等方国。这个国家岁时节令的观测和发布，都是由胡国国君在这个明堂上进行的。大国（王国）的观象台是三层，作为中等国家的胡国，观象台只能建两层，这就是女郎台称为“陶丘”的原因。

大概到夏朝，观测日位逐步让位给对星象的观测。由于观测星象不需要太大的场地，而且更加神秘、准确，对于统治者更加有利（更便于糊弄老百姓），于是观象台逐渐被废弃。秦汉以后，国家设立专门的天文观测机构，统一制定和颁布历书，这就导致上古观象台的形制和作用几乎无人知晓，包括郦道元。据此推断，女郎台最晚应该建于夏朝初年，距今4000年左右。我们曾经考证：胡国的祖先是尧帝的乐正夔，夔的后代伯封在夏朝被后羿所灭，其族人迁徙于此，建立了胡国。女郎台功能的揭秘，与我们的结论是吻合的。由此可见，女郎台很可能是我国唯一保存最久、载入文献的上古明堂的样本。

1977年，考古学家在阜阳发掘了第二代汝阴侯夏侯灶的墓葬，出土了许多珍贵的文物。其中有两件天文测量仪器（漆器），经过天文考古学家30多年的研究，最近才揭开了它们神秘的面纱，确认它们是世界上现存最早且具有确定年代的圭表和赤道天文测量仪器的支架。中国科技大学石云里教授说：“中国普遍使用天文仪器对赤道系统的观测，比欧洲要早1000多年。汝阴侯墓出土的观星圆盘是这种仪器现存最早而且有确切年代的一件实物。”汝阴侯墓出土文物证实了阜阳在汉代是国家天文观测的一个基地。但是，这种对星象的观测，比起对日位的观测，已经是很晚了。

根据《水经注》的记载，胡子国城在今颍泉区白庙以西约一里处，而女郎台在西湖东，二者相距十里之遥。如果是胡子国的明堂，为什么离国都这么远？这是因为明堂又是祭天的场所，古代祭天必在南郊（故又称“郊天”），一般设在城南十里左右，而女郎台恰恰离胡国国都十里。从这一点说，说女郎台是“告成台”是完全正确的。

那么，观象台是怎么讹误成“女郎台”的呢？

明堂又是供奉高禖神的地方。上古人口死亡率高，寿命又短，所以对人口的需求极其迫切。于是每年夏历的三月上巳日（第一个“巳”日，后来改为三月三），各国都要大祭主管婚姻生育的高禖神。前来祭祀的青年男女们，只要二人相爱，拜过高禖以后，不须三媒六证，就可以私奔，而且受国家的保护（“奔者不禁”）。高禖神是一个裸体、高乳、鼓腹、怀抱婴儿的孕妇，汉代墓葬画像砖上仍然有她的尊容，说明汉代仍然在延续这个传统，并不认为这是“淫乱”“伤风败俗”。

对日位的观测让位于对星象的观测，观日的功能退化；公元前495年胡国被灭，其祭天、“告成”的功能也随之消失。于是这里就只留下一个高禖神供人们祭奉。正是基于这个原因，胡国的“明堂”才会被称为“女郎台”。没想到吧？女郎台的女郎，并不是穆修笔下眼泛秋波、鬓飘闲云的窈窕淑女，而是一个拖儿带女、腆着大肚子的精屁股女人！

更让人扫兴的是：拜高禖只是一般庶民的节日，胡国君主和贵族的女儿是绝不会登上这个高台的。因为她们有保姆，有门卫，想出门都难。而且她们的婚姻由父母做主，根本不可能抛头露面，更没有机会与人私奔。所以，你想在这里觊觎胡侯那美貌的女儿，送你四个大字：痴心妄想！

女郎台的消失

前面说过，女郎台到北宋还存在。然而，到了南宋初年，刘锜进行顺昌保卫战的时候（1140），刘部“随军记者”杨汝翼所记《顺昌战胜破贼录》里，这个本该大大扬名的制高点，却丝毫没见记载。是不是那时女郎台就消失了呢？我们不能肯定。南宋吴曾《能改斋漫录》记：刘夔侍郎某年重阳节登女郎台，作诗二首。程大昌也和了两首诗。刘夔比程大昌早100多岁，这里的“和诗”只能是程大昌和刘夔的旧作。那么，这两首诗是不是程大昌在游女郎台时所作呢？如果是，那完全可以作为女郎台在南宋初年还在的证据。但是，从程大昌的履历看，他一直在江南、浙东任职，似乎无由来到颍州（顺昌府）。但是，程大昌在考中进士未履职的时候，因为父亲病故需要服丧。宋人服丧期间并不是老老实实地坐守庐墓，如刘敞、刘攽兄弟在为父服丧的时候就从老家到现在的阜阳，投奔时任颍州知州的欧阳修门下。这弟兄俩留下的颍州西湖以及女郎台的诗，就都是那时写的。程大昌中进士在绍兴二十一年（1151），那时顺昌府还没有沦陷于金人手中，所以我们也不能保证程大昌不会在服丧期间到颍州来。如果真是这样，程大昌关于女郎台的两首诗就很可能是在那时写的。我们权且把这作为南宋时女郎台仍在的证据。

但是，现存最早的颍州志书明正德《颍州志》，却根本没有关于女郎台的记录，好像这个世界上压根儿就没有这个建筑。明代的诗词文章，也没有对女郎台的吟咏、记述。至此女郎台从颍州地面上彻底消失了。我们怀疑是在元朝或明朝初年黄河泛滥时人们取土阻水时毁坏的。但这只是推测，没有任何文献和实物证据。

附录二

姜尚综考

摘　要　《史记》载：姜子牙为“东海上人”，引起了许多争议。本文通过对古代文献的考察，认为现在的淮河，在古代原住民的眼里，其实就是海、东海、南海。由于水面的收缩和移民的迁徙，外来人口对淮河的认识不同，导致后人几乎都不知道淮河曾经被当地人称为“海”，导致姜尚故里成了一个极具争议的地方。本文通过对颍淮水系的梳理，勾勒出了上古时代颍水和淮水的基本走向，解析了“淮河”与“海”交叉并存的矛盾和统一，还原了姜子牙为“东海上人”的真相。本文通过对历史文献的分析，指出了旧志对姜寨的误载，辨明了姜尚出仕周国的真实经过。

关键词　姜尚　姜寨　东海　南海　淮河

一、“东海上人”考“海”

关于姜子牙的籍贯，历来争论极多。山东、河南、安徽都在争。近年来许多地方学者如马家敏（临泉人）、谢石华（河南新蔡人）等已经论证了姜子牙是临泉姜寨人，并得到了学术界的基本认可。但是，由于先秦史料的缺失、《史记》的疏漏和古今地名的变异，许多问题仍然不能说清，以至于许多初学者反而不认可这个结论。其中最迷惑人、能够“证明”姜子牙不在临泉姜寨的，就是《史记·齐太公世家》开篇那句“太公望吕尚者，东海上人”。《史记》是最早记载姜尚籍贯的著作，当然不能轻易否定。但是，临泉、新蔡远离东洋大海上千里，你说姜子牙是这里人，岂不是凿空吗？于是，这个问题就成了姜尚研究的“死穴”。

其实不然。上古人眼里的“东海”，就是今天的淮河——至少在本地原住民眼里是这样。要说明这个问题，需要重新理清上古淮河和今天淮河在名字和指称上的区别。

上古的淮河，水面本来很宽。它从东海延伸过来，本无“淮河”之名，在古代原住民眼里，它就是海、南海、东海（淮河上中游，今皖西北、豫东南的人多称东海）。明白这一点，才能解释以下历史典故中的“海”：

（一）公元前656年，齐桓公率八国之师伐楚，楚成王派使者会见敌军，并且质问齐桓公：“君处北海，寡人处南海，唯是风马牛不相及也。”齐国地处渤海之滨，渤海即“北海”，渤、北古音同，说齐国“处北海”没有问题；但是当时楚国是典型的内陆国家，其边界东隔吴、越（中间还有很多小国），不到东海；南隔崇山峻岭、毒雾烟瘴，更没有达到现在的南海，按现在的观点看，说楚“处南海”是说不通的。于是由此生出许多牵强附会的解说，又纷纷被他人批倒。杨伯峻《春秋左传注》以北海、南海为“极北”“极南”，属于改字为训，未为达诂。说楚在“极南”或可说得过去，因为再往南中原人就不甚了解；而说齐在极北，则河、济以北，华夏族有燕、晋，戎狄族有鲜虞、孤竹、令支等等，这些都在齐国的北边，而且早就载于史册（商末有孤竹君之二子伯夷、叔齐投奔周伯，周武王起兵伐纣，二人因周灭商属于“以臣弑君”，扣马而谏，不被采纳，避居首阳山，不食周粟而死），楚国人也都知道，岂能说齐国处于极北?其实这种种歧解，实由“南海”而来。其时楚国的势力已经到达淮河，如果把淮河看成海，则楚处“南海”之滨，完全可以说得通。与齐国濒临的大海“北海”相对，楚国国土内的海就是“南海”（不是固定的称呼，只是为了与“北海”对应）。如此则可全文贯通，畅达无碍。

按：东海、南海、黄海的边界、位置、称谓，古今变化极大。古无“黄海”之称，现在的黄海，古代称为“东海”；而浙江东边的大海现在称“东海”，古代却称为南海。众所周知，观音菩萨的道场是在浙江宁波的普陀山，今处东海之滨；然而，古往今来都是称“南海观音大士”，《西游记》中孙悟空屡次向观音菩萨求救，都是到“南海珞珈山”。并不是他跑错了方向，而是因为古人认为那里就是南海。上古东海、南海的界限本来就不甚分明，在于各人的立场。对北方的人说就是南海，西边的人则说它是东海，意思是“东边的海”。齐国及中原诸侯来自北方，楚国的祖先也是从中原一路迁徙而来，所以楚人说“寡人处南海”；而姜尚在海西，所以叫“东海上人”。

（二）《左传·宣公十二年》楚伐郑，三月克之，郑国面临灭亡的危险。郑襄公哀求楚庄王：“其俘诸江南，以实海滨，亦唯命。”杨伯峻注引高士奇说云：“春秋时未知有南海，屈完对齐桓公云‘寡人处南海’，不过漫为侈大之辞，实非楚境。郑请实海滨，亦自贬损以悦之也。”并表示赞同：“此言甚是。阎若璩《潜邱札记》卷三分‘俘诸江南’与‘以实海滨’为两层，实不合传意。《(史记) 郑世家》作‘迁之江南’,《楚世家》作‘宾之南海’，各取一句，足见司马迁亦以两句为一义。”按：《左传》多处提到海、南海，除上述引文以外，还有《左传·襄公十三年》楚共王死，子囊议谥，告诉诸大臣：“赫赫楚国，而君临之，抚有蛮夷，奄征南海，以属诸夏。”如果是楚国“漫为侈大之辞”，那么“郑请实海滨”，是怎样知道楚国好“侈大”的？又怎么能保证楚王不把这句话看成是讽刺？而且不同时代、不同国家的人都提到楚国有“海”“南海”，显然不能都用吹牛来解释。“抚有蛮夷，奄征南海，以属诸夏”三句话三层意思，是递进关系：先“抚有蛮夷”，即先征服了周边的蛮夷小国；继而“奄征南海”，到达了“南海”的边上；最后“以属诸夏”，直接与华夏族抗衡，正是楚国历代君主开创霸业的真实写照。这里再明白不过地点明了所谓的“南海”其实就是与“诸夏”接境的大片水域，即淮河。郑襄公所说的“俘诸江南，以实海滨”正应该如阎若璩所解分为两层，即或流放到偏远的江南，或宾（摈弃）于辽远的淮河（海）之滨。《史记》分记“迁之江南”和“宾（摈）之南海”于郑、楚《世家》，恰恰证明司马迁也是把这两句话看成了两层意思。

（三）孙叔敖的父亲司马蔿贾被令尹斗椒（亦名鬭越椒、子越）杀死，孙叔敖沦落为平民，所以举家定居在期思（今河南淮滨县期思镇，濒临淮河）。此地原为蒋国（姬姓国，一说在河南固始县东蒋集镇，误。说见附考），楚国灭蒋，改称为蔿，作为蔿氏家族的世袭领地。蔿贾被杀，封地被楚国收回，改名期思，另封他人。于是，贫困潦倒的孙叔敖只能留在原籍，成为“期思”人。后来因为才华出众而被楚庄王发现，提拔为令尹，另封于古沈（今安徽临泉古城子）。所以《史记》称孙叔敖为“楚之处士”,《荀子》《吕氏春秋》都说他是“期思之鄙（乡下）人”。只有孟子说“孙叔敖举于海”（《孟子·告子下》）。许多注疏据此说孙叔敖是隐居于海滨，被楚庄王发现、提拔出来的。这就带来了许多疑问：首先，蔿贾之死，虽是被令尹斗椒擅杀，但或因此前诬陷前任令尹子扬事发，或因以前与斗椒合伙陷害子扬为楚庄王所厌恶，所以仍被剥夺封地。此时的孙叔敖贫困潦倒，不可能远遁海滨；蔿贾虽有罪，但已被斗椒所杀，孙叔敖无罪，也没必要逃亡。其次，正如清·焦循所说：“庄王时楚南境、东境去海尚远”，如果他隐居海滨，就等于是躲到外国去了，楚庄王根本不可能去找他。君不见傅说、伊尹、宁戚、姜尚、百里奚等等，这些出了名的贤佐名相，哪一个不是自己送上门的？想到外国找一个流浪汉并且重用他，在当时的任何国家都是痴人说梦。于是便有许多臆说：或完全否定经典，说孙叔敖不是期思人；或释“海”为“晦”，意为隐晦，说孟子只是举例说明应该从平民中选拔人才而已，曲为解说，穿凿附会，漏洞百出。其实，孟子本没有错，期思在淮河之滨，而在古人眼里，所谓的淮河根本就是海。孟子说“孙叔敖举于海”，《荀子》《吕氏春秋》说孙叔敖是“期思之鄙人”，其实是一个意思，因为期思就在“海”边：这和姜子牙在临泉，而《史记》说他是“东海上人”是一样的。

（四）《水经注·汝水》：“澺水又东南，左迆为葛陂。……昔费长房投杖于陂而龙变所在也，又劾东海君于是陂矣。”葛陂在今河南平舆县与安徽临泉县交界处，是临泉境内流鞍河的上游，今已湮。据《后汉书·方术列传》，费长房随壶公学仙不成，骑竹杖而归。至家，遵照壶公的嘱咐，弃杖于葛陂，杖化为龙而去。后东海君来见葛陂君（这里的“君”就是后世的“龙君”、龙王），竟然奸污了葛陂君的夫人。葛陂君向费长房诉苦，费长房于是就把东海龙君囚禁了三年，结果东海大旱。费长房到东海，见当地人在那里求雨，就告诉他们说：“东海龙君被我囚禁起来了，我马上放了他，让他下雨。”于是马上大雨如注。从这则传说也可以看出：东海与葛陂并不远，显然不是千里之外的东洋大海。故事里的东海只能是距葛陂很近的淮河。可见直到汉代（正是司马迁生活的时代），这里的人们依然把淮河的西段当成东海。屈原《天问》：“帝降夷羿，革孽夏民。胡射夫河伯，而妻彼雒嫔？”“雒嫔”即洛水女神，洛水是黄河的支流，这和东海龙君欺负葛陂君是一样的道理，都是因为距离很近。不过河伯是娶雒嫔为妻，而东海龙君是夺葛陂君的夫人。

不可回避的是：《方术列传》里，费长房“又尝坐客，而使至宛（河南南阳）市鲊，须臾还，乃饭”（让客人坐在家里，派人到宛城买糟鱼，很快就回来了，还没耽误吃饭），“或一日之间，人见其在千里之外者数处焉”，他到东海应该不费什么事吧？其实，一、如果他有这个能耐，为什么回家的时候还要骑着壶公的竹杖呢？二、费长房家所在的平舆县城，也是汝南郡城，已经是个大城市了，有什么必要派人跑到南阳买鲊呢？如果汝南郡没有，你怎么保证南阳一定会有鲊呢？三、今东海一带并没有费长房的传说和遗迹。何况郦道元说得很清楚，费长房劾东海君就在葛陂。所有到宛（南阳）买鲊，顷刻即还；“一日之间，人见其在千里之外者数处”之类的传说，只是哄骗身边老实人的把戏。

（五）秦、西汉时汝水下游的主河道就是今汾泉河，秦改阳城县（今阜阳）为汝阴，汉命名今河南商水为汝阳，都是因为这两地在汾泉河的南北岸。而现在的南汝河，在当时只是淮河的一部分，直到汉武帝时大兴水利工程，才拦出了“鸿郤陂”这么一片水域（“陂”是河坝的意思）。枚乘是汉文帝、景帝时人，他在“七国之乱”前作的《七发》有“既登景夷之台，南望荆山，北望汝海，左江右湖”，把“汝”冠于“海”前，证明西汉早期人们还称汝水为“汝海”，而汝水正是淮河的一大支流，在西汉末拆毁鸿郤陂之前，它仍然被人视为海的一部分。

知道淮河就是上古的“海”，那么，姜子牙是“东海上人”就好理解了。

二、颍淮海变迁考源

那么，同是一片水域，同一个时期，为什么有人叫淮河，而有人叫东海？换句话说，淮河是怎样由“海”变成“河”的？让我们根据古代文献，从头梳理一下淮河的变迁过程，并且重构一下相关水系。

从《淮河流域图》上看，今天所谓的淮河，洪荒时期根本没有陆地，就是一片大海，面积大约相当于现在渤海湾的两倍。既然渤海湾可以称为“海”，这里当然更可以称为海了。后来，由于洪水从桐柏山、伏牛山脉和大西北黄土高原持之以恒的搬运、堆积，黄淮之间的陆地才逐渐露出海底，并且日渐扩大，海面退缩，形成了远古时代的地形地貌。但是，即使在陆地已经形成之后，这里仍然是一片巨大的水面。据安徽省社科院历史所研究员陈立柱所长研究，“由现在所知早期淮河流域的情况看，古代淮河的情况与后来的大不一样，就是上古的时候淮河中游有一大水泽，整个上游地区的河流全都汇入其中，近于一个大湖海，所以又称‘淮海’‘淮极’‘滙泽’等。”（《古代淮河的多种称谓问题研究》，《史学月刊》2011年第11期）事实上，不止中游，远古时代淮河的上游地区也同时存在着大面积的水域，当地人就称之为“海”。这种局面一直持续到人类具有比较发达的文字的时代，深深地印在原住民的文化记忆之中。尽管只有只字片言，但是，在当地居民的脑海里，“海”的记忆并没有消失，没有人会怀疑这里就是一片大海。

这片大海有两个向北凸出的部分，一个是现在的颍河，从颍上县入淮口直到河南淮阳县；另一个就是汉代兴建成“鸿郤陂”的水域，亦即今洪汝河流域，包括河南淮滨、正阳、西平、遂平、新蔡，安徽的临泉西部和阜南大部。在汉武帝兴建鸿郤陂的堤坝之前，这里是淮河的延伸部分，当然也就是本地居民认为的“海”的一部分。临泉在这个“海”边，所以《史记》称姜子牙是“东海上人”。

附带说明：今人有依洪河之“洪”与鸿郤陂之“鸿”字音相同，推测鸿郤陂应该在洪河流域，似误。《水经注·淮水》明确记载东汉许杨修鸿郤陂在今河南正阳、息县之间；《隋书·地理志》记汝阳县（今河南汝南县）“有鸿郄陂”，也在汝水主道旁，而距洪河甚远。这两处“鸿郤陂”都是西汉鸿郤陂的残留，足证鸿郤陂就是今南汝河。

那么这个“海”是怎样变成“河”（淮河）的呢？

淮河从“海”变成“河”，有一个漫长的演变过程。古代河流本无定名，在没有命名之前是这样，有了名字也未必能固定下来，除非它是一条很小的河。流经不同政区的大河，上下游的居民可能会对它有不同的称呼。长江下游又称“扬子江”，就是由于古代分属楚、吴这两个长期对立的政权造成的。另外，大部分河流不是“一条路走到黑”，上游的河道会分出多个支流，下游的河道会接纳多个分支。互相串混的结果是：在上游的一条河，说它是甲的源头可以，说它是乙的源头也没错；处于下游的一条河，说它是丙河的下游也对，说它是丁的下游同样正确。这就必然会导致下游的河道出现一河多名的怪现象。如颍河，到周口有沙河流入，沙河也是很长的河流，据《水经注·汝水》篇，它是汝水源头分出的一支：“（汝水）又东届尧山西岭下，水流两分，一水东迳尧山南，为滍水也。即《经》所言滍水出尧山矣。一水东北出为汝水”，现在的地图上已经看不出它们之间的联系。自周口以下的颍河，常被混称为沙河、沙颍河。直到郦道元《水经注》完成，才算把这些河流的名称、走向基本固定下来。但是到了五代、宋朝，《水经注》几乎失传，河道名称、走向的混乱现象又开始出现。如临泉、阜阳境内的泉河，就长期被混称为颍河。

同样，淮河取代“大海”而成为这一地区最大的河，也经历了漫长而曲折的过程。

最初的淮河，并不像现在这样从桐柏山发源。《山海经》据说是大禹治水时的记录，是现存最早系统记录古代河道流经路线的著作。其中《海内东经》这样介绍淮河的流向：

淮水出馀山，馀山在朝阳东，义乡西，入海，淮浦北。

郭璞注：“朝阳县今属新野。”杨守敬《水经注疏·淮水》篇：“《禹贡锥指》：馀山乃桐柏之别名。汉有朝阳县，见《比水》篇。《元和志》：桐柏县，汉平氏县之东界。”如果按照这样的解释，上古时代淮河源头不就是在桐柏山吗？

其实不然。今天的《山海经》，有许多是后人误把前人的注释改成了正文。颜之推《颜氏家训·书证》：“或问：‘《山海经》，夏禹及益所记，而有长沙、零陵、桂阳、诸暨，如此郡县不少，以为何也？'答曰：'史之阙文，为日久矣；加复秦人灭学，董卓焚书，典籍错乱，非止于此。……皆由后人所羼，非本文也。'"是说《山海经》在流传的过程中被掺入了很多后世的东西。前面所引用这段文字中，"馀山在朝阳东，义乡西"和"淮浦北"就都是注释文字，是在传抄过程中阑入正文的。抛开这一部分，就只有"淮水出馀山，入海。"我们看郦道元所注的《水经》，正是如此简略，一条河流往往只有一句话的介绍。《禹贡锥指》是清人胡渭的著作，其中所谓"馀山乃桐柏之别名"，很可能是为了附会后世的淮河源流而自拟的解释，并没有别的先秦文献的依据。如果有，《水经注疏》是不吝搜罗进来的。所以，《山海经》中的淮河，也许根本就不是从桐柏山发源，而是从另一个叫作"馀山"的地方发源的。那么，这个"馀山"到底在什么地方呢？

《水经注·汝水》中有"今汝水西出鲁阳县之大盂山蒙柏谷"。大盂山当时属鲁阳县（今河南鲁山县），今在河南嵩县南部。这里的大盂山与《山海经》中的馀山同名，是不是就是上古淮河的源头呢？这是很有可能的。不过这个大盂山可能和汝水发源地的大盂山在范围上有很大的区别。

《淮南子·地形训》云："睢水出羽山"，睢水中古以前是黄淮之间的一条大河，从豫西地区发源，到江苏宿迁入泗水。《汉书·地理志》和《水经注》都说它发源于今开封市西的狼汤渠。但是，这是汉代以后的源流，《中国历史地图集》标注春秋时代的睢水上游接氾（音 fàn，"泛"的异体字）水，而氾水的源头就在新郑市北。氾水既是睢水的上源，那么它的源头才是睢水的正源，而这个源头出于羽山。这个"羽山"和馀山、大盂山，都是一音之转，指的是同一座山或山脉。"大"字更透露一个信息：大盂山可能包括整个豫西山区，即从现在的熊耳山、外方山到嵩山，也就是从汝水发源处两侧的熊耳山、伏牛山到河南新密市、新郑市，余脉一直延续到郑州市。郑州市区有熊耳河，而汝水源头的西侧有熊耳山，二者显然存在着某种特殊的联系（郑州当地熊耳河的传说荒诞无稽，不足为据）。《史记索隐》注"黄帝者，少典之子"引"谯周曰：'有熊国君，少典之子也。'皇甫谧曰：'有熊，今河南新郑是也。'"而新郑就在郑州以南，介于熊耳河、熊耳山之间。所以这两个"熊耳"应该都与黄帝为有熊氏有关，或者当时有熊国的领地或势力范围就在二熊耳一带。

《山海经·海内东经》："颍水出少室，少室山在雍氏南，入淮西鄢北。一曰缑氏。"（楷体字部分为后人所加，下同）据郭璞注，鄢即今河南鄢陵县。按照《山海经》的说法，颍水从少室山（今河南嵩山）流出，然后流到鄢陵县境内，就没有了，不仅河道很短，而且流向也和后世的走向完全不一样。这与现在的颍河是淮河的一级支流和最大支流显然有着天壤之别。如果按“一曰（入于）缑氏（今河南偃师市缑氏镇）”的说法，则是直接流入洛水，再入黄河，根本就不是淮河的支流。

值得注意的是，这里把“淮西”和“鄢北”并提，显然鄢陵在淮河以西，而“淮水”的源头则应该在鄢陵以东向北延伸，那么，淮水的源头“馀山”正应该在嵩山方向。这和“睢水出羽山”恰好也是吻合的。那么，这条“淮水”应该就是现在的贾鲁河。据百度百科的资料，贾鲁河发源于新密市白寨的圣水峪和二七区的冰泉、暖泉、九娘庙泉，与汜水（即睢水）发源的“羽山”同在一山。贾鲁河是元朝贾鲁开挖疏浚的，应该是利用原有河道改造的。这个原有的河道，就是古淮河故道。它与睢水同出一源，源头在馀山、羽山，即大盂山脉，而不是桐柏山。从入海口到河南桐柏山的河道，并不是淮河最长的河道。如果从现在的颍上县折向颍河，然后上接贾鲁河，直到登封市少室山（嵩山），这才是最长的河道。最长的河道当然应该看作淮河的正源。前些年国内追寻河源、江源热，不都是以最长的河道为正源吗？所以，无论古今，桐柏山都不应该算作是淮河真正的源头。

一个至今还在使用的地名“淮阳”也可以证实这一点。今河南淮阳县，春秋为陈国，楚灭之为县。秦设为淮阳郡（旧说为陈郡，今人据秦有“淮阳弩丞”玺印封泥，断定其实为淮阳郡），管辖今河南周口、驻马店、安徽阜阳等市的全部，以及商丘的柘城县、漯河市东部、信阳市北部等广大地区。到了汉朝，把秦朝淮阳郡周围的九县割出，划为淮阳国，国都陈县。古人为一地命名，必有所据，并非如某些学者所辛苦考证的那样是“误名”。如汉汝南郡，郡治在河南平舆县射桥镇，远在《水经注》所记汝水河道之东、北，是不是命名错了呢？不然，古汝水主河道在今汾泉河，汝南郡的郡治恰在古汝水之南。同样，阜阳之称为汝阴、河南商水之称为汝阳，都是因为在这条古汝水（汾泉河）的南、北。所以，今天看来是“错误”的命名，古代其实一点都没错。那么淮阳国的国都陈县在颍水之北，且距淮河直线距离数百里，中间还隔着颍水、汾泉河（古汝水）、洪河（古澺水）和鸿郤陂等河道，为什么会叫“淮阳”？更为奇怪的是：秦汉时代，淮河下游有临淮郡，有淮陵、淮阴、淮浦等县，而安徽阜南县以西的淮河两岸，竟然没有一个地方是以淮字命名的（河南淮滨是新中国成立后才建的县）。这只能说明在古人眼里，流经淮阳以南的这条颍水才是淮河主道。陈县在淮河（今颍河）以北，水北为阳，故称淮阳。这恰恰与

《山海经·海内东经》关于颍水“入淮西鄢北”的记载完全吻合。

于是我们可以得出结论：古代的淮河，其实是从嵩山东部发源，沿今贾鲁河河道南流，至河南周口市沿颍河南流，到今颍上县东南，折而东流入海。为了叙述的方便，我们把这条河道称为“颍淮河”。

既然颍淮河已经被认为是淮河，那么怎么可能会隔着颍淮河冒出一个“东海”来呢？我们已经说过，淮河水域本来就是一片大海，而且代代相传都被原住民称为“海”。尽管到了新石器时代它已经萎缩得十分厉害，但是，“海”的名号在原住民语言中仍被传承下来。《禹贡》“导淮自桐柏，东会于泗、沂，东入于海”，是否能够证实淮河老早就以桐柏山为源头呢？不能，因为学术界早已达成共识：《禹贡》本是东夷人的作品，并不是大禹时代所著。《禹贡》的记载，只能证明“淮河”的概念是由东夷人带来的。安徽省历史研究所陈立柱所长更进一步证实“淮水”是由“潍水”演变而来的。从淮河下游多处地名带“淮”字看，淮河之名应该是从下游“渗透”到上游的，今山东地区的东夷向南方（今淮河两岸）、西方（今豫东皖北）迁徙，不仅有明晰的迁徙路线，而且有确凿的文物标记①。

“导淮自桐柏”的说法可能很晚。举一个例子：古泗水并不直接入淮，《汉书·地理志》明确记载：西汉鲁国的“卞（县），泗水西南至方与入沛”；“蕃（县），南梁水西至胡陵入沛渠”。显然，历史上有一条沛水（沛渠），它是淮河的一级支流，泗水、南梁水都是流入沛水然后进入淮河的，只能算作沛水的支流，淮河的二级支流。但是，《水经注》记载的泗水，下游直接进入淮河，沛水的名字就此“消失”了。这说明沛水消失的时间，是在东汉（《汉书》写成的时间）到《水经注》诞生期间，最大的可能是北方移民大举南下的东晋南北朝时期。而《禹贡》中的泗水，上可通河（黄河），下可达淮，与《水经注》的记载相同。可见要么是《禹贡》的作者不明地理，道听途说（这可以看成作品产生的时间很早），要么就是《禹贡》作于沛水消失以后（南北朝时期）。无论是哪种情况，都不能证明“导淮自桐柏”是上古时代如实描述淮河源流的文章。

---

① 按：《国语·郑语》韦注：“莒，己姓，东夷之国也。”而颍上有商代月己爵、卣等，是己姓部族的礼器，说明东夷的己姓在商代已经迁徙到颍上；又，大汶口文化晚期的莒县陵阳河遗址发现的陶尊上有日月山图案，今人释为“昊”字，是太皞、少昊氏的族徽，而这个符号在蒙城尉迟寺遗址陶棺上也有，著录于阜阳市博物馆前馆长韩自强先生的《阜阳·亳州出土文物文字篇》。可见东夷人早在商代甚至更早就已经移民到今蒙城、颍上一带。

由于淮夷移民的范围（在人数上占据优势，足以形成独特的地域文化，改造当地文化）仅到颍上、蒙城一线，并沿着今颍河往上游发展，他们眼中的淮河也就只到这一带，再往西，就是中原原住民的地盘。各人按各人的叫法，就有了东边是淮河，而西边隔着“淮河”仍然称为“东海”的怪现象。另外，楚人在南迁的过程中，经过这里，“海”的印记一直深深地遗留在文化记忆中。所以后来楚国北侵时仍然把这片水域叫作“海”。

阜阳境内有一条从河南流过来的河，上游叫汾河（《水经注讹作“濆水”》），下游叫泉河，合称汾泉河。之所以有这样不同的叫法，是因为上游和下游在历史上分属于不同的行政区域，各地有各地的叫法，所以同一条河会有不同的名字。但是，汾河和泉河的分界线，并不在现在安徽临泉和河南沈丘县的交界处，而是在沈丘县的老城镇以西。这是为什么？因为明朝初年，撤销了元朝以前建在今临泉古城子的沈丘县，到了弘治十年(1497)，又割陈州、项城、颍州三州县边隅之地，重建沈丘县，改属河南陈州，县治今老城镇。在此之前，老城镇以东、泉河南北都属于颍州沈丘县的地界，老百姓当然要按颍州的称谓称呼泉河。后来虽然划归河南省，对泉河的称呼却依然不变。而陈州的官民自然要按陈州的称谓，叫这条河为汾河。汾泉河的分界线之所以不在今临泉、沈丘的边界而在老城镇西，就是因为各地都分别沿袭自己以前的叫法，并没有随着政区的变化而改变过去的称谓。如果没有人刻意改变这种现象（比如以行政手段强行“普及”汾河的名称，或从上游大量迁入称泉河为汾河的移民），汾泉河目前的分界线还将继续沿用下去。长江下游仍然保留“扬子江”的异名，也是由于历史上分属吴楚两国的结果。淮河的东段称为淮河、西段称为东海，也是基于同样的原因。而它们名称的改变，则是缘于移民带来的不同文化。

最后，我们来捋一下上古时代的颍淮河道：现在的颍河和贾鲁河，其实是上古的淮河；上古的淮河（颍上以西）是古人眼中的东海；即使颍上以下的淮河，也是古“东海”的一部分，只不过是东夷人移民到此，把淮河的名称带到了这里（附：上古颍、淮、海诸水示意图）。到了后来，虽然淮河、颍水等都已经定名，但在原住民的文化中，依然保留着它们的旧名，一如汾泉河的分界。

明白了这一点，才能明白今临泉、新蔡就在“东海”之滨，所以，司马迁才说：“太公望吕尚者，东海上人”。

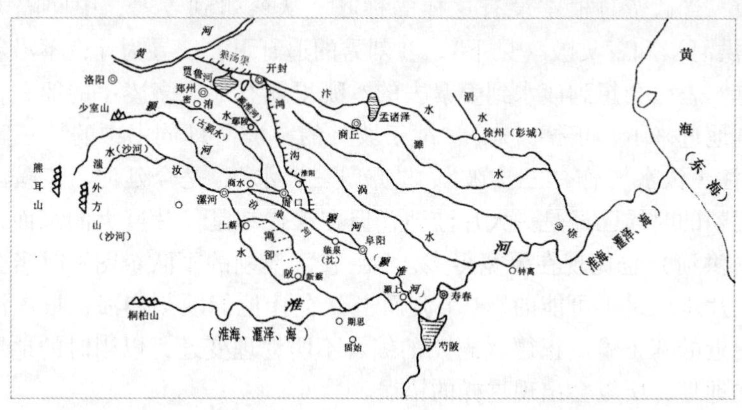

上古颍、淮、海诸水示意图

三、姜寨、“强寨”考误

明·正德《颍州志（卷二）·关梁》：“姜寨在州西沈丘乡，去城二百里。汉光武讨巨寇王寻，自蔡州追奔至是，贼屯于寨。及战于坡，汉兵不支，寻亦北走。后人呼为强寨。今讹为姜寨云。”此后的旧志大都沿袭此说。

“强寨”的故事荒诞无稽。据马家敏《姜尚故里考》（《学术界》2001年第6期）：“在1958年整挖延河时，在姜寨东首二里处的延河边，挖一巨型石碑，上刻‘姜尚故里’四个大字。此碑当时运至县政府保存，现在许多健在的人都见过此碑。后来经过‘文革’等运动，此碑不知去向。据专家分析鉴定，从‘姜尚故里’四字的形体结构看，大致可确定是汉代碑刻。这就有力地证明，远在汉朝时，姜寨就已被确定是姜子牙的故里。”追求“名人效应”之风起于唐宋，汉代攀附名人、强拉名人“落户”的现象基本不存在。无论是谁，毫无根据地乱指某地为某名人故里只会招致别人的笑骂，谁也不会这样胡言乱语。所以，汉代题碑必有所据，可证姜寨与“强寨”无关。

再者，光武帝出身贵胄，仁声远播，王莽和更始帝手下多少高官大将望风而降，一个小小的“强寨”不投降又有什么关系？且不说巨寇所率领的军队，不可能屯于一个小小的寨子，单说王寻不降，与姜寨何干，竟至于“青史留名”，遗臭万年？

从历史地理角度分析，“汉光武讨巨寇王寻，自蔡州追奔至是，贼屯于寨”，也经不起推敲。蔡州即今河南汝南县，本为豫州，唐时避代宗李豫讳改，光武帝时根本没有这样的称呼。从蔡州到姜寨，中间隔着澺水（今称洪河）和三丈陂（见下），在刘秀的追赶下，王寻为什么不沿着陆路往前跑？怎么会想到渡水到姜寨去的？哪里就有那么多凑手的船只，怎么就顺利地过来了？正德《志》“战于坡”的“坡”即同书中的“三障坡”，《水经注·汝水》作“三丈陂”，“亦曰三严水”，是今延河、流鞍河的源头，明朝的时候已经是一大片洼地，但在汉代却是一片巨大的水面，而且澺水（洪河）也比现在要宽得多，“巨寇”率领的军队企图一时半会儿渡过这一片水域是不可能的，“半渡而击”会让他们顷刻崩溃，根本没时间逃到附近的寨子里。正德《志》的编者不明地理变迁，以当时的地形附会汉代的地理，所以会出现这样的错误。

稽诸史实，更见荒谬。查《后汉书·光武帝纪》，更始元年（公元23年）三月，光武帝刘秀率诸将攻下昆阳（河南叶县）、定陵（舞阳县北五十五里后古城）、郾县（漯河市郾城区西南古城村）一带。王莽派大司徒王寻、大司空王邑率兵百万，其中甲士四十二万，围攻光武帝于昆阳。光武帝突围而出，集合定陵、郾县诸军，奔袭昆阳，突破莽军阵地，首先就杀死了王寻（“遂杀王寻”）。城中汉军出城夹击，莽军溃败。这就是世界战史上著名的“昆阳大战”。此战能以数万汉军破强敌百万，主要就是光武帝突袭，在阵中杀死了王寻，导致敌军群龙无首，不战自乱。王寻既然已经死在阵中，哪还有机会被光武帝追赶着“自蔡州追奔至是”？

道光《阜阳县志》在“流鞍河”条下注：“旧志相传，光武与王寻战，失利，渡河没马鞍，因名。按：光武与王寻战在南阳，亦并未失利，此无可据。”这是无意中纠正了“姜寨即强寨说”。不过，光武帝在南阳的战斗还真有一次失利。那是刘秀起兵早期，在攻下棘阳（今河南南阳南）后，乘胜与王莽部下甄阜、梁丘赐战于小长安，汉军大败，退保棘阳。接着汉军在更始元年（23）大年初一发起反攻，大败莽军，杀死了甄阜、梁丘赐。然后就是三月间的昆阳大战，杀了王寻。总之，刘秀从来没有败给王寻过，刘秀“渡河没马鞍”和追击王寻到姜寨等等，都是无稽之谈。

为什么会出现这样的错误？我们估计可能出于以下原因：第一，编者刘节根本分不清当时的颍州和汉代颍川郡（治阳翟，今河南禹州市）的区别。颍州当时设有军卫，洪武朝称“颍州卫”，永乐以后改称颍川卫。因此刘节错把历史上的“颍川”当成明朝的“颍州”，以至于把颍川的许多历史名人都拉来“落户”，造成笑话。而昆阳大战就发生在颍川郡，《光武帝纪》中有莽军“五月到颍川”，正德《志》编者遂以为昆阳大战发生在今颍州境内；第二，“姜”与“彊”音近，或因附近村庄关系不和，外村附会“犟”字，编造此“典故”，厚诬此村人，“强（亦音“犟”）寨”之说或由此而来。这在中国古代极其常见，历史上许多颠倒黑白的传说，如蔡伯喈（蔡邕）遭雷劈、潘仁美私通契丹、陈世美杀妻灭子等等无根之谈，都是这样来的。我们是很多同胞向来对这些东西极感兴趣，编者不察，妄采入志，后人不鉴，以讹传讹，许多人甚至以此为知识点，反驳“姜寨是姜尚故里说”，完全不了解一点历史和历史地理常识。遂使姜寨蒙冤至今，竟然无人辩白。本是“姜”曲解为“犟”，这里却说是“强”讹为“姜”。正德《志》的编者曾批评前景泰《颍州志》的编者“既不能传述旧闻，无所记载，反询私谬”。我看这里记录的，也是一些“私谬”的东西，纯属无稽之谈，应当予以廓清。

附录三

养邑、养氏三辨

《左传·昭公三十年》："吴子使徐人执掩余，使钟吾人执烛庸，二公子奔楚，楚子大封，而定其徙。使监马尹大心逆吴公子，使居养。莠尹然、左司马沈尹戌城之，取于城父与胡田以与之。将以害吴也。"此处的"养"，因为有了养由基这位著名的神箭手，而变得格外引人注目。于是关于养氏的起源、养国的地望、养城所在地等等，都成了研究春秋史的热门话题。但是，由于现存的可靠材料太少，许多学者根据有限的史料强拉养由基"入籍""改姓"，致使养的研究一直没有得出令人信服的结论。笔者认为，其实只要根据现有的可靠材料，结合古代的典章制度，就完全可以解决以上这些争执不休的问题。

争论背景：河南省桐柏山出土的包山楚简有"羕""鄴""漾"等字样，是春秋时代文物。学者们遂认为此"羕"即《左传》养邑。《水经注·汝水》记汝水上游有养阴里，近世襄城县发现有带"羕陵"字样的金版，考古人员遂据京相璠释《左传·昭公三十年》谓养阴里即养邑所在。顾祖禹、顾栋高、熊会贞等则以为养邑在今河南沈丘县东。

一、养国辨地

关于养，今天的学者们往往根据出土的春秋彝器，认定春秋时代的养即包山楚简"羕""鄴""漾"等地，还有人认为是《后汉书·郡国志》颍川郡襄县①"有养阴里"之养阴里。但是，这些地方与《左传》记载的养地都不合。《左传·昭公三十年》所记吴国二位公子奔楚，楚王"使居养"，这是《左传》中唯一关于养地的记载。从其中的几个关键词语我们可以推断此养所在的大致方位：城父在今亳州城父镇，胡在今阜阳市颍泉区白庙集，既从此二处割地给养，则其地自当靠近此二国（邑），而不可

① 《后汉书·郡国志》颍川郡襄县有养阴里。《水经注·汝水》作"襄城有养阴里"，熊会贞已指其误，以为是《水经注》在流传辑录过程中，校印者知颍川郡有襄城而不知有襄县，误增"城"字。

能在其他地方。那么这个养当在今安徽阜阳境内，此其一；又说“将以害吴也”，则此地必然与吴国相邻。吴国已于昭公十三年灭州来（今安徽凤台），养若在今阜阳境内，距州来很近，从这里出兵吴国很方便，可以“害吴”；而河南境内的“羕”“鄴”“漾”、养阴里等地距吴太远，不足以构成对吴国的威胁，不符合“将以害吴”的条件。此其二；同年冬，吴灭徐，徐君奔楚，楚平王把徐君安置在夷（今亳州城父镇，一说城父只是夷地的一个城），这与安置吴国二公子是一个战略意图，都是为了利用这些人对吴国的仇恨，把他们放在距离吴国最近的地方，以牵制吴国（“将以害吴也”）。此其三；最主要的是：当时养是楚国的一个城邑，而不是封国，所以才可以安置吴国二公子。而从“羕”“鄴”“漾”器物铭文来看，这几处当时都还是封国，或称伯，或称子，都是方国国君才有的称呼，“使居养”不可能在此诸地。而养阴里以养水或羕陵为名①，被称为养的是水或山陵，而不是单名为养字。如汝阴、汝阳不是本来就叫“汝”，山阳、山阴也不是本名为“山”，因此养阴里与《左传》养邑无关。熊会贞《水经注疏》于汝水养阴里下注：“今沈邱东有养城，当是吴公子所居。京（相璠）以在郏县者（即养阴里）当之，未深考耳。”此其四。综上所述，养邑不在今河南境内显而易见，不足多辨。

二、养城辨址

养在今阜阳境内，也是许多专家、学者的共识，但均未指出其准确位置。顾栋高《春秋大事表》卷七“都邑表”记：“今河南陈州府沈丘县东有养城，春秋时楚养邑也。”熊会贞《水经注疏·汝水注》：“今沈邱东有养城，当是吴公子所居。”杨伯峻《春秋左传注》：“养当在今河南沈丘县今治南沈丘城之东，临安徽界首县界。”三位学者所说的“沈丘城”“沈丘县”和“今沈邱”，都是指今河南沈丘县老城镇。以上诸说都以今河南沈丘县老城镇之东为养邑所在地，但均未说明在何处。阜阳市博物馆杨玉彬先生在考证养地所在时，引上述顾栋高、杨伯峻等说，认为养当在今界首市境内。我则认为是过去的史学家混淆了在今临泉的沈丘与在今河南沈丘县老城镇的沈丘，“今治南沈丘城之东”实应为颍州沈丘县（今临泉）之

① 按：《水经注·汝水》记有养阴里，在养水以北。郦道元且存在疑问：“又城处水之阳，而以阴为称，更用惑焉。”从现在发现有带“羕陵”字样的金版来看，“养阴里”应该是因位于养陵（羕陵）之北而得名。但不管是以水为名，还是因山陵得名，都是属于山名、水名加方位名词（包括阴、阳）构成的组合地名，是复合名词而不是以养为名。

东，其地正在今临泉县杨桥镇，并与杨玉彬进行过沟通。但当时只是一个猜想和分析，没有具体有力的证据，对于为什么会出现这样的误解，说不出个所以然来，所以杨玉彬只是有保留地接受了我的观点。直到我仔细阅读了《读史方舆纪要》的有关部分，才恍然明白这个错误的根源，其实是从顾祖禹那里开始的。

顾祖禹《读史方舆纪要》在沈丘县下记载有养城。沈丘县古属颍州，但《读史方舆纪要·南直·凤阳府·颍州》部分，没有沈丘县；而在《河南·开封府·陈州》记："沈丘县，州东南百十里。东至南直颍州百二十里，北至南直太和县八十里。古沈子国。《春秋》定四年，蔡人灭沈。汉为寝县地。隋末，置沈州及沈丘县于此。唐初州废，以县属颍州，寻省。神龙初，复置沈丘县，仍属颍州。宋因之。元末，察罕（帖木儿）败汝阴贼于此。明初，县废。弘治十年复置。……养城在县东北。春秋时楚邑。昭三十年，吴二公子掩余、烛庸奔楚，楚使居养，取城父胡田以与之。盖其地近今亳、颍二州界。"

《方舆纪要》所记"隋末"直到"明初，县废"都是指建于今临泉县境内的沈丘县，确址在临泉西的古城子。明初，沈丘县地并入颍州，改属南京凤阳府。明弘治十年（1498）割陈州、项城及颍州地，于颍州乳香台巡检司（今河南沈丘县老城镇）重建沈丘县，改属河南陈州。明嘉靖《沈丘县志》、清道光《阜阳县志·沿革考五》都有记载。明末以来的沈丘县已经不在今临泉县古城子，而是西迁了30里，而且从南京凤阳府颍州的属县变为河南开封府陈州的属县，县治和隶属关系都发生了根本的改变。到了1950年，又从老城镇迁到槐店镇（原项子国都、古项城县治），原河南沈丘县改称老城镇，即杨伯峻所说的"今河南沈丘县今治南沈丘城"（为行文简便，以下称今临泉的沈丘为"前沈丘"，河南沈丘县老城镇的沈丘为"后沈丘"，在槐店镇的今河南沈丘县为"今沈丘"）。但是，顾祖禹不知道前沈丘与后沈丘的变化，误以为是整建制划归河南陈州，所以他记沈丘还是"东至南直颍州百二十里，北至南直太和县八十里"（这是前沈丘到颍州和太和的里程），说明他根本就不知道前沈丘和后沈丘的区别。他记的是河南陈州的沈丘，使用的却是颍州属县前沈丘的资料。

其实，造成这种错误的根源还可以追溯到明朝旧档。顾祖禹参与过《大清一统志》的纂修，利用过明朝旧档，其资料来源当与《明史》相同。《明史·地理志·河南·开封府·陈州》："沈丘州东南。元属颍州。洪武初废。弘治十年改乳香台巡检司置，来属。"这里说沈丘县在"州东南。元属颍州"，抹杀了前后沈丘的区别。顾氏据此遂误以为乳香台巡检司即沈丘旧址，前后沈丘为一地。

不清楚前后沈丘之间细微变化的不止顾祖禹，顾栋高、杨伯峻、钱穆等学者均沿袭此误。只是顾栋高把“养城在县东北”改作“在县东”。熊会贞也说“今沈邱东有养城，当是吴公子所居”，方位是对了，但由于不知道前后沈丘县治的变迁，于是养邑也就从本在前沈丘以东变成了后沈丘东，进而成了不知所在的地方。杨伯峻在《春秋左传注》中对于春秋时期的一些小国确址距今某地若干里都记得一清二楚，唯独没有说清养城的所在，就是因为没有弄清前后沈丘县治的变迁。

养邑作为春秋时代的名城，自然有它确切的位置，这就是今天临泉县杨桥镇。杨桥镇在前沈丘东三十里，符合“在沈丘县东”的地理特征，只是这里的“沈丘县”是元朝以前的沈丘县；杨桥本名养桥，是仍保留旧名。这里古代为重要的商埠码头。阜阳现存最早的志书正德《颍州志·卷二·关梁》：“杨桥　州西九十里，跨延河口，路通沈丘之官道。”说明杨桥是沈丘通往州城的重要关口。古时修桥不易，桥为重要关梁，因地而得名，故名“养桥”，后来遂取代养城而成为此地的专名，最后因《颍州志》的错误记载而讹为杨桥（但当地老人仍知道其旧名养桥）。杨桥还是古代胡子国、颍州、汝阴县与沈丘县的分界地。正德《颍州志》卷二《乡井》：“西乡　自杨桥顺（泉）河而下，至官摆渡（在州西十五里），南北岸皆属西乡地。”这里的界划还是沿袭前朝的区域划分，即州（汝阴县）界本来西到杨桥，杨桥以东为州西乡，杨桥以西才是旧沈丘县、明沈丘镇的辖地。这仍然与“楚使居养，取城父、胡田以与之”的界划相同，所割胡田可能包括明颍州西乡、北乡的全部地盘，东接城父地，而西部不到前沈丘。由此且可看出春秋时胡子国的疆域可能西到今杨桥，以延河与楚国的沈子国、沈县（今临泉）分界，此后直到元朝都是如此。地面考古发现杨桥有春秋战国时代彝器，我们亲见有战国陶鼎，杨玉彬鉴定是战国贵族墓葬随葬品，表明当时是一个相当规模的城邑。所以春秋楚国之养邑，就在今临泉县杨桥镇。

三、养氏辨姓

养（羕）国在河南境内，养邑则在今临泉杨桥镇，区分既明，下面来分辨一下养国与养邑的祖姓。

春秋时同名国、地极多。如在今安徽阜阳有胡国，而在今河南漯河市郾城区也有胡国；在今山西省（春秋晋国）境内有沈国，是少皞氏的后裔。《左传·昭公元年》：“台骀（少皞后裔）能业其官……帝（尧）用嘉之，封诸汾川。沈、姒、蓐、黄，实守其祀”，即此；而在今河南平舆县射桥镇也有沈国，则是姬姓。《后汉书·郡国志》：“平舆　有沈亭，故（沈）国，姬姓”可证。学者据河南境内的出土文物论证养国（非养邑）为嬴姓，当不谬。春秋之前养邑应该也是个小国，只是早已被灭，而地名保存了下来，所以《左传》中只称之为“养”。只是此养邑非彼养国，同称“养”未必就同是嬴姓。所以河南的养国是嬴姓，不能证明这个“养”也是嬴姓。

毫无疑问，养由基是以养邑得氏。那么，养氏的祖姓是什么？文献中没有确切的记载，在楚国郢都的养氏一族在楚平王元年（前528）被灭，侥幸逃脱的庶支都是平民，没有显赫的家世，我们难以通过文物和文献了解其祖姓。但是，根据《左传》的记载，完全可以判定养由基的祖先不是嬴姓。

《左传·襄公十五年》（前558）：“楚公子午为令尹，公子罢（pí）戎为右尹，蒍子冯为大司马，公子橐（gāo）师为右司马，公子成为左司马，屈到为莫敖，公子追舒为箴尹，屈荡为连尹，养由基为宫厩尹，以靖国人。”这是楚康王即位后安排的朝官。这里的公子午、罢戎、橐师、成、追舒，其实都是王子（《左传》对楚国的王子大都称为公子），自然是芈姓；大司马蒍子冯为楚王蚡冒（前757—前741年在位）的庶支，祖姓为芈；而莫敖屈到、连尹屈荡，都是楚武王（前740—前690年在位）的后人，楚武王的儿子瑕封于屈，其后人以封地为氏，则其祖姓同样为芈。所以杨伯峻注云：“其实九人之中，五人为公子，屈为大姓，本楚同族，蒍亦旧令尹之从子，皆世族也。”也就是说，这一次楚康王所任命的朝官中，除了养由基，其余都是芈姓后裔，只不过是不同时代楚王的后裔而已。

那么养由基会不会是嬴姓或其他外姓呢？不会。按照楚国的继承制度，朝官的职位都是递进的，这是楚国为了保证王权不入外姓所采取的措施。令尹死或去职，由大司马接替，右司马则进位为大司马，其他依次递进。如果国王没有嫡子或不立太子，令尹可以继承王位。《左传·昭公元年》：“十一月己酉，公子围至，入问王疾，缢而弑之。……右尹子干出奔晋。宫厩尹子皙出奔郑。”公子围即后来的楚灵王，当时为令尹。他夺取王位，并没有人敢出来反对，就是因为没有了王，令尹就可以继承王位。后来楚国内乱，楚灵王死，出逃在外的公子比（即右尹子干）回国为王，公子黑肱（宫厩尹子皙）为令尹，公子弃疾（叛乱前为蔡公）为司马。公子比可以为王，公子黑肱可以越级进位为令尹，就是因为他们前面的朝官都不在位了。随后，弃疾为了夺取王位，设计吓死了公子比和公子黑肱，登上王位，即楚平王。弃疾本为司马，如果不在此时杀死他们二人，待局势稳定下来以后，他就只能等这二位死后才有可能继承王位。如果这二人有一个立了太子，那么他就一点指望也没有了。所以他要趁国内动乱之机杀死在他前面的两位王子，才能登上王位。

值得注意的是：因为这次参与动乱的人，除了公子比之外，都没有子皙（公子黑肱）的职务高，于是子皙就从宫厩尹直接升任令尹，说明宫厩尹可以为令尹。如果他不是与公子比一起被弃疾设计吓死，那么假如公子比死后，他也可以为王。养由基既可任宫厩尹，就也有可能依次递进，如遇突发事件，排在其前位的诸人一下子都“不幸”了，那么他也有可能成为令尹甚至国王。这些都足以说明养氏为芈姓，而不是嬴姓。

另外，从楚平王元年“灭养氏之族”也可以看出养氏与楚王同族。春秋时代还是“灭国不绝祀”，对于异姓封国或家族，灭国（族）以后会留下其庶支（旁支）以祭祀其祖先，以免他们祸害自己的国家或族人。因为“神不歆非类”，所以必须留下一支；而对于出自同姓的国、族，因为有自己可以祭祀，所以才会放心地杀戮、灭族。养氏被灭族，一定是因为他们与楚王同族，自己可以祭祀，祖神不会拒绝，不需要担心他们化为厉鬼祸害自己的国、族的缘故。

综上所述，养由基的祖籍在今临泉杨桥，而不在今河南境内。养由基并非嬴姓，而是芈姓。

附录四

春秋沈、寝研究

一、沈国和沈县辨析

春秋有沈国，为楚国附庸，最后被蔡所灭。蔡国东迁州来（今安徽凤台）后，其地为楚所有。关于这个沈国，众说纷纭，歧见层出，聚讼千古，难辨真伪。但据《水经注·汝水》："又东迳平舆县故城南，为澺水。县，旧沈国也，有沈亭（按，此句有断作：'又东迳平舆县故城南，为澺水县，旧沈国也，有沈亭。'误。郦道元时代及以前没有澺水县，'县'字应属下句，即前文所说的平舆县）。《春秋》定公四年（前506），蔡灭沈，以沈子嘉归。后，楚以为县。《史记》曰：秦将李信攻平舆，败之者也。"是说汝水的一支从汝水别流发源，经过平舆县故城南，始名澺水（上游为练沟、黄陵陂和蔡塘）。而平舆县就是过去的沈国。平舆县故城在今河南平舆县北的射桥镇，古澺水、今洪河的北岸，近年来出土的汉代汝南郡玺印封泥已经证实了这一点。因此，古沈国在平舆县射桥镇毋庸置疑。沈国是楚的附庸，《左传》中称为"沈子"，曾多次随楚会盟、侵伐，从来没有背叛过，是楚国的铁杆追随者。可惜沈国除了被蔡昭侯杀死的最后一个君主"沈子嘉"外，其余都没有留下名字。

除了沈国这个附庸以外，楚国还有沈县。《左传》多处记有"沈尹"，即沈县的长官。沈县与沈国不在一处。《春秋·文公三年》（前624）"伐沈，沈溃"，此后有沈尹；鲁定公四年（前506）沈国灭，但直到哀公十七年（前478）《左传》还有沈尹朱，说明沈县还在。关于这个沈县，有人说即《左传·桓公八年》"夏，楚子合诸侯于沈鹿"之沈鹿。但沈鹿在今湖北钟祥市，而沈尹常帅的"繁阳之师"，在今安徽临泉县鲖城镇（西汉为鲖阳县，东汉为侯国）南，旧鲖城区园艺场，今属关庙乡，沈鹿的辖境不可能到这里。也有人认为沈鹿即沈国，亦误，沈县和沈国都不在湖北境内。

孙叔敖是邲之战（前573）中楚军的主要指挥者，中军统帅。《左传·宣公十二年》记载这场战事时，先说"蒍敖为宰"，蒍敖即孙叔敖，他是蒍贾的儿子，所以称为“蒍敖”。“为宰”就是主掌军政；然后说：“沈尹将中军”，中军是全军的首脑，也是主掌军政的意思。当伍参主张迎击晋军时，“令尹孙叔敖弗欲”，而且“令尹南辕反旆”（率先撤退），楚王在军，只有中军主帅才有权力这样做。所以，蒍敖、沈尹、令尹孙叔敖、令尹都是指一个人，就是楚国著名的贤相孙叔敖。《左传》的作者习惯于用不同的称谓（名、字、职官、封爵、亲属关系等等）称呼同一个人。战国时代，一些策士们为了增加说服力，随口乱扯，肆意编排，孙叔敖的身世变得模糊不清了。但是，从司马迁起就以战国策士的不根之谈为依据，连专门研究《左传》的大家也不免迷糊，如杨伯峻注《左传》就根据《吕氏春秋》《墨子》《史记》等互相矛盾的记载，硬是把沈尹和孙叔敖分为两个人。杨伯峻注《左传·宣公十二年》“沈尹将中军”：

沈尹，古今颇有异说。一谓孙叔敖既为令尹，当将中军，则沈尹即孙叔敖。沈即寝，地即寝丘。据《吕氏春秋·孟冬纪》、《史记·滑稽列传》，被封寝丘者为孙叔敖之子，然据《韩非子·喻老篇》“楚庄王既胜，狩于河雍，归而赏孙叔敖。孙叔敖请汉间之地，沙石之处”云云，则孙叔敖于邲之战后实受寝丘之封，故谓之沈尹。说参沈钦韩《补注》、吴闿生《文史甄微》。一谓孙叔敖与沈尹为两人。考之古籍及《左传》，后说近是。《墨子·所染篇》云：“齐桓染于管仲、鲍叔，晋文染于舅犯、高偃，楚庄染于孙叔、沈尹，吴阖闾染于伍员、文义，越勾践染于范蠡、大夫种。”管仲、鲍叔等皆两人，则孙叔、沈尹亦为两人必矣。《吕氏春秋·当染篇》亦有此语，作“荆庄王染于孙叔敖、沈尹蒸”，《尊师篇》又云“楚庄王师孙叔敖、沈尹巫”，《查传篇》又云：“楚庄闻孙叔敖于沈尹筮”，《赞能篇》又云“孙叔敖、沈尹茎相与友”，《新序·杂事五》亦云“楚庄王学孙叔敖、沈尹竺”，则孙叔敖与沈尹是同时之两人，尤其明显。其名或作“蒸”，或作“巫”“筮”“茎”“竺”，盖字形皆相似，莫知其孰是。《韩诗外传》二载有沈令尹进孙叔敖事，《新序·杂事一》、《列女传·贤明传》并有之，而沈令尹作虞丘子，是沈尹者，沈县之大夫（《吕氏春秋·尊师篇》高诱《注》），其姓为虞丘，故又云虞丘子。沈为楚国之县，或以为即沈国，然沈国春秋末期犹在，则楚此时不得有其全部土地，或文三年楚伐沈时（按：《左传》文公三年是晋、鲁、宋、陈、卫、郑而不是楚伐沈，此处可能是杨先生误记）曾得其部分土地以为楚县，《左传》襄二十四年楚康王时有沈尹寿，昭四年灵王时有沈尹射，五年又有沈尹赤，十九年平王时有沈尹戌，哀十七年惠王时有沈尹朱，而哀十八年另有寝尹，则沈未必即寝丘，尤未必即孙叔敖之所封。说参李惇《群经识小》及梁履绳

《补释》。

考察春秋的人物，自当以《左传》《国语》为准。战国时代，策士如蚁，岐说纷纭，后人好奇，以讹传讹，难以为据。此处《左传》前面说“沈尹将中军”，接着就说：“嬖人伍参欲战，令尹孙叔敖弗欲”，则孙叔敖实在军中。既为令尹，自当为中军帅，那么这里的沈尹是孙叔敖无疑。至于杨先生引《墨子·所染篇》以证孙叔敖与沈尹为二人，我在网上搜索《百度贴吧》，有孙景坛《“春秋五霸”在历史上的确切所指新说》一文，谓：“《所染》非是墨子手迹，乃后学穿凿，这是任何一个读《墨子》的人都不得不承认的事实。”《墨子·所染篇》既为“后学穿凿”，则不可作为依据，只能说明战国时人们已经不知道孙叔敖的身世。其他著述皆转述《墨子》，更不可作为论据。至于《韩诗外传》载“沈令尹进孙叔敖事”，其错误更是显而易见：沈是县，哪来的“令尹”？连楚国的官制都不清楚，其说之不可靠，不言自明。对照《左传》的上下文，孙叔敖封于沈县，当不误。《吕氏春秋》《史记》等书，皆谓孙叔敖子求封于寝丘，只为说明“贫穷之地乃能传国久远”之意，与事实无关。

“沈尹将中军”杜注：“沈，或作寝，寝县也，今汝阴固始县。”孔疏：“《正义》曰：‘楚官多名为尹。沈者或是邑名，而其字或作寝。哀十八年有寝尹吴由于，因解寝为县名，不言寝是而沈非也。’”汝阴即今阜阳市，固始县遗址在今临泉县西古城子。在战国为寝，《史记·白起王翦列传》“蒙恬攻寝”即此。秦属陈郡。西汉为寑县，东汉封固始侯国，均属汝南郡。三国魏置汝阴郡，固始改为县，隶之；后撤，复属汝南郡。晋武帝复置汝阴郡，县复属之。杜预是晋人，他说的“今汝阴（郡）固始县”即今临泉。

沈县之设，当得自沈国。鲁文公三年（前624）六大国联合伐沈，沈溃后，楚安置于平舆，其旧地遂为楚所有。楚于沈国故地置县，故仍称沈，符合春秋大国安置附庸的一贯做法。《左传·昭公十二年》楚灵王说：“昔我皇祖伯父昆吾，旧许是宅。今郑人贪赖其田，而不我与。”其“旧许”即许国，在今河南许昌市。后来许国屡迁，其故地为郑国所占，仍称为许，楚人称之为旧许。这和沈国旧地建为县后仍称沈是一样的。临泉有着悠久的历史，自新石器时代即有人类活动的遗迹。商代出土有兵父辛爵，据专家考证是商王于此驻军镇守遗留下来的文物，可见在商代此地就是军事重镇。楚国于此置县，且派重臣驻守，便于观察了解中原列国的动向。

沈县亦名寝县，乃是由寝丘得名。《水经注·颍水》：“（汝水枝津）

又东迳固始县故城北，《地理志》：县，故寖也，寖丘在南，故藉丘名县矣。王莽更名之曰闰治。孙叔敖以土浸薄，取而为封，故能绵嗣。”这里的“寖”，汉以前文献及《史记》均作“寝”。“寖”“寝”音近可通。寝丘在临泉古城子南，与沈县（汉寝县、固始侯国）隔流鞍河（繁河），相距五里，今称老丘堆，犹留有丘名。考古专家认定是西周遗址，也可能就是商代兵父辛的驻地。因为寝丘在南，所以“藉丘名县”，其实寝丘在南，寝县在北，二者不在一地。唐李吉甫《元和郡县图志·河南道·颍州·汝阴县》“寝丘故城，在（汝阴）县西北一百二十里”，则是把今临泉县城当作寝丘故城，但不符合“寖丘在南”的地理特征。孙叔敖为沈尹，地在寝而非寝丘。但寝县既得名于寝丘，两地相距又很近，外地人以寝县为寝丘，把两地混为一谈，也在情理之中。所有关于是孙叔敖还是其子封于寝丘、是否为沈尹等异说，均源于此。沈、寝县名相混、汉建寖县，以及《水经注》关于“藉丘名县”的说法都是有据而言。后人不知，条分缕析，而治丝益棼，主要还是因为不知道三者之间的关系。谭其骧《中国历史地图集·春秋·楚吴越》标注沈县在今临泉（与侯国标记不同），并注寝丘，是正确的。至于二者之间的细微差别，《中国历史地图集》不可能标注得如此清楚。

或曰：孙叔敖是楚国令尹，怎么可能封到离楚都那么远的地方？其实，重要人物封于边远地区是古代保卫封疆的重要手段，如周初八师东征后，周公的儿子封于鲁，召公的儿子封于燕，太公封于齐，都远离政治中心，在被灭敌国（商王朝）的属国地盘。其目的就是为了抚定边远地区，加强对外围区域的掌控。楚文王时就奠定了对淮北地区的统治，庄王安置亲近大臣于今临泉，是在效法周王朝的故智。这里北近中原，东接淮夷（后近吴），境内有繁阳，是楚军驻地，对于楚国来说是必须控制的军事要地。

沈县的辖境可由沈尹常帅“繁阳之师”推算出来。沈县之东，远有胡国，在今阜阳市颍泉区白庙集；近有养国，其地在今临泉县杨桥镇（说见下），距临泉三十里，春秋早期为楚灭，《左传·昭公三十年》（前 512）封与吴国逃亡的二公子掩余、烛庸，并割胡国和城父的属地给养国。那么，沈县的辖境东不到杨桥，最大的可能是以流鞍河为界；西到沈国（平舆县射桥镇），两地相距约 140 里。中分其地，沈县西界约当今临泉县西界，距临泉 80 里。如此，则沈县辖境东西宽约合古制百里，符合县的规制。而沈国东接今临泉西界，西部与蔡国接壤，东西宽也大约百里，正合于春秋小国的疆域。沈县南以流鞍河为界，流鞍河亦名繁（音 pó 婆）河，繁阳在流鞍河北，故名。楚师驻扎繁阳，所以沈尹帅繁阳之师，是在其境内。沈县故城在流鞍河弯道以西，到繁阳没有河道阻隔，且有古道相通。东汉一朝，今临泉到其西界，共封有固始（今临泉古城）、阜阳（临泉县白庙镇姚集村）、鲖阳（临泉县鲖城镇）三个侯国，相距仅60里。其中阜阳侯国级别较低（乡侯或亭侯），固始、鲖阳均为县侯，说明春秋时在这一带设置两个县完全有可能。

二、沈国的爵位、国姓和沈尹之姓

沈国的爵位，《春秋》《左传》均记为子国。杨伯峻《春秋左传注》认为春秋各国并无孟子所谓的公侯伯子男之分，并列举了《经》《传》及古代彝器铭文的实例，证明所谓五等爵位说不可靠，各小国自称公、侯甚至王的大有人在（参《隐公》篇首注）。又说："然考之《经》例，凡小国，或文化落后，或在边裔，所谓蛮、夷、戎、狄者，皆称其君为子。"（《左传·隐公元年》注）杨氏的说法有文献和实物为据，毋庸置疑。那么，沈国的所谓"子爵"，其实是《春秋经》作者对当时不属于周王朝管辖地区的"蛮夷"的统称。以为沈国是子爵，是上了孟老夫子的当了。由于沈国没有文献及器物，所以其自称是什么，现在还不能确定。可以肯定的是，它之所以被称为"子"，只是因为它处在"蛮夷"之地。

沈国是姬姓国，《后汉书·郡国志·汝南郡》："平舆。有沈亭，故国，姬姓"可证。但有人据所谓"沈子它簋"认为"沈子它"即沈国国君、周公的后人，则不确。据陈梦家考释，器铭所谓"沈子"不是作器者的名字，因铭文起句为"它曰"，而不是"沈子它曰"，铭中有"乃沈子"，意为"你的沈子"，沈为形容词（陈梦家《西周铜器断代》，载《考古学报》，1956年第3期）。"沈子"是"沉默寡言的孩子"的意思，"它"是人名，与沈国无关，所以陈梦家重新命名为"它簋"。此器出土于河南洛阳，是祭祀用的宝器。如果是沈国的国器，其国自有宗庙，不当出现在洛阳。如果是沈国灭亡后，其国之宝器被掠，也只能在蔡国，然后随着蔡国的东迁入于吴国，最后随着越灭吴而落入越人或楚国人手中。说"它簋"是沈国器物，地理位置也不对。"周公"是世袭，直到春秋时代还有，见于《左传》的有桓公五年周公黑肩、僖公二十四年周公忌父、文公十四年周公阅、成公十一年周公楚等。虽然他们没有摄政的周公旦那样显赫的地位，但也一直是王室重臣。所以它簋铭文中的"周公"不一定是周初的周公旦。根据它簋的出土地和已释铭文分析，它簋很可能是某代周公的孙辈，在一次祭祀活动中制作的彝器。其封地也在洛阳附近、“周公”领地之内，而不是在平舆的沈国。

《史记·白起王翦列传》：“李信攻平舆，蒙恬攻寝，大破荆（楚）军。”这里的平舆就是春秋沈国。沈国改名平舆，应该在蔡灭沈后。殷墟卜辞中有“舆（举）”，专家考证在平舆，则其地称“舆”，有历史渊源，沈迁入后改名为沈，而旧名未废（《左传》中多有一地多名之例）。蔡灭沈后，为了消除沈国遗民的故国之思，废沈之名，而恢复旧号，并加“平”字，以志灭国的胜利。蔡迁州来，故地入楚。但楚已经不能为沈复国，所以平舆之名被沿用。此或沈国被灭时国君还没有子嗣，或蔡灭沈后，不但杀掉了沈国的最后一个国君沈子嘉，还杀尽了沈国公族，故无法复国。还有一种可能，就是楚国当时既没有能力助其复国，后来就干脆不再考虑，直接改为一个县（平舆县）了。

沈县的县尹，《左传》中记有沈尹寿、沈尹赤、沈尹射、沈尹戌、沈尹朱等等。《左传·昭公五年》（前537），“楚师济于罗汭（今河南罗山县），沈尹赤会楚子次于莱山（高士奇《春秋地名考略》谓在今河南光山县南一百五十里，似在今湖北麻城境内），薳射帅繁扬（阳）之师先入南怀，楚师从之，及汝清（《中国历史地图集》标注在安徽阜南县南，汝水入淮处），吴不可入（楚军不能进入吴国境内），楚子遂观兵于坻箕之山（今巢湖市南三十七里）。是行也，吴早设备，楚无功而还，以蹶由（吴王弟）归。楚子惧吴，使沈尹射待命于巢（今安徽巢湖市北），薳启疆待命于雩娄（今河南固始县东南），礼也。”这里有两个沈尹，一名赤，一名射。“薳射帅繁扬之师”随楚王到达“坻箕之山”，楚王回师，留薳射的“繁扬之师”于巢，即“使沈尹射待命于巢”，说明薳射即沈尹射，薳氏，故称薳射；又为沈尹，故称“沈尹射”。但是同时又有一个沈尹赤，难道一个县竟有两个县尹？

其实不然。《左传》往往把一个人后来的职务甚至死后的谥号提前用来称呼其人。所以这里的沈尹射和沈尹赤必有一个当时并非沈尹。这个人是谁呢？我们认为是沈尹赤。因为沈尹射率领有“繁阳之师”，而沈尹赤则在南方会合楚王，离繁阳很远，所以沈尹赤可能是后来的沈尹。

按照韩非的说法，楚国的县公、县尹，一般只袭封两代，其后或改封他县，或晋封大县，或取消封地，所以沈尹的姓氏并不固定。上文已证，沈尹射为薳氏。《左传·桓公六年》“楚武王侵随，使薳章求成焉。”杨注：“薳音委，亦可作‘蔿’。《潜夫论·志氏姓》云：‘蚠冒（楚武王之兄）生蔿章者，王子无钩也。’《通志·氏族略》云：‘蔿章食邑于蔿，故以命氏。'”是薳氏出于蚡冒一系。而沈尹戌则出自庄王一系。《左传·昭公二十年》，杜预注沈尹戌：“庄王曾孙，叶公诸梁父也。”杨伯峻《春秋左传注》引异说数种，但均指为庄王后代，如此则当为庄氏。有专家把所有的“沈尹”都当成一个家族的成员，是没有认真研读文献的结果。事实上沈尹们不是一个氏族，更不是姬姓。

沈国被灭，其后人以国为姓，即沈姓，是姬姓的一支。而沈尹随着领地的变化，其氏的称谓也在不断变化（如沈尹戌的儿子改封于叶，称为叶公诸梁），沈尹的后代未得封地的，以祖上的封邑为氏，就形成了沈氏的另一支，即发源于今临泉的沈氏，沈尹的后代。也有受封不以邑为氏而仍称其父之氏的，如叶公诸梁又称沈诸梁，见于哀公十六年《左传》。但这是他不再担任叶县公而改任令尹、司马后的称谓。所以沈姓是由春秋的姬姓和芈姓两支形成的。沈氏之称为沈姓，在战国时代。按人口计算，沈姓是中国的第三十七大姓。

三、寝丘、寝县

寝丘的遗址，在临泉县古城子南，此地今名老丘堆，与寝县（沈县）隔流鞍河相望，即《水经注·颍水》所说“寝丘在南，故藉丘名县矣”。前文已述，沈县在寝，而寝丘在寝南，虽然距离很近，却因一河之隔，分属不同建制。寝丘亦建为县，即寝县。其辖境大约在今临泉南部，及河南新蔡县东部。这里北有流鞍河，南边不远即《水经注·汝水》中的鲖陂、富（阜）水，“津渠交络，枝布川隰”，一直都饱受水涝之苦，符合世传《楚相孙叔敖碑》所谓“下湿硗确”的地理特征。寝县在《左传》中也有记载。《左传》定公四年（前506），吴师攻入郢都，楚昭王逃往云中（楚地），睡觉时，有盗贼来袭，用戈击王，“王孙由于以背受之，中肩”，重伤倒地，楚昭王得以逃脱。这个王孙由于竟然又慢慢苏醒了过来，而且赶上了楚王。由于在战乱后被封为寝尹。杨伯峻注王孙由于：“哀十八年《传》有寝尹，杜《注》谓即由于。又曰吴由于，则不知其故。”笔者以为：既称由于为“王孙”，当即楚平王之孙。因为楚平王之兄灵王二子均被杀，其他兄弟未能称王，故楚昭王时能称为王孙的，只有平王一系。那么这个王孙由于可能就是太子建庶兄之子、白公胜的庶堂兄弟。《左传·哀公十六年》记太子建之子名胜，在吴国。令尹子西召之，使为白公，即白公胜。《水经注·汝水》谓白公封地在今河南息县长陵乡东北，名吴城。按：《左传·哀公十六年》记：令尹子西召回王孙胜，“使处吴竟（境），为白公"，即把王孙胜封在吴楚边境。但是，息县之"吴城"距"吴竟"甚远，不合语境。慎在今颍上县境内，东边不远即吴国，符合"使处吴竟"的文意；下文又记："吴人伐慎，白公败之"。白公能够在慎击败吴军，则白公封地在慎毋庸置疑。如此说来，慎封给王孙胜的时候，曾经改称白城，而不是吴城。《左传·哀公十八年》巴人伐楚，楚王命王孙由于为副帅反击巴人时，称之为"寝尹"，应该就是因为定公四年护驾有功才封的县尹；下文又称为"吴由于"，当是因为此次反击巴人有功改封于吴，其地在吴城。所以，白公胜的封地在慎（白城），息县长陵乡之吴城是王孙由于的封地。

楚国除县官称尹外，有的朝官也称尹。杨伯峻《春秋左传注》于县官"某尹谁谁"的"某"字均加专名号，于朝官"某尹谁谁"的"某"字则不加。此处的寝尹未加专名号，说明杨氏以为"寝尹"是朝官，似误把寝尹当作侍候楚王休息或管理寝宫的官。但如果是寝官，当由阉人担任，不该安排高贵的王孙。所以由于应该是寝县的长官，而不是宫内的寝官。杨伯峻先生一直误认为今临泉即故沈国，不是春秋时楚之寝县，故把寝尹误作职官。

综上所述，春秋有沈国，公元前624年遭晋、宋、鲁等六大国联合侵伐而溃，迁于平舆，旧地遂为楚所有，建为沈县。沈县即寝县，与寝丘一河之隔。而后人不清楚其间的细微区别，误以为寝丘、寝、沈县为一地，于是连是否为孙叔敖的封地都产生许多纠结。只有仔细分辨其中的区别，才能理解沈、寝、寝丘所在的位置。

附录五

蒍地今址考

春秋时代，蔿氏（亦作“蒍氏”“薳氏”）是楚国的一个显赫家族。《左传》所载，有蒍章、蒍吕臣、蔿贾三代。但是，蔿地在何处，却一直没有定论。

《左传·僖公二十七年》：“楚子将围宋，使子文治兵于睽，终朝而毕，不戮一人。子玉复治兵于蔿，终日而毕，鞭七人，贯三人耳。”关于“蔿”地，前人无注，杨伯峻注：“蔿，楚邑，今亦不详所在。”按：楚国出兵中原，大多是从申、吕一线北进。此次因为出兵伐宋（河南商丘），远在东北，要抄近路走，而这些地方是楚国新开辟的地方，所以后人不知今为何地。但是，也并不是丝毫没有线索可寻。因为上引文后，有“国老皆贺子文，子文饮之酒。蔿贾尚幼，后至，不贺”。治兵于蔿，而“尚幼”的蔿贾也能出现在国老祝贺的酒宴上，说明这里就是蔿氏的封地。所以，子玉治兵的蔿，就是蔿氏的封地。但是，蔿贾是孙叔敖的父亲，而《荀子》《吕氏春秋》都说孙叔敖是“期思之鄙人”，这正好说明：蔿地就在期思，期思就是蔿邑。此地本为蒋国，《魏书·地形志》：“期思，故蒋国”可证。何光岳以为蒋国在固始县蒋集镇，无据。因为蔿贾死的时候，孙叔敖还没有出仕，当然还是待在自己家族的封地，也就是蔿地。此地在蔿贾死后即改为期思，所以后人说孙叔敖是期思人、“期思之鄙人”（鄙人只是说他是个平民，不是说住在郊外)。《潜夫论·志士姓》云“蚡冒生蔿章者，王子无鉤也。”《通志·氏族略》云“蔿章食邑于蔿，故以命氏。”蚡冒于公元前757—前740年在位。如果这些记载是准确的话，那么蒍章应该是在这个时候获封的，薳氏的历史始于此时。但是，蒍章恐怕并不是最早封于薳邑的。《国语·郑语》：“夫荆子熊严生子四人：伯霜、仲雪、叔熊、季紃。叔熊逃难于濮而蛮，季紃是立。薳氏将起之（想立叔熊），祸又不克。”熊严在位的时间是公元前837—前828年，在西周晚期。此时就有薳氏，说明蒋国早就被楚所灭，很可能是楚人南迁的过程中灭掉，封予薳氏的。不过《左传》《国语》多有以后世的封地称呼其先人的，所以这个“薳氏”到底是不是当时已封，难以确定。楚国有两种官制：一种是分封，另一种是任命。分封即世袭，永世罔替，除非犯了大错，导致封地被取消；任命最多传位二世，如果有功，改封大邑，否则即行褫夺，另封他人。从传世的久远程度看，薳是封邑，而不是任命。

还有一个薳汭可证蔿邑在期思。

《左传·昭公二十三年》记：楚太子建逃亡之后，其母被赶回娘家——郹阳，私下里召来吴人，打开郹阳的城门迎接吴军。吴国太子诸樊率军进入郹阳，带走了太子建的母亲和她携带的宝物回到吴国。楚司马薳越追之不及，想要自杀。他手下的将士们说："我们直接进攻吴国，说不定能夺回来。"薳越说："如果打败了，死有余辜。失去了王的夫人，我不能不死。"于是"乃缢于薳澨"。

先来说一下郹阳。《左传·昭公十九年》记："楚子之在蔡也，郹阳封人之女奔之，生大（今作'太'）子建。"杨伯峻注谓郹阳"当在今河南新蔡县境"，似误。其时蔡国还在上蔡，郹阳是蔡国的封地，自当在蔡国（上蔡）境内，而不应该在新蔡。"奔之"即私奔楚平王。据杜注，楚平王当时为楚国大夫，到蔡国出使，郹阳封人之女要投奔他，也不可能距离太远，所以郹阳应该在上蔡附近。不过这并不影响对薳越自杀之地薳汭的考证。

关于薳汭，杨伯峻注："据《汇纂》，薳汭在今湖北京山县西百余里汉水东岸。"《中国历史地图集》即据此标薳汭在湖北京山县（东）与荆门市（西）之间，汉水东岸。但是，此说根本经不住事理推敲：吴太子诸樊到郹阳，陆路穿越楚境难免暴露，遭楚军截击，所以必定是走水路，即从淮河到今洪河口（在阜南与新蔡交界处，古汝口，汝水入淮处），通过今南汝河溯流而上，到上蔡境内接走楚夫人。然后顺流而下，回到吴国。深入敌境，兵贵神速，不可能有第二条道路可供选择。

如此，则楚司马薳越追击吴人，自当在淮河上，向东追，而不可能跑到今湖北境内、汉水之滨。薳越自杀的地方，以他那决绝的态度，也应该在淮河边上，而不会走到京山县西再自杀。况且，据清华简《楚居》，楚平王还在乾溪，他要去向楚平王请罪更不会向西南走，也就不可能去京山之西。此可见薳澨不在今湖北境内，而应该在淮河边上。"汭"的意思是河口，古夏水（今西淝河）入淮口称为"夏汭"，古沙水入淮处（在今怀远县西）称为"沙汭"是其证。那么，薳汭也应该是薳水的入淮口。薳越追击吴人到达这里，眼看追赶不上，于是在薳汭自杀，符合薳越的行军路线。今河南淮滨县期思镇有"期思河"，下游通淮河，所以，期思河即古薳水，薳汭当即期思河入淮口，期思也就是古薳邑（蔿邑）。

那么，蔿是怎样改为期思的？蔿贾虽是被子越（鬬越椒）家族私自杀害，但因为他曾经陷害过前任令尹子扬，致子扬被杀，不为无罪，所以封地被收回，改为期思，另封他人。后来孙叔敖出任令尹的时候，改封于沈县（临泉县古城子），称沈尹①，此后就与期思无关了。《左传·文公十年》（前617）记载：楚国伐宋，“使期思公复遂为右司马”，说明楚国已经改蔿为期思，并且另封他人。另外，僖二十七年楚国伐宋，子玉治兵在蔿；文十年伐宋，又出现了期思公，说明楚人出兵伐宋都要经过蔿（期思），并在这里治兵，那么这里应该就是春秋早期楚国的一个军事基地。春秋后期，沈尹出兵南征巢、舒、吴的时候，总是率“繁阳②之师”，说明后来在繁阳建立了军事基地，伐宋的时候就无须再经过期思了。

《左传·昭公五年》（前537），“楚师济于罗汭，沈尹赤会楚子次于莱山，薳射（即沈尹射）帅繁扬（阳）之师先入南怀……（楚王）使沈尹射待命于巢，薳启疆③（即沈尹赤）待命于雩娄，礼也。”此处薳射帅繁阳之师，应该是现任的沈尹；而沈尹赤（即薳启疆）在南方带兵，当是后来的沈尹。此沈尹仍为薳氏，正说明孙叔敖改封沈尹后，其家族亦随之迁往新封地。期思新名才得以保留下来。

20世纪70年代以来在河南淅川下寺、徐家岭及和尚岭三地，发现了30多处墓葬，学界根据出土文物考证出这是楚国郚氏家族的墓地，有学者以为此郚氏当即薳氏、蔿氏，并且考证出此墓葬中最早的墓主（名“克黄”）当为孙叔敖的侄子。若是，则薳氏家族远在河南淅川一带。那么，期思就不可能是蔿邑，也与孙叔敖无关了。

但是此考有误，郚氏当为别族，而不可能是蔿氏。《左传》记有箴尹克黄，是令尹子文的孙子，鬬椒（鬬越椒、子越）的侄子。鬬椒反叛，导致灭族，克黄也受牵连。当时他正出使齐国，从人劝他逃走，被他拒绝。回到楚国，他复命后自己到司败（司法机关）处自首。楚庄王赦免了他，“使复其所，改命曰生”（《左传·宣公四年》）。这里只说“使复其所”，而没有说明他的封地到底在什么地方。此墓主既名“克黄”，并且已考定

① 孙叔敖与沈尹的关系，详见附录四：《春秋沈、寝研究》。

② 繁（音pó）阳在今临泉县关庙镇毛明村，原鲖城区园艺场。因在繁河之北，故名。繁河今地图上标为“流鞍河”，但是当地人仍称为“繁河”。

③ 阮刻本《十三经注疏》作“薳启疆”，杨伯峻以为臣子不当以启疆（开疆拓土）为名，遂改为“启彊（强）”。按：为国家开疆拓土，正是臣子本分。楚国历来尚武轻文，贵族不能为国开疆拓土、建立战功，甚至不能保有封地，其名开疆、启疆，并无不妥。薳启疆名赤，与“启疆”有关（赤心为国，所以开疆拓土），而与“启彊”有什么关系？另：战国时齐国有勇士田开疆，明清之际有文士冒辟疆，足证古人为臣子者不避“开疆”“启疆”之名（开和启是同义词），此沈尹赤仍以名“启疆”为是，“启强”无义。

是箴尹克黄的墓，箴尹是朝官（职掌纪检监察）而不是地方官（箴地的尹），说明克黄的封地不在箴。克黄为鬬氏，则此“郮”字为“鬬”字无疑。先秦贵族男性名前冠氏不冠姓，“鬬克黄”即箴尹克黄。学者以古声韵考证“郮”（化）、“蔿”音近，推定“郮”即“蔿”字，但是，族源的考证要比音韵的考证更为可靠，而且楚国的声韵与中州音韵也不可能没有差别，后世的音韵分部更与先秦有很大的不同，“郮”即“蔿”字的说法十分牵强。据介绍，“郮”本字为二虎连环，首尾相对，或简化为二人对立，正是斗争之像（一山不容二虎），释为“化”，难以令人信服。结合族源的鉴别，可以肯定此“郮”字正是楚文的“鬬”字。所以，淅川（或西峡）是鬬氏而不是蔿氏家族的封地，蔿氏家族的封地在今河南淮滨县期思镇。

附录六

乾溪之变地名重释

乾溪之变（前529）是春秋时期的一件大事，也是楚国历史上的一个重要转折点。在这次事件中，“虐而不忌”（暴虐而不忌刻）的楚灵王自杀，阴险狡诈的王子（《左传》称之为公子）弃疾登上王位，即楚平王。从此楚国国势渐衰，平王死后几乎被吴国所灭。

事件始末：公元前530年冬，“楚子（楚灵王）狩于州来，次于颍尾”，让五位大将帅师伐徐，自己则“次于乾溪”（其实是迁都于乾溪）。次年春，在观从的策划下，楚国发生政变。先是，观从的父亲观起因为得罪楚康王被杀，观从则成为蔡国贵族朝吴的手下。乾溪之变前两年，楚灵王灭陈、蔡，把它们变成了楚国的两个大县。根据学者对清华简《楚居》的研究，楚国分为行政首都和王都，时分时合。由于灵王迁都乾溪，一心对外征战，放松了对国内的控制，在蔡县服事朝吴的观从就想借此机会复封蔡国。在蔡县服事朝吴的观从就想借此机会复封蔡国，于是以蔡县公、王子弃疾的名义召来了灵王的两个弟弟子干、子皙（二人于公元前541年分别投奔晋国和郑国），联合发动了政变，攻进楚国的行政首都蔿邑（河南淮滨县期思镇），杀死了灵王的两个儿子。于是子干为王，子皙为令尹，弃疾为司马（三人均为王子，弃疾最小）。派观从到乾溪通报政变情况，并且说：“新王有令：先回郢都的享受本来的待遇，后到的割鼻子。”于是“师及訾梁而溃”。楚灵王走投无路，被芋尹申亥救下，最后自杀于申亥家中。观从劝子干杀掉弃疾，但子干不忍，观从于是逃走。后来弃疾诈言灵王返回，并派人欺骗、恐吓子干、子皙，致其自杀，自己当了楚王。然后找到一个很像灵王的死囚，给他穿上王服，杀死后扔到“汉水”（关于这个“汉水”，下文辨析）里，又捞上来埋葬，以安抚民心。多年后，芋尹申亥把灵王的埋葬处告诉了平王，平王以礼改葬了他。

这段历史所牵涉到的地名是理解这次事件的关键。楚灵王“狩于州来，次于颍尾”，然后又“次于乾溪”。州来即今安徽省凤台县，颍尾在今颍上县南颍水入淮处，此时属于州来；乾溪乾溪在今阜阳市颍泉区伍明镇北。民国《阜阳县志续编》卷一《舆地志》：“乾溪沟南通伍鸣沟，自韩家庙北流，经王老人集（今利辛县王人镇），入母猪港，过母猪港入淝河，与涡阳之乾溪沟通，北达涡河。相传春秋时楚子会诸侯于乾溪，即此地。”乾溪今名乾溪沟。这些都没有歧解。但是，楚灵王大军溃散之处及其死地，旧名多消失或变更，后人注解有误，使我们在阅读时感到难以理解，有必要加以澄清。

其一，楚灵王大军溃散之地。观从到了乾溪，通报了政变的情况后，“师及訾梁而溃”。《左传·文公三年》：“凡民逃其上曰溃。”说明跟随楚灵王的军队到訾梁就都撇下灵王逃走了。关于訾梁，《十三经注疏》本无注。杨伯峻《春秋左传注》（中华书局1990年5月第2版）：“据顾栋高《大事表》七之四，訾梁，梁名，在今河南信阳县（即今信阳市）。”

顾栋高说有误。河南信阳距乾溪（伍明镇此）直线距离400多里，古道弯曲，且其间陂塘众多，河渠交错，至少得有600里路程。古代行军30里（实际仅合今制18里多）为一舍，600里（春秋时约合900里）需行军一个月。本来楚国将士对灵王的暴虐和常年暴露在外都非常不满，在得知新王的赏罚规定后，又都对自己的命运充满了担忧，有谁不是人心思归？怎么可能跟着灵王跋山涉水行军一月？况且据清华简《楚居》推断，此时叛乱分子所据的楚国行政首都在期思以西，楚灵王到那里干什么？就算楚都在今湖北江陵，他也已经走了一半的路程，这时楚国人心惶惶，不知道灵王能不能回来，如果楚灵王已经到达今信阳，肯定会有许多人通风报信，抛弃新君，迎接灵王。弃疾能用灵王即将返国的消息吓得子干、子皙自杀，说明灵王在国内还是具有一定威望的。灵王大军既然能到这里，再向前到达江陵又有何难？再说此时陈、蔡的军队都被叛乱者带到楚都，灵王占据这几个“赋皆千乘”的大都，拿叛军的家属来威胁他们，颠覆新王、实现复辟易如反掌，他怎么会撇过这里，直到西边的信阳，才让大军溃散呢？所以这里的訾梁肯定不在信阳，而就在乾溪附近。《水经注·颍水》：“细水又东南，积而为陂，谓之次塘，……又东南流，屈而西南入颍。”细水即今茨河，是颍水的一大支流。次塘在今安徽省太和县原墙镇至阜阳市颍泉区邵营、苏集镇之间，细水今名茨河，即由次塘而来。訾（以“此”为音）、次音同可通（《春秋》三传所记人名、地名多有同音互通之例）。塘、梁均指堤防。《说文新附·土部》：“塘，隄也。”《尔雅·释宫》：“隄谓之梁。”是梁、塘同义。那么，訾梁就是《水经注》里的次塘，二名音近（或同）义通，这里在乾溪的西边，距乾溪很近，又是灵王大军撤退时的必经之地，楚军到这里不过两天，即行溃散，符合当时人心不稳的情形，而不可能走到今信阳才溃散。

其二，是楚灵王最后的去向。《左传》记：“王沿夏，将欲入鄢。”杜预注："夏，汉别名。顺流为沿。顺汉水南至鄢。"服虔云："鄢，楚别都。"杨伯峻注："在今湖北宜城县南九里，鄢水北岸。"（下称"别都鄢"）

此说错得更远。先说"王沿夏"。按照这个说法，楚灵王是在大军溃散之后，还要从今河南信阳走到湖北襄樊一带，才能顺汉水而下，其间又有几百里的路程。孤苦伶仃的他，在靠近楚都、到处都是陷阱的地方，连行动都很困难，怎么可能跑这么远？

再说"将欲入鄢"。据《左传》记载，当楚灵王听到国内政变、他的两个儿子都被杀的消息后，精神完全崩溃，以至于从车上摔了下来。古代的车很高，摔下车说明他的精神受到了巨大的打击。随其出征的右尹子革（然丹）劝他"请待于郊，以听国人""入于大都而乞师于诸侯""亡于诸侯，以听大国之图君也"，都被他明确拒绝。然丹见劝谏不听，自己也逃跑了。进入别都鄢就是"入于大都"，如果他真能这么做，右尹子革也不会弃他而去了。再说，当时灵王已经彻底丧失了信心和胆量，且不知道新王会怎样处置他，按照他的看法，即使到了别都鄢，除了自投罗网以外，还能干什么？

所以，这里的"鄢"不是别都鄢，而是今河南鄢陵，春秋时是郑国的辖地。春秋初期郑国取虢郐十邑，其中就有鄢。郑把它改称鄢陵，但其他国家仍称之为鄢。《左传·襄公十三年》楚共王临终前说楚国"亡师于鄢"，就是指鄢陵之战楚军败北之事，说明楚国仍称鄢陵为鄢。此鄢即鄢陵，战国时入楚，称为"鄢郢"。《史记·白起王翦列传》秦将李信攻楚鄢郢，即此。李信、蒙恬攻秦在淮北地区，此鄢郢不可能在江南。楚人每迁新都，多命名为"郢"，此鄢郢或曾为楚国后期的别都。而"夏"也不是汉水的别称，而是今西淝河，《水经注·淮水》称之为夏肥水。《汉书·地理志》"城父（今亳州城父镇），夏肥水东南至下蔡入淮"，即此。乾溪是其支流。沿夏肥水逆流而上①，可达鄢陵。楚灵王欲入鄢，是想逃往郑国。楚、郑关系虽不好，但招降纳叛在当时极为常见，既是义不容辞的责任，也是诸侯国主权的体现。相反，不准容留叛逃者才是件难事。据《春秋》记载：襄公二十一年，栾盈从晋国叛逃。冬，"公会晋侯、齐侯、宋公……于商任"。《左传》："会于商任，锢栾氏也。"杨伯峻注："为禁锢栾盈，使诸侯不得受之。"可见不允许别人接纳叛逃者反倒很麻烦，甚至

---

① 杜预说："顺流为沿。"但是，沿还有"缘""循"义。《左传·定公四年》："沿汉而与之上下。"可见逆流而上也叫"沿"。这里的沿是沿着河边走的意思。

需要召集诸侯会盟——然而一年后参与会盟的齐国还是接纳了栾盈，并且后来还帮助他回到晋国，几乎复位。郑国常常被楚国逃亡者作为投奔秦、晋的跳板，以至于留下了“楚才晋用”的典故。《国语·楚语上》申公巫臣从郑到晋、“椒举奔郑，将遂奔晋”、《左传·定公六年》楚令尹子常（囊瓦）兵败后奔郑等，均是其证。所以“王沿夏，将欲入鄢”不是楚灵王想沿汉水逃往楚国别都，而是要沿夏肥水逃往郑国的鄢陵。

楚灵王要去鄢陵，还有一个重要原因，那就是：楚灵王是郑国的女婿。《左传》昭公“元年春，楚公子围聘于郑，且娶于公孙段氏”，这个“楚公子围”即后来的楚灵王，即位后改名虔；公孙段是郑国大臣。“公子围”娶公孙段之女，有楚国、郑国诸多大臣见证、参与，是明媒正娶。楚灵王是公孙段的亲女婿，有了这个关系，楚灵王才敢逃往郑国。虽然此时公孙段已死多年，但其家族还是有能力庇护灵王的。另外，楚灵王还是晋平公的女婿。《左传·昭公五年》，“（楚灵王）以屈生为莫敖，使与令尹子荡如晋逆女”，即娶晋平公的女儿为夫人。有了晋国的坚强后盾，他先逃往鄢陵、进入郑国，进而逃往晋国，是可能的。而说他逃往楚国的别都鄢，时间不允许，形势不允许，新王要抓他，他自己也没有胆量和精力，所以没有丝毫的可能。

杜预一直认为“夏”是汉水的别名。《左传·昭公四年》：“吴伐楚……以报朱方之役。楚沈尹射奔命于夏汭。”杨伯峻释夏汭为西淝河入淮处，在今凤台县西南（谭其骧《中国历史地图集》同），从军事格局来分析是正确的。“楚沈尹射奔命”是为了抵御吴军入侵，故下文有“葴尹宜咎城钟离（今安徽凤阳县临淮关），薳启疆城巢（今巢湖市北），然丹城州来（今凤台）”。吴军从东侵楚，这三地都在楚国东部边境，杨伯峻说夏汭在凤台县西南，与葴尹宜咎等三将接近，与抵御吴国入侵的形势相符。而杜预释夏汭为“夏口”（今湖北汉口），则大误。沈尹射是沈县（今安徽临泉，在州来西）尹，《左传》记他常带领在今临泉境内的繁阳（关庙镇毛明村）之师，如果夏汭在汉口，那么“沈尹射奔命于夏汭”就意味着吴军从东来，他却带着部队拼命向西南跑，岂非笑话！可见杜预不知道“夏”即夏肥水，而误以为是汉水，从而导致了一系列的误注。

其三，是怎样理解《春秋经》的“夏四月，楚公子比（即子干）自晋归于楚，弑其君虔于乾溪”。《左传》记灵王五月癸亥（二十五日）死于申亥之家。杜预注：“《经》书四月，误。”其实《春秋经》书“四月”是公子比回国的时间，而不是楚灵王死的日期。下文“弑其君虔于乾溪”则是因为不知道楚灵王死的具体日期，所以缀于公子比回国之后。阮芝生

《杜注拾遗》云："经书四月，从赴也。平王杀囚以欺国人，自必诡为日月以赴列国。芋尹未以柩告之先，灵王之定死与否尚未知。日以四月，地以虔（乾）溪，一皆平王假设以赴者。及既得其实，又无重赴之理，故列国所书俱仍初告之日月耳。"说得似乎有理，但与《经》《传》恰恰相悖。据《左传》，"平王杀囚"在五月丙辰（十八日），"发现"灵王假尸的地点在汉水。所有这一切本为安民，是瞒不住、也不必隐瞒的。那么当时赴告列国，必当为五月、在汉水，而非四月在乾溪。《春秋》如果"从赴"，当记"五月丙辰，弑其君虔于汉水"。之所以没有书五月，乃是因为"发现"假尸时，无法确定灵王的"死期"（楚国既没人知道灵王到底死没死，弃疾也不能以杀囚的日期作为灵王死期），故不告月日，所以系于四月之下。多年后芋尹申亥把灵王死的地方告诉了平王，平王以礼改葬了灵王（楚国对于没有按王礼下葬的王皆称"敖"。楚灵王既有谥号，说明是按王礼改葬的）。"国之大事，在祀与戎"（《左传·成公十三年》），改葬灵王当然要设祭，属于大事；而且弃疾为了显示他的"仁慈"，把"弑君"的罪责都推到子干身上，必然要向列国如实通报，列国也会派使节参加灵王的葬礼。《左传·昭公元年》"郑游吉如楚葬郏敖，且聘立君"是其证。被弑的郏敖下葬时且有郑国的上卿游吉会葬，改葬灵王也绝对少不了外国高级使者参加，这一切都是公开进行，没有什么好隐瞒的。

《春秋》有"重赴"之例。《春秋·桓公五年》就有："五年春正月，甲戌、己丑，陈侯鲍（陈桓公）卒。"《左传》："五年春正月，甲戌、己丑，陈侯鲍卒，再赴也。于是陈乱，文公子佗杀大子免而代之。公疾病而乱作，国人分散，故再赴。""再赴"即"重赴"，足以说明有"重赴"的例子，而并非像阮芝生所说的"无重赴之理"。既已重赴，史官必须重记。而重赴时自然要说明灵王死于乾溪的真实情况。但由于是多年以后才重赴，乾溪之变以后发生的事件都已记录在案，无法作大的改动，所以《春秋经》只能简单地改动灵王死的地方，而不加书月日。这才有《春秋》"夏四月，楚公子比自晋归于楚，弑其君虔于乾溪"的记载。而《左传》是后来的记录，有楚国"重赴"的详情通报为依据，所以较为详尽，能把楚灵王的死期、死地都记下来。只不过古今地名变易，后人不知罢了。由此可见，楚灵王死于乾溪，毋庸置疑。

另外，救下灵王的芋尹申亥也必在乾溪附近，可能就是利辛县的汝集镇。"汝"当地人至今仍读 yǔ（包括姓氏），与"芋"音同可通，或即芋邑古名的嬗变。这里处在乾溪与茨河之间，所以能够找到灵王。如果是在郢都附近，他就应该知道楚人害怕灵王返国的情形，从而鼓动灵王复辟，而不会只是把他藏在家里，致其最后自缢。《经》文虽然疏略，但记灵王死于乾溪并没有错误。

最后说一下楚平王杀死囚犯，冒充灵王抛尸的地方。《左传》记“杀囚，衣之王服而流诸汉，乃取而葬之，以靖国人”，是说把囚犯的尸体抛入了汉水。据清华简《楚居》，楚灵王从“为郢”迁到乾溪，居于章华台。楚平王仍然住在乾溪章华台。此“为郢”即蔿邑，在河南淮滨县期思镇，见附录五：《蔿地今址考》。蔿邑是楚国的行政首都，公子比他们就是在这里杀死了楚灵王的两个儿子，发动政变的。政变期间，公子比等人应该一直在蔿邑，楚平王用囚尸冒充灵王当然也在此地。但是，蔿邑距汉水甚远，楚平王似乎不可能把死囚的尸体抛入汉水，再千里遥远地打捞出来。运回为郢。因为时间来不及，离为郢太远也达不到“以靖国人”（安抚国人）的效果。其实，春秋时期的“汉水”并不是现在的概念。《孟子·滕文公上》：“决汝汉，排淮泗，而注之江”，按现在的河道看，汝水、泗水入淮，淮水有古道入江。而汉水在今河南、湖北境内，并不入淮，所以这里的“汉”另有所指。《孟子》以“汝汉”并提，枚乘《七发》以“汝海”并称，所指均为今南汝河，汉代称为“鸿郤陂”的地方。楚平王把囚尸抛在这里，然后在下游汝口（今阜南县洪河入淮口）打捞上来，运到为郢。这样才能“取而葬之，以靖国人”。

综上所述，乾溪之变时，楚灵王所帅大军溃散之地在今安徽阜阳与太和交界处的茨河畔，灵王是想沿夏肥水逃往郑国的鄢陵，投奔亲戚，而不是企图返国复辟。只有如此理解，才能明白乾溪之变的整体格局，更好地了解春秋楚国这一重大事件的来龙去脉。

附录七

楚平王簠铭文与乾溪

楚平王簠铭文的来历

2015年12月7日，市信访局李小勇同志给我发了一封邮件，是我和阜阳的一些专家、学者、历史文化爱好者在7月5—6日参加“中华伍姓大祭祖筹备委员会”及利辛县伍奢冢庙（伍圣祠）奠基仪式的一组照片。并附一幅铭文照片，和市博物馆原馆长、著名文博专家韩自强先生的释文（见图）。我当时正在研究春秋楚国灵王、平王、伍氏家族（伍姓的祖先）在今阜阳、利辛的活动轨迹，见是楚平王作簠，视若珍宝。后来见到韩馆长，问他这个铭文图片是从哪里来的，希望能看一眼实物。韩馆长告诉我：这个簠在利辛县某地出土（推测为盗墓所得），现为利辛县某私人收藏。收藏者只是托人让他帮助释读一下文字。韩馆长也只是见过这张照片，至于原物，连他本人都没见到，收藏者的真实姓名也不得而知。这张照片就是这样来的。为什么要发给我看，我也不知道，也不便细问。时隔近三年，韩馆长也已经作古，他要发给我这张照片的原因也已成谜。近日因为校改拙著《阜阳疆域建置沿革》，其中牵涉到楚灵王、平王在今阜阳、利辛一带的活动，翻阅存档的照片，突然发现这幅楚平王簠的照片，感到虽然字数不多，却具有很高的研究价值，可以弥补史料的不足，也可以为楚灵王、平王所居之乾溪等历史事件的研究提供可靠而有力的证据。

关于乾溪的争议

《左传·昭公十二年》：“楚子狩于州来，次于颍尾，使荡侯、潘子、司马督、嚣尹午、陵尹喜帅师围徐以惧吴。楚子次于乾溪，以为之援。”《春秋·昭公十三年》：“夏四月，楚公子比自晋归于楚，弑其君虔于乾溪。”这里的“楚子”即楚灵王，“子”是中原诸侯对楚王的贬称。关于这个乾溪，历史上由于受“楚都一直在江陵”的误导，产生很多争议。即使《春秋》《左传》的记载，也只说“楚子次于乾溪”。《左传·庄公三年》：“凡师，一宿为舍，再宿为信，过信为次”，是说军队驻扎一个晚上为“舍”，两个晚上为“信”，超过两晚为“次”。“楚子次于乾溪”给人的感觉就是楚灵王带着大部队在乾溪驻扎一段时间，根本不像是在乾溪建了王宫。后人据此认为楚都一直在江陵，产生了许多臆说，把楚灵王时的王都搬到今湖北监利县。只有沈括在《梦溪笔谈·辩证（二）》中指出章华台、章华宫在乾溪，而且指出此乾溪就在亳州城父南，比较接近事实真相。但是，“监利说”仍然很有市场。

2012 年整理出来的清华简《楚居》，为楚灵王、平王定都乾溪提供了最直接的证据。《楚居》记载：“至灵王自为郢徙居秦溪之上，以为处于章华之台。景平王即位，犹居秦溪之上。”（至灵王时迁都到秦溪之上，居住在章华台上。景平王〈即《左传》中的楚平王〉即位以后，仍然住在秦溪之上）为郢在今河南淮滨县期思镇，另有考。李学勤教授认为“秦溪”即《春秋》《左传》中的“乾溪”，并且指出在亳州城父镇南，学术界无异议。那么，楚灵王把王都迁到了乾溪，并且在那里建了章华台、章华宫，楚灵王死后，楚平王继续住在乾溪，这些都毋庸置疑了。至于“秦溪”，其实就应该写作乾溪，现在这条河的部分河道仍在，称乾溪沟，在利辛县张村镇西，北到亳州城父镇。

乾溪的确址

但是，乾溪实际是从阜阳市颍泉区伍明镇北发源。民国《阜阳县志续编·舆地志·水》记载：“乾溪沟南通伍名沟，自韩家庙北流，经王老人集，入母猪港，过母猪港入淝河，与涡阳（在利辛建县之前，张村镇属涡阳）之乾溪沟通，北达涡河。相传春秋时楚子会诸侯于乾溪，即此地。”根据这个记载，乾溪沟从伍明镇北的韩家庙发源（往南称“伍名沟”），向北到利辛县王人镇，过了老母猪港，继续北流入淝河，再北流到张村镇，再北流到亳州城父镇，是一条跨越几条河道的长河，并不仅仅是从利辛县张村镇到亳州城父镇这一段。《县志续编》记载的是 1958 年之前的老河道。但是现在这条河的南段——从韩家庙到张村镇这一段，在 1958 年“河网化”时被沿着阜涡路开挖的一条“阜涡河”所取代。说是开挖，实际上只是在原乾溪沟的基础上加以疏浚，一些河段又依阜涡路裁弯取直，另外起了一个“阜涡河”的名字，是为了完成河网化任务、敷衍上级采取的突击手段。阜阳境内有很多"新河"就是这样"挖"成的。于是这条阜涡河就取代乾溪沟成了地图上的标准地名，伍明到张村的这段乾溪沟就这样在地图上消失了。

楚国地图所标的方位，是解决"秦溪之上"具体位置的关键。楚国地图是上南下北，左东右西，有考古实物可证。其实古代中国中原诸侯国的地图都是上南下北，左东右西，只有秦国例外。知道这一点非常重要："秦溪之上"说的是楚灵王所居在秦溪的上游、地图的上端，即今颍泉区伍明镇韩家庙一带。通过《县志续编》的记载我们知道：楚灵王所居（《县志续编》记为"会诸侯"）之乾溪就在韩家庙发源，章华台、章华宫的具体地点已不清楚。2018 年 10 月 3 日，我和市文物局局长刘建生、市教育局监察室胡宏，在伍明镇关工委主任高汝轩、副主任姜友良的带领下，对乾溪、茨河进行实地考察。考察中得知：韩家庙今称韩庙，在济广高速与阜涡路交叉口处的阜涡河西侧，属济广高速路东的伍明镇青龙村。刘建生局长告诉我们：2012 年济广高速动工之前，市文物局曾经对青龙庵（济广高速路东，韩庙东南）西边的遗址进行过抢救性考古发掘，出土有汉代文物。荒野之地竟然有汉代文物，说明其历史足够悠久。虽不能完全证实楚灵王、平王的王都就在青龙庵，但最起码提供了一种可能。可惜现在已经被济广高速覆盖，再想进行深度发掘已经不可能了。

楚平王簠铭文释文

韩馆长提供的楚平王簠铭文照片十分清晰，对释读铭文有很大的帮助。韩馆长释文为：

楚子弃疾择其
吉金自作□簠

并注："弃疾即去疾，楚平王名去疾。"

其实楚平王在即位之前名弃疾，《左传》《史记·楚世家》均作"弃疾"。

从铭文可以看出，这是楚平王为王子时铸的簠。春秋公族、王族在父王（公）死后均称"子"。应该继位的太子（世子。二者在当时是等义词）在父亲死后当年称子，次年才宣布即位，称元年（改元），即开始新的纪年。现在的常用词"新纪元"就是从这里来的。楚、吴等国的新君在即位后还要改名，如楚灵王为王子时名"围"，即位后改名"虔"；楚平王为王子时名弃疾，即位后改名居（熊居）；吴公子光即位后改名"阖闾"，等等。此簠铭文“楚子弃疾”，正是楚平王在为王子时使用的“小名”，与历史文献的记载完全吻合。

铭文“自作”后的□字，韩馆长释为“飤”，窃以为不妥。从照片看，“食”的右边为“厶”，整个字当为“飤”字。“飤”即“祀”字。簠为祭器，远古的时候是竹编盛器，外方内圆（方口圆底）。商周时用青铜铸造，用为祭器，仍保留外方内圆的形状。从照片看，铭文应该是在簠的圆形底部。簠既为祭器，“祀簠”即“祭祀用的簠”，可通。全部铭文释为：“楚子弃疾，择其吉金，自作祀簠。”是楚平王为王子时自己铸造的祭祀用的簠，楚平王死后其他人用它陪葬入墓。

楚平王簠释疑历史

楚平王簠及其铭文至少可以解决两个历史问题：

一、这个簠既然在利辛县出土，说明楚平王死后就葬在今利辛县境内。古代帝王、诸侯即位之初就开始选址、造墓，墓址一般在国都附近，最远不超过 60 里。古代行军，三十里为一舍，实仅合今制约 18.6 华里。今 60 里需要行军 3 天，如果墓址过远，监工、下葬都很麻烦。楚平王墓既在利辛，楚灵王、平王所居之乾溪，当然也就在今阜阳市颍泉区到利辛县一带。如果楚平王在今湖北境内，他是不可能远到千里之外选择墓址的。由此可知楚灵王、平王居乾溪就在今颍泉区伍明镇韩家庙一带，《县志续编》的记载是没有错的。

二、楚平王簠到近年才出现，可证楚平王墓一直没被盗掘，更没有被“掘墓鞭尸”。读过《东周列国志》的人，恐怕都会对“伍子胥掘墓鞭尸”一节印象深刻。说的是伍子胥的父亲伍奢、哥哥伍尚被楚平王冤杀，伍子胥为报父仇，投奔吴国，帮助公子光（吴王阖闾）夺取王位后，教吴王阖闾攻破楚国。此时楚平王已死，伍子胥命人掘开楚平王墓，并对楚平王尸“鞭之三百”，“断平王之头，毁其衣衾棺椁，同骸骨弃于原野”，以报父仇。这个说法根本就是扯淡。《左传·定公四年》：“庚辰，吴入郢，以班处宫。子山处令尹之宫，夫概王欲攻之，惧而去之，夫概王入之”杨伯峻《春秋左传注》云：“杜预云：‘入令尹（囊瓦）宫也。’吴入郢，《传》仅叙子山（阖闾的儿子）、夫概王之事，不及伍员。后人书如《淮南子》、《吴越春秋》，甚至《史记》俱言伍员掘平王之墓，鞭其尸；《列女传》且叙伯嬴之贞节，皆不足信。且云伯嬴为秦穆公女，纵穆公晚年生女，亦过百岁矣，不辩自明。”“皆不足信”说明杨伯峻先生对于伍子胥掘墓鞭尸的传说持否定态度。春秋时代，士大夫还秉承君子风度，“君子不为已甚者”，过激的报复不是君子的举动。况且，伍奢冢在今利辛县孙庙乡东北老母猪港河湾，伍子胥如果掘平王墓，昭王复国后能不掘伍奢冢？但是，由于《东周列国志》的传播，许多人还是宁肯相信这样的荒诞不经之谈。楚平王簠的出现，证明平王墓没有被伍子胥掘开，否则墓葬里的随葬品一件也不会留下，我们现在也就不可能看到楚平王簠了。

附录八

太子建所居城父考

《左传》昭公十九年（前523）记：为了离间楚平王和太子建的关系，“费无极言于楚子曰：‘晋之伯（霸）也，迩于诸夏，而楚辟陋，故弗能与争。若大城城父而置大（太）子焉，以通北方，王收南方，是得天下也。’王说（悦），从之。故大子建居于城父。”杜预注：“城父，今襄城城父县。”关于这个城父，《十三经注疏》阮元《校勘记》引段玉裁说，认为这里的“城父”是父城（今河南宝丰县父城保，以下简称“父城保”）之误倒。《水经注·汝水》：“汝水又东南与龙山水会，水出龙山龙溪，北流，际父城县故城东。昔楚平王大城城父以居太子建，故杜预曰：即襄城之父城县也。”说的就是这个父城县。其他诸家学者多主此说。而顾栋高则说楚有两城父，一个本来就叫城父（今亳州城父镇），原属陈，后属楚国；一个是太子建所居，在父城保，汉建县，为避免重名改为父城。杨伯峻显然赞成顾栋高的说法。他说：

春秋同名异地者多，城父亦有二，昭九年《传》之城父（按：即亳州城父镇），本陈国夷邑，汉于此置城父县。此城父（按：即太子建所居之城父）则本属楚之邑，在今河南宝丰县东四十里，汉以避同名故，改名父城县，今名曰父城保。段玉裁校本、王引之《述闻》、孔广林《校经录》、江永《地理考实》、沈钦韩《地名补注》皆据《汉志》《晋志》《水经·汝水注》诸书说汉以后地理者谓此“城父”为“父城”之误倒，实难依据。况《史记·楚世家》及张守节《正义》引《括地志》亦并作“城父”耶？唯顾栋高《大事表》谓楚有两城父，甚确。《史记正义》引服虔说亦作“城父”。

杨伯峻引《括地志》以证太子建所居本名城父，但似乎没有注意到《括地志》根本就不认为太子建在父城。《史记·楚世家》：“六年，使太子建居城父，守边。”《正义》引《括地志》云：“城父故城在许州叶县东北四十五里，即杜预云襄城城父县也。又许州襄城县东四十里亦有父城故城一所，服虔云‘城父，楚北境’，乃是父城之名，非建所守。杜预云言成父，又误也。《传》及郦元《水经注》云‘楚大城城父，使太子建居之’，即《十三州志》云太子建所居城父，谓今亳州城父县也。”《正义》并“按：今亳州见（现）有城父县，是建所守者也。《地理志》云颍川有父城县，沛郡有城父县，此二名别耳”。

《史记·白起王翦列传》：“于是引兵而西，与蒙恬会城父。”《正义》更进一步申明了这一点：“言引兵而（西）会城父，则是汝州郏城县东父城者也。《括地志》云：汝州郏城县东四十里有父城故城，即服虔云城父楚北境者也。又许州华县（按：‘华’当为‘叶’字之讹。唐代无华县，许州有叶县，贞观元年至开元四年属许州，后属仙州、汝州）东北四十五里亦有父城故城，即杜预云襄城城父县者也。此二城，父城之名耳，服虔城父是误也。《左传》及《注水经》云‘楚大城城父，使太子建居之’。《十三州志》云‘太子建所居城父，谓今亳州城父是也’。此三家之说，是城父之名。《地理志》云颍川父城县，沛郡城父县。据县属郡，其名自分。古先儒多惑，故使其名错乱。”

在这里，《括地志》及《史记正义》明确指出太子建所居城父就是亳州城父县（即《汉书·地理志》的沛郡城父县），杜预说襄城郡有城父县根本就是错误的。亳州城父县才是太子建所守之地，《汉书·地理志》说颍川郡有父城县（即西晋的襄城郡父城县），沛郡有城父县（即亳州城父），二者名称有别。

“误倒说”“两城父说”都认定太子建所居之城父在父城保，而不在今亳州城父镇。然而亳州城父和父城保都在楚国的北方，即服虔所谓“楚北境”。要弄清大子建所居之城父到底是哪个城父，必须结合其后来的活动，才能得出令人信服的结论。

太子建出逃的路线，是研究其居住地的依据。《左传》昭公二十年：“王执伍奢。使城父司马奋扬杀大子。未至，而使遣之（司马奋扬还没有到城父，先使人告诉太子建让他逃跑）。三月，大子建奔宋。”单凭这最后一句就可以看出：大子建所居之城父，不在河南宝丰父城保，而是在亳州城父镇。因为太子建既已知平王要杀他，一定是匆匆忙忙，抓紧时间逃亡，自然应该选择最近的立足之地。如果他在父城保，那么他向北不远就出了楚国的边境，再往北走很快就到了郑国（今河南新郑）；而到宋国（今河南商丘市）则要向东走数百里，中间要穿过楚国的大片国土，和郑国南部漫长的国境。他既与宋国没有特别的关系，也跟郑国没有特别的过节，从后来的情形看，郑国对他还非常友好，那么他有什么必要撇开很近的郑国而远逃宋国？如果是在亳州城父，这一切就都好解释了：他只要向北过了今亳州（当时是一个小城，叫“焦”）再向北就到了宋。他之所以没有先往郑国，正是因为距宋较近。所以，太子建所居之城父只有在今亳州城父镇才合乎其出逃的路径。

太子建到宋国后，因为动乱又出奔到郑国，然后到晋国，因与晋国谋袭取郑国又返回郑。最后因阴谋败露而被杀。《左传·哀公十六年》集中叙述了他在出奔后的路线和最后的结局：

> 楚太子建之遇谗也，自城父奔宋。又辟（避）华氏之乱于郑，郑人甚善之。又适（到）晋，与晋人谋袭郑，乃求复（再回到郑国）焉。郑人复之如初。晋人使谍（派间谍）于子木（太子建之字），请行而期（约定袭击郑国的时间）焉。子木暴虐于其私邑，邑人诉之。郑人省（查）之，得晋谍焉。遂杀子木。

从这段记载可知：他到郑国，“郑人甚善之”，后来又回到郑国，“郑人复之如初”，说明郑国人一直对他都很友善。他如果在父城保，完全可以直接投奔郑国，而不必先到宋国。他从郑国到晋国后又“与晋人谋袭郑”，只是为了拿袭郑作为在晋国存身的见面礼，说明他的最终目的还是到晋国。那么，如果这个城父是在宝丰，他一开始就可以直接向北投奔晋国，或先在郑国息肩，然后再往晋国。只有在今亳州城父镇他才会选择先逃往宋国。所以，亳州城父镇才是太子建所居之城父。

其实，查一下《汉书》和《晋书》的《地理志》，就会明白：父城保在汉代为父城县，属颍川郡；晋为父城侯国，属襄城郡。说明此地自汉至晋均名父城。《晋书·地理志》：“襄城郡 泰始二年（266）置。”可见襄城郡是西晋初设，以前没有。杜预是西晋人，他说的“今”，当然就是指西晋。但是，襄城郡所辖七县中并没有城父县，而只有父城侯国。如果杜预说的“襄城”没错的话，那就是“城父”误倒了；如果城父没有错，那就不在襄城。还有一种可能，那就是杜预自己弄错了：他是把谯郡的城父县和襄城郡的父城侯国弄混了。而顾栋高“两城父”之说，则只是附会杜说，根本不符合太子建活动的轨迹和逻辑。

所以，太子建所居之城父，就是今亳州市谯城区城父集，而不是河南宝丰的父城保。前人将太子建逃亡的出发地定在今河南宝丰县父城保，是没有认真考察其出逃路线的结果。而后代注家所有的争议，以及《水经注》把父城县故城当成太子建所居之城父，都源于杜预一句错误的注解。

附录九

伍子胥奔吴经过辨析

关于伍子胥投奔吴国，从战国以来就冒出了许多曲折生动的传说，与《左传》完全不同，而且经不起推敲。但由于故事生动而曲折，却非常受人欢迎，并被辗转传播，甚至视为史实。最为经典的蔡东藩《东周列国志》，更是演绎出大段脍炙人口的故事，其中许多完全融化到我国人民的文化和生活传统中，如伍子胥反复辗转宋、许、郑等国；伍子胥过昭关，一夜急白了头；伍子胥过江，一女子给他食物，他怕泄露行踪，一再嘱咐女子不要对外人说，女子为了让他放心，竟然自杀了；伍子胥到吴国，无以为生，竟至于乞讨度日，还传有歌词等等，十分具有可读性，在这本书中也是少见的。

但是，这些都是演义，不可当真。先说伍子胥过昭关：据清华简《系年》，和伍子胥一同逃难的还有"伍之鸡"，即伍员的伯父、伍奢的哥哥、把伍举从晋国接回来的伍鸣。因此，他们应该是直接逃亡到吴国，而不可能辗转那么多地方。而从这一带奔吴，只须渡过淮河就到了吴国的地界，怎么会摸到长江边上去了？尽管平王在伍子胥出逃的前一年收复了州来（今凤台），但是向东还有钟离（今凤阳县临淮关）依然在吴国手中，伍子胥他们只要向东走再过淮河，就可以直接进入吴国地盘了，又何必提心吊胆地从楚国境内到长江边上呢？伍子胥过昭关急白了头的故事，被许多医学科学家证实是"十分可能的"，但是，既然不需要经过楚国的关卡渡江，他还着什么急呢？所以传说中伍子胥过的江，很可能是今阜阳市颍东区的乌江，在颍东区与利辛县的交界处，即《水经注·颍水》所说的"江陂"，是颍水的支流："颍水又东南，江陂水注之。水受大漴陂（在今颍东区插花镇东界），陂水南流，积为江陂，南迳慎城（今颍上县江口镇汤圩子村）西，侧城南流入于颍（河）。"因为本地的河流绝大多数都叫"某某河"，这个"江"又非常之小，所以很少有人知道，于是伍子胥过江的事就讹传成渡长江了。而故事中的这个昭关，很可能就在颍东区的口孜、杨楼一带。

传说伍子胥渡江以后，向一个女子乞讨，然后嘱咐女子不要把他的行踪泄漏出去，女子见他不相信自己，决然自杀。明·万历《太和县志》则以为自杀的女子是伍子胥的未婚妻，在太和县境，古代为她建有庙宇，名浣纱女庙：

浣纱女庙　在县西门外。世传原庙在黑龙潭上，即今县治墙西古河道之所经也。后徙西南流，此道淤塞。元大德间，置县此地，乃迁其庙于西门外。女冯氏，县之河西人，或以女为仪真（今江苏仪征）人，以事迹考之，为太和人无疑也。夫女乃一匹之妇，非有威重显赫，而能作福作灾，处处香火而崇奉之也。而既有庙于此者，盖子胥，颍之乾溪人，去太和不四十里。方其自楚而奔，取道必由太和，而女故遇之。是女之与子胥，其居固相近也。且人之所欲，莫甚于生，其有许人以死者，必出于至情而不吝也，未有轻为人死者也。女之为子胥死者，必真知其父子之无辜被戮，一旦□而雠之，相□之情迫切不已，此其所以为子胥死也。若以女为仪真人，素与子胥不相识矣，其肯轻为之死哉！以此视之，女为太和人无疑也。

这段文字不无道理。另据《左传·定公四年》记载，伍子胥外逃时曾经遇见自己的朋友申包胥。结合这两处记载，伍子胥出逃之前应该是在其兄棠君尚（伍尚）处，所以才能在逃亡路上遇见申包胥，并且在今太和县城西遇见他的未婚妻冯氏。只有是他的未婚妻，才会为他自杀。假如伍子胥已经逃到吴国，还有什么必要怕人告诉别人呢？难道还怕楚国人派出妙手空空儿来吴国搞暗杀不成？

还有伍子胥到吴国无法生存，只能靠乞讨为生的说法，更是不靠谱。春秋时期，招降纳叛、吸收敌国人才是各国的通例。《左传·昭公七年》记载：“卿违，从大夫之位，罪人以其罪降，古之制也。”（“外国的卿没有犯罪的，投奔到本国，安排大夫的职务。有罪的人，按照罪行的轻重依次降低待遇，这是古代的规矩”。）伍子胥的父亲被诬谋反，其子受株连，不是本人的罪，他只要逃到吴国境内，随便找个官府，都得安排食宿，不可能让他露宿街头，乞讨度日。而且到了吴王那里，必定安排官职。《左传》记伍员在吴国任行人（外交部长），清华简《系年》则说“伍员为吴太宰”，总之，投奔他国的官员不可能沦落为乞丐，即使是经常受“夹板气”的小国如郑，也照样接纳晋、楚两大国的叛臣，给他们官做，甚至还有封地，更不要说是吴国这样与楚国为敌的新兴大国了。

所有这些，都是由于后世传播者不懂古代制度，根据自身的经验随意演义的结果，是小说，不是史实。

附录十

陈胜的籍贯和秦朝下蔡的归属

摘　要：下蔡是春秋战国时代的名城、吴楚两国反复争夺的战略要地，在秦朝竟然没有建县，令人费解；而下蔡在秦朝属于何郡何县，也没人去深究，至今误说尚存。作者通过对陈胜吴广起义这一改变中国历史进程的重大事件的分析，得出下蔡在秦朝属于淮阳郡汝阴县的结论，并以此破解了陈胜吴广起义为什么会在泗水郡蕲县大泽乡爆发的原因。

一、陈胜的籍贯在何处

秦二世元年（前209），征发淮阳郡900名农民到渔阳（今北京密云县南，在北京东北）戍守。陈胜、吴广是这支队伍的屯长，押解他们的是淮阳郡的将尉。当这一行人走到蕲县大泽乡（今宿州市蕲县镇北）时，遇上了连阴天，被困在这里，不能按期到达目的地。"失期，法皆斩"（《史记·陈涉世家》）。于是，陈胜、吴广策动这批农民，杀了押解的将尉，揭竿而起，这就是中国历史上第一次农民起义——秦末农民大起义。这次起义很快得到了全国各地被压迫的农民和没落贵族的响应，星星之火迅速蔚成燎原之势，最终推翻了秦王朝的残暴统治。

秦末农民起义的具体事迹，在《史记》《汉书》中都有较详细的记载。但是，由于《史记》中一句含糊的话，陈胜的籍贯和这支戍卒队伍行动的路线，都成了历史上难解的谜题。如果不弄清陈胜的籍贯，这次起义的其他问题（包括这支队伍行动的路线和为什么会在大泽乡爆发的问题），都没法讲清，所以，我们必须首先了解陈胜到底是哪里人。

《史记·陈涉世家》云："陈胜者，阳城人也，字涉。"《中国历史地名大辞典》"阳城"条这样解释："战国楚地。在今安徽界首市境（一说在今河南商水县西南）。……秦末农民起义领袖陈涉为阳城人。即此。"但在"阳城县"条又说："秦置，属南阳郡。治所在今河南方城县东六里。秦末，农民起义领袖陈胜的家乡在此。"

按：陈胜即陈涉，《史记》仅记他是阳城人，未详指何地。过去《史记》各种版本的注笺均主阳城为方城或汉代阳城（今河南登封市东南告成镇）之说。只有《淮南子·兵略训》高诱注和明嘉靖《颍州志》说陈胜是汝阴（今安徽阜阳）人。复旦大学魏嵩山教授考证陈胜是今安徽界首市人①，《大辞典》“阳城”条即据此为解；但又同出方城说，遂导致一人二县之舛，让读者无所适从。笔者在《〈中国历史地名大辞典〉汝颍水系部分疏误摘编》② 一文中，曾列举两点意见，证明陈胜籍贯在今阜阳市境内（阜阳或界首），兹摘引如下：

其一，陈胜、吴广籍贯的属地问题：查谭其骧主编的《中国历史地图集》秦代部分，今阜阳市全境属淮阳郡（旧说为陈郡，误）。吴广是阳夏人，阳夏（今河南太康县）属淮阳郡（在最北界）。如果按陈胜在今界首或阜阳说（二说均指陈胜为汝阴人），则陈胜、吴广同属淮阳郡人；如按方城说，则陈胜是南阳郡人。二人分属两郡，不可能同时征发（不便于召集、领导和行动）。所以根据吴广的籍贯，可以推定陈胜是淮阳郡人。

其二，行走路线问题。陈胜、吴广都是被秦王朝征发的闾左百姓，走到大泽乡发动起义的。我们设想：征发令自北向南传达（因秦朝国都和淮阳郡郡治都在北方），同时被征发人也被带走，较为节省时间，而且保密，可以避免被征者逃逸。这种征发方式在通讯和交通都很不发达的古代无疑是最便捷有效的方式。我们在《三国志·魏书·明帝纪》中发现有类似的记载：黄初七年（226）八月，“孙权攻江夏郡”，此时刚即位的魏明帝“先时遣治书侍御史荀禹慰劳边方。禹到，于江夏发所经县兵及从步骑千人乘山举火，权退去。”这正可印证陈郡征发闾左所采取的方式，即并不是由各县把民夫集中到郡里统一行动，而是每到一个地方，宣布了征发令后，当时就带走当地的闾左百姓，然后往下一站进发，随到随抓。当征发人员最后到淮阳郡最东南端的汝阴县（今阜阳）集合时，当然是从汝阴向戍地进发较为快捷。但如果是淮阳郡和南阳郡同时征发，则要分别聚集，再汇合一起，然后进发。这样就只能汇聚到陈县，由陈县向东北的渔阳进发则不可能再绕到远在东南的蕲县。“失期，法皆斩”，谁也不会拿自己的生命开玩笑。如果上说成立，则陈胜是阜阳或界首人说较为可靠。

以上是我在以前的文章中所作的分析。时隔若干年再回头仔细考虑，觉得还不够全面。现在结合新的发现，再补充几点：

（一）《史记·陈涉世家》记载：农民起义军与秦将章邯在陈县（淮阳郡治）作战失利，“陈王（即陈胜）之汝阴，还至下城父（今涡阳县东

① 见《界首县志·附录·陈胜故里在何地》，黄山书社 1995 年版。

② 见拙著《阜阳考古录——兼及汝颍水系研究》，中华书局 2011 年版，第 38 页。

南)”，被其车夫庄贾杀害。战斗失利为什么会前往汝阴？虽然陈已陷入敌手，陈以东的广大地区还在义军手中，他为什么不到东部而折向南边汝阴？唯一的可能就是：这里是他的家乡，他要回到家乡招兵买马，再与秦军开战。至于陈胜从陈到汝阴怎么会经过下城父，我们认为：陈胜战败以后，西部已经被秦军占领，他不可能直接从陈回到汝阴（经今周口、界首、太和)，绕道走下城父已经是最近的路了。

（二）从押解军官看，这支队伍不超过一个郡。《陈涉世家》记载，押解陈胜吴广一行的军官是“将尉”。《史记索隐》注：将尉“官也。汉旧仪‘大县二人，其尉将屯九百人’，故云将尉也。”“汉旧仪”说的是汉朝的建制，“其尉将屯九百人”说的是县尉的权限，“将”是动词，率领之意，即县尉领导一个县的900名屯兵。这里的“将尉”应该是沿袭秦制，是一县的武官。秦于每郡置有郡尉。《汉书·百官公卿表》：“郡尉，秦官，掌佐守典武职甲卒”，明确西汉的郡尉是沿袭秦朝的设置，负责辅佐郡守管理武官和士卒。但是，因为要出远差，不可能郡尉直接出马，差一个大县的将尉替他带队，是合乎情理的。陈县是淮阳郡治，并且是曾经的楚都，一定是全郡最大的县，将尉代郡尉押解戍卒是必然的选择。而将尉所率领的这支队伍也只能是一个郡的人员，而不可能是两个或多个郡的屯兵集中在一起。秦、汉阳城县（河南登封市告成镇）在颍川郡境内北端，如果按照阳城“即河南阳城县”的说法，则是跨郡征发民夫，其带队军官则不可能只是将尉。所以，陈胜不可能是秦汉阳城县（告成镇）人。

（三）《史记·樊郦滕灌列传》载：“汝阴侯夏侯婴，沛人也。”唐张守节《史记正义》注：“汝阴即今阳城。”其实汝阴即今安徽阜阳，在唐为颍州，自汉以来历代史书俱有明载，建置沿革脉络清晰，而张守节释为“阳城”；其注“陈胜者，阳城人也”则说“即河南（唐代河南府，治所在今河南省洛阳市）阳城县（告成镇）也”，说明他一直就把汝阴当作阳城。这和把汝阴侯封地释为阳城县，犯的都是同样的错误。

（四）《史记》说：“陈胜者，阳城人也”，《史记索隐》注：“韦昭云‘属颍川’，《地理志》云‘属汝南’。不同者，按郡县之名随代分割。盖阳城旧属汝南，今为汝阴，后又分隶颍川，韦昭据以为说，故其不同。他皆放（仿）此。”《索隐》的作者司马贞是唐朝人，其言“阳城旧属汝南，今为汝阴”，则阳城在汉代属汝南郡，唐代属颍州汝阴县，说明汝阴县直到唐朝仍有阳城之名。又，秦朝的淮阳郡（旧称陈郡）直到清朝才考证出来，此前史学界一直认为汝阴“秦属颍川”（见明正德《颍州志》、清乾隆《颍州府志》等)，那么，韦昭认为阳城“属颍川”，说的就是汝阴县。

另外还有一种可能，那就是《索隐》所说的“后又分隶颍川”之“颍川”实为“颍州”之误。阜阳市博物馆前馆长韩自强先生从包山楚简中一段诉讼的记载，考证出今阜阳附近楚国有阳城县，足证陈胜籍贯阳城就在今阜阳地。

（五）近日在网上看到《宿州师专学报》1999 年第 1 期刊登的宿州师专附中马道魁先生的文章《陈胜里籍与“张楚”国号辨正》，坚称陈胜是今宿州人。其说多不足辨，然说从陈胜起义后所用的将领多是泗水郡人，可证陈胜也是泗水郡人，此说颇可迷惑一些没有深入研究的读者。其实陈胜起义初期陵县人秦嘉、铚县人董緤、符离县（三县都属泗水郡）人朱鸡石都是在家乡响应起义，并不在初期起义的 900 人队伍中。陈胜仅用了符离（属泗水郡）人葛婴（后来又杀掉了），然后挥师西进攻陈，取得陈县以后，西攻荥阳用吴广为监军，北击赵地用陈县人武臣、张耳、陈馀为将，南徇九江郡用汝阴人邓宗为帅，都是淮阳郡的弟兄。另外，陈胜死后，组织苍头军起义、杀死叛徒庄贾，为陈胜报仇、“复以陈为楚”的吕臣，也是旧楚国新阳县（今界首市光武镇尹城子，秦属陈郡）人。如果不是本地乡亲，谁肯冒死出头为陈胜报仇？马道魁先生在这里似乎根本没有注意到（或不愿提及）《史记》有“吴广者，阳夏人也”的记载。阳夏属淮阳郡，又陈胜建都于陈，陈曾经是楚国旧都，楚顷襄王二十一年（前 278）至考烈王十年（前 253）徙都于此，故其国号曰“张楚”。吕臣杀死叛徒庄贾后，也以陈为楚都。所有这些都说明陈胜是淮阳郡人，而不可能是泗水郡人。

二、下蔡的归属

秦朝统一中国后，旋即灭亡。它的历史既短，又没有专门的断代史，这就为后代留下了许多谜团。今阜阳当时为汝阴县，属淮阳郡。汝阴县东南，今颍上县辖境内，只有慎邑一座城，在江口镇汤圩子村，隶属于汝阴县。这是沿袭春秋战国时代楚国的建置，倒也并不奇怪。但是，与其相邻的下蔡（今凤台），在西周到春秋早期，是淮夷的一个诸侯国，先是被楚所灭，后又被吴国夺去，成为吴楚两国争夺的战略要冲，越灭吴，楚灭越，这里最终归属楚国，一直是个非常重要的地方，而且以前有作为国、县的历史，在这里设个县，应该说是顺理成章的事。但是，秦统一中国以后，却没有在这里建县。下蔡在秦朝处于淮阳郡、泗水郡和九江郡的交界地带，此地当时隶属于哪个县，不仅牵涉到下蔡的属郡问题，而且还牵涉到淮阳、泗水、九江三郡的区划和辖境问题；更进一步研究，甚至还牵涉到陈胜吴广起义为什么会在大泽乡爆发的谜底，所以值得特别加以研究。

据谭其骧《中国历史地图集》，下蔡在秦朝没有建县，属于泗水郡。由于该图集没有县的界划，所以我们不清楚下蔡在当时属于哪个县。从图上看，泗水郡距下蔡最近的有城父县（今亳州城父镇）和蕲县（今宿州市蕲县镇），分别在下蔡的西北和东北，如果下蔡在泗水郡，就只能属于这两个县中的一个。

但是，仔细研究一下，就会发现下蔡不大可能属于泗水郡。先说城父县。下蔡距城父超过300里，比到淮阳郡汝阴县、泗水郡蕲县都要远得多。而且今利辛县张村镇一带（介于下蔡和城父之间）直到明朝中后期都“河济不通”（正德《颍州志》卷之二《邮驿》），交通非常不便，完全不符合秦朝行政效率高效快捷的要求。至于泗水郡蕲县，路途虽然稍近，但是中间隔了茨河、涡河、北淝河、浍河等大河，不仅路途不便，而且不符合秦人按高山大川为界划分行政区域的一贯做法。

所以下蔡的归属就只有两种可能：九江郡郡治寿春县（今安徽寿县）或淮阳郡汝阴县（今阜阳）。《左传·昭公九年》说楚国把许国从今河南许昌迁到城父，“取州来淮北之田以益之（拿州来在淮河以北的土地补充给城父）”，说明州来在淮河以南还有领地，否则就不必特别记“州来淮北之田”。州来与寿春隔淮相望，路程很近。秦灭楚，取消下蔡建制，而把下蔡及其淮河两岸的领地一并划归寿春，在道理上似乎也说得通。但两地虽近，毕竟淮河为天险（中国历史上南北分裂时代多以淮河为界），不仅交通不便，而且也不符合秦帝国天下一家，河山为界的行政区划制度。

那么，唯一的可能就是：下蔡此时属淮阳郡汝阴县。下蔡距汝阴县220里，比到城父县距离为近，与到蕲县的距离大致相等。但下蔡到汝阴中间只隔了夏肥水（今称西淝河）和颍河，水路从淮河入颍河可直达汝阴，陆路过西淝河后取道慎邑从颍河北岸可直接到达汝阴，中间没有大河阻隔，从古至今水陆交通都很方便，比到蕲县便利得多，其属汝阴便于管理。正因为如此，历史上凤台就多次长期隶属颍州、阜阳专区、阜阳地区。

分析一下陈胜吴广起义前的行走路线，更可以证明下蔡在秦朝属汝阴县。

上古的道路，大都依地形地势而修。陈胜、吴广他们从淮阳郡出发，渔阳在北，如果是在汝阴聚齐人员，然后向北，则还不大可能取道蕲县。陈胜吴广起义的地方在“大泽乡”，从地名看，毫无疑问这个地方多土路，沼泽泥泞，坎坷难行，所以一遇上连阴雨就不能行动。为什么会取道蕲县，必定有其重要原因，那就是当时的下蔡并不属于泗水郡，而属于汝阴县——也就是属于淮阳郡。设想一下，征发戍卒的将尉从淮阳郡的北部出发，一路上把征发的戍卒抓来，然后向下一个地方进发，一路走一路抓。秦朝淮阳郡南部只有汝阴县和新蔡县，他们不会先到汝阴再往新蔡（那样离渔阳要远很多），只能是先到新蔡后到汝阴，或两个将尉分东西两路征调，到汝阴县集中。当到达汝阴县时，再往东南的慎邑去征调民夫。

春秋战国时代，下蔡的疆域到达今颍上县城。《史记·樗里子甘茂列传》说："甘茂者，下蔡人也。"顾祖禹《读史方舆纪要》："甘城，亦在（颍上）县西北。《括地志》：秦甘罗旧居此，城因以名。罗，楚下蔡人也。杜佑曰：故甘城，梁于此置下蔡郡，有关，吴魏以来，关防津济之所也。今为甘城驿，颍河所经。"甘城、甘城驿之名证明甘茂祖孙二人为今颍上人，其地当时属下蔡。如果下蔡属于泗水郡，这一带也应该是泗水郡的地盘。这样，慎邑南边就没有大镇，这群人到了慎邑就应该折返汝阴县往北走。这样路会近得多，而且沿途还可以得到地方官的保护和供给。而他们如果从慎邑取道蕲县，路既远，而且也不很好走。他们之所以要走这条路，一定是因为他们还要到下蔡抓人。到了下蔡以后，为了不耽误时间，就不能再折回头往西北方向的汝阴走，而直接向北的路又不通，那么就只有往东北方向的蕲县前进了。取道蕲县有两个好处：（一）虽然从下蔡到蕲县与到汝阴县的距离大致相同，但从这里向渔阳进发，总里程要近一些，从蕲县向北的路也更顺一些。道光《颍上县志》卷一《舆地·道里》记："东北　取徐州府路折而北，达京二千里。"陈胜吴广戍守的渔阳就在今北京方向。这说明从汝阴出发，经今颍上、古下蔡到起义爆发地蕲县大泽乡，自古就有一条官道，这恰与陈胜吴广路经今宿州、在大泽乡起义的路线吻合；（二）蕲县属泗水郡，与这些戍卒不在一郡，比较容易防止戍卒逃跑。秦末被抓戍守或服苦役的农民逃亡的事件经常发生，如汉高祖刘邦为泗水亭长时，押送民夫到骊山，还没有出郡界，路上就有很多人逃逸，刘邦干脆就把他们全放了，自己也逃到山中躲了起来。可见当时民夫逃逸极其常见。但是，如果到了人生地不熟的外郡，戍卒就不敢轻易逃遁，逃掉也更容易被捉回来，因此带队的将尉从这条道路走是比较明智的选择。所以，从陈胜吴广起义爆发的过程看，下蔡在当时既不属于泗水郡，也不属于九江郡，而应该就是属于淮阳郡汝阴县。就是因为有这样的行政区划，所以陈郡的将尉才会先到下蔡抓人，然后从蕲县向渔阳进发。如果下蔡不属于汝阴县，他们就不可能走到蕲县大泽乡，从而在那里发动起义。历史有很多偶然，陈胜吴广在大泽乡起义，完全是因为当时的淮阳郡汝阴县有这么一个伸展在东南部的下蔡城邑所造成的。

综上所述，下蔡在秦朝属于淮阳郡汝阴县，而不是属于泗水郡或九江郡，因为这里到汝阴（阜阳）比到其他地方更为便利。凤台（下蔡）在隋唐至五代末年及近现代曾经长期隶属于颍州（阜阳），并不是没有历史依据的。也正因为如此，到了汉朝设置慎县和下蔡县的时候，才会把以前属于下蔡的今颍上县东南部划归慎县。

附录十一

汝颍水系变迁述要

泉河、颍河，阜阳境内这两条古老的河流，不仅为调节阜阳的气候、保障农业灌溉立下了汗马功劳，而且见证着阜阳的历史。阜阳历史上两个使用时间最久的名字——汝阴、颍州，就是根据这两条河流而命名的。但是，由于河道的枯竭、战乱的纷扰、行政区划的变动，到了宋朝就几乎没人知道“汝阴”的来历，而颍河也被“冒名顶替”了几百年。想知道阜阳的历史，尤其是汝阴、颍州命名的原因，必须知道阜阳境内这两条大河。笔者对照《山海经》《水经注》及诸史地理志及地方史志资料，追踪汝颍河道历史多年，总算基本明白了二水变迁的大致脉络，在这里简单介绍一下。精彩考证请参见拙著《阜阳考古录》之《上古汝颍水系钩沉》《〈水经注〉有关章节译注》《读懂汝颍古河道——汝颍乱名八百年解读》《〈中国历史地名大辞典〉汝颍水系部分疏误摘编》等相关篇目。

首先必须明白的是：由于交通不便，交流困难，没有文字记载流传等等原因，历史上（民国前）很多河流并没有固定的名称。尤其是流经两个长期互不统属的行政区划之间的河流，上下游称谓不同是很正常的。我们必须打破固定的思维模式，把从现代地理书和地图上所学到的知识全部搁置一边，再拿起古书，按照当时人的思维和知识重读古代的地理，才能得出正确的结论——符合古代地理实情的结论。一个身边的例子就是从临泉到阜阳的这条河，阜阳人称为泉河，而上游河南境内称为汾河。至于它的古名“汝水”，很可能在秦以前本地人都不曾使用过，没有人想到它会跟汝水有什么关系。往大一点说：长江在古代流经楚国和吴国，于是上游楚国人称之为“江”，而下游吴国人则称之为“扬子”“扬子江”。如果你硬拿一个称谓去套，就会不得要领。或者认为它们是两条河流，那更是大错特错。

那么，我们在文献史志资料中所看到的河名，极有可能只是文字记载的名称，至于当地人是不是这样称呼，那就没人知道了。即如泉河，秦汉以后称为“汝水”，北宋以降又误为“颍水”，那都是文人辞章、官府文书和史志中的称谓，本地人可能一直都称它为“泉河”“小河”。因为，如果没有“文、俗”之别，那些文人学士都按当地人的称谓，而不是自作聪明地按照自己理解的文献中的名称记录河名，就不会有河流名称的改变、误称。但是，我们的考证，很大程度上只能依赖于文献，能考证出本地人的“俗称”（如根据上下游对泉河的不同称谓考证出至少明朝以前本地就称所谓的小汝水为“泉河”），那是很不容易的。因为这不仅要有知识的积累，而且要有历史的、四维（空间加时间）的观点，而不是以眼前的角度、三维甚至平面的视角看问题；更需要有常人包括很多学者所不具备的发现问题的眼光和严谨的逻辑思维能力。

一、泉河本是古汝水

今天的泉河，上游称汾河，从河南漯河市召陵区发源，到河南项城市东界；下游称泉河，从河南沈丘县老城镇起，到阜阳城区三里湾入颍河。全河道合称汾泉河，是颍河的支流。这是现在的状况。但是，这条河在历史上并不是这么短，也不是这么无足轻重，历史上它曾经是一条辉煌的大河——汝水的主河道。

公元前223年，秦灭楚，改阳城（阜阳古名）为汝阴县。由于历代河道的变迁、河名的消失，本地人对这条河的不同称谓，这次的改名在后世（宋以后）变得扑朔迷离，很多大学问家都弄不清“汝阴”的来历，误称泉河为颍河，并以为古人给这里命名汝阴是错误的。其实，这完全是因为他们不知道这条俗称“泉河”的河道就是上古时代鼎鼎大名的汝水主河道，地名“汝阴”完全是因为这条河而来的。

要想明白秦命名“汝阴”的原因，就必须先知道汝水。《山海经》据说是大禹治水时记下的各地山川地形地貌总集。今人研究证实：至少《山经》部分确为上古时期的记录，只是在后世传抄的过程中窜入了后人的说法、观点。以下引文就只引原文，不再展开考证。《山海经·海内东经》：“汝水出天息山，入淮极西北。”此“淮极西北”就在今阜阳老城的东北角。这里的“淮”其实就是现在的颍河主河道，当然上游与颍河不同，请参见附录2：《姜尚综考》。这说明上古甚至远古汾泉河就被认为是汝水主河道。秦朝给今阜阳命名汝阴，汉初给今河南商水命名汝阳，都是因为二城在汝水的南北，水南为阴，水北为阳，所以它们分别叫汝阴、汝阳。

大概就在西汉后期（也许是西汉一朝），黄淮之间（豫州之域）由于多种原因（拙见以为汉武帝动员全国大修水利筑河坝是主要原因），淮河支流逐渐萎缩。具体表现之一，就是汝水（汾泉河）在今河南漯河市区南部开始断流。据郦道元《水经注·颍水》引阚骃说，在东汉时代这段河流已经被称为“死汝”，意思是上游断流的汝水。而同时，在今南汝河流域、本来是大片水域的鸿郤陂也逐渐萎缩，以至于丞相翟方进奏请汉成帝拆除了堤坝①，占据了鸿郤陂堤圈内的大量良田，导致上游的农田得不到灌溉，引起了新蔡、上蔡等地百姓的普遍不满。而此时汝水南部主道（今南汝河）开始出现在文献中。

补充说明：今人有据洪河之“洪”与鸿郤陂之“鸿”字音相同，推测鸿郤陂应该在洪河流域，似误。《水经注·淮水》明确记载东汉许杨修鸿郤陂在今河南正阳县、息县之间，汝水主道的西侧。《隋书·地理志》：汝阳县（今河南汝南县）“有鸿郄陂”，也在汝水主道旁，而距洪河甚远。这两处“鸿郤陂”都是西汉鸿郤陂的残留，足证鸿郤陂就是今南汝河。

汝水断流部分一直没人疏浚，人们开始把它看成汝水的次要河道，而把南流的一支（鸿郤陂的残留）看成是汝水主河道。这就是北魏郦道元《汝水注》中描述的汝水：从今河南伏牛山脉的外方山发源，向北流经汝阳县东，东折流经汝州市南，东南流经郏县南、襄城南，到舞阳县章化镇北，接纳沙河（当时称滍水，在外方山汝水源头处不远从汝水分出），又东南流到漯河市阴阳赵镇，分为二支：一支南流，为汝水主河道，经西平、上蔡、汝南、平舆，到新蔡，新蔡以下的河道今称大洪河，当时是汝水河道，到阜南县西南流入淮河；另一支从漯河市阴阳赵镇东南流，又分为两支：一支即三国魏文帝曹丕修的讨虏渠，从阴阳赵镇东流，经漯河市区曲折东流入颍河，郦道元称之为大 㶏水；一支为濆水，即今汾泉河，从阴阳赵镇东南流，经河南商水、安徽临泉，到阜阳入颍河。这是当时人们对汝水的认识，也是后来调查和规范汝水河道的依据、标准。

郦道元虽然还把“濆水”当成汝水，但已经不认为它是汝水主河道，而是当成颍水的支流，记载在《颍水注》中。唐代直到宋初的地理书，如唐《元和郡县图志》、宋《太平寰宇记》，直接称汾泉河为“小汝水”（小女水），说明地理学家还知道这条河与汝水的关系。

到了北宋，东流的汝水断流已久，汝阴郡也改称为颍州，虽然州治县

---

① 关于翟方进拆除鸿郤陂堤防，史书上说因为“关东”（函谷关以东，今河南、皖北一带）经常发水，导致淮河水溢出才要拆除堤坝，“省堤防费而无水忧。”这就奇怪了：发水溢坝只应加高加固堤防，怎么会拆除堤坝？翟方进永始二年（前15）升任丞相，为相九年，与成帝先后死。但《汉书·成帝纪》《沟洫志》都没有成帝时汝南郡或淮河泛滥的记载，怎么单单就鸿郤陂这里发了水？史书上还说翟方进想得到鸿郤陂附近的良田，未能如愿，就奏请毁掉了鸿郤陂。如果河堤拆除水会更加泛滥，他翟方进怎么敢毁掉鸿郤陂？显然是因为鸿郤陂萎缩，堤坝已经无用，翟方进觊觎这里的大片良田，才奏请扒掉的。他为了让汉成帝同意拆坝，故意编造了淮河涨水，鸿郤陂无用的谎言，以掩盖他霸占良田的事实。

名还叫汝阴，可是人们更不知道这条河与汝水有什么关系了，于是就出现了把泉河称为颍河的错误。我们从当时知颍州（任颍州知州，当时叫“知颍州军州事”，简称“知颍州”）的晏殊、欧阳修、苏轼等人的诗词文章中，发现他们都把泉河误称为颍河、颍水、清颍等等，就连顺昌大捷的记录者杨汝翼，在他的《顺昌战胜破贼录》中，也把城北这条自西向东流的河称为“颍河”。后来所有记录顺昌大捷的其他史料，包括元人编写的《宋史》，大都是摘录《顺昌战胜破贼录》，也都把泉河称为颍河。

元世祖至元七年（南宋度宗咸淳六年，1290 年），为免蔡州（今河南汝南县）水患，在河南郾城县干河陈（今漯河市源汇区干河陈办事处）截断汝水南流，东汇溵水（即沙河），后入颍。这一事件成为汝水分为南北两段的标志性事件，也是导致颍河误称为沙河的重要原因。此后汝水才分为北汝河和南汝河。后来元末、明中期又经过两次断流、改道，最终形成现在的状况——南汝河变成了洪河的支流。因与阜阳无关，不备考。至此，汾泉河距离汝水主河道越来越远，变成了典型的颍河支流。

这段时间可以称为误汝为颍时期，一直持续到清朝。顺治《颍州志》不加考究，就妄断“当时名郡者不知考耳”，实属轻率。此后到乾隆朝，颍州升府，知府王敛福在编修《府志》的时候，曾经努力寻求汝阴命名的真相，并亲赴省府安庆向曾任陈州知府的安徽按察使崔应阶①请教，得其主修的《陈州府志》一部，回颍州仔细钻研，作《汝水考》《沙河即颍河考》等文章，试图辨明汝颍源流。但考证的结果，仍以泉河为颍河，而以“由太和经颍州城东北之三里湾”的沙河（即颍河）为汝水，从而论证汝水“实在颍州之北”，以说明古人命名汝阴是正确的。从括号里的注中大家就可以看出：王知府其实并没有辨明汝颍水道的真相，而是把汝水和颍水的名称完全颠倒了过来。此后的一段时间可以称为汝颍错名时期。

道光五年（1825），李复庆（字心泉，四川蓬溪人）由旌德县调任阜阳知县，见乾隆二十年（1755）《阜阳县志》很久没有重修，本打算续修，不料年底即因事卸任。继任者陶沄干了不到半年，于乾隆六年五月初一卸任。当日，山东安丘人刘耀椿（字庄年）由颍上知县调任阜阳知县。刘耀椿在颍上时就主修了《颍上县志》（今有点校本），到阜阳后即积极准备重修《阜阳县志》，并聘请前任知县李复庆主持编修工作。道光八年，刘耀

① 崔应阶（黄山书社点校横排本《颍州府志》作“崔应玠”，误），字吉升，《清史稿》卷三百九，列传九十六有传，但略去任陈州知府一节，并云：“乾隆十五年，授河南驿盐道”，而崔应阶为《颍州府志》作的《序》未提，崔《序》称其乾隆十六年为安徽臬司（按察使），而《清史稿》本传未记年代。二者互参，可补本传之不足。

椿升任六安直隶州知州，周天爵（字敬修，山东东阿人，《清史稿》卷三百九十三有传）接替刘耀椿任阜阳知县。道光九年，《阜阳县志》修成。周天爵在《序》中说："公（李复庆）于民风最悉，于《水经》最熟，其辨汝颍源委，可剖前志之谬。"就是在李复庆主修的这部《阜阳县志》中，泉河改称"小汝水"，颍河恢复了旧名颍水（此前一直被称为"沙河"）。直到此时，阜阳境内混乱了八百多年的汝水、颍水河道才得以理顺，汝颍名号才算"物归原主"，恢复了唐、五代以前的旧名。

又过了180多年，2012年，安徽临泉人胡天生经过七年的潜心研究，著《阜阳考古录——兼及汝颍水系研究》一书，交中华书局出版。这部书基本理清了汝颍水系自上古到清末的演化轨迹，介绍了汝水、颍水如何从上古时期两条不起眼的小河变成在中国文明史上占有重要地位的著名河流，它们的分化和纠结，并纠正了包括《阜阳县志》在内的各种错误、疏漏，对于我们了解汝颍水系的系列变化极有助益。

二、颍水下游变了道

现在的颍河，是淮河的第一大支流，从河南嵩山发源，到颍上县流入淮河。但在上古时期，可能是一条很小甚至说不清流向的河。《山海经·海内东经》："颍水出少室，入淮西鄢北。一曰缑氏。""淮西鄢北"就在现在的河南鄢陵县北。按照这个说法，颍水和现在的双洎河完全一样；而按照"一曰（入于）缑氏（今河南偃师市缑氏镇）"的说法，则是直接流入洛水，再入黄河，根本就与淮河无关了。两种说法对比，参照后来河流的变化，我们宁可相信颍水在《山海经》时代是一条"入淮西鄢北"的小河。

春秋时代，随着南北交流的频繁和深入，尤其是楚国对中原的渗透，人们眼里的颍水开始发生变化。《左传·昭公十二年》有"楚子狩于州来，次于颍尾"的记载，杜预注："颍水之尾，在下蔡。"对照前后地名，这里的"颍尾"只能是颍水入淮的地方。《汉书·地理志》也说："阳乾山，颍水所出，东至下蔡入淮。"下蔡即今安徽凤台，入淮处今属颍上，汉属下蔡，与现在的颍河入淮处相同。这说明当时人们已经把颍水看成了淮河的支流。

北魏郦道元《水经注》记述的颍水，与今河道大体相同。其实今天地图上的颍河，就是根据《颍水注》重新复原的。中间隋唐五代没有大的变化，宋元以后开始把汝水的下游泉河当成颍河，而把古颍水当成沙河，已见上述。金元之际（1234 年）元兵掘黄河水以淹宋军，并一直不予治理，导致黄河夺颍入淮，人们又把颍州境内的颍河当成黄河（小黄河，旧黄河），更坐实了泉河就是颍河的看法。而在民间，上起河南境内的漯河、周口，下至安徽境内的界首、太和、阜阳、颍上，直到现在还有不少人把颍河称为沙河。

三、汝颍沙的纠结

汝水、颍水之所以如此变来变去，主要还是由于有一条沙河在其中穿插。大约成书于秦汉间的《尔雅·释水》说："颍为沙"，意指颍水的支流为沙水。但这个"沙"并不是后来乱颍为沙的沙河，而是另有一条河。根据《水经注》的记载，从今河南荥阳市北，古济水的上游，分出一支为渠水，曲折流至河南淮阳县东南入颍水。其下游为沙水，自淮阳北向东南流，贯今安徽阜阳境内的茨河，东流经涡阳、蒙城至怀远县南入淮河。这个"沙水"只是颍河的一个支流，而且很早就消失了，对颍水没有什么影响，我们只要知道它并不是与颍河纠结千年的那个沙河就可以了，这里不作深度介绍。

真正影响汝水、颍水的，是在河南境内的沙河。这条沙河古称滍水。据《水经注》，汝水从外方山发源后，还没有出山，就分为二支，一支向北流，是汝水主河道；一支东流，即滍水。而杨守敬《疏》称：汝水与滍水源头处很近，但并不同源。从当今地图上看确是如此。但是，北魏时是否同源，恐怕不能以现代的情况进行臆断。汝水、滍水当时都流经鲁阳县（今河南鲁山县）境内，而郦道元曾在鲁阳任职，并且就是在任鲁阳太守时开始撰写的《水经注》，说他连滍水源头都记错了，恐怕难以置信。古今变异，连汝水主道都能断流，何况汝水、滍水源头这样的小河沟呢？所以郦道元记载的汝、滍同源应该是不错的。

滍水从外方山发源后，东流经鲁山县南、定陵县（今舞阳县北五十五里后古城）北，再东流入汝水。按照《水经》的说法，滍水还要往东，到郾县（漯河市源汇区阴阳赵镇古城子村）南，再往东才流入汝水；而郦道元则认为滍水只到定陵县东就进入汝水。其实这只是认识的不同，就是从定陵县往东南的那一段河道是滍水还是汝水。既然郾县以下仍称汝水，而这段汝水是承接上游的，不可能从中间插一段滍水进来，所以滍水只能是从定陵县东入汝水，郦道元的认识是正确的。但是，《水经》的说法很可能反映了当时人的认识，那就是从定陵县北到郾县南的这段河道，当时人认为它是滍水而不是汝水，而下游仍称汝水。这就为后世汝变为沙埋下了伏笔。

前文已述，古汝水到漯河市区分为两支，一支南流为汝水，一支东南流为濆水。濆水到漯河市召陵区向东，再分为二支：一支是上古汝水正流，即濆水，东南流，即今汾泉河；一支向东北流，为大 㶏水（《汉书》《后汉书》《水经注》作“㶏”，《说文解字》作“濦”），曲折东流，到今周口市入颍水。水利部淮委、《淮河志》编纂委员会 1997 版《淮河大事记》：“黄初六年（225），魏文帝到召陵（原注：今河南郾城县境。按：今为漯河市召陵区），又开了一条讨虏渠，沟通了汝水和颍水。”其实，大㶏水在秦汉时代已经存在，汉有 㶏强县、㶏阳城可证。魏文帝主持开挖的讨虏渠，不过是疏浚此水，作为训练水军、转运辎重的军用航道。但是讨虏渠之名似乎没有延续下去，到了北魏仍称为大 㶏水。隋唐改称溵水，宋改县名为商水。

元初在郾城县截断汝水，是导致整个豫中地区水系紊乱的首要原因。大约就是从这时候起，沙河的源头开始脱离汝水，进而从汝水的支流“升格”为接纳汝水的主流，并渐次取代濆水、溵水，以及颍水的一段（从周口到沈丘、太和），成为从滍水源头直到太和这段河道的总称。《元史·地理志》简略，没有河流的记载。查《明史·地理志三》河南布政司，伊阳县（明成化十二年新建的县，今名汝阳）是“滍水出焉，俗又名沙水”；叶县“东北有沙水，一名滍水，又名泜水”；郾城县“南有沙水，亦曰大溵水，上流即故汝水也”。南京（南直隶）凤阳府颍州太和县也有“南有颍水，亦名沙河”，可见汝、滍、泜、溵、颍的相关河段都已经被沙水冒名顶替。此时的滍水，从汝州伊阳县南的尧山发源，向东流经鲁山、宝丰、叶县、舞阳、郾城、西华、商水、陈州、项城、沈丘，到太和县，与颍河混称为沙河。太和以下，颍州、颍上则没有沙河的名号，说明滍水在明朝已经变名沙水，并且向下游延伸，由汝水支流变成了接纳包括汝水在内的许多大的支流的主河道。再回头看看《水经》和《水经注》关于滍水入汝记载的差别，恐怕都会忍不住会心一笑吧。

《清史稿·地理志》河南卷关于这条“沙河”的记载，与《明史》没有本质上的差异，说明沙河成为滍水的通用名并取代下游诸水名已经固定下来，自明至清没有逆向变化（恢复旧名）。但安徽卷自太和以下，却记得不清不楚，混乱不堪：“太和……沙河自河南沈丘入，迳城南，达亳州，入颍，即颍水上流。”“自河南沈丘入”接上了从沈丘入太和的河道，“迳城南”也对，但亳州远在太和正北，最近的边界（西淝河）也在太和东北数十里，而颍河则在太和城南向东南流，沙河怎么可能“达亳州”再“入颍”？颍水从河南嵩山而来，沙河从太和流入了颍水，又怎么可能是“颍水上流”？下游阜阳县又记：“北：沙河，承太和诸湖水亦来会”，这就更奇怪了：沙河不是已经在太和入颍水了吗？怎么又从阜阳城北冒了出来？如果这里的“沙河”就是颍水，那它已经改道从城东向南流到颍上，早就不在城北了。阜阳城北只有泉河，但是下文“西：旧黄河，原经城北合颍水”，好像说的也是泉河，因为只有泉河从城西流经城北。但这又和正德《颍州志》记载的今颍河为旧黄河有矛盾。总之，沙河、颍河在安徽境内的记载实在太混乱，具体的流向根本摸不清。

顺带说一下：《清史稿·地理志》安徽卷还说太和“明属凤阳，（清）雍正间改隶颍”，意思是明朝的时候太和不属于颍州而直属凤阳府，这纯粹是瞎扯。明正德、嘉靖《颍州志》都记颍州属县有太和，《明史·地理志》明确记载颍州“领县二”，其一即为太和。

但不管怎么说，《明史·地理志》和《清史稿·地理志》（河南卷）都记录了滍水变名沙河，并取代多条河流和部分河段的演变过程，可以看出汝水断流（分为南北汝河）对这一地区主河道的巨大影响。但从《清史稿》的记载看，“沙河”只到太和，最多到阜阳（还不太肯定），而颍上境内则根本没有沙河。今界首、太和、阜阳人称颍河为“沙河”“大沙河”，就是从这里来的。但其实，沙河是一条很小的河。

民国八年，北京政府组织全国河道普查，颍河、沙河的源委才算被理清，颍河终于恢复了它作为淮河第一大支流的地位。

附录十二

蜩蟟郭、郑城、安远侯国及颍上的变迁

一、蜩蟟郭（郑城）的位置

关于郑城（蜩蟟郭）的位置，《水经注·颍水》记："颍水又迳慎县故城南……颍水又东南迳蜩蟟郭东，俗谓之郑城矣。又东南入于淮。"这里只记其在颍水的西侧，由于没有里程的参照，很难说清它的具体方位。清康熙时颍上人高泽生《颍上风物纪》、道光《颍上县志》均以为郑城（蜩蟟郭）即今县城。一些地方志书、地理志也沿袭此说。但是，颍水在今县城东是向南流，再往南到八里河会颍处以南才开始向东南流，这和《颍水注》"颍水又东南迳蜩蟟郭东"，"又东南入于淮"明显不符。

从八里河往东南，有一个带郑的地名——颍上王岗镇郑家湾。据原阜阳市博物馆馆长韩自强先生说："二十世纪七十年代，这里曾经发现了一批商代青铜器和其他文物，说明这里在古代是座不小的城镇。我在《阜阳考古录·颍上商代彝器族源考》中曾经分析这些青铜器的主人都是古代文献中记载的有名的望族。"《左传》昭公十二年："楚子狩于州来，次于颍尾"，就在这一带。这里既可以驻军（"次于颍尾"即驻扎在颍尾。军队停留两天以上为"次"），说明这里有居民点。那么，这个颍尾很可能就是现在的郑家湾。它既符合《水经注》的描述，也有出土文物证明它悠久的历史，我们完全可以认定它就是《颍水注》中的郑城，"郑家湾"的"郑"字，应该是古郑城地名的遗留。

二、为什么叫郑城

《汉书·景武昭宣元成功臣表》于安远缪侯郑吉下注封地为"慎"，但是，确切的封地，很多学者都不知道它的所在。《安徽省志·建置沿革志》（以下简称《省志》）、道光《颍上县志》（下称《县志》）等据此认为就在慎县。清康熙颍上人高泽生《颍上风物纪》认为在慎县南。笔者经过考证，认为应该在王岗镇郑家湾。其说如下：

（一）《汉书》本传载宣帝诏："其封（郑）吉为安远侯，食邑千户。"皇帝的诏书当然不会写安远侯国在哪个地方。在《功臣表》"安远缪侯郑吉"这一栏中，最后一栏写的是"慎"，即慎县。几乎所有的研究者都据此认为安远侯国就在慎县，即今颍上县江口镇汤圩子村，真是大错特错了。《功臣表》最后一栏是写该侯国所在地，但只是记它所在的郡、县，并不是把这个郡、县都封给他。比方说《功臣表》紧挨着安远侯国下面就是匈奴日逐王先贤掸的封地归德侯国，最后一栏写的是"汝南"，记得有一篇专门研究两汉侯国的论文，和一篇介绍汝南郡的文章，都称汝南郡曾经改为侯国，证据就是这个《功臣表》。其不知汝南是个一等大郡，有37个县，46万多户，将近260万人口，断无变成一个侯国的可能，而改成王国，又不可能封给一个匈奴降王。再说，归德侯国指定只有2250户，汝南封了侯国，剩下的这45万多户怎么办？难道不要了吗？还有，《功臣表》有河綦侯国、常乐侯国，是同一天所封，封地都在"济南"，难道都封在一个城里，然后共同管理济南郡？那后边的"六百户""五百七十户"又是什么意思？更有甚者，还有两个煇渠侯国，煇渠忠侯仆朋是元狩二年二月乙丑封，在位八年；煇渠慎侯应疕（bǐ，匈奴降王）元狩二年七月壬午封，在位五年。这二位不仅封地都在鲁阳，而且都是煇渠侯。难道他们都封在县城？那又怎么解释"煇渠侯"呢？这里统一解释一下：归德侯国所封的"汝南"，指的是封地在汝南郡的首县（郡城所在地）平舆县境内（注意：是境内，并不是整个县都封给他）；河綦侯国、常乐侯国所封的"济南"，指的是济南郡的首县东平陵县境内，也不是全县都封给他。那两个煇渠侯是一起封在鲁阳县煇渠亭境内，并不是二人共同瓜分鲁阳县。安远侯国也只是在慎县境内，但并不是整个慎县都封为安远侯国。

（二）自从汉景帝朝"七国之乱"以后，汉帝国对于功臣的分封都非常谨慎，武将虽有大功，封地一般都不大，远没有外戚、宦官因受宠所封的地盘大、级别高（一般都是县侯）、人口多。据《景武昭宣元成功臣表》，宣帝一朝，因功封侯的仅有11人，而恩泽、外戚及其子弟无功封侯者达25人。所以虽然郑吉威震西域，所封安远侯国也仅是个千户侯国（乡侯），实封1090户，后削减为790户。而慎县人户要远远大于此数，郑吉不可能封于慎县。《水经注·阴沟水》：已吾县"以成哀之世，户至八九千，冠带之徒，求置县矣。"熊会贞按："此求置县而未立。"是说已吾县（当时为梁国宁陵县种龙乡）在西汉成帝、哀帝年间（前32—前1年）已经达到八九千户，当地的官绅希望在那里建县，但是没有成功。直到东汉随着人口的增加，超过万户，才在这里建县。由此可见当时设县的规定是必须达到万户以上，而安远侯最多仅封1090户，不可能把整个慎县都封给他。而郑家湾自古就有城镇，而且在颍水入淮处，处于关键地位，把郑吉封在这里，符合千户侯的标准。证之以考古发现，这里不仅有古城垣遗址，而且其地名带有郑字，是古城久废以后残留的地名，因为是郑吉家族的封地，所以后人呼为郑城，就是《水经注·颍水》中的郑城，又叫蜩蟟郭。《左传·昭公十二年》“楚子狩于州来，次于颍尾”即指此地。2015年我和阜阳市博物馆的文博专家韩自强先生到这里考察，方圆几公里的地方，到处都是秦砖汉瓦，可惜都碎得没有一点价值了。据当地村民反映，我们去之前不久，有人曾经冒充勘探队带着探铲（洛阳铲）到那一带找文物，真是外行，古城的东西都在地表，洛阳铲是找不到东西的！

三、蜩蟟郭之谜

郑城为什么又叫“蜩蟟郭”？我们认为这应该与郑吉有关。“蜩蟟郭”的“郭”，是城的意思（城郭）。“蜩蟟”古书中指蝉。《颍上风物纪》注蟟“一作螗”，说明作者所见的《水经注》有版本作“螗”。如果是蜩螗，那更确切无疑的是蝉了。《康熙字典》释螗：“《唐韵》《集韵》《韵会》《正韵》：徒郎切，音唐。蜩螗，蝉也。”蝉也叫吉了，普通话叫知了，阜阳一带叫“捷了子”，都是吉了的变音。由于寓意吉祥，古人常用它来祈求好运。科举考试时，送考的女子会把绣着蝉的手帕送给应试的丈夫或情郎，寓意捷报早传；考生们会把蝉放在袖筒里，取“捷了”的意思；更有甚者，竟有举子把蝉放在帽子（头巾）里，取“头名（鸣）”之意。所有这些，都与传统文化中蝉的吉祥寓意密切相关。安远侯名吉（文献中没有记载他的字号），与蜩蟟的含义相同。所以我们推测，郑吉或字蜩蟟（螗），或乳名蜩蟟，所以郑城有蜩蟟郭之名。需要说明的是：古人并不避讳自己的乳名，很多著名人物的乳名都流传到今天。如曹操乳名阿瞒，蜀汉后主刘禅乳名阿斗，南朝宋武帝刘裕乳名寄奴等。与我们的推测最接近的是：北魏太武帝拓跋焘小名佛狸。他曾在长江北岸瓜步山建立行宫，后来被称为佛狸祠，就是以他的乳名命名的。如果郑吉乳名蜩蟟（螗），那么他的封地后来叫作蜩蟟（螗）郭，与佛狸祠命名的情况完全相同。郦道元说“俗谓之郑城”，是他把蜩蟟郭当作正式地名，而以为当地人所称的“郑城”是俗名。事实上，蜩蟟郭没有流传下来，郑城却流传到后世，直到改称郑家湾，都还保留了郑字。

四、南北朝楼烦的归属

今颍上境内，汉代没有别的县级建制，只有一个慎县，在江口镇汤圩子村。南北朝的时候，本地人口大量逃亡，很多郡县成为空城，不得不撤销建制。据《魏书·地形志》记载，当时的颍州，辖境大概北到太和，东到西淝河，西到河南新蔡、平舆，南到寿县西部，总人口仅一万三千三百四十三人，只相当于现在一两个行政村的人口。汉魏时代的慎县也没能逃脱空城的厄运，在《水经注》中就称为“慎县故城”。南朝宋还据有淮北地区，就在郑家湾侨置了楼烦县。《宋书·州郡志》：“楼烦令，汉旧县。属雁门，流寓配属。”

按：据《宋书·州郡志》，侨置楼烦亦有二，一属南兖州（南徐州），一属豫州。《州郡志》：“文帝元嘉八年（431），始割江淮间为（南兖州）境，治广陵（今江苏扬州）。”辖十四郡，其中雁门郡领楼烦、阴馆等五县。元嘉十一年雁门郡省并入南东平郡，楼烦县属之。元嘉三十年（453）省并南兖州入南徐州。其后复立，还治广陵，其辖境已无楼烦。这显然不是在今颍上辖境的楼烦。

东晋安帝义熙九年（413），在刘裕（后来的宋武帝）主持下，割扬州“大江以西、大雷（今安徽望江）以北”，建豫州，镇寿阳（今寿县）。其后分分合合，楼烦都属豫州汝阴郡，直到北魏夺取汝阴郡。豫州建置早于南兖州，《宋书·符瑞志》：“孝武帝大明二年（458）三月壬子，北汝阴楼烦平地出醴泉，豫州刺史宗悫以闻。”“（宋明帝）泰始五年（469）正月癸卯，白獐见汝阴楼烦，豫州刺史刘勔以献”，足见豫州（北）汝阴郡也有楼烦，与属南兖州、南徐州的楼烦同时存在，是不同州郡的两个侨县。

公元467年，南朝叛将常珍奇引北魏西河公、长社公围攻汝阴，被太守张超（景远）和军主杨文苌击退，此后北魏多次来攻，都未能取胜。直到宋明帝泰始六年（470），太守张超死，杨文苌代立，仍然坚守汝阴，最后，城内粮尽援绝，军民溃散，北魏才攻陷汝阴郡，夺取了淮北的全部地盘，楼烦也同时沦陷。

刘宋以后，萧齐没能收复淮北。萧梁代齐，梁将裴邃于普通五年（524）收复郑城，改为下蔡郡，属梁之豫州。528年梁将陈庆之出兵淮北，横扫黄淮，魏颍州刺史邓献投降梁朝，梁于汝阴建颍州，楼烦建制未改，仍隶豫州；直到549年东魏反攻，夺回淮北全部，仍建颍州，楼烦始回归汝阴郡（据《魏书·地形志·颍州》。当时的建制为“汝阴、弋阳二郡”，是一郡有二名）。此后南朝没有夺回颍州，楼烦一直属于颍州汝阴郡，直到隋朝。

五、颍上原来在郑城

颍上县最初命名在隋炀帝大业二年（607）。《隋书·地理志》：“颍上梁置下蔡郡，后齐废郡。大业初县改名焉。”这里略去了东魏的建置变迁。“后齐”即北齐，它继承的是东魏的地盘，不是梁的地盘。而东魏从梁夺回楼烦后，就已经废下蔡郡和下蔡县，保留楼烦县，并不是北齐才废的郡。“大业初改名”是从楼烦县改的，并非改自下蔡郡。北齐改制在天保七年（556），“北齐废郡”到“大业改名”之间有50年的空档，“县改名”也没说改自何县。从郑城（蜩蟟郭）到楼烦，有清晰的线索可寻，汉魏的慎县早已取消建制，这里“改名”的县只能是楼烦。

《旧唐书·地理志》：“颍上　隋置治所于古郑城。武德四年（621），移于今治。”这里的“今治”在何处？吴松弟《两唐书地理志汇释》（安徽教育出版社，2002）：“本治今安徽颍上县，武德后移治县北。”这里是把现在的颍上县城当成郑城，显然是错误的。顾祖禹《读史方舆纪要·凤阳府·颍州》：“隋大业三年，于今县南故郑城置颍上县，以地枕颍水上流为名也。唐武德初，移于今治。按《志》云：旧城在县北十二里，临沙河，基址犹存，则今城又非唐初所移之城矣。”“旧城在县北十二里”，正是十二里店旧城遗址。顾祖禹撰《读史方舆纪要》时在清初，“于今县南故郑城置颍上县”显然故郑城不是今县城，而是《水经注》所记载的蜩蟟郭，也就是郑家湾。

据颍上县农民专家冯传礼先生介绍，大约在1958年前后，在县北今十二里店（俗名“高河涯”，“涯”字土音读yé）发现了旧城遗址，地跨颍河东西，经鉴定为唐代遗址。这就是唐武德四年迁来的县城。《元和郡县图志》说：淮水“去（颍上）县七十里”，今县城距淮河六十里，十二里店与淮河的距离恰好是七十里，而且和顾祖禹说的“旧城在县北十二里”完全吻合。那么十二里店是唐代县城无可置疑了。

所以，隋改的颍上县最早的城址（楼烦县）是在郑家湾，唐武德四年县城迁到今县北的高河涯。我们经常听到的“颍上古为慎县（慎城）”的说法是不准确的，颍上其实是从颍尾和古郑城演变而来的。

六、颍上何时迁今址

那么，颍上是什么时候迁到现在的县城，又是什么原因促使县城的搬迁呢？

颍上县城的迁徙的时间，在历代正史地理志里都没有记载。顾祖禹说“则今城又非唐初所移之城矣”，说明他也不知道唐初故城是何时迁徙到今址的。但他至少提供了一个线索，那就是明末清初颍上县城已经迁徙到今址了。道光《颍上县志·建置·城池》：“自隋因郑城置颍上县治，唐改建于县北十二里之旧县城，不审何代复南徙”，明说不知道什么时候迁到现在的县城。道光《志》参考了前代县志，说明所有的颍上旧志都没有记载颍上县城迁徙的时间和原因。《颍上三千年大事记》（时代出版传媒有限公司、黄山书社出版，2010 年版）第二章《自然灾害》记：明天顺四年，“沙河大溢，民舍多没之，河东码头一空，始移河西立焉”。这里语焉不详，好像说的是河东码头迁于河西，没有说县城是否迁徙。

只有明嘉靖十五年本《颍州志》明确记录了颍上县城迁徙的时间和原因。卷一《郡纪》：“天顺四年（1460），颍上沙河（按：即颍河）水涨，民舍多渰没，河东马（码）头一空，始迁县于河西立焉。”可以看出：这与《颍上三千年大事记》所记略同，只是多了“迁县”二字，使我们明白了所迁的不是码头，而是县城。高河涯古城址分为河东、河西两部分，说明当年颍河暴涨是直接从县城中间对穿而过（唐代迁来的县城本在颍河东岸），已经不能再作为县城了，所以要迁徙的是县城而不是码头。从文笔看，《颍上三千年大事记》是从旧志里摘抄的，但是，明朝屠龙所修的《颍上县志》没有这方面的记载，而屠龙修志也是参考了前代县志的。就这样，旧志中的一处苟简，几乎让颍上县这么一件大事成了千古之谜！修志之人，可不慎欤？旧时学者批评《宋史》、明《中都志》材料芜杂，取舍不当，不够精练，我却以为过于简略的史书，恰恰难以从中找到更多有用的东西。

只是奇怪，《明史·艺文志》明明有“吕景蒙《颍州志》二十卷”，就是嘉靖十五年本《颍州志》，说明此书已经收藏于皇家图书馆。这也是颍州历史上唯一一部收藏于皇室图书馆的志书。但是，好像顾祖禹没有看到，难道明清两代《颍州志》的编修者也没有看到？

结 语

让我们来整理一下颍上建置史上的所有谜团：郑吉所封安远侯国，在王岗镇郑家湾，即《左传》中的“颍尾”。安远侯国被废后，这里改称“郑城”。《水经注》称之为“蜩蟟郭”，但是在其他史料中我们看到的只有“郑城”。南北朝的时候，这里先属刘宋的豫州汝阴郡，侨置了楼烦县；刘宋晚期，失陷于北魏，仍为楼烦县，属颍州汝阴、弋阳二郡，记录于《魏书·地形志》。524 年，梁豫州刺史裴邃攻破魏新蔡郡，夺取郑城，改属豫州下蔡郡。528 年，设于汝阴的颍州刺史邓献叛投南梁，颍州遂入梁，仍为颍州，而楼烦属豫州下蔡郡不变。549 年，东魏反攻，夺回淮北，楼烦及下蔡郡改属颍州。北齐代魏，改制，楼烦县不废，仍属汝阴郡。隋大业三年（607），改称颍上，因地处地图上颍水的上端，更因为这里是管仲故里，而《史记》记“管仲夷吾者，颍上人也”。唐武德四年（621），迁县于今县城北十二里店（高河涯），历宋元不改。明天顺四年（1460），颍河暴涨，穿城而过，县城被摧毁，遂迁建于河西，即今县城。

附录十三

南北朝汝阴郡沿革

南北朝是中国历史上最动乱的时代。阜阳地处淮北，当拉锯战的路口，是南北政权争夺最激烈的地区。不定的归属变动，加上各种原因导致的区划变动，使这一时期建置沿革的考证变得极为困难、复杂。本文希望通过各种史料的综合研究，能够比较清晰地还原那个特殊历史时期阜阳境内区划变动的真相。朝代后的年代只代表南北政权对本地区管辖的时间。

南朝·宋（420—470）

为汝阴郡，属豫州。与西部的新蔡郡领地均同东晋后期（见《宋书·州郡志》）。但郡治移至今阜南县张寨镇。南齐不据有本郡。

南朝宋初年，仍然据有淮北。宋武帝子刘义隆继位后，积极发展生产，与民休息，社会生产力获得了极大发展，遂积极准备北伐。结果反丢失了淮北直到江北的大片土地。但是，由于北魏的反击是在东线，此地仍然属南。北魏曾多次派大军进攻本郡，都被汝阴太守张超（字景远）击退。直到470年张超死，军主杨文苌代为郡守，粮尽援绝，苦战不能坚守，汝阴郡才失陷于魏。这也是淮河以北土地全部沦陷于魏的标志性事件。

《读史方舆纪要·凤阳府·颍州》："宋泰始二年（466），魏拓跋石自悬瓠引兵攻汝阴太守张超，不克，退屯陈项，寻复来攻，卒不克，久之，始没于魏。"说的是本郡失陷于魏在宋时，只是没有确切的年代。

但是，道光《颍上县志》却认为南齐也拥有本郡："元魏皇兴元年（467）已有（南朝）宋淮北四州及豫州淮北之地，而未克汝阴。……至景明元年（500），齐永元二年。齐豫州刺史裴叔业以寿阳降魏，……于是汝阴一郡全归于魏，隶扬州刺史。"这是说南朝宋直到南齐永元二年本郡都属于南方政权。

道光《阜阳县志·沿革考十》："宋元嘉二十七年（450），魏人数道来伐，淮西地之失已见《魏书·纪》中。然魏于何时抚定汝阴，迄无可据。考《宋书·明帝纪》：'泰始三年（467）春，魏寇汝阴，太守张景远击破之。'《刘勔传》云：常珍奇引魏西河公、长社公攻围汝阴，太守张景远与军主杨文苌拒击，大破之。景远寻病卒，以文苌代为汝阴太守，又频破魏师于荆亭戍（今颍上南照镇），亦不载汝阴以何时入魏也。惟《魏书·郑羲传》：天安初（466），常珍奇降，‘元石（按：即北魏拓跋石）为都将赴之，并招慰淮汝。’明年（467），又引军东讨汝阴，刘宋汝阴太守张超城守不下，石率精锐攻之，不克，‘遂旋师长社。至冬，复〔往攻超〕，超果设备，无功而还。历年，超死，杨文苌代戍，食尽城溃，乃克之，竟如羲策。’……寻绎其文所称‘历年’、‘食尽’者，固未必能至宋升明间（477—479）耳。萧齐革命（取代宋），高、武、明、和、二废帝，值元魏孝文全盛之时，保境自守，不闻北过寿春一步，是终齐世无县地矣。旧志于南齐列载汝阴、鲖阳、平舆、宋四县，其隶属亦与《齐书·志》约略相符。然《齐志》‘司州，镇义阳（今河南信阳市）’称：‘宋景平初（423），失河南北地。元嘉末，侨立州于汝南县瓠（即悬瓠，今河南汝南县），寻罢。泰始中，立州于义阳郡。……’则县地不为齐有，故昭昭也。至于侨立寄治四县之名虽存，其实于县地无关涉，何庸列之以滋阅者之疑？故斯志于齐世全从删削焉。”这显然是针对道光《颍上县志》关于“永元二年（500）汝阴郡始归于魏”的观点而发的，是说从萧齐建立到灭亡，都没有超过寿春一步，更不可能到达淮北的阜阳，“是终齐世无县地矣”（整个南齐没能占有清代阜阳县的地方）。至于旧志根据《南齐书》所记载的汝阴等四县，作为本郡曾属南齐的证据，完全是不懂这四县其实都在今河南信阳。这个说法有理，南齐不占有汝阴郡。

张家琦《安徽阜阳地区史略》记：“（南朝宋）明帝泰始二年（466）……于是北魏据有彭城（今江苏徐州）、悬瓠（今河南汝南县）。明年二月，北魏攻汝阴，没能攻下，十二月，又攻汝阴，仍未攻下。泰始五年三月，北魏再攻汝阴，仍被打退。……六年，北魏又来攻，吴喜（宋将）西救汝阴，……后来，汝阴粮尽，城溃，为北魏攻克。”据此，北魏取汝阴郡在皇兴四年，宋明帝泰始六年（470），所考有据。《宋书·吴喜传》：泰始五年，“虏寇豫州，（吴）喜统诸军出讨，大破虏于荆亭（今颍上县南照镇），伪长社公遁走，戍主帛乞奴归降。”这就是《宋书·刘勔传》所说的“常珍奇引魏西河公、长社公攻围汝阴，太守张景远与军主杨文苌拒击，大破之”，“（杨）文苌代为汝阴太守，又频破魏师于荆亭戍”。然后“历年，超死，杨文苌代戍，食尽城溃，乃克之”。结合《郑羲传》下文即叙“延兴初”（471）之事，北魏克汝阴在470年确凿无疑。此后九年（479）齐始代宋，故《阜阳县志》谓“终齐世无县地”。以北魏之强，在攻取淮北大部、几乎四面包围了汝阴郡的情况下，历20年、经四个皇帝（分别是太武帝拓跋焘、拓跋余、文成帝拓跋濬、献文帝拓跋弘，其中拓跋余立半年被中常侍宗爱所杀）方才攻取南朝宋孤悬于淮河北岸的这片土地，这在南北朝历史甚至整个中国古代战争史上都不能不说是一个奇迹。

需要注意的是，由于战争形势所迫，南朝宋之汝阴郡与前朝后世的汝阴郡都不在一地，既不在阜阳老城，也不在陶丘乡，而是远迁到淮河边上的阜南县张寨镇，即北魏的汝阴县、汝阴城。证明如下：

《水经注·淮水》：“淮水又东，谷水入焉。水上承富水，东南流，……东迳原鹿县故城北，……谷水又东迳富陂故城北，……谷水又东，于汝阴城东南注淮。”谷水今称谷河，原鹿县故城在今阜南县公桥乡阮城集，富陂即富波，富陂故城在阜南县王化镇，这里描述的谷河走向至今未变。谷河再往东流，到汝阴城东南入淮，这里的汝阴城显然不在今阜阳老城。《水经注疏》：“会贞按：今谷河自阜阳县西，东流至县南入淮”，是误认为这里的“汝阴城”就是指阜阳老城。但是，谷河也在焦陂镇南，为什么郦道元不说焦陂而要说远在百里之外的汝阴城？显然说不过去。所以这里的汝阴城只能是在谷河旁。

又，“淮水又东北，左会润水，水首受富陂，东南流为高塘陂。又东，积而为陂水，东注焦陵陂。陂水北出为鲖陂，陂水潭涨，引渎北注汝阴，四周隍堑，下注颍水。焦湖（即焦陵陂）东注，谓之润水，迳汝阴县东，迳荆亭北而东入淮。”润水即今大润河。高塘陂在今临泉县高塘乡，焦陵湖、焦湖在今阜南县焦陂镇，古代是一个大湖，唐以后开始淤塞，现在只剩下一条河道，叫清河，就是“引渎北注汝阴”的那条河。荆亭在今颍上县南照镇。这里是说润水流经焦湖，分成两支：一支向北流到汝阴（故城），即今清河；一支再向东流，仍称润水，流经汝阴县东，又流经荆亭北，再向东流入淮。这里再清楚不过地标示了汝阴县和汝阴故城不是一个地方。前面已经说了润水到焦陂镇分出一支向北流到汝阴（“北注汝阴”），那怎么可能再往东流还“迳汝阴县东”？而且，从焦湖再往东而要“迳汝阴县东”，只能是从“汝阴县”北绕过去，才能到汝阴县东，这就清楚地表明汝阴县在润水南，而不是远在大北方。对照地图，只有阜南县张寨镇在这个位置。所以，北魏的汝阴县不在今阜阳老城，而是在阜南县张寨镇。

对照一下《宋书》的相关记载，就可以发现《水经注》里的“汝阴城”“汝阴县”就是《宋书》里的汝阴郡。《宋书·吴喜传》：泰始五年，“虏寇豫州，（吴）喜统诸军出讨，大破虏于荆亭。”荆亭，又作“荆亭城”“荆亭戍”，是汝阴郡的一个重要戍守据点。据《魏书·郑羲传》，467年元石攻汝阴不克，撤军长社，至冬复攻，又败。此后反复来攻，一直未下，直到470年方才攻陷。《宋书·刘勔传》："（泰始）五年，汝阴太守杨文苌又频破虏于荆亭及戍西。"这里用了"频破"，说明不是一次两次。如果不是在南部的阜南张寨，而是在今阜阳城，元石攻汝阴，为什么频频进攻荆亭？就是因为荆亭距张寨太近了，魏人从淮河向北进攻，必须打下荆亭，方可顺利进攻汝阴（张寨）。如果是在阜阳城，那元石不会进攻荆亭，宋军也不可能把这里作为战略防守重点。所以，《水经注·淮水》中说的"汝阴城"，正是南朝宋的汝阴郡所在。而魏之所以在这里设汝阴县（今阜阳老城已经成了"女阴县故城"），正是沿袭了宋汝阴郡的旧名。由此可知：宋汝阴郡已经迁到阜南县张寨镇。

北魏（470—528）

皇兴四年至太和十八年（470—494）为汝阴郡。

这段时间的资料缺失，汝阴郡辖县不详。

太和十八年至二十二年（494—498）为东郢州。其后仍为汝阴郡，属颍州（州治项，今河南沈丘县）。

按：清·徐文范《东晋南北朝舆地表》（下称"《舆地表》"）于《州郡表》云："魏　太和十八年置东郢州于汝阴。二十二年（498）罢东郢州置颍州，统颍川、汝阴、汝阳、陈、谯五郡"，而于《郡县表》云："魏　汝阴郡　领汝阴、宋、许昌。太和十八年为东郢州，寻罢。孝昌二年置颍州。"（说明：原文为表格，不便照引，故以文字形式表现，空格处即为转行，不在同一栏。原书为大字标目，今改为黑体字。以下凡引《舆地表》均同）按照新置的颍州所统五郡首列颍川郡来看，新置的颍州州治在颍川而不在汝阴。《水经注·颍水》："（颍水的支流谷水）又东迳项城（今河南沈丘县治）中，楚襄王所郭，以为别都。都内西南小城，项县故城也，旧颍州治。"这里称项县故城为"旧颍州治"，说明曾于此设置过颍州，并已废。所以"罢东郢州"改置的颍州，治所应即今河南沈丘县而不在阜阳。郦道元《水经注·汝水》云："余以永平中（508—512）蒙除鲁阳太守，会上台下列《山川图》，以方志参差，遂令寻其源流。"《水经注》的开笔时间也应该在永平年间。项县故城为旧颍州治当早于此。故推测此即太和二十二年设置的颍州，并已于永平以前撤销。而在《水经注》中没有提到今阜阳境内有颍州，则当时未在汝阴建颍州，确凿无疑。

此后似乎又改在汝阴郡设置颍州。宋乐史《太平寰宇记·河南道》"颍州"："后魏景明四年（503）于此置颍州，取颍水为名。"这在郦道元撰写《水经注》之前，与郦道元称项县故城为“旧颍州治”不合，如在项城县则合。但这个说法的依据是什么，这个颍州何时取消（不取消则不可能后来又在汝阴置颍州），取消后是否即置于今阜阳，乐史都没有说。再说，如果这个颍州设于景明四年，那么，郦道元《水经注》说到汝阴时，为什么只说“汝阴郡治”而没有说是“颍州治”或“旧颍州治”呢？所以我们怀疑这里的颍州应该是设于项城（沈丘）的颍州。

又：道光《颍上县志·沿革考十三》：“颍上自普通五年（524）裴邃克郑城为下蔡郡，属梁之豫州，后属东魏扬州，兼有下蔡、楼烦。至北齐终。”即524—556年期间，颍上南部不属于汝阴、颍州。至北齐天保七年（556），废下蔡郡下蔡县，只存楼烦县，始属颍州汝阴郡。然考《魏书·地形志》，颍州汝阴、弋阳二郡有楼烦县，建义中（528）入于梁，武定七年（549）入东魏，属颍州；则颍上南部在梁为豫州下蔡郡，东魏改属颍州，不属扬州，且无下蔡地。《颍上县志》所考似误。

孝昌二年或三年，至武泰元年（526或527—528），为颍州。

在今阜阳的颍州，设置于北魏由盛到衰的混乱年代，由于史料当时就已经散失，颍州在设置之初就给后人留下了一个个谜团。

首先，颍州初置年代不明。《魏书·地形志》云：“颍州：孝昌四年置。”但查《魏书·孝明帝本纪》，孝昌年号仅用了三年，到了第四年（528）正月乙丑，孝明帝生了一个女儿，对外谎称生的是儿子，丙寅大赦，改元武泰元年。所以历史上并不存在孝昌四年。史官于年号均用追记法，即如果不在新年第一天改元，那么从正月初一到宣布改元的这一天，仍记为新纪元（先皇崩，新帝继位后改元，一般不用追记法）。如东汉桓帝延熹十年“六月庚申，大赦天下，悉除党锢，改元永康”。但《后汉书·孝桓帝纪》并不记为“延熹十年”，而是从年初就记为“永康元年”。在《魏书》中也是如此，《肃宗纪》正光六年六月才“大赦，改年”，改元孝昌，但在年初即记为“孝昌元年春正月”；又在记武泰改元之前并不使用孝昌年号，而是记“武泰元年春正月癸亥”。所以按照史书的体例，只要是当年（即使是在十二月）改元，全年的年号也要按新纪元追记。按照这个原则，孝昌四年根本就不存在。但《魏书》的编修者似乎各管一段，编《地形志》的只管编《地形志》，并不管你有没有孝昌四年。阜阳现存的志书中，明·正德《颍州志》只简单地说“后魏置颍州”，未详指何年，比较稳当。嘉靖《颍州志》订正为孝昌三年。虽不合《地形志》，却与《孝明帝本纪》相合。此后的清顺治《颍州志》就沿袭此说。但是，许多人却老是拿《魏书·地形志》来“纠正”这个说法。中华书局1983

年版、贺次君点校的《元和郡县图志·河南道》“颍州”记：“后魏孝昌四年，改置颍州。”无校；而“汝阴县”“后魏孝昌三年，于此置颍州”有校注：“孝昌三年《考证》（清人张驹贤为《元和郡县图志》作的考证）：‘三年’，州叙作‘四年’，与《地形志》合，此误。”都不去考校历史上并无孝昌四年之年号。而前引《舆地表》则直称“孝昌二年置颍州”，未知何据。

其次，颍州辖地也是一个谜，难以确指具体范围。北魏在汝阴设置的颍州，所领郡县无可考。《魏书·地形志》所记颍州非北魏置。其所辖之二十郡、四十县，其中十八郡、三十一县为梁置、东魏沿袭（所谓“萧衍置，魏因之”），而非北魏所置；另二郡九县中，有二郡五县属梁之陈州，另有四县系东魏取自梁或新置，分属颍州之汝阴、弋阳二郡及东恒农郡，是否属魏之颍州，也没有说明，故不能据以推测北魏设置之颍州。有学者据《舆地表·郡县表》推测北魏颍州领颍川、汝阴、汝阳、陈、谯五郡，即原东郢州所辖郡县，难以为据（谯郡时属涡州）。而北魏之颍州旋设旋陷，可以不必深究。

梁

大通二年至正平二年（528—549）为颍州。州治在故陶丘乡。

道光《阜阳县志·沿革考》十一：“萧梁代齐之初（天监元年，502），未有县地也。旧志以《梁书》无地志可考，以列传天监三年萧宝夤自魏达汝阴，东城已陷为属梁之证。而《梁书·纪》天监三年八月，魏陷司州，以南弋阳置司州，迁徙退守，足以明其无进取之绩矣。又引普通五年（524）裴邃攻魏新蔡郡，略地至汝颍，时魏汝阴来附，敕裴之高应接，仍假节飙勇将军、颍州刺史，以为地属梁。考之高本传下即云：‘士民夜反，踰城而入，之高率家僮与麾下奋击，乃散走。父忧还京。’其能终守与否，不载也。梁纪普通五年九月壬戌，宣毅将军裴邃袭寿阳，入罗城，弗克；七年十一月夏侯亶等始克寿阳，以置豫州，亦未载有遂取淮北地之文。唯《魏书·地形志·颍州》下注：‘孝昌四年置，武泰元年陷。’按：武泰元年即孝昌四年，是置州已在入梁之岁，而梁是岁即大通二年也。纪称：‘时魏大乱，降服相继。’县地之入梁，的以是年为断，则与南北记载相符。”

此考甚当。查《魏书·邓渊传》：“肃宗末，（邓献）除冠军将军、颍州刺史。建义初（528 年），闻尔朱荣入洛，朝士见害，遂奔萧衍。”528 年为梁大通二年，在北魏则有三个年号：孝明帝武泰元年、孝庄帝建义元年、永安元年。建义初即武泰元年。邓献于“建义初奔萧衍”，即《魏书·地形志》颍州于“武泰元年陷”，亦即《梁书·武帝本纪》：“（大通二年）冬十月丁亥，……魏豫州刺史邓献以地内属。”（“豫州”属史官误记）《舆地表》云“中大通三年（531），即魏普泰元年，（梁）克颍州，置双头郡十八焉”。年代有误，与《魏书》志、传，《梁书》纪、传均不合。梁将陈庆之于大通二年横扫淮北，直抵大梁（今河南开封），挥兵西征，破荥阳、取虎牢（今河南荥阳县汜水镇西），攻入北魏京师洛阳，魏帝仓皇弃城走。“自发铚县（今濉溪县古城乡）至于洛阳，十四旬平三十二城，四十七战，所向无前。”（《梁书·陈庆之传》）而北魏尔朱荣把持朝政，剪除异己，滥杀大臣，人人自危，故邓献叛投梁朝。颍州入梁在大通二年而非中大通三年。至于中大通三年（531）所破颍州刺史娄起，州治在悬瓠城（今河南汝南县），不在汝阴郡。

梁颍州驻地在阜阳老城西，即《水经注·颍水》所记“故陶丘乡也，汝阴郡治”。领双头郡十八，县三十一。不计双头郡、县，实有十郡、二十县。分别是：

汝阴、弋阳二郡　今阜南县张寨镇。领县四：

汝阴　陈留　今临泉县高塘乡。

按：《魏书·地形志》：“有高塘陂、蟹谷陂。”高塘陂在今临泉县高塘乡。蟹谷陂不知所在，疑即颍州西湖。湖畔有白蟹泉。今阜阳境内没有以蟹谷命名的陂塘湖潭，而颍州西湖上古、中古水面紧邻白蟹泉，故推测蟹谷陂即颍州西湖。如此，则汝阴、陈留二县北界到颍州西湖，湖东即颍州州治，故陶丘乡，原汝阴郡治。

宋　今颍上县南照镇。梁置。有荆亭城。

按：《太平寰宇记》：“荆亭城在颍上县西南六十里。”即今颍上县南照镇。在今太和县倪邱镇的宋县，已于太和末年（499）废。

期思　今河南淮滨县期思镇。

财丘、梁兴二郡　今临泉县艾亭镇。领县四。

按：此二郡下辖梁兴县，有艾亭丘，可见当在艾亭镇。一说此二郡在今临泉县鲖城镇。但鲖城镇此时已置新蔡、南陈留二郡及鲖阳县，不可能又属于财丘、梁兴二郡。鲖阳县东魏改为财州，与财丘郡不在一地。《魏书·地形志》：“财州　武定八年（558）置，治豫州鲖阳县固始城。”州治不在鲖阳而在固始城（今临泉县西古城子）。

梁兴　今临泉县艾亭镇。有艾亭丘。

财丘　梁城　今阜南县方集镇财城村。

道光《阜阳县志·古迹》：“东财城、西财城　县西百（一）十里有两小城，相去二三里，梁置财丘双头郡，东魏置财州，后齐废者，即其地。按：旧志遗梁置一层，缘未考东魏之置因梁也，今补入。”按：此处“县西”应为“县南”（详下）。今财城村是其故址，旧名犹存，距阜阳老城（原阜阳县治）110里。《沿革考》十三：“旧志虽列载数条（指记梁在汝阴郡设颍州及所属郡县事），而阙漏尚复不少。即如县南一百十里有两小城，相去二三里，列于古迹，以为东魏置财州，后齐废，即此地。似据《隋书·志》注也。殊不思《魏书·地形志》财丘、梁兴二郡下首列梁兴，注云：‘萧衍置，魏因之，有艾亭邱。’为确然在县之境内乎？”《县志》编者在此是举梁兴以证财丘、梁城二县在阜阳县境内，邻近艾亭丘（今临泉县艾亭镇）。

汝阳　当即今阜南县王堰镇永店村。因在汝水（今改称洪河）之北，故称汝阳。唐初于此置永安县。《中国历史地名大辞典》“汝阳县”条：“②南朝梁置，属财丘、梁兴郡。治所在今安徽临泉县境。北魏以后废。”永店村旧属临泉县方集区，1950年划归阜南。另外，“北魏以后废”有误。《魏书·地形志》此条下注：“萧衍置，魏因之”，《魏书》成于东魏，证明汝阳县延续至东魏。

西恒农、陈南二郡　今阜阳市颍泉区泉颖办事处白庙集。

恒农　胡城今阜阳市颍泉区泉颖办事处白庙集。有燋丘、雉、鲖二陂、神庙（当为祭祀胡国祖神的庙宇）。此城至唐初尚存，即信州治。一说在今涡阳县马店乡胡城村，晚唐诗人杜荀鹤《再经胡城县》诗指此，误。此地与今涡阳县中隔梁之陈州（见下），胡城县不可能在涡阳，此盖因有胡城名而附会者。另外，必须明白的是：胡城有县名、有县宰，是当时存在的县治，不是因袭已废的旧名。而涡阳县胡城村从未建县，杜荀鹤诗之胡城县在今河南宝丰，见唐代考证。

南顿　有闰水（今润河）、东陵城。今阜南县北部，当即今三塔镇。《水经注·淮水》：“淮水又东北，左会润水。水首受富陂，东南流为高塘陂，又东，积而为陂水，东注焦陵陂。陂水北出为鲖陂。”此处的鲖陂，即恒农、胡城有“雉、鲖二陂”之鲖陂，主河道即今中清河。杨守敬疏：“《（魏书）地形志》西恒农、陈南二郡：南顿有闰水，即此水也。”由此可知：此处的南顿应该在今阜南县北部（南部已有汝阴、宋县）的三塔镇（小润河在镇北）。

东郡、汝南二郡　治牛心丘。当在今河南汝南县。领县二：

白马　济阳　有石历陂。

东恒农郡　当在今凤台县西、颍上境内。参下文淮阳县。领县二：

荥阳　阳氏

新蔡、南陈留二郡　今临泉县鲖城镇。领县一：

鲖阳县　今临泉县鲖城镇。

《隋书·地理志》“鲖阳县”：“后齐废，开皇十一年复。又东魏置财州，后齐废，以置包信县。开皇初废。”按：东魏在鲖阳县置财州，但不在县治，而是在鲖阳县固始城，即今临泉县古城子。见下。

荥阳、北通二郡　当在今河南正阳县境内。《左传·定公五年》：“大败夫概王于沂。”杨伯峻《春秋左传注》：“沂今河南正阳县境。”此二郡领四县中有临沂，当即此沂。又有汝阴之名，当即今河南正阳县汝南埠镇，在南汝河南岸；又与新蔡、南陈留二郡、汝南、太原二郡边界相接。领县四：

北通　临淮今河南正阳县。

临沂　汝阴今河南正阳县汝南埠镇。

汝南、太原二郡　今河南平舆县。领县四：

平豫　安城　今河南平舆县，北魏将在射桥镇的平舆县迁于此（据杨守敬《水经注疏》）。梁改为平豫，合安城，为二县。

太原　新息　今河南平舆县射桥镇。

新兴郡　今寿县板桥乡。领县四：

安城县　郡治。今寿县板桥乡。

都立县

新兴县

义兴县

另外，今阜阳境内还有梁所置的陈州。

南朝梁曾在淮北置陈州。《魏书·地形志》颍州“北陈留、颍川二郡萧衍为陈州，武定七年（549）改置”可证。但由于《梁书》无地理志，梁之陈州在被东魏攻取后改为北扬州，《魏书·地形志》分载而不详，所以今阜阳市北部梁所置陈州及所辖郡、县，前人颇多误考。

1. 关于陈州及颍川郡治。《舆地表·郡县表》“豫州安丰郡”（在今寿县西南安丰塘）注：“梁　置陈留、安丰、北陈、高唐等郡，及陈州颍川郡与许昌县”；“雩娄县”（今河南固始县东南）注：“梁　置陈留、安丰二郡及颍州（应为川）郡许昌县。”今人即据此认为梁之陈州颍川郡与许昌县、东魏之北陈留、颍川二郡在今寿县安丰塘及固始县东南。

此说大误。《隋书·地理志》汝阴郡颍阳县：“梁曰陈留，并置陈留郡及陈州。东魏废州。”梁之陈州辖陈留、颍川、南顿等郡（均非双头郡），东魏将梁陈州的陈留郡、颍川郡合并为北陈留、颍川二郡（双头郡），辖县即《魏书·地形志》二郡所辖五县，此外是否还有辖县，不明。《隋书·地理志》汝阴郡清丘县："清丘梁曰许昌，及置颍川郡。开皇初废郡，十八年县改名焉。"《舆地表·郡县表》也说："故清邱城在今颍州府东五十六里。"道光《阜阳县志·古迹》："清丘城　县东五十六里，梁置许昌及置颍川郡，隋开皇十八年改名清丘县，唐贞观元年省入汝阴县。今清丘村北照寺基也。"这些均证明清丘即颍川郡许昌县，即今阜阳市颍东区口孜镇清邱村，北照寺至今犹存。许昌县既在阜阳东，就不可能又在淮河以南。由此可见梁陈州颍川郡也在阜阳以东，而不在雩娄。

2. 陈州陈留郡陈留县，即隋之颍阳县所在地。《舆地表·郡县表》"雩娄"又注："隋　开皇二年废陈留、安丰、颍川三郡，存陈留、安丰、颍川三县。十八年改陈留曰颍阳，许昌曰清邱。大业三年，颍阳、清邱并属汝阴郡，以安丰县属淮南郡。"《隋书·地理志》"淮南郡"："安丰梁置陈留、安丰二郡，开皇初并废。"则此安丰在梁为陈留、安丰二郡（双头郡），其地在淮南，属梁豫州，与陈州颍川郡名实均不同，徐文范之误显而易见。颍阳与清丘县既在隋"并属汝阴郡"，亦当在今阜阳境内，不可能隔着汝阴、下蔡而远在寿县西南。

道光《阜阳县志·古迹》："颍阳城　县东八里。梁置陈留郡、陈留县，兼置陈州。隋开皇十八年改为颍阳县，属颍州，即其地。"并注："按：旧志引《方舆纪要》，牵合秦汉鄄丘、新鄄、宋，皆其地。而考魏、隋《志》、注，皆不言'梁置，即鄄丘、新鄄、宋也'。《（颍州）府志》以鄄丘、新鄄、宋在太和，并谓颍阳亦在太和，恐皆泥《方舆纪要》而误者，故仍从魏、隋《志》、注。"

此考亦误。（1）陈州为梁置，《魏书·地形志》所记北陈留、颍川二郡，为梁陈州，但此二郡是东魏改置。原陈州辖陈留郡在太和县城关镇陈小寨村，颍川郡在许昌。东魏合而为双头郡，郡治在许昌，本非汉代鄄丘、新鄄、宋故地；而《隋书·地理志》均从南北朝记起，故不记汉代建置；（2）从地名看，隋既改为颍阳，其地自当在颍水之北，与太和县陈小寨村地理相符。明正德《颍州志》因县东八里无古城，误指婆婆冢（距城五里）为颍阳城，《县志》似即据此而误。然而其地在颍河之南，显然不能称为颍阳；（3）如梁置陈州在县东八里，二州之间似乎过于紧密。置颍州时梁已拓地至于洛阳，没有必要在八里间设二州；而隋自统一以后，即全力压缩行政建制，不仅废郡改为州县制，而且对州县数目进行削减。如颍阳在阜阳县东八里，就没有设置的必要。《方舆纪要》以为县（颍州）

东八里为鄟丘、汉新鄟县、宋公国等，固然有误，而《县志》以为此即梁陈州、陈留郡、陈留县及隋颍阳县，亦误。《中国历史地图集》标注隋颍阳县在太和旧县镇，即梁陈州、陈留郡及陈留县所在。

梁之陈州除陈留郡、颍川郡外，还有南顿郡（在今河南项城市南顿镇)。《舆地表·郡县表》于“南顿”下注：“梁　南顿郡　领同（东晋）属陈州。”辖南顿、和城（今项城市高寺乡）二县及平乡县。《隋书·地理志》淮阳郡南顿县：“旧置南顿郡。后齐废郡及平乡县入，改曰和城。大业初又改为南顿。”是平乡县属南顿郡。郡地与陈州陈留郡、颍川郡相连，而与在今淮河南岸的安丰、雩娄中隔魏之豫州，地不相属。故徐文范认为梁之陈留、安丰二郡及颍川郡许昌县在今固始县东南，误。

梁之陈州先于颍州失陷于魏。《魏书·地形志》：“北扬州　天平二年(535）置。治项城（今河南沈丘县)”，辖陈、南顿、汝阴、丹杨、陈留五郡。其中汝阴郡、陈留郡在今阜阳境内。这与颍州不是交叉了吗？为什么会有这个设置？

《魏书·帝纪》第十一：永熙三年（534）二月“己未，萧衍假节、豫州刺史、南昌王毛香举城内附，授以持节、安南将军、信州刺史、义昌王。”梁豫州在寿阳（今安徽寿县)，刺史毛香降魏时只能从颍水北渡。而魏北扬州汝阴郡所辖的汝阴、宋、许昌三县，恰好在颍水边；他所封的“信州刺史”治所也在“项城”，恰好就是北扬州的治所。这说明梁豫州刺史毛香叛变后，梁之陈州也跟着失陷，并连带颍州的部分地区也陷落于魏。毛香降魏后，先被北魏孝武帝封为信州刺史，不久东魏取代北魏，天平二年改信州为北扬州。

北扬州的汝阴郡治社亭城。有人以为社亭城即荆亭城（今颍上南照镇)，但一个地方不应同时有两个相近的城名。既然特别说明“治社亭城”，也明显不在汝阴。魏颍州西恒农、陈南二郡之恒农、胡城二县（在阜阳市颍泉区白庙集）有“神庙”，当是误以为社稷之神，是可释为“社亭”，故推测社亭城即原胡城。

现在我们复原一下梁之陈州与东魏的北扬州：

陈州治今太和旧县镇东陈小寨村。大通元年（527）置，大同元年(535）陷。可考者领郡三、县九：

陈留郡领县三：

陈留　今太和县城关镇陈小寨村，郡治、州治。

小黄　今界首市光武镇小黄村，即汉新阳县治迁改。一说在寿县西，误。《读史方舆纪要·寿州》：“小黄城在（寿）州西。《寰宇记》：晋义熙十二年（416）置小黄县，在安丰城西北三十里，或即黄城也。胡氏曰：下蔡在淮北，黄城在寿阳西。”但与许昌中隔汝阴弋阳二郡之楼烦，地不相连；一说在今亳州市谯城区，亦误。梁之陈州颍川郡许昌县距亳州谯城区二百余里，地不相连；且谯城属南兖州、谯州等。《隋书·地理志》谯郡山桑县：“后魏置涡州、涡阳县，又置谯郡。梁改涡州曰西徐州。东魏改曰谯州。……又梁置北新安郡，东魏改置蒙郡。……又梁置阳夏郡，东魏废。”其不属陈州甚明。梁陈州陈留郡在太和县陈小寨村，与界首市光武镇小黄村地相接，且小黄村北的尹城子本为汉新阳县治。因此可以断定这里是小黄县所在。

郑县　地失考。《隋书·地理志》：“颍阳梁曰陈留，并置陈留郡及陈州……有郑县，后齐废。”其地当在今太和县境内。

颍川郡今阜阳市颍东区口孜镇清邱村，领县三：

许昌　郡治。

圉城　雍丘　有蓬丘、校水。当即今太和县原墙镇，汉细阳县。

（按：以上仅据《魏书·地形志》东魏颍州北陈留、颍川二郡所辖之县参酌分划，具体如何分县，此外是否还有县未列，不得而知，仅供参考。）

南顿郡今河南项城市南顿镇。领县三：

南顿　郡治。有颍阴城、南顿城、汉光武庙。

和城　今项城市高寺乡。

平乡　当即今商水县平店乡。《水经注·颍水》：“颍水又东，右合谷水，水上承平乡诸陂，东北迳南顿县故城南，侧城东注。”此平乡即南顿郡之平乡县。

清和、南阳二郡　今河南淮阳县。《隋书·地理志》淮阳郡宛丘县：“又后魏置南阳郡，东魏废”，即此。此二郡即梁沿北魏南阳郡建置，而改为二郡。领县三：

清和今河南淮阳县。

南阳　汝南今河南商水县（此或以溵水为汝水，故名）。

东魏·北扬州

旧信州，天平二年（535）改，治项城（今河南沈丘县）。领郡五，县十九：

陈郡今河南沈丘。《隋书·地理志》：“项城后魏置扬州及丹阳郡、秣陵县，梁改曰殷州，东魏又改曰北扬州。”即此。领县四：

项　今河南沈丘，州、郡治。有方城。

长平　今河南西华县东北十八里。有长平城、习阳城。

西华　治西华城（今县）。

襄邑　治思都城。地失考。

南顿郡　晋惠帝置。领县四：

南顿　有颍阴城、南顿城、汉光武庙。

和城　今项城市高寺乡，有高阳丘。

平乡　今项城市西，有平乡城。

新蔡　失考，不是今河南新蔡县。考南顿郡其他三县均在今项城市附近，而新蔡县距项城中隔今河南平舆、汝南（时为豫州治）、安徽临泉等地，南顿郡不可能远隔数百里有属县。

汝阴郡晋武帝置，太和十八年为东郢州，后罢。治社亭城。领县三：

汝阴　今阜阳西北十里。

宋　　今颍上县润河镇。

许昌　今阜阳市颍东区口孜镇。

丹杨郡在今河南项城市。领县四：

秣陵　今项城市秣陵镇，有次水。

邵陵　今漯河市召陵区。

南阳　失考。

白水　失考。

陈留郡武定六年（548）置，并设陈留县。领县五（按：《魏书·地形志》记：“领县四”。未记陈留县，陈留为陈留郡治，也是属县）：

陈留　今太和城关镇陈小寨村。

小黄　今界首市光武镇小黄村。

宋　今太和县倪邱镇。西汉新郪县，东汉为宋公国，后罢，太和元年（477）复属。按：《魏书·地形志》记陈留郡与汝阴郡之宋似颠倒。依《地形志》，汝阴郡之宋为西汉新郪县治，而陈留郡之宋县似在今颍上县南照镇，但地理位置不合，据辖区改。

雍丘　今太和县原墙镇。

新蔡　失考。

东魏（549—550）

武定七年（549）重置颍州。除梁置颍州所辖十六郡外，增四郡、十二县（实仅二郡、八县），这才是《魏书·地形志》所载之颍州，总领二十郡、四十县。此四郡、十二县是：

北陈留、颍川二郡　今阜阳市颍东区口孜镇清邱村。本为梁陈州颍川郡，534 年入北魏，属信州。天平二年东魏改为北扬州汝阴郡许昌县。武定七年改为北陈留、颍川二郡，隶颍州。领县五：

许昌　今阜阳市颍东区口孜镇清邱村。

圉城　雍丘　有蓬丘、校水。今太和县原墙镇。

陈留　小黄　治安阳城，即今太和县城关镇陈小寨村，隋改为颍阳县。

清和、南阳二郡　今河南淮阳县。领县三：

清和今河南淮阳县。

南阳　汝南今河南商水县。

又有四县，其中三县属汝阴、弋阳二郡，淮阳县东魏新增，属东恒农郡：

弋阳　新息　今河南息县。北魏太和十九年（495）置弋阳，在今河南信阳市。后入梁（不属于颍州），置新息（在河南息县），合弋阳。武定七年（549）入于东魏。沿梁制而改隶汝阴、弋阳二郡。

楼烦　今颍上县王岗镇郑家湾。本属北魏南兖州下蔡郡，建义中（528）属梁，仍属下蔡郡。武定七年入东魏，改属颍州汝阴、弋阳二郡。

按：《魏书·地形志》：颍州汝阴、弋阳二郡有“楼烦　建义中（528）陷，武定七年（549）复”，而南兖州下蔡郡“楼烦　孝昌中陷，兴和中（539—542）复”。“建义中”与“孝昌中”略同，“失陷”的时间不矛盾，但一说“兴和中复”，一说“武定七年复”，让人无所适从。推测应为528年入于梁，属南兖州下蔡郡，兴和中入于魏，仍属下蔡郡，武定七年改属汝阴郡。

淮阳县　有平陆。武定七年东魏增置，属颍州东恒农郡。按：《隋书·地理志》汝阴郡下蔡县：“梁置汴郡，后齐郡废。又梁置淮阳郡，后齐改曰颍川郡。开皇初郡废。”二郡分述，汴郡既在下蔡，淮阳郡不可能同在一地，从淮阳郡名看，其地当近淮河；齐又改为颍川郡，则当在西淝河与颍河之间，接近颍河。淮阳郡当有淮阳县，应即此。

武定八年（550）置财州，治豫州鲖阳县固始城（今临泉县古城子）。东魏鲖阳县的辖境不可能到达今河南固始县，可知临泉名为固始至东魏尚未取消。《魏书·地形志》未记此财州所领郡、县。按《地形志》有义州，梁置，后入东魏，仅二百一十五户，三百二十二口人，亦不辖郡县。财州也应该是像义州这样的独城州。

北齐（550—577）

州废，为汝阴郡。因无志，不知辖县。北部的太和县陈小寨村为陈留郡陈留县。鲖阳废，改置包信县。

按：《北齐书·文宣帝纪》：天保七年（556）十一月诏令："并省三州、一百五十三郡、五百八十九县、二镇二十六戍。又制刺史令尽行兼（郡守），不给干物。"

北周（577—581）

又置颍州。领地不详。

此后入隋。

参考文献

经典类

[清] 阮元校刻．十三经注疏（影印本）[M]．北京：中华书局，1979.

杨伯峻．春秋左传注（第2版）[M]．北京中华书局，1990.

鲁开泰．春秋左传译注 [M]．武汉：武汉出版社，1998.

袁珂．山海经校注 [M]．上海：上海古籍出版社，1980.

屈原著，程嘉哲注释．天问新注 [M]．成都：四川人民出版社，1984.

地图类

李燊荣绘，温绍梁校印．阜阳县全图 [M]．1926.

中共安徽省阜阳地委办公室编绘（内部发行）．安徽省阜阳专区地图 [M]．1962.

谭其骧主编．中国历史地图集 [M]．北京：中国地图出版社，1982.

水利部淮委．淮河流域图 [M]．2005.

河南省通用地图册（第4版）[M]．成都：成都地图出版社，2005.

安徽省地图册 [M]．北京：中国地图出版社，2008.

山东省地图册 [M]．北京：中国地图出版社，2006.

江苏省地图册 [M]．哈尔滨：哈尔滨地图出版社，2009.

地理志书类

〔北魏〕郦道元注．杨守敬，熊会贞疏．水经注疏．南京：江苏古籍出版社，1999.

〔北魏〕郦道元注．〔清〕汪士铎图．陈桥驿校释．水经注图．济南：山东画报出版社，2003.

〔北魏〕郦道元注．陈桥驿校释．水经注校释．杭州：浙江大学出版社，1999.

〔唐〕李吉甫撰．贺次君点校．元和郡县图志．北京：中华书局，1983.

〔清〕顾祖禹撰．读史方舆纪要［M］．北京：中华书局，2005.

徐文范．东晋南北朝舆地表［M］．北京：商务印书馆，1935.

郑宝恒．民国时期政区沿革［M］．武汉：湖北教育出版社，2000.

吴松弟．两唐书地理志汇释［M］．合肥：安徽教育出版社，2002.

辞书类

〔汉〕许慎．说文解字［M］．北京：中华书局，1963.

〔汉〕许慎撰．〔清〕段玉裁注．说文解字注．郑州：中州古籍出版社，2006.

宋本广韵［M］．北京：中国书店，1982.

〔清〕张玉书，陈廷敬．康熙字典．成都古籍书店影印，1980.

中国历史年代简表［M］．北京：文物出版社，1973.

孙永都，孟昭星．简明古代职官辞典．北京：书目文献出版社，1987.

宗福邦，陈世铙，萧海波主编．故训汇纂．北京：商务印书馆，2003.

史为乐主编．中国历史地名大辞典［M］．北京：中国社会科学出版社，2005.

史书类

司马迁著．〔日〕泷川资言会注考证．史记会注考证．北京：北岳文艺出版社，1999.

〔汉〕班固著．汉书．北京：中华书局，1962.

〔南朝宋〕范晔撰．后汉书．北京：中华书局，1965.

〔晋〕陈寿撰．〔南朝宋〕裴松之注．三国志．北京：中华书局，1959.

〔唐〕房玄龄．褚遂良撰．晋书．北京：中华书局，1974.

〔南朝梁〕沈约撰．宋书．北京：中华书局，1974.

〔南朝梁〕萧子显撰．南齐书．北京：中华书局，1972.

姚思廉．梁书［M］．北京：中华书局，1973.

姚思廉．陈书［M］．北京：中华书局，1972.

魏收．魏书［M］．北京：中华书局，1974.

李百药．北齐书［M］．北京：中华书局，1972.

令狐德棻，岑文本，崔仁师．周书［M］．北京：中华书局，1971.

令狐德棻，长孙无忌，魏征．隋书［M］．北京：中华书局，1973.

李延寿．南史［M］．北京：中华书局，1975.

李延寿．北史［M］．北京：中华书局，1974.

刘昫．旧唐书［M］．北京：中华书局，1975.

欧阳修，宋祁．新唐书［M］．北京：中华书局，1975.

薛居正．旧五代史［M］．北京：中华书局，1976.

欧阳修．新五代史［M］．北京：中华书局，1974.

〔宋〕司马光编著．〔元〕胡三省音注．“校点资治通鉴”小组校点．资治通鉴．北京：中华书局，1956.

〔宋〕李焘撰．续资治通鉴长编（第2版）．北京：中华书局，2004.

〔元〕脱脱撰．宋史．北京：中华书局，1977.

脱脱撰　辽史［M］．北京：中华书局，1974.

脱脱撰　金史［M］．北京：中华书局，1975.

宋濂撰　元史［M］．北京：中华书局，1976.

张廷玉　明史［M］．北京：中华书局，1974.

赵尔巽撰　柯劭忞．清史稿［M］．北京：中华书局，1977.

水利部淮河水利委员会《淮河水利简史》编写组．淮河水利简史．北京：水利电力出版社，1980.

水利电力部水管司，水利水电科学研究院编．清代淮河流域洪涝档案史料．北京：中华书局，1988.

方志类

〔明〕刘节撰．储珊增补．正德颍州志．正德六年（1511）刊刻，上海古籍书店据宁波天一阁藏本影印，1963.

〔明〕吕景蒙订定．胡衮编次．嘉靖颍州志．明嘉靖十五年（1536）刊刻，阜阳市档案馆藏书．

嘉靖宿州志．〔明〕余鍧著．马道魁，李需盈．张道引点校．嘉靖十六年（1537）刊刻．合肥：黄山书社，2008.

〔明〕李宗元著．嘉靖沈丘县志．嘉靖九年（1530）刊刻，沈丘县地方史志办公室据天一阁藏明嘉靖刻本影印，2012.

〔明〕刘芥主修．万历太和县志［M］．万历二年（1574）刊刻，中国台北国家图书馆藏．

〔清〕孙可成，王天民主修．顺治颍州志．顺治十一年（1654）刊刻，阜阳市档案馆藏．

高泽生．颍上风物纪［M］．合肥：黄山书社，2009.

〔清〕张钫主修．王锡编纂．鹿祐裁定．康熙颍州志．康熙五十五年（1716）刊刻，阜阳师范学院历史系图书室藏．

〔清〕王敛福纂修．乾隆颍州府志．乾隆十七年（1752）刊刻，阜阳市档案馆藏

〔清〕潘世仁纂辑．乾隆阜阳县志．乾隆二十年（1755）刊刻，故宫珍本丛刊，故宫博物院编影印本．海口：海南出版社，2001.

〔清〕刘耀椿主编．道光颍上县志．道光六年（1826）刊刻，颍上县档案馆藏

叶圭绶撰，王汝涛，唐敏，丁余善点校．续山东考古录［M］．济南：山东文艺出版社，1997.

李复庆主修．道光阜阳县志［M］．道光九年（1829）刊刻，阜阳市档案馆藏

〔清〕钟泰，陈晋，王懋勋，宗能徵纂修．亳州志．光绪二十年（1894）刊印，阜阳市档案馆藏

〔民国〕丁炳烺主修，吴承志纂修．太和县志．民国十三年（1924）刻本，太和县档案馆藏

临泉县志略（无撰人名）［M］．民国二十五年（1936）刻印，阜阳市档案馆藏．

〔民国〕南岳峻，廖麟，郭坚主编．吕荫南总编纂．阜阳县志续编．民国三十四年（1945）刊刻，阜阳市档案馆藏．

界首市地方志编纂委员会编．界首县志［M］．合肥：黄山书社，1995.

水利部淮河水利委员会《淮河志》编纂委员会编．淮河大事记．北京：科学出版社，1997.

阜南县地方志编纂委员会编．阜南县志［M］．合肥：黄山书社，1997.

徐学林撰．安徽省志·建置沿革志．北京：方志出版社，1999.

张英聘．明代南直隶方志研究［M］．北京：社会科学文献出版社，2005.

汪友林主编．安徽文史资料全书·阜阳卷．合肥：安徽人民出版社，2007.

张家琦著．安徽阜阳地区史略．内部赠阅，2008.

学术类

丁山著，沈西峰校．商周史料考证［M］．北京：国家图书馆出版社，2008.

〔宋〕罗大经著．鹤林玉露．上海：上海书店，1990.

白兆麟著．简明训诂学．杭州：浙江教育出版社，1984.

李之亮撰．北宋京师及东西路大郡守臣考．成都：巴蜀书社，2001.

王秋生辑注．欧阳修、苏轼颍州诗词详注辑评．合肥：黄山书社，2004.

李晓杰．体国经野——历代行政区划［M］//葛剑雄主编．制度文明与中国社会丛书．长春：长春出版社，2004.

王子今．邮传万里——驿站与邮递［M］//葛剑雄主编．制度文明与中国社会丛书．长春：长春出版社，2004.

吴海涛．淮北的盛衰成因的历史考察［M］．北京：社会科学文献出版社，2005.

张修桂．中国历史地貌与古地图研究［M］．北京：社会科学文献出版社，2006.

刘德清．欧阳修纪年录［M］．上海：上海古籍出版社，2006.

刘宗迪．失落的天书［M］．北京：商务印书馆，2010.

后　记

大概有好几年了，有一天晚上，我从临泉回来，乘坐的是专线出租车。黄昏时分，车到三十里河（新西湖）。因为只有我一个乘客，司机话也不多，未免有点无聊。于是我就指着南边的湖面跟司机说："新中国成立初期从临泉上阜阳都是从南边坝子上绕过去呢。"意在聊一聊过去和现在公路的不同、变化。不料司机的反应吓了我一跳——

他激灵一下，飞快地上下扫了我一眼，失声问道："你咋知道的?"声音里充满了愕然和恐惧，脸上写满了惊悚和疑惑，好像我是被湖里爬上来的幽灵附了体似的。我分明看见他在无声地质疑我："你怎么看也不像个百岁老人啊……"

我笑了，想跟他说："这世界上有一门学问叫做'历史'。"可是转念一想，这肯定是白搭，因为他已经用表情告诉了我，他对于"学问"一无所知。于是我平静地告诉他："我也是听人说的。"

从那以后我们就不再交谈，而他明显地在演示什么叫"如坐针毡"。车在提速。在尴尬的寂寞中，到了我们小区门口，我把车费给他后，感觉他轻轻地舒了一口气，然后猛然加大油门，"轰"的一声飞走了。小伙子，我跟你说的这才多少年的事呀，就吓成这样？我要是说阜阳过去叫汝阴，你不得当场就"嗝儿"了？

《文摘周刊》2015年8月29日转载《金陵晚报》文章，介绍"怀山药"称："其产地为现代河南焦作一带，过去被认为属于河南怀庆府，所以叫怀山药。"这真是一个奇怪的说法！焦作一带过去是不是属于怀庆府，要靠历史资料说话，"被认为属于"是什么意思？焦作在清朝就是属于怀庆府，你不认为它是它也是！难道是因为"被认为"是吗？说到底，文章的作者和报刊的编者，连带转载的编辑，都缺乏历史地理知识。

最不可思议的是不少大学教授对历史地理也是这么无知和随意。晚唐诗人杜荀鹤《再经胡城县》诗中的胡城，本在今河南灵宝市，而朱东润主编的《中国历代文学作品选》注为"在今安徽省阜阳市西北"（拙著《阜阳考古录》已辨其误)；网上看到一位老教授解释唐末军阀朱温关照杜荀鹤的原因竟然是“杜为石埭（今安徽石台县）人，朱乃砀山人，两地同属今安徽省。……属大同乡……”这也太无知了！在唐末，砀山属河南道，石埭属江南道，跨越江淮两条大河，不但不同州郡，而且不同“道”。道是当时最高地方行政建制，比现在的省还要大（唐朝总共只有13个道）。如果不同“道”可以算同乡，那全中国人都可以称为老乡了！朱温、杜荀鹤不是袁天罡、李淳风，怎么会知道一千年后他们会同属安徽省?!不知道当时的建置，妄自以今例古，这样的教授，真让人无语！

感谢市政协给了我们一次出书的机会。当时宣布这个决定时，我还没拿定主意写什么。学兄王秋生先生提议说：“你就写建置沿革吧。”我觉得这个主意不错，就开始写了。

满以为有《阜阳考古录》建置沿革部分的基础，写起来会很容易，不料开笔以后才发现很难。例如：曹魏时期从汝南郡分出汝阴郡，郡治在阜阳老城西的“陶丘乡”，这些都已经解决；此时汝阴郡的辖县，也应该根据西晋汝阴郡的设置推测出来，但是问题恰恰就出在这儿：一段时期的区划变动，淹没了汝阴郡本来的设置，使一些本属汝阴、后划归汝南的县在史料中失载，“找回”这些县的难度，完全可以和化学家发现一个新的化学元素相比肩：那么艰难，那么偶然，却又那么真真切切、实实在在！

由于加进了历代志书基本都有的“疆域”的内容，我对阜阳的边界也有了新的认识。过去在做这些考证的时候，对于本市现有区县的四至，尤其是外部边界到底迄于何处，并不是十分清楚。仅根据甘茂祖孙的籍贯考证出了胡国与下蔡的大致边界，就沾沾自喜，其不知由于历史上的分割合并，边界（疆域）的谜题正多！即如涡阳建县（清同治三年，1864），是割四州县（阜阳、亳州、蒙城、宿州）之地组合而成的。但是在这之前，这两州两县的地界究竟在哪里，没有任何系统的史料记载，都有待考证。谭其骧《中国历史地图集》据涡阳建县以后的边界划汝南郡、汝阴郡、颍州、颍州府的东界，肯定是错误的。感谢宿州市档案局提供的嘉靖《宿州志》，使我们能够了解涡阳建县以前宿州的西南界，也就是颍州府的东部边界。没有这些资料，仅仅根据现代地图上的边界描绘，以今例古，是要闹笑话的。

最让人郁闷的是临泉西部的边界。明朝弘治九年（1496）割陈州、项城、颍州地，在乳香台巡检司（今河南沈丘县老城镇，原属颍州）重建沈丘县。这样一个重大的行政区划变动，颍州这边竟然没有一点记载。直到清道光九年李复庆主修《阜阳县志》，才找到这片漂逸的地块，但是仍没有详细的记录。本书根据新建沈丘县前后的相关记载，考证出沈丘的“重建”其实是当时内阁的一个阴谋，割去的老沈丘地盘占新建沈丘县的一半还多（见第十七章）。《中国历史地图集》把唐以后、清以前沈丘（临泉）、颍州（明初起沈丘并入颍州）的边界线划在今临泉迎仙—黄岭—姚集一线，更是毫无根据。

《阜阳考古录》出版前，得到过著名历史学家华林甫教授的指教。华教授不但认真阅读了全部文章，而且仔细地进行批阅，对于每一处具体的错误都进行了详细的纠正，并写成文章让人转给我。当时因为急于出书，没有完全按照华教授的批评进行全面改正，现在想起来，内心感佩之余，更多的是惭愧。这次撰著，参考了华教授的意见，进行了系统改正（个别地方有不同意见，仍坚持自己的观点），只是希望不要再有新的错误出现。

本书编写的最大难点，在于绘图。谈地理而没有地图，近乎凿空。《阜阳考古录》对于疆域的考证存在着很多缺陷，根据我的要求绘制的地图当然也有错误。本书要想弥补这些缺陷，只有重新绘图。而我对于绘图完全是门外汉。我先想请《阜阳考古录》原绘图者、我的亲戚杨芬贵帮我制图。但他在某学校教美术，没时间，并且多年不画，已经忘个差不多了。我又请我们局里的郝志锋同志帮我用 Photoshop 做了基图，后来看他实在太忙，又向老年大学教摄影后期制作的侯玉坤老师求援，他也没有时间，但是他告诉我：地图应该用 CorelDRAW 软件制作。没想到我的儿子胡乔泊就会，是他用了两个多月的时间，帮我绘好了所有地图。在这里，我要对于所有这些帮助过我的人，一并表示真挚的谢意！

我以前看到的地图上，在利辛县张村镇到亳州市城父镇有乾溪沟，就认为乾溪就在那里。但是，伍明镇关工委主任高汝轩先生告诉我：伍明北边就有乾溪。2018 年 10 月 3 日，我和市文物局局长刘建生、市教育局监察室纪检员胡宏，在高汝轩和伍明镇关工委副主任姜友良的带领下，对乾溪进行实地考察。对照民国《阜阳县志续编》对乾溪的描述可知：乾溪的发源地韩家庙才是楚灵王建章华台、章华宫的地方（《县志续编》记为“楚子会诸侯于乾溪”）。现在韩家庙已经被济广高速覆盖。刘建生局长参与过遗址的抢救性发掘。考察结束 8 天后，本书三校稿就寄到我手上，恰好可以在印刷之前纠正错误，实属幸运！

很多人认为学习和研究历史是一件十分枯燥的事。这都是我们的教科书和考试方式造成的。诸如“某某事件发生在哪年哪月哪一天”之类本该计算机和工具书解决的问题，偏偏要让我们的学生去记忆。这跟让学生背平方根表、木材材积表有什么区别？这种无聊的教育方式，不仅当然枯燥，而且十分无用！我在叙述历史时，借鉴台湾著名史学家柏杨先生所著《中国人史纲》，尽量用生动简洁的语言叙述历史，希望大家不至于感觉太枯燥。

本书的面世，还要感谢我的家人和师长、同学、朋友的全力支持，在此一并谢过！辛苦一年，带病撰述，竟然写成30多万字的“巨著”，把阜阳上古到当代的建置、疆域都基本理清，不免有点欣欣然。深知本书存在着各种毛病，切望读者诸君不吝赐教，不过千万不要把我当成是从上古穿越过来的——千年老妖。

此记。

胡天生

2015年11月8日